현대시의
윤리와
생명의식

지은이
이혜원(李惠媛, Lee Hyewon) 1966년 강원 양양에서 태어나 서울에서 성장했다. 고려대학교 국어교육과를 졸업하고 동대학원에서 석사 · 박사 학위를 받았다. 1991년 『동아일보』 신춘문예 평론부문에 당선하여 문학평론가로 활동하고 있으며, 2003년 김달진문학상을 수상한 바 있다. 저서로 『현대시의 욕망과 이미지』, 『세기말의 꿈과 문학』, 『현대시 깊이 읽기』, 『현대시와 비평의 풍경』, 『적막의 모험』, 『생명의 거미줄 – 현대시와 에코페미니즘』, 『자유를 향한 자유의 시학 – 김승희론』, 『현대시 운율과 형식의 미학』, 『지상의 천사』 등이 있다. 현재 고려대학교 미디어문예창작학과 교수로 재직 중이다.

현대시의 윤리와 생명의식

초판 인쇄 2015년 9월 1일 **초판 발행** 2015년 9월 10일
지은이 이혜원 **펴낸이** 박성모 **펴낸곳** 소명출판 **출판등록** 제13-522호
주소 서울시 서초구 서초중앙로6길 15, 1층
전화 02-585-7840 **팩스** 02-585-7848 **전자우편** somyong@korea.com **홈페이지** www.somyong.co.kr

값 35,000원
ISBN 979-11-86356-56-2 93810

현대시의 윤리와 생명의식

이혜원

ETHICS AND AWARENESS
OF LIFE
IN CONTEMPORARY POETRY

소명출판

책머리에

'어떻게 살 것인가?'를 질문할 때 문학은 윤리에 가까워진다. 우리는 날마다 살아가지만 늘 '어떻게' 살 것인가를 고심하지는 않는다. '어떻게'라는 질문은 앞만 보고 걸어가는 발걸음을 늦추고 현재의 상태를 살펴보게 한다. 날마다 이렇게 질문하기는 어렵지만 이런 질문이 전혀 없이 살아간다면 예상치 못한 방향으로 휩쓸려가기가 쉽다. '어떻게'라는 질문은 현재 자신을 움직여가고 있는 관성에서 벗어나 근본을 돌아보고 미래를 예측할 수 있게 한다. 속도에 자신을 맡기지 않고 자신이 속도를 조절할 수 있게 한다.

'어떻게'보다는 '얼마나'라는 가치를 향해 질주해온 자본주의적 삶의 폐해는 개인과 사회의 구석구석을 병들게 하고 있다. 욕망의 양적 충족을 추구하게 되면서 모두가 상대적 빈곤감과 경쟁의식에 시달린다. 타인에 대한 포용력이 현저하게 줄어들고 공동체의 역할도 급격하게 축소되어 왔다. 그 결과 모두가 잘 살기 위해 애쓰지만 대부분 별로 행복하지 않은 상태에 이르게 되었다. 왜 이렇게 되었는가, 그렇다면 어떻게 해야 할 것인가에 대해 문학은 지속적으로 질문을 던져왔다. 윤리가 보다 선명한 답변을 제시하는 것에 비해 문학은 보다 많은 질문을 통해 방향을 모색한다.

이 책은 '어떻게 살 것인가?'라는 질문을 내포하고 있는 현대시들을 탐구한 글들로 이루어졌다. 시는 삶의 자세가 직접적으로 드러나며 근원적 질문으로 육박해 들어가는 성향이 있다. 이런 시들이 삶을 향해 어떤 질문을 던지는가를 들여다보면서 삶의 방법에 대한 고민을 함께 할 수 있었다. 그러고 보니 이런 질문은 나의 현대시 공부에서 꽤 오래된 주제가 된 듯하다. 8년 전 『생명의 거미줄—현대시와 에코페미니즘』에서 모든 존재들이 생명의 다양성과 개성을 유지하며 함께 살아갈 수 있는 방법을 모색해보았던 시도에 이어지고 있기 때문이다. 그때에 비해 이 책에서는 현실적 삶에 대한 비판적 성찰에 좀 더 관심이 많아졌다. 자연과 공동체로부터의 소외가 심해지면서 삶의 질이 악화되고 있는 상황과 무관하지 않다고 본다. 타자와 더불어 어떻게 살아갈 것인가와 자연과 더불어 어떻게 살아갈 것인가는 주체의 고립과 소외를 극복하고 상생의 방법을 모색하기 위한 질문이라는 점에서 다르지 않다. '현대시의 윤리와 생명의식'이라는 제목은 이러한 생각에 기인한 것이다.

제1부 '동시대의 인식과 감성의 윤리'에서는 시대에 대한 예리한 비판의식을 드러내는 시인들을 대상으로 그러한 사고의 바탕을 이루는 윤리적 기준을 조명해보았다. 시인들의 윤리적 기준은 파격을 이룰 정도로 급진적이다. 시인들은 자신의 시대를 넘어서는 근원적 사유로 인해 혁신적인 윤리의식을 제시하며 이는 미학적으로도 진취적인 성과를 낳는 것으로 보인다.

제2부 '문학지리학과 생태시학'에서는 현대시에 나타나는 삶의 장소와 생태 환경에 대해 살펴보았다. 서울을 비롯한 도시는 거주 공간으로서의 의미가 급속도로 증가하고 있어 문학지리학이나 생태시학의 대상으로도 중요성이 커지고 있다. 이 책에서는 도시의 심상지리나 생태

시학적 의미에 특별한 관심을 갖고 그 시대적 · 미학적 다양성을 살펴보았다. 이밖에도 다양한 접근으로 한국 생태시의 특성을 살펴보았다.

제3부 '서정의 원천과 자연의 미학'에서는 서정시의 본질에 작용하는 자연에 대한 감성과 그 미학적 특성을 구체적으로 조명해보았다. 생태시는 단조롭고 엇비슷하다는 일반적인 편견과 달리 자유로운 사유와 개성적인 미학이 구현되는 다양한 양상을 살필 수 있다.

제4부 '소통과 교감의 언어'에서는 인간관계나 자연과의 관계에서 소통과 교감이 충만하게 드러나는 시들을 통해 소외를 극복할 수 있는 삶의 방법을 모색해보았다. 복잡하고 숨 가쁘게 돌아가는 현실의 이면에 고요하면서도 풍요로운 소통의 방식이 자리 잡고 있음을 알 수 있다.

이 책에 실린 글들은 특별한 기획 하에 체계적으로 쓴 것이 아니기 때문에 성격이 통일되어 있지 않다. 애초 분량이나 스타일이 다른 글들을 한군데 모으면서 크게 어색하지 않을 정도로만 다듬어 놓았다. 좀 모자라는 것이 넘치는 것보다 낫다는 동양의 지혜를 핑계로 삼는다.

한 권의 책은 결코 혼자서 쓰는 것이 아니라 함께 한 많은 사람들의 울력으로 쓰는 것이다. 이 책을 쓰는 데 직접 · 간접으로 도움과 영감을 준 분들에게 감사를 드리고 싶다. 여러 번 출판의 기회를 준 소명출판에는 각별한 마음이다. 이 책의 출간을 보지 못하고 운명을 달리하셨지만, 어떻게 살 것인가에 대한 가장 가까운 모범이 되어주신 아버지께 이 책을 바치고 싶다.

2015년 8월

이혜원

차례

제3부
서정의 원천과 자연의 미학

제4부
소통과 교감의 언어

제1부

동시대의 인식과 감성의 윤리

김수영 시의 동시대성과 중단의 미학

황순원 시와 타자의 윤리

실비아 플라스의 시와 1980년대 한국 여성시

폭력의 시대에 맞서는 사랑의 언어—한용운·최승자의 시

김수영 시의 동시대성과 중단의 미학

1. 김수영 시의 현재성

김수영의 사후 반세기가 지났는데도 그에 대한 관심의 열도는 좀처럼 식지 않는다. 문학사의 획을 그은 중요한 문인들조차 시대에 따라 관심이나 평가에 부침이 생기는 것에 비하면 김수영의 경우는 기이할 정도이다. 참여문학이 강세를 보이던 시기에도 김수영의 시는 정치성이 뚜렷한 시로서 주목을 받았으며 미적 자율성에 대한 논의가 활발할 때도 김수영의 시는 중심에서 밀려나지 않았다. 최근에는 시와 정치에 대한 새로운 접근과 관련해서 더욱 활발하게 거론되는 양상을 보인다.

이처럼 시대의 변화를 넘어서 김수영의 시가 꾸준히 관심의 대상이 되는 이유는 무엇일까? 김수영의 시보다 훨씬 더 정치적인 시들이 있지만 그의 시가 더 오랫동안 논란의 중심에 서고, 김수영의 시보다 훨씬 더 첨단의 기교를 선보인 시들이 있지만 그의 시가 더 오랫동안 탐구되는 것은 왜일까? 정치적 내용과 미적인 태도가 일치하며 독자적인 개성을 획득하는 김수영 시의 특성을 통합해서 고찰해야만 이런 질문에 접근할 수 있을 것이다. 이는 지금까지 김수영 시 연구에서 주를 이루던 주제론적 접근이나 형식적 특성에 대한 집중적인 논의들과 달리 양자를 종합적으로 규명하려는 시도에 의해 가능하다.

김수영의 시를 모더니즘 혹은 리얼리즘이라는 이분법적 잣대로 규정하는 관점의 한계를 지적하며 양자를 통합할 필요성을 언급한 최원식의 문제제기는 이런 접근에 있어 선구적이다. 그는 "최량의 작품들에서 통상적 모더니즘과 통상적 리얼리즘을 가로질러 그 회통(會通)에 도달하는 경지를 보여준 드문 시인"[1]으로 김수영을 평가하면서 우리문학의 고질적인 이분법을 극복할 수 있는 가능성을 살핀다.

황현산은 김수영 시의 특별함이 갖는 보편적 가치와 힘의 연원을 시인이 보여준 용기와 감수성에서 찾는다. 시적으로 된 말을 모아놓은 시가 아니라 모든 말이 시적 힘을 지니도록 써서 시적인 말과 일반적인 말의 차별을 없애고, 현실이 시적 가치를 띠는 계기에 정신과 감각을 집중하는 방법을 통해 현실이 은유적 힘을 얻게 한 것 등에서 김수영 시의 특별함과 한국시의 활력을 발견한다.[2] 김수영 시에서 정신과 감각의 일치, 현실과 시의 일치를 섬세하게 포착하고 있다.

김행숙은 김수영의 시론 「시여, 침을 뱉어라」를 중심으로 '미적 전위'와 '정치적인 전위'의 극을 매개하는 시적 논리와 실천의 가능성을 살핀다. 김수영은 혼돈에의 완전한 자유를 미적 조건이자 실천의 실체

---

1 최원식, 「'리얼리즘'과 '모더니즘'의 회통」, 『문학의 귀환』, 창작과비평사, 2001, 52쪽.

2 황현산, 「김수영의 현대성 또는 현재성」, 『창작과비평』, 2008 여름.

로 간주했고, 혼돈의 미적 실천이 현실 정치적으로 억압되고 있다는 것을 문제 삼았다는 것을 통해, 김수영에게 있어 시적 정치성은 미학적 필연성에 매개되어 있다고 본다.[3]

진은영은 김수영 문학에 나타난 미학적 정치성을, '정치적인 것'이 세계를 감각적으로 재분배하는 활동이라고 본 랑시에르의 이론과 관련지어 조명한다. 김수영의 '시 무용론(無用論)'은 세계와의 불화 속에서 문학과 비문학의 경계를 횡단하는 탈경계적 활동이며 순수 / 참여의 구분을 넘어서는 새로운 미학적 정치성을 보여주었다고 한다.[4]

이광호는 김수영 시에 나타나는 시선의 체계를 통해 정치적 · 미적 태도를 종합적으로 규명하고 있다. 김수영 시의 정치성은 단지 그의 정치적 입장이나 그의 시에 나타난 정치적 내용에 국한되는 것이 아니라, 궁극적으로는 그의 시를 떠받치고 있는 시선의 체계가 어떻게 세계에 대한 다른 미적 태도를 보여주는가의 문제라고 본다.[5]

오연경은 김수영의 사랑의 미학이 미완의 혁명을 변주하는 도래할 민주주의, 미완의 형식을 변주하는 도래할 시를 '찰나의 정지'와 '간단의 리듬'을 통해 보여주었다고 한다. 시적인 것과 정치적인 것의 구분을 무화시키는 김수영 시의 핵심 원리를 통합적으로 포착하고 있다.[6]

---

3 김행숙, 「"시적인 것"과 "정치적인 것"－김수영의 시론 「시여, 침을 뱉어라」를 중심으로」, 『국제어문』 47, 국제어문학회, 2009.12.

4 진은영, 「김수영 문학의 미학적 정치성에 대하여－불화의 미학과 탈경계적 정치학」, 『현대문학의 연구』 40, 한국문학연구학회, 2010.

5 이광호, 「김수영 시에 나타난 시선의 정치학」, 『한국문학이론과 비평』 52, 한국문학이론과 비평학회, 2011.9.

6 오연경, 「김수영의 사랑과 도래할 민주주의」, 『민주주의와 인권』 13-1, 전남대 5 · 18연구소, 2013.4.

김수영은 '시와 정치'의 관계를 통합적으로 규명하려는 최근의 문학론에서 대표적인 사례로서 자주 언급된다. 그가 시론을 통해 피력한 미학적 정치성에 대한 분명한 태도는 이러한 접근의 타당성을 보증한다. '시와 정치'에 관련된 논의들에서 그의 시론에 대한 인용이 중심을 이루는 것은 그 때문이다. 그러나 시의 미학적 정치성에 대한 논의가 더욱 설득력을 갖기 위해서는 작품 분석을 통한 구체적인 증명이 요청된다. 그런 면에서 최근 김수영의 시를 통해 정치적·미학적 통일성을 규명하려 하는 시도가 행해지기 시작한 것은 바람직한 현상으로 보인다.

이 글에서는 김수영의 시가 갖는 미학적 정치성을 구체적으로 해명할 필요가 있다는 문제의식을 같이 하면서 새로운 이론에서 참조의 틀을 찾아보려 한다. '시와 정치'에 대한 기존의 논의에서는 랑시에르의 이론이 주요 참조 틀이 되어 왔는데, 여기서는 아감벤의 이론을 참조하여 김수영 시의 미학적 정치성에 접근해보려 한다. 아감벤의 이론이 정치적 존재 형태에 대한 획기적인 문제의식을 포함하고 있는 것에 비해 한국 사회나 문화를 설명하는 참조 틀로서 직접 활용되는 경우가 적은 이유는 그가 대상으로 하는 정치적 전통이 서구를 기준으로 하고 있기 때문이기도 하고, 이론 자체의 복잡한 논리 전개 방식과 제언의 타당성과 현실성에 대한 의문 때문이기도 하다. 아감벤에게는 '언어'의 문제가 무엇보다도 중요한데, 이것이 어떤 위상을 차지하고 있는가를 고민하지도 않은 채 '정치적' 유효성만을 가지고 판가름하려고 할 경우, 그의 사유의 독특성을 놓치고 그 비적실성을 선언하는 근거가 되어 버린다.[7] 그런데 역으로 그의 이론이 보여주는 정치적 존재 형태에 대한 근본적인 문제제기와 언어에 대한 독자적인 사유는 새로운 활용 가능성을 내포한다. 아감벤의 이론은 정치철학과 미학에 대한 통합적 접근에 있어 참조할 만한 개념들로 넘친다. 현실정치와 예술의 풍부한 사례를 바탕으로 하는 그의 이론은 랑시에르가 '감각적인 것의 분배'라고 정의한 미학적 정치성의 구체적인 양상을 파악하는 데 도움이 된다. 시적인 영감으로 가득한 그의 문체는 현실정치의 문제를 넘어서려는 거시적이고 근원적인 통찰을 내포하고 있다. 시대와 역사에 대한 독특한 시선, 예술과 정치적 혁명의 연계성에 관한 개성적 논의들은 김수영 시가 갖는 미학적 정치성을 이해하는 데 요긴하다. 이 글에서는 이를 참조하여 김수영이 자신의 시대와 역사에 대해 보여준 독자적인 사유와 실천, 그것이 발현된 미학의 특이성을 살펴보려 한다.

'2. 동시대성과 생명정치'에서는 김수영 시의 정치적 특성을 '생명정치'라는 관점에서 파악해보고자 한다. 아감벤의 '생명정치'의 개념은 벌거벗은 생명에 가해지는 권력의 작용을 해부함으로써 주권적 정치의 문제를 근본적으로 비판한다. 이는 현실정치의 논리를 초월하는 근본적이고 혁신적인 김수영 시의 정치의식을 파악하는 데 도움이 된다. '3. 카이로스의 시간과 잠재성으로서의 역사'에서는 김수영의 정치성이 독특한 시간의식으로 드러나는 양상을 살핀다. 개인의 주체적인 시간을 중시하여 이를 카이로스적 시간의 개념으로 압축하고 현실태 너머의 시간을 잠재태로 제시한 아감벤의 시간의식을 참조하여 김수영 시에서 '가능성으로서의 시간'으로 인식된 특유의 역사 개념을 살펴본다. '4. 부정과 중단의 미학'에서는 김수영의 정치의식과 언어미학의 상

7 김상운, 「랑시에르와의 '교전'을 통해 본 아감벤의 '한국적' 유효성 모색」, 『진보평론』 59, 진보평론, 2014, 74~76쪽 참조.

관관계를 밝힌다. 아감벤은 묘사 불가능한 것이 현실이 되어버린 상황을 표현하는 언어의 방식에 대한 관심이 많았다. 풍자와 시행엇붙임에 대한 아감벤의 독특한 사유는 김수영 시의 미학을 새롭게 이해하는 데 참조가 되어준다.

2. 동시대성과 생명정치

김수영이 자신이 활동했던 시기의 다른 모더니스트들과 구분되는 점은 모더니즘을 기교 차원에서만 구사하지 않고 정신과 강력하게 결합했다는 데 있다. 또한 그가 시에서 추구한 정신은 개인의 관념에 한정되지 않고 시대의 문제를 관통하는 것이었다. 그의 시를 통해 우리의 모더니즘은 리얼리즘과 공명할 수 있는 가능성이 열리게 된다.

자신의 시대에 대한 인식에 있어서 김수영은 다른 어떤 시인보다도 냉철하고 명료한 시선을 보여준다. 이는 자신의 시대와 어느 정도 거리를 유지해야만 가능한 일이다. 남들과 다른 시선, 단절을 감당할 수 있어야만 자신의 시대에 대한 통찰력을 확보할 수 있다. 이런 시선을 갖는 자들을 아감벤은 '동시대인'이라고 칭하며, "참으로 자신의 시대에 속하는 자, 참으로 동시대인이란 자신의 시대와 완벽히 어울리지 않는 자, 자기 시대의 요구에 순응하지 않는 자, 그래서 이런 뜻에서 비시대적인/비현실적인(inattual) 자이다. 그러나 바로 이런 까닭에, 바로 이 간극과 시대착오 때문에 동시대인은 다른 이들보다 더 그의 시대를 지각하고 포착할 수 있다"[8]고 한다. 동시대인이 "참으로 자신의 시대에 속하는 자"인 까닭은 자신의 시대가 갖는 문제를 정확하게 파악하고 있기 때문이다. 이들은 자신의 시대에 대해 절망하고 증오할 수는 있어도 자신이 결코 자신의 시대에서 벗어날 수 없다는 것을 누구보다도 잘 알고 있다. 그런데 "동시대인이란 자신의 시대와 완벽히 어울리지 않는 자"인 것은 무엇 때문일까? 자신의 시대를 제대로 인식하기 위해서는 거리를 두고 볼 수 있는 시차가 필요하기 때문이다. "시대와 너무 완전히 일치하는 자들, 모든 점에서 시대와 완벽히 어울리는 자들이 동시대인인 것이 아니다. 왜냐하면 바로 그런 까닭에 그런 자들은 시대를 보는 데 이르지 못하고, 시대에 보내는 시선을 고정할 수 없기 때문이다."[9] 즉 자신의 시대에 대해 거리두기가 불가능할 정도로 완전히 밀착돼 있는 자들은 동시대인이 될 수 없다. 때문에 동시대인이란 참으로 자신의 시대에 속해 있으면서도 자신의 시대와 완벽히 어울리지 못하는 자라는 아이러니가 발생한다. 동시대인이 비시대적이고 비현실적인 것은 자신의 시대에서 빗겨나 자신만의 시선을 고수하기 때문이다.

동시대인이 자신의 시대를 바로 보면서 발견하는 것은 무엇인가? 아감벤은 "동시대인이란 자신의 시대에 시선을 고정함으로써 빛이 아니라 어둠을 지각하는 자이다. 모든 시대는 그 동시대성을 체험하는 자들에게는 어둡다. 따라서 동시대인이란 그 어둠을 볼 줄 아는 자, 펜을 현재의 암흑에 담그며 써내려갈 수 있는 자이다"[10]라고 한다. 이와 달리 시

---

8 조르조 아감벤, 양창렬 역, 『장치란 무엇인가?』, 난장, 2010, 71쪽.

9 위의 책, 72쪽.

대의 빛에 눈 먼 자들은 앞에서 말했듯 시대와 너무 완전히 일치하는 자들로서 어둠을 지각하지 못한다. 동시대인은 자신의 시대가 내포한 어둠을 예리하게 지각하면서도, 또 이에 그치지 않고 현재의 어둠 너머로 우리에게 도달하려고 멀리서 달려오는 빛을 알아볼 수 있는 자이다. 아감벤이 "펜을 현재의 암흑에 담그며 써내려갈 수 있는 자"라고 시적으로 표현한 동시대인은 '시인'과 유사하다. 시인은 시대의 어둠을 꿰뚫어보는 자이며 도래할 또 다른 시간을 꿈꾸는 자이기 때문이다.

김수영은 아감벤이 말하는 '동시대인(시인)'에 부합하는 삶을 선택한다. 자신의 시대에 대한 애증을 반복하면서도 결코 거기서 벗어나지 않는다. 시대와 불화하는 고단하고 고독한 삶을 감내한다. 동시대인이 되기 위해서는 남다른 결단과 용기가 필요한데, 김수영은 안락한 삶을 포기하고 기꺼이 고난을 감수한다. 그는 시인으로서의 자존심을 지키기 위해 시대에 편승하기를 거부한다.

나는 너무나 많은 첨단의 노래만을 불러왔다
나는 정지의 미에 너무나 등한하였다
나무여 영혼이여
가벼운 참새같이 나는 잠시 너의
흉하지 않은 가지 위에 피곤한 몸을 앉힌다
성장(成長)은 소크라테스 이후의 모든 현인들이 하여온 일
정리(整理)는

10 위의 책, 75~76쪽.

전란에 시달린 20세기 시인들이 하여놓은 일
그래도 나무는 자라고 있다 영혼은
그리고 교훈은 명령은
나는
아직도 명령의 과잉을 용서할 수 없는 시대이지만
이 시대는 아직도 명령의 과잉을 요구하는 밤이다
나는 그러한 밤에는 부엉이의 노래를 부를 줄도 안다

지지한 노래를
더러운 노래를 생기 없는 노래를
아아 하나의 명령을

—「서시」[11] 전문

이 시에서 '첨단의 노래'와 '정지의 미'는 얼핏 보면 대립되는 것 같지만 달리 생각해볼 수도 있다. 시인으로서 김수영은 자신이 시대의 흐름과 어떻게 관련되는지에 민감하게 반응한다. 시대의 흐름과 일치한다면 속도를 느끼기 어렵다. 그런데 그는 자신이 시대를 너무 앞서간다고 진단한다. "정지의 미에 너무나 등한하였다"는 반성은 "첨단의 노래"에 경도되어 놓쳐버렸을 지도 모를 '정리'의 필요성에 대한 인식과 관련된다. 그러므로 이 말은 시대의 흐름에 맞추어 살겠다는 의미가 아니라 이전과 다른 방식으로 자신의 시대를 다시 돌아보겠다는 뜻이다. 소크라

11 김수영, 『김수영 전집』 1, 민음사, 2003, 135쪽.(이후 시 인용은 이 책에 의거함)

테스 이후의 현인들, 즉 동시대인들은 자신의 시대를 넘어서는 첨예한 통찰력을 보여주었다. 그런데 20세기에 겪은 두 차례의 세계대전은 동시대인으로서의 시인의 예지를 혼란스럽게 한다. 20세기의 등골은 부서지고 동시대인으로서의 시인은 세기의 흔적을 되돌아보려고 한다. 20세기의 시인들은 자기 시대의 어둠을 되돌아보고 자신의 피로써 세기의 끊어진 척추를 봉합하려 한다.[12] 위의 시에서 '정리'라고 한 작업은 전란을 겪은 시인들이 행한 시대에 대한 반성을 의미한다. 등골이 부서진 시대에 필요한 것은 무엇 때문에 이런 일이 벌어졌는지를 곰곰이 따져보는 일이다. 이 시에서는 정리가 완결되지 않은 채 '명령의 과잉'을 따르고 '첨단의 노래'만을 고집하는 것은 진정한 성장이 아닌 명령에 대한 복종이 될 수도 있다는 날카로운 비판의식을 살필 수 있다. '첨단의 노래'나 '정지의 미'는 모두 시대의 흐름과 속도를 달리하며 시차를 만들어 내는 방법이다. 이로써 시대의 흐름에서 벗어난 다른 시선을 획득하고 자기 시대의 문제를 다각도로 파악할 수 있다.

> 이제 나는 광야에 드러누워도
> 시대에 뒤떨어지지 않는 나를 발견하였다
> 시대의 지혜
> 너무나 많은 나침반이여
> 밤이 산등성이를 넘어 내리는 새벽이면
> 모기의 피처럼

12 조르조 아감벤, 앞의 책, 73~75쪽 참조.

시인이 쏟고 죽을 오욕의 역사
그러나 오늘은 산보다도
그것은 나의 육체의 융기

—「광야」 부분

김수영은 자신만의 시선으로 시대를 바라볼 수 있는 것에 자부심을 가지고 있었다. "광야에 드러누워도 / 시대에 뒤떨어지지 않는 나"에서처럼 시대와 단절된 듯해도 누구보다도 자기의 시대에 속해있는 동시대인으로서의 자각이 분명하다. 광야에 누웠어도 그에게는 누구보다 명료한 "시대의 지혜"와 "너무나 많은 나침반"이 있다. 광야에서 외롭게 깨어있는 자로서 그는 시대의 긴 어둠을 지나 새벽이 올 때까지 "오욕의 역사"를 정리하려 한다. 자기의 피로써 오욕의 역사를 봉합할 수 있을 것 같다. 이럴 때 역사와 공동의 운명이 된 듯한 "나의 육체"는 산처럼 우뚝하게 느껴진다. 시인은 시대의 흐름에서 벗어난 자신만의 시선, 자신만의 시간을 획득한다. "시대에 뒤떨어지는 것이 무서운 게 아니라 / 어떻게 뒤떨어지느냐가 무서운 것"이라는 생각은 자기 시대를 바로 보지 못하는 무지에 대한 두려움에서 기인한다. 시대와 완전히 일치해서 시대를 제대로 파악하지 못하는 것이야말로 시대에 뒤떨어지는 것이다. 광야에서 깨어있는 정신은 시대에서 도태된 듯하지만 시대의 부러진 등뼈를 이어붙이는 "시대의 지혜"이다.

시인은 시대와 일치하지 못하여 힘겨더라도 시대를 넘어서는 정신의 각성을 원한다. 광야에 홀로 있는 듯한 고독을 느끼거나 그보다 더한 박해를 받더라도 자신만의 자유로운 정신을 지키려 한다. 끊임없이 주권권력을 의심하고 부당한 통치에 대해 완강한 부정을 행한 것은 그 때문이다. 주권권력에 대한 자신의 위치를 타자로 인식하기 때문에 그것과 자신의 관계에 대한 냉철한 사유가 가능하다. 이는 시대와 완전히 일치하는 자들이 주권권력에 편입하고자 할 뿐 스스로 사유하지 않는 것과 대조적이다. 스스로 사유하는 자는 주권권력에 의해 한정되지 않는 진정한 자유를 획득할 수 있다. 김수영은 식민지와 전란, 독재로 이어지는 격변의 한국 현대사를 겪으면서 주권권력에 복속되지 않는 개인적 자유의 가치를 통감한다. 자유를 찾기 위해서라면 포로수용소라도 마다하지 않을 정도로 자유에 대한 그의 희구는 간절하다. "나는 원래가 약게 살 줄 모르는 사람이다 / 진실을 찾기 위하여 진실을 잊어버려야 하는 / 내일의 역설 모양으로 / 나는 자유를 찾아서 포로수용소에 온 것이고 / 자유를 찾기 위하여 유자철망(有刺鐵網)을 탈출하려는 어리석은 동물이 되고 말았다"(「조국에 돌아오신 상병포로(傷病捕虜) 동지들에게」)는 고백처럼 그는 시대에 부응하며 안이하게 살기보다 진정한 자유를 찾는 험난한 여정을 택한다. 자신과 뜻을 함께 했던 전쟁포로들이 "그들의 싸워온 독특한 위치와 세계사적 가치" 즉 '자유'에 기여한 바를 역설하는 시인의 시각은 아감벤의 '호모 사케르'에 대한 독특한 사유를 연상시킨다.

아감벤은 인간이 '국민-시민'으로서의 권리와 특권이 박탈되는 예외상태에 놓이게 되는 수용소에서 권력과 호모 사케르의 첨예한 대립을 연상한다. "수용소의 거주민이 모든 정치적 지위를 빼앗기고 벌거벗은 생명으로 완전히 환원된다는 사실 자체 때문에 수용소는 지금까지 실현된 것 중에서 가장 절대적인 생명정치적 공간이기도 하며, 이 공간에서 권력이 대면하는 것은 그 어떤 매개도 없는 순수한 생물학적 생명에 다름 아니다. 이 때문에 수용소는 정치가 생명정치로 되고 호모 사케르(성스러운 인간)가 시민과 잠재적으로 구별될 수 없게 된다는 점에서, 정치 공간의 패러다임 자체이다."[13] 수용소라는 극한 상황은 국민국가의 토대를 의심하게 하고 국가공동체의 테두리에서 행해지는 차별과 배제를 선명하게 드러나게 한다. 주권권력 앞에 무기력하게 발가벗겨진 순수한 생물학적 생명은 국가공동체의 폭력적인 시스템을 의식하게 하고 정상 상황인 현실에서도 이와 같은 방식으로 작동하는 근대국민국가의 토대를 의심하게 한다.[14] 이러한 사유의 확장으로 인해 우리는 타자로서 자신을 사유하며 타자로서의 난민과 공감할 수 있는 윤리적 존재가 된다.

김수영은 그 자신 포로수용소 생활을 경험했으며 그곳을 나온 이후에도 그곳에 계속 남아있는 포로들에게 미안함과 격려의 뜻을 표한다. 그가 포로들에게 동조하는 이유는 그들이 용감하게 싸워서가 아니라 사상의 자유를 지키기 위해 자신들의 삶을 희생했기 때문이다. 앞의 시에서 "나는 이것을 진정한 자유의 노래라고 부르고 싶어라! / 반항의 자유 / 진정한 반항의 자유조차 없는 그들에게 / 마지막 부르고 갈 / 새날을 향한 전승(戰勝)의 노래라고 부르고 싶어라!"라고 할 때 "진정한 자

13 조르조 아감벤, 김상운 · 양창렬 역, 『목적없는 수단』, 난장, 2009, 51쪽.

14 아감벤이 사용하는 배제의 개념 나아가 '호모 사케르'라는 개념 자체는 현실 속의 어느 특정 집단을 지칭하는 것을 넘어서는 '범주적(paradigme)'인 것이다. 즉 벌거벗은 생명은 근대 국가 및 정치 체제 속의 모든 시민에게 잠재적으로 내재된 '삶의 형태'이자 정치의 세속적 토대라는 점을 지적하는 추상 수준에서의 논의인 것이다.(박진우, 「조르조 아감벤 – 남긴 것들, 그리고 남길 것들」, 『문학과사회』, 2012 가을, 242쪽)

유"란 권력의 폭압에 맞서 실현하는 생명정치와 상통한다. 수용소의 포로들은 비록 반항의 자유조차 없는 호모 사케르에 가깝지만 바로 그러한 그들의 상황이 국민국가의 폭력적인 시스템을 지각하게 한다. 바로 이러한 역할이 "그들이 싸워온 독특한 위치와 세계사적 가치"라 할 수 있다. 이러한 생명정치는 현재의 시스템이 내포하고 있는 폭력성을 인지하고 나아가 "새날"의 필요성을 사유하게 한다.

김수영은 시대의 어둠과 폭력의 정체를 간파하고 자유를 향한 지치지 않는 노래를 부르는 것을 시인의 업으로 삼았다. 그는 인간의 생명조차 정치적인 삶에 구속시키는 권력의 속성을 꿰뚫고 있었으며, 그러한 권력의 대상인 생명이 근본적인 권리와 자유의 지향점으로 갖는 결정적인 역할에 대해서도 정확하게 포착하고 있었다. 생명정치의 본질을 간파한 그의 예리한 시선은 현실정치의 논리를 초월하는 근본적이고 혁신적인 것이다. 시대의 흐름을 넘어서 자신만의 시선과 사유를 실천한 그는 누구보다도 동시대인으로서의 시인의 역할에 있어 선구적인 면모를 보여준다. 김수영이 동시대인으로서 자기 시대를 반성적으로 간파할 수 있었던 것은 '정지의 미'에 대한 감각이 남달랐기 때문이다. 김수영에게 '정지의 미'는 퇴행의 방식이 아니라 오히려 '첨단의 노래'가 될 수 있는 것으로, 자기 시대의 일반적 흐름에서 벗어나 독자적인 시선을 확보할 수 있게 한다. 중단의 미학은 동시대인으로서의 시인이 자기 시대를 새로운 각도로 파악할 수 있는 시야를 열어놓는다. 이때 중단은 멈춤이나 퇴보가 아니라 자기 시대의 한계를 넘어서려는 첨예한 통찰의 방법이다.

3. 카이로스의 시간과 잠재성으로서의 역사

동시대인으로서 시대를 읽는 자신만의 시선을 확보했던 김수영은 독특한 시간의식을 통해 특유의 정치성을 드러낸다. 김수영은 현대사의 격변기를 관통하며 그 격랑의 거센 파고를 직접 체험한다. 전쟁포로로 고초를 겪기도 하고 4·19혁명의 열기에 휩쓸려 한껏 고조되기도 한다. 이런 체험을 통해 그는 역사와 개인이 만나는 살아있는 시간을 경험하고 동시대인으로서 자신을 정립하며 역사를 보는 주체적인 사유를 심화한다. 전쟁의 참상과 혁명의 실패를 겪으면서도 역사에 대한 허무주의에 빠져들지 않고 새로운 역사의식을 수립해간 과정에서 김수영 시의 생명력을 찾아볼 수 있다.

> 혁명은 안 되고 나는 방만 바꾸어버렸다
> 나는 인제 녹슬은 펜과 뼈와 광기
> 실망의 가벼움을 재산으로 삼을 줄 안다
> 이 가벼운 혹시나 역사일지도 모르는
> 이 가벼움을 나는 나의 재산으로 삼았다
>
> 혁명은 안 되고 나는 방만 바꾸었지만
> 나의 입속에는 달콤한 의지의 잔재 대신에
> 다시 쓰디쓴 담뱃진 냄새만 되살아났지만

방을 잃고 낙서를 잃고 기대를 잃고
노래를 잃고 가벼움마저 잃어도

이제 나는 무엇인지 모르게 기쁘고
나의 가슴은 이유 없이 풍성하다

―「그 방을 생각하며」 부분

4·19혁명을 통해 김수영은 역사 변혁의 가능성에 전율하고 흥분을 감추지 않았다. 그렇기에 혁명의 실패는 심한 허탈감을 일으킬 수밖에 없었다. 그는 "혁명은 안 되고 나는 방만 바꾸어버렸다"며 4·19를 실패한 혁명으로 명확하게 규정한다. 4·19의 결과는 현실 정치에서 방을 바꾸는 정도의 변화를 가져오는 데 그쳤다는 것이다. 타오르던 혁명의 열정은 실망감으로 바뀌었다. 그런데 모든 것을 다 잃은 듯 허탈한 상태에서 "나는 무엇인지 모르게 기쁘고 / 나의 가슴은 이유 없이 풍성"한 이유는 무엇일까?

4·19는 역사적으로 실패한 혁명이지만 그렇다고 혁명의 경험까지 무화된 것은 아니다. 혁명을 겪으면서 김수영은 특별한 시간을 경험한다. 역사를 움직이는 시간의 가능성을 맛본 것이다. 이는 진정한 혁명의 본래적 과제는 '세계를 변화시키는 데'만 있는 것이 아니라 그보다 앞서 '시간을 변화시키는 데' 있다는 아감벤의 생각과 유사하다.[15] 아감벤은 역사에 시간을 복속시키는 근대의 정치적 사유를 비판하며, 역사

15 조르조 아감벤, 조효원 역, 『유아기와 역사』, 새물결, 2010, 165쪽.

안에 함축되어 있으면서도 동시에 역사를 주조하는 시간 개념을 제시한다. 그는 순환적 구조이든 선적 구조이든 지속, 즉 시점들로 이루어진 연속적인 시간이라는 관념에 사로잡혀 있었던 서구의 시간 개념과 다른 시간 개념을 주목한다. 가령 그노시즘에서 보여주는 끊어진 선과 같은 시간은 어떤 것과도 연관되지 않은 시간이며 또한 동질적인 시간이 아니다. 이런 시간 속에서 진리는 직접적인 중단의 순간 속에 놓여 있으며 이 순간에 인간은 자신의 본래적인 상태가 죽음에서 부활한 자의 상태임을 돌연 깨닫게 된다. 연속적인 시간의 개념에 지배를 받는 인간이 제 삶을 끝없이 유예하면서 자신을 유일회적이고 완전하게 소유할 수 있는 가능성을 박탈하는 것에 비해 그노시즘적 시간에서는 인간의 행위와 결단에 의한 해방적인 시간을 경험할 수 있다. 결정이 기회를 붙잡아서 한순간 삶을 가득 채우는 직접적이고 돌발적인 일치의 시간을 카이로스의 시간이라 한다.[16]

김수영이 실패한 혁명에 실망하면서도 이유 모를 기쁨을 느낀 것은 내면의 큰 변화를 경험했기 때문이다. "실망의 가벼움을 재산으로 삼을 줄 안다"는 것은 혁명의 결과는 실망스럽지만 그 과정을 의미 있는 경험과 성과로 여기겠다는 뜻이다. 4·19혁명은 역사적으로는 실패한 혁명으로 평가되지만, 그렇다고 혁명의 시간 동안 일어난 일들이 모두 무화되는 것은 아니다. 혁명은 이제껏 경험해보지 못했던 새로운 시간을 만나게 하였다. 특별한 시간의 경험은 역사를 창출할 수 있는 근원적인 동력이기도 하다. 역사의 평가에서 실패한 혁명으로 규정되더라도 혁명

16 위의 책, 185~186쪽 참조.

을 통한 특별한 시간 경험은 해방적인 카이로스의 시간을 맛볼 수 있게 한다. 인간의 의지적 행동이 분출되면서 한순간이라도 긍지로 가득한 충만한 삶을 경험해본 시인은 이러한 특별한 시간이 새로운 역사 창출의 추동력이 될 수 있다고 직감한다. "이 가벼움 혹시나 역사일지도 모르는 / 이 가벼움을 나는 나의 재산으로 삼았다"고 한 것은 이 때문이다. "방을 잃고 낙서를 잃고 기대를 잃고 / 노래를 잃고 가벼움마저 잃어도" 무엇인지 모르게 기쁘고 충만한 이유는 온전히 자유롭고 충만한 자신만의 시간을 경험했기 때문이다. 이러한 시간은 역사적인 선적 시간과 다른 순간적인 시간이다. 김수영은 혁명을 통해서 역사적 시간에 상응하는 개인적이고 해방적인 시간의 가치를 깨닫게 된다. 4·19혁명 직후에 쓴 「푸른 하늘을」에서도 이러한 새로운 시간에 대한 자각을 엿볼 수 있다. "자유를 위해서 / 비상하여 본 일이 있는 / 사람이면 알지 / 노고지리가 / 무엇을 보고 / 노래하는가를 / 어째서 자유에는 / 피의 냄새가 섞여 있는가를 / 혁명은 / 왜 고독한 것인가를 // 혁명은 왜 고독해야 하는 것인가를"에서는 혁명과 고독을 연결시키는 독특한 시선을 보여준다. 그에게 혁명은 "고독한 것"을 넘어서 "고독해야 하는 것"으로 인식된다. 진정한 혁명은 군중의 물결에 휩쓸리면서 저절로 얻을 수 있는 것이 아니라 처절한 고독과 대면하여 이르게 되는 직접적이고 돌발적인 삶의 해방이라고 생각하기 때문이다. 그것은 푸른 하늘을 제압하는 노고지리를 보며 자유를 꿈꾸는 간접적인 방식이 아니라 자유를 위하여 스스로 비상하는 용기와 결단으로 인해 가능하다. 이런 혁명은 자신의 모든 것을 내걸어야 할 만큼 투철한 것이기에 피의 냄새가 섞여 있고 철저하게 고독한 것이다. 김수영에게 혁명은 역사 발전을 이끄는 객관적 사건이라기보다 역사적 존재로서 자아를 새롭게 발견하는 주관적 계기이다. "인간은 시간 속으로 빠져 들어가기 때문에 역사적 존재인 것이 아니다. 오히려 그와 정반대다. 오직 그가 역사적 존재이기 때문에 인간은 시간 속으로 들어갈 수 있는, 자신을 시간화할 수 있는 존재이다"[17]라는 아감벤의 말처럼 김수영은 객관적인 역사에 복속되지 않는 주체적인 시간, 즉 개인의 고유한 시간을 중시한다. 이러한 시간으로 인해 개인의 삶이 역사 속에서 말살되지 않고 새로운 역사와 문화를 창출할 수 있다. 고독 속에서 자신만의 온전한 시간과 마주하는 자는 모든 억압으로부터 해방된 진정한 혁명의 순간을 만나게 된다. "어떤 혁명이 새로운 연대기를 배태하는 것이 아니라 시간의 질적 변화(일종의 카이로스학)를 몰고 온다면, 그 혁명은 최고도로 심대한 결과를 초래할 것이며 반동 세력이 결코 재탈환할 수 없는 유일한 혁명일 것이다."[18] 그러므로 참된 혁명이란 새로운 미래의 약속에서 이루어지기보다 개인의 완전한 향유의 순간에 온다. 김수영이 4·19혁명의 실패와 상관없이 충족감을 드러낼 수 있었던 것은 이 때문이다.

이러한 시간 개념으로 인해 김수영은 역사에 대한 인식에 있어서도 독창적인 사유를 드러낸다. 역사에 대한 그의 시선은 객관적인 역사관과 상이하다.

> 전통은 아무리 더러운 전통이라도 좋다 나는 광화문
> 네거리에서 시구문의 진창을 연상하고 인환(寅煥)네

17 위의 책, 182쪽.

18 위의 책, 193쪽.

처갓집 옆의 지금은 매립한 개울에서 아낙네들이
양잿물 솥에 불을 지피며 빨래하던 시절을 생각하고
이 우울한 시대를 파라다이스처럼 생각한다
버드 비숍 여사를 안 뒤부터는 썩어빠진 대한민국이
괴롭지 않다 오히려 황송하다 역사는 아무리
더러운 역사라도 좋다
진창은 아무리 더러운 진창이라도 좋다
나에게 놋주발보다도 더 쨍쨍 울리는 추억이
있는 한 인간은 영원하고 사랑도 그렇다

비숍 여사와 연애를 하고 있는 동안에는 진보주의자와
사회주의자는 네에미 씹이다 통일도 중립도 개좆이다
은밀도 심오도 학구도 체면도 인습도 치안국
으로 가라 동양척식회사, 일본영사관, 대한민국 관리,
아이스크림은 미국놈 좆대강이나 빨아라 그러나
요강, 망건, 장죽, 종묘상, 장전, 구리개 약방, 신전,
피혁점, 곰보, 애꾸, 애 못 낳는 여자, 무식쟁이,
이 모든 무수한 반동이 좋다
이 땅에 발을 붙이기 위해서는
제3인도교의 물속에 박은 철근 기둥도 내가 내 땅에
박는 거대한 뿌리에 비하면 좀벌레의 솜털
내가 내 땅에 박는 거대한 뿌리에 비하면

―「거대한 뿌리」 부분

김수영의 독특한 역사관은 "전통은 아무리 더러운 전통이라도 좋다"는 단언적 진술로 압축된다. 전통에 대한 무조건적인 옹호는 진보적인 역사관에 대한 반성을 내포하고 있다. 그가 그토록 비판했던 "썩어빠진 대한민국"이 괴롭지 않게 된 이유는 오직 전통의 뿌리가 닿아있기 때문이다. 그가 "진보주의자와 사회주의자", "통일과 중립" 같은 발전적인 역사관을 가차 없이 부정하며 전통에 대한 편파적인 애착을 드러내는 이유는 무엇일까? 시 안에서는 그 이유를 이자벨 버드 비숍 여사를 알게 되었기 때문이라고 한다. 영국 왕립지학협회 회원으로 1893년 조선을 처음 방문한 그녀가 "인경전의 종소리가 울리면 / 장안의 남자들이 모조리 사라지고 갑자기 부녀자의 세계로 / 화하는 극적인 서울", 그리고 "심야에는 여자는 사라지고 남자가 다시 오입을 하러 / 활보하고 나선다고 이런 기이한 관습을 가진 나라를 / 세계 다른 곳에서는 본 일이 없다"고 한 말에 시인은 신선한 충격을 받는다. 우리의 전통이어서 별다른 감응이 없었던 사실이 외국인의 시선에 되비쳐 아름답고 기이한 풍경으로 인식된다. "남자들이 모조리 사라지고 갑자기 부녀자의 세계로 화하는 시간"이나 "아낙네들이 양잿물 솥에 불을 지피며 빨래하던 시절"은 공식적인 역사에서는 지워져 있는 하찮은 시간들이다. 그런데 시인은 왜 이런 전통에 열광하는 것일까? "김수영이 '더러운 전통'과 '더러운 역사' 속에서 재발견한 것은 '무수한 반동'들이 끈질기게 지켜 온 이 극적인 생존공간이다."[19] 가부장적인 조선 사회에서 가장 하위에 속해 있던 부녀자들이 차지했던 독특한 시간을 시인은 "아름다

19 김수이, 「현대시에 나타난 '다문화'의 양상들」, 『어문연구』 144, 한국어문교육연구회, 2009 겨울, 243쪽.

운 시간"이라고 표현한다. "천하를 호령한 민비"조차도 누릴 수 없었던 이런 시간이야말로 지배적 역사에 훼손되지 않는 온전한 개인적 시간이다. 아무리 하찮은 시간이더라도 "나에게 놋주발보다도 더 쨍쨍 울리는 추억"이 있는 시간이야말로 의미 있는 시간이라고 할 수 있다. 이때의 시간은 '기억의 대상'으로의 과거라는 벤야민의 역사 개념과 유사하다. "벤야민에게 역사는 완결되지 않은 어떤 것, 완성할 것을 요구하는, 다시 말해 구원의 대상이 되는 어떤 것이다. 벤야민에게 역사는 현실태로 끝나버린 지나가버린 대상이 아니라 기억의 대상이다. 기억의 대상으로의 역사는 흘러 지나버린 어떤 것이 아니라, 현실태 이후에도 살아있는 능력으로 남아있는 그 무엇이다."[20] 역사를 기억의 대상으로 인식한다는 것은 공식적인 역사를 완결된 것으로 인정하지 않고 역사의 또 다른 가능성을 추구한다는 것이다. 기억의 대상으로서의 역사는 이미 완결된 현실태가 아닌 구원의 가능성을 지닌 잠재태로 존재한다. 김수영은 자신이 기억하는 '아낙네들이 빨래하던 시절'과 연관해서 비숍 여사가 보았던 '부녀자의 세계로 화하는 극적인 시간'을 떠올리며 면면히 이어 내려오는 전통문화와 하위문화의 저력을 각성하게 된다. 남성과 지배계급 중심의 문화 속에 있으면서도 독자적인 맥을 이어온 여성들의 이런 하위문화야말로 인간의 유구한 삶과 사랑의 역사를 반증하는 것이다. 김수영은 공식적인 역사의 후면에서 생명력을 이어온 이러한 하위문화의 "무수한 반동"이야말로 자신의 삶을 지탱하는 "거대한 뿌리"라는 명료한 인식에 도달한다. 주체 권력이 진보주의니 사

20 윤교찬, 「부정과 중단의 미학－아감벤의 바틀비론」, 『영어영문학21』 26-1, 2013, 76쪽.

회주의니, 통일이니 중립이니 하는 이념 논쟁을 벌이며 무수히 자리바꿈을 해온 혼란한 역사에서 진정 이 땅의 뿌리를 이어온 것은 권력에서 배제된 억압된 주체들의 끈끈한 삶이었기 때문이다. 거대한 뿌리와 같은 역사의 근원적 잠재성은 현실의 시간 너머에서 유구하게 이어지는 삶의 능력을 확신하게 한다. 현실태 이후에도 살아남는 이러한 잠재태의 발견이 김수영의 역사의식과 정치성이 갖는 남다른 의미이다.

역사는 결코 닫힌 과거가 아니라 가능성으로서의 시간이라는 그의 확고한 성찰은 우리 현대시사에서 보기 드물게 선구적인 것이다. 지배적인 시간의 질서에서 벗어난 해방의 순간을 새로운 역사체험으로 인지하는 이러한 특별한 시간의식에서도 김수영 특유의 중단의 미학을 확인할 수 있다. 김수영은 연속적인 시간과 다른 순간적 시간에서 충만하고 자유로운 상태를 경험하고 새로운 역사 인식에 도달한다. 이는 아감벤이 해방적인 시간의 가능성으로 보았던 카이로스의 시간과 유사하다. 카이로스의 시간은 인간의 의지적 행동과 일치하는 충만한 삶의 경험이다. 그것은 지배적 역사의 흐름이 중단된 채 온전하게 자기충족적인 삶의 경험으로 채워지는 해방적인 순간이다. 김수영은 지배권력에서 배제된 억압적 주체들의 독자적인 전통에서 잠재태로서의 새로운 역사의 가능성을 발견한다.

4. 부정과 중단의 미학

김수영이 동시대인으로서 보여준 선구적인 역사의식은 그에 상응하는 독자적인 미학으로 인해 더욱 획기적인 변화를 보여주게 된다. 문학의 정치성은 어디까지나 문학의 형식을 통해 새로운 감각적 분배의 방식을 발견하는 것[21]이라고 볼 때, 김수영 시의 참된 정치성은 그의 시에 드러나는 언어의 특이성과 감각의 새로움에서 찾아야 할 것이다.

하위문화의 "무수한 반동"에 대한 애착을 드러냈던 김수영은 언어의 측면에서도 지배적 담론을 조롱하거나 비판하는 과격한 부정을 행한다. 시에 은어와 비어, 욕설과 같은 비공식적인 언어를 과감하게 도입한 것은 시의 언어를 한정하던 보이지 않는 질서에 균열을 일으킨다. 하위문화적 언어를 끌어들임으로써 그는 오랫동안 지배층의 문화였던 시의 감각을 새롭게 분배한다. "언어활동을 경험한다는 사실(말한다는 사실)과 공동체를 구성한다는 사실(다수성의 사실)이 한 순간 명확하게 되는 이런 중단의 형식은 시대와 환경에 따라 다양하게 되고 변화하게 된다"[22]고 할 때의 '중단의 형식'과 유사하게 감각적 분배는 언어와 체제 사이의 연결망을 끊어냄으로써 새로운 사유와 실천을 가능하게 한다.

---

21 자크 랑시에르는 "문학이 세계에 참여(앙가지망, engagement)한다는 의미에서 정치적인 것이 아니라, 문학이 사물들에 다시 이름을 붙이고, 단어와 사물 사이, 혹은 단어와 정체성 사이에 틈을 만듦으로써 해방 가능성을 만들어내는 데 개입한다는 의미에서 정치적인 것"이라고 한다.(자크 랑시에르, 양창렬 대담・정리, 「자크 랑시에르 인터뷰—'문학성'에서 '문학의 정치'까지」, 『문학과사회』 85, 2009 봄, 448쪽)

22 조르조 아감벤, 앞의 책, 2009, 81쪽.

김수영은 새로운 언어를 사용하는 것 외에도 비판적인 사유와 실천을 위해 다양한 시도를 하는데, 풍자는 그 대표적인 방식이다. 아감벤은 풍자가 묘사 불가능한 것이 현실이 되어버린 상황에 직면했을 때 보여줄 수 있는 무능의 표시라고 한다.[23] 풍자는 적극적인 현실 비판의 방식은 아니지만 단순한 무능력도 아니다. 풍자를 행하는 자는 무능을 가장하여 지배질서와 거리를 유지하면서 그것을 부정하거나 비판할 수 있다.

> 왜 나는 조그마한 일에만 분개하는가
> 저 왕궁 대신에 왕궁의 음탕 대신에
> 50원짜리 갈비가 기름덩어리만 나왔다고 분개하고
> 옹졸하게 분개하고 설렁탕집 돼지 같은 주인년한테 욕을 하고
> 옹졸하게 욕을 하고
>
> 한번 정정당당하게
> 붙잡혀간 소설가를 위해서
> 언론의 자유를 요구하고 월남파병에 반대하는
> 자유를 이행하지 못하고
> 20원을 받으러 세 번식 네 번씩
> 찾아오는 야경꾼들만 증오하고 있는가

—「어느 날 고궁을 나오면서」 부분

23 위의 책, 87쪽. 이는 크라우스가 나치즘의 대두를 앞에 두고 자신이 침묵했던 것에 대해 "히틀러에 대해서는 내 머리 속에 들어오는 것이 하나도 없다"며 잔혹한 기지로 자신의 한계를 고백한 것에 근거한 말이다.

김수영의 풍자는 현실에 대한 직접적인 비판을 드러내는 경우도 있지만, 이 시와 같이 자기 자신에 대한 비판으로 행할 때가 많다. 이 시에서도 신랄한 풍자의 칼날은 자기 자신을 향하고 있다. 그는 자기 자신을 비판의 중심에 놓으면서 다른 한편으로 진정한 비판의 대상을 제시하는 이중적인 화법을 효과적으로 구사한다. "왕궁의 음탕" 대신에 "설렁탕집 돼지 같은 주인년"을 욕하는 자신을 가차 없이 풍자하는 장면을 보면, 고궁을 나오면서 먹은 기름덩어리 갈비 때문에 분개했던 상황의 실감나는 묘사에 무게가 실려 진짜 비판하고 싶은 대상을 가리는 듯하지만, 바로 이런 위장을 통해 지배질서를 교묘하게 비판하고 있다. 마찬가지로 언론 자유와 월남파병을 반대하는 자유를 이행하지 '못하고', 고작 야경꾼들과 신경전을 벌이는 상황의 묘사를 통해서도 자기 풍자를 강조한다. 여기서도 비겁하고 옹졸하기 짝이 없는 자신을 향한 풍자 속에 지배질서에 대한 비판을 감추고 있다.

김수영 시에서 언어를 통한 감각적 분배가 개성적으로 드러나는 또 다른 표현 방식으로 시행엇붙임을 들 수 있다. 시행엇붙임은 통사적 연결과 시행의 분절을 어긋나게 하여 의미와 리듬의 질서에 변화를 주는 방법이다. 아감벤은 시구(詩句)에서만 가능한 행의 중지나 시행엇붙임 기법이 언어가 지닌 통사론적인 경계를 언어의 청각적 또는 운율적인 경계와 충돌하게 만드는 것이며, 단지 의미가 단절되는 중간휴지나 의미가 다음으로 넘어가는 행의 걸치기가 아니라 "소리와 의미의 분열"이라고 보았다. 망설임을 만들어 낸 "언어의 중지는 뜻의 흐름 속에서 언어를 끄집어내어 언어를 기호 그 자체로 보여주는 것"이며, 바로 이 중단의 순간에 언어는 소통 목적으로서의 수단이 아니라 언어 기호 자체로의 순수한 수단이 되는 것이다.[24] 통사적 흐름과 어긋나면서 메시지 전달을 지연시키는 이런 방법은 의미에 종속되지 않는 "언어활동의 순수한 실존"[25]을 드러낸다.

> 의자가 많아서 걸린다 테이블도 많으면
> 걸린다 테이블 밑에 가로질러놓은
> 엮음대가 걸리고 테이블 위에 놓은
> 미제 자기(磁器) 스탠드가 울린다
>
> 마루에 가도 마찬가지다 피아노 옆에 놓은
> 찬장이 울린다 유리문이 울리고 그 속에
> 넣어둔 노리다케 반상 세트와 글라스가
> 울린다 이따금씩 강 건너의 대포소리가
>
> 날 때도 울리지만 싱겁게 걸어갈 때
> 울리고 돌아서 걸어갈 때 울리고
> 의자와 의자 사이로 비집고 갈 때
> 울리고 코 풀 수건을 찾으러 갈 때

---

24 윤교찬, 앞의 글, 77쪽 참조

25 아감벤은 루트비히 비트겐슈타인에게 있어서 언어활동의 순수한 실존(말한다는 사실)을 경험하는 것이 윤리에 해당할 수 있다는 점, 벤야민이 구원받은 인류의 모습을 문법이나 특수어로 환원될 수 없는 '순수 언어'에 맡긴다는 점을 주목하여 언어의 윤리성을 거론한다.(조르조 아감벤, 앞의 책, 2009, 80쪽)

38선을 돌아오듯 테이블을 돌아갈 때
걸리고 울리고 일어나도 걸리고
앉아도 걸리고 항상 일어서야 하고 항상
앉아야 한다 피로하지 않으면

울린다 시를 쓰다 말고 코를 풀다 말고
테이블 밑에 신경이 가고 탱크가 지나가는
연도(沿道)의 음악을 들어야 한다 피로하지
않으면 울린다 가만히 있어도 울린다

—「의자가 많아서 걸린다」 부분

이 시의 첫 번째 연을 통사적 질서에 맞게 분절한다면 "의자가 많아서 걸린다 / 테이블도 많으면 걸린다 / 테이블 밑에 가로질러놓은 엮음대가 걸리고 / 테이블 위에 놓은 미제 자기(磁器) 스탠드가 울린다"처럼 되어야 할 것이다. 그런데 모든 시행이 통사적 분절과 어긋나는 구성을 이루고 있다. 각 행의 구성이 이런 식이고 연의 구성 또한 통사적 분절과 맞지 않는다. 가령 2연 끝과 3연 첫 부분은 "대포소리가"와 "날 때도 울리지만"으로 분절되어 있어 통사적 흐름과 전혀 다르기 때문에 낯설게 느껴진다. 4연 끝과 5연 첫 부분도 "피로하지 않으면"과 "울린다"가 분절되어 통사적 경계와 운율적 경계가 크게 어긋나 있다. 이 시는 모든 연이 4행씩으로 구성되어 있어, 연행 구성의 질서가 통사적 질서를 압도하는 것으로 보인다. 시에서 규칙적인 연행 구성이 자칫 경직된 느낌을 주는 것에 비해 이 시에서는 오히려 "소리와 의미의 분열"

로 인한 감각의 확장을 가져온다.

이 시에서 계속 강조하는 것은 '걸림'과 '울림'이 반복되는 일상이다. 집안에 놓인 많은 가구들 때문에 걸어 다닐 때 자꾸 걸리고 이로 인해 울림이 발생하는 현상을 시인은 상세하게 묘사한다. 발에 걸리는 의자와 테이블, 그로 인해 울리는 미제 자기 스탠드, 피아노, 찬장, 노리다케 반상 세트, 글라스 등을 일일이 나열하면서 걸림과 울림의 반복을 감각화한다. 계속 나타나는 시행엇붙임의 방식 또한 걸림과 울림이라는 현상과 절묘하게 어울린다. "의자가 많아서 자꾸 걸리고 그로 인해 집안의 모든 물건들이 울린다"는 산문적 진술로는 이 시의 반복적 진술과 시행엇붙임으로 인한 혼란스러운 느낌을 이만큼 감각적으로 표현하기 어렵다. 시인은 소리와 의미의 즉각적인 연결을 중단시키는 시행엇붙임을 사용하여 자신이 체험한 걸림과 울림의 고통을 실감나게 보여주면서 그로부터 비판적 사유를 끌어낸다. 그가 이토록 걸림과 울림에 대한 반감을 집요하게 토로하는 이유는 무엇일까? "이 시에서 '걸림'은 삶의 여러 가지 부조리와 모순을 의미한다. 의자와 테이블의 각진 모양새는 자유의 추구에 방해가 되는 것들의 부정적인 속성을 표상하고 있다."[26] 시인은 자신의 자유를 방해하는 일상의 삶을 통해 부조리하고 모순적인 삶에 대한 비판을 행한다. "닿고 닿아지고 걸리고 걸려지고 / 모서리뿐인 형식뿐인 격식뿐인 / 관청을 우리집은 닮아가고 있다 / 철조망을 우리집은 닮아가고 있다"는 진술에서 이런 비판은 보다 직접적으로 드러난다. 38선을 닮은 테이블과 철조망 같은 물건들에서 시인은 사

26 이영광, 「한국시의 시행 엇붙임과 시의식에 대한 연구」, 『현대문학이론연구』 13, 현대문학이론학회, 2000, 241쪽.

신이 얼마나 자유롭지 못한 상황 속에서 살아가는지를 감각적으로 체험한다. 메시지 전달이나 통사적 질서의 효율과 무관하게 수많은 걸림과 울림을 반복적으로 표현함으로써 시적 언어의 자율성은 증폭된다. 이런 시적 언어는 문법적 언어가 틈입할 수 없는 독자적인 영역을 확보함으로써 체제로부터 자유로운 상태를 감각할 수 있게 한다.

김수영이 자주 사용한 시행엇붙임은 언어를 소통의 수단으로 여기는 목적론적인 언어관에서 벗어나 독자적인 미학의 방식을 드러낸다. 시행엇붙임은 통사적 흐름을 중단시키는 의외의 방법으로 의미의 직접적인 전달을 유보하면서 언어에 대한 새로운 감각을 작동시킨다. 소리와 의미가 어긋나면서 의미의 자동적인 도출을 방해하며 감각의 차원에서 그것을 재인식하게 만드는 것이다.

김수영 시의 정치성은 그의 시가 언어 면에서 보여준 혁신과 함께 논의되어야 마땅하다. 은어와 속어 같은 비시적인 하위문화의 과감한 차용, 풍자를 통한 비판적 사유, 통사적 흐름에서 자유로운 시행엇붙임의 활용 등은 기존의 문학적 질서에서 벗어난 새로운 언어 감각을 자극한다. 부정과 중단의 미학은 김수영 시의 언어미학을 관통하는 원리이다. 익숙한 시어의 범주를 벗어난 비시적인 언어의 과감한 도입은 시에 내재하던 언어에 대한 차별적 분리를 무화한다. 자기 자신의 무능을 풍자하며 지배질서에 대한 비판을 강화하는 방식 또한 김수영 시의 부정의 미학에 부합하는 방식이다. 시행엇붙임을 통해 의미의 즉각적 작용을 중단시키는 방식도 김수영의 언어미학에서 자주 활용된다. 이러한 부정과 중단의 미학은 기존의 시와 다른 긴장감을 유발하며 새로운 감각을 활성화한다. 기존 시의 일반적인 문법에서 벗어나는 김수영 시 특유의 미학은 의미의 차원을 넘어서 감각의 혁신에 전면적으로 작용한다. 감각의 해방은 지배적인 질서와 문화에 균열을 일으키는 시적이고 정치적인 해방을 가져온다. 그 무엇으로도 막을 수 없는 이런 감각의 자유야말로 김수영 시가 도달한 정치성의 진정한 가치일 것이다.

5. 결론

김수영의 시는 오랫동안 우리문학을 양분해온 순수 / 참여 논쟁에서 늘 쟁점이 되어왔으며, 모더니즘과 리얼리즘의 회통이나 '시와 정치'에 관한 논의에서도 대표적인 사례로서 거론되어 왔다. 김수영 시의 가치나 현재성은 정치적 내용과 미적인 태도가 일치하는 그의 시의 개성을 통합적으로 고찰함으로써 밝혀질 수 있다. 정치철학과 미학에 대한 통합적 접근을 행하는 아감벤의 이론은 김수영 시의 미학적 정치성을 규명하는 데 유용한 참조 틀이 된다. 이 글에서는 아감벤의 정치철학과 역사의식, 그리고 언어에 대한 독특한 사유를 통해 김수영 시의 미학에 대해 새롭게 접근해보았다.

아감벤은 자신의 시대를 정확히 통찰하는 자를 동시대인이라 규정한다. 동시대인은 시대의 어둠을 꿰뚫어보며 또 다른 시대를 꿈꾸는 시인과 유사하다. 김수영은 동시대인으로서 자신의 시대에 대해 남다르게 냉철하고 명료한 시선을 보여준다. 김수영이 추구한 '첨단의 노래'나 '정지의 미'는 시대의 흐름과 속도를 달리하여 시차를 만들어내며 자기 시대의 문제를 다각도로 파악할 수 있게 한다. 그는 자신만의 시선과 경험으로 현실정치보다 더 근본적인 생명정치의 작동방식을 포착하고 있었으며 생명의 권리와 자유의 가치를 선언한다. 김수영이 동시대인으로서 보여주는 중단의 미학은 자기 시대의 한계를 넘어서 새로운 시대의 가능성을 사유하는 방식이다.

김수영은 역사에 대해서도 지배적인 관점과 다른 독특한 관점으로 새로운 역사의식을 수립해간다. 4·19혁명을 통한 특별한 시간 경험은 역사적인 선적 시간과 다른 순간적인 시간, 카이로스의 해방적 시간의 가치를 깨닫게 한다. 아감벤은 카이로스의 시간이라는 개념을 통해 연속적인 역사의 개념에서 벗어난, 끊어진 선과 같은 시간을 제시한다. 그것은 인간의 행위와 결단에 의해 도출되는 충만하고 해방적인 시간이다. 김수영은 혁명을 통해 지배적 역사에서 벗어난 해방적인 시간의 가능성을 자각한다. 이러한 혁신적인 시간 개념으로 인해 그는 연속적인 역사관과 상이한 역사의식을 갖게 된다. 공식적인 역사의 후면에서 생명력을 이어온 억압된 주체들의 해방된 시간을 통해 거대한 뿌리와 같은 역사의 근원적 잠재성을 발견한다.

하위문화의 '무수한 반동'에 대해 애착을 드러냈던 김수영은 시에 은어와 속어 등 비시적 언어를 과감하게 끌어들였으며, 비판적인 사유와 실천을 위해 풍자를 행하거나, 통사적 흐름에서 자유로운 시행엇붙임을 활용함으로써 기존의 문학적 질서에서 벗어난 새로운 감각을 도입한다. 지배 질서와 문화에 균열을 일으키는 감각의 자유는 김수영 시가 도달한 언어미학적 정치성의 주요 원리다. 언어에 대한 차별적 분리의 무화, 지배질서에 대한 풍자와 비판, 의미의 즉각적 작용을 중단시키는 시행엇붙임 등 다양한 부정과 중단의 언어미학을 통해 그의 시는 긴장감과 새로운 감각을 불러일으킨다. 이러한 감각의 혁신은 지배적인 질서와 문화에서 벗어난 시적이고 정치적인 해방을 가져온다.

지배질서와 문화에서 벗어난 새로운 시선의 가능성을 제시하는 아감벤의 이론은 김수영 시의 미학적 정치성을 해명하는 데 긴요하다. 그들은 선적인 시간과 역사의식에서 벗어난 개인의 해방적 시간을 중시한다. 공적 시간이 중단되는 이 특별한 경험은 하위주체들 고유의 삶과 새로운 역사의 잠재력을 일깨운다. 그들은 언어미학에 있어서도 중단의 형식이 갖는 혁명적 가치를 공유한다. 그들은 중단의 미학을 결핍이나 실패가 아닌 창조나 변화의 가능성으로 새롭게 부각시킨다. 이는 진보를 당연시하며 하위주체들을 억압하는 서구 근대에 대한 획기적인 부정의 방법이다. 그만큼 김수영의 동시대성과 중단의 미학은 그의 시가 선취한 미학적 정치성의 핵심을 이룬다고 볼 수 있다.

황순원 시와 타자의 윤리

1. 서론

황순원은 소설가로 활동하기 전에 시인으로 출발한다. 1931년 『동광』에 시 「나의 꿈」을 발표하면서 등단했고 1934년에 첫 번째 시집 『방가』, 1936년 두 번째 시집 『골동품』을 내놓으며 시인으로 활발하게 활동한다. 이후 소설 창작에 열중하게 되어 더 이상 시집을 내놓지는 않지만 시 창작을 멈춘 것은 아니다. 본인이 작품을 가려 뽑은 시선집인 『황순원 전집』 11권을 보면 『방가』와 『골동품』 외에 『공간』(1935~1940), 『목탄화』(1945~1960), 『세월』(1974~1985) 등이 시기별로 분류되어 있다. 다작은 아니지만 소설을 쓰면서도 틈틈이 시를 계속 썼던 것이다. 이는 소설이 아닌 시로 표현하고 싶은 세계가 지속되었다는 증거이다.

황순원의 시는 "나는 다른 하나의 실험관이다"라는 자서를 붙인 시집 『골동품』을 제외하고는 거의 내면 고백에 가깝다. 『골동품』은 '단층'의 동인으로 활동하던 시기에 쓴 것으로 짤막한 형태의 이미지즘 시들로만 이루어져 있다. 그 외 대부분의 시들은 고백체로 주정적인 색채가 강하다. 황순원에게 시는 허구의 세계를 창조하는 소설과는 달리 꾸밈없는 육성에 가까웠던 것이다. 그는 평생 동안 잡문을 거의 쓰지 않았지만, 매번 자신을 벗어나 전혀 새로운 허구의 세계를 그려야하는 소설 외에 자신을 진솔하게 드러내는 시를 통해 다양한 표현의 욕구를 충족한 것으로 보인다. 황순원의 시는 육성에 가까워서 그가 지녔던 사유나 감정의 핵심을 포함하고 있다. 그것은 그의 문학 전반에 걸친 사상의 중심과 삶에 대한 근본 자세를 보여준다.

그렇다면 시를 통해 확인할 수 있는 황순원 문학의 중심 사상은 무엇인가? 「고백」이라는 시에서 그 답을 찾을 수 있다. "네 이웃을 네 몸과 같이 사랑하라"는 말이 처음부터 두렵고 고통스럽게 자신을 붙들고 놓아주질 않는다고 그는 힘겹게 고백한다. 사실은 자신이 그 말을 놓칠까 겁이 났었다는 매우 진솔한 고백 속에 오랜 고뇌의 자취가 들어있다. 타자를 의식하고 배려해야 한다는 윤리의식은 평생 동안 그의 사유를 지배해온 무거운 책무이다. 흔히 인본주의로 규정되어온 그의 사상의 일단 역시 이러한 사유의 연장선상에 놓인다.

타자에 대한 의식과 사유의 방식에 있어 황순원의 시는 레비나스의 타자 철학과 상당히 유사한 면모를 보인다. 황순원의 시는 우리 서정시의 대세를 이루어온 자연서정시나 현실 참여시, 언어에 대한 실험성이 강한 시 중 어느 한 가지에 뚜렷하게 귀속되지 않으면서 독자적인 사유의 체계를 이루고 있다는 데 독특한 입지가 있다. 특히 타자나 공동체와 함께 하는 주체의 윤리의식에 대한 탐구는 각별하다. 소설보다 주제에 대한 감성적 접근이 용이한 시를 통해 그는 자신이 평생 동안 몰입했던 도덕적 책임의식에 대한 관심을 보다 직접적으로 드러낸다. 타자에 대한 책임을 강조하는 것은 논리적 차원이 아닌 윤리적 차원에 놓인다. 윤리와 도덕은 인류의 기본 단위인 가족과 이웃에 대한 책임을 강조하는 것이다. 타자에 대해 도덕적 책임을 진다는 것은 타자를 대신하여 고통과 희생을 감수하는 것인데, 이를 통해 윤리적 주체의 고유성을 확보할 수 있다.

이런 타자 철학과의 관련성을 통해 황순원의 문학이 제기하는 인간 본성에 대한 깊이 있는 이해와 현대사회의 삭막한 인간관계를 근본적으로 반성할 가치의 문제에 접근해볼 수 있을 것이다. 여기서는 황순원의 시에서 타자의식이 형성되고 심화되어가는 과정을 살펴 그 의식의 출발과 귀착이 보여주는 지향성을 확인해볼 것이다. 레비나스의 주요 개념들을 참조로 하여 황순원 시의 타자의식이 보여주는 의미와 가치에 대한 이해를 돕고자 한다. 삶에 대한 사랑과 향유, 주체와 타자의 관계, 타자의 고통에 대한 주체의 책임 등과 관련된 레비나스의 독특한 인간 존재론은 황순원 시의 윤리의식을 규명하는 데 유용하다. 이는 그동안 변모과정이나 미의식의 해명에 집중되어온 황순원의 시를 윤리의식이나 가치관의 측면에서 재조명하려는 시도이다.[1] 황순원의 시

1 황순원 시에 대한 선행 연구는 다음과 같다.
최동호, 「동경의 꿈에서 피사의 사탑까지」, 『말과 삶과 자유』, 문학과지성사, 1985.
박양호, 「황순원 시 연구–『방가』를 중심으로」, 『어문논총』 10 · 11, 전남대 국어국문학연구회, 1989.
노귀남, 「황순원 시세계의 변모를 통해서 본 서정성 고찰」, 『고황논집』 6, 경희대 대학원, 1990.
고현철, 「황순원 시 연구–시집 『방가』에 나타난 역사의식을 중심으로」, 『한국문학논

에 나타나는 내면의 진솔한 고백은 그를 지배했던 윤리와 사상의 본원을 소설에서보다 더 확연하게 드러내 보인다. 이를 통해 황순원의 문학에서 윤리의식이 갖는 특성과 의미를 보다 분명하게 파악하는 것이 가능하다. 그동안 황순원의 문학에 대해서는 인본주의라는 다소 범박한 규정이 행해졌지만, 타자에 대한 그의 각별한 관심을 확인함으로써 그의 윤리의식이 갖는 근본적인 성격을 확인할 수 있을 것이다.

2. 생명의 향유와 폭력에 대한 저항

황순원은 해방 이전의 초기시에서 다양한 시풍을 시도한다. 첫 시집 『방가』에서는 제목그대로 세상을 향한 힘찬 부르짖음을 담고 있다. 이상을 향한 동경과 현실에 대한 부정이 선명한 대조를 이루며 강한 낭만성을 드러낸다. 1930년대 초기 일제의 탄압으로 크게 위축되었던 시단의 전반적인 분위기와 다르게 마음껏 내면의 소리를 발산한 이 시집은

총』 11, 한국문학회, 1990.
김주연, 「싱싱함, 그 생명의 미학」, 『황순원 전집』 11(시선집), 문학과지성사, 1993.
김종태, 「염결성의 시학」, 『현대시학』, 현대시학사, 2000.10.
이혜원, 「황순원 시 연구」, 『한국시학연구』 3, 한국시학회, 2000.11.
장석남, 「황순원 시의 변모 양상에 대한 고찰」, 『한국문예창작』 11, 한국문예창작학회, 2007.
이 중 최동호, 노귀남, 이혜원, 장석남은 황순원 시의 변모과정을 살피고 있으며, 김주연, 김종태는 생명성 또는 염결성에서 미의식을 찾고 있다. 박양호와 고현철은 첫 시집 『방가』를 집중적으로 분석하고 있다.

상당히 이례적이다. 혈기 왕성한 젊은 시인으로서 거침없이 분출한 강렬한 육성을 통해 황순원이 꿈꾸었던 한 세계를 대면할 수 있다.

꿈, 어젯밤 나의 꿈
이상한 꿈을 꾸었노라
세계를 짓밟아 문지른 후
생명의 꽃을 가득히 심고
그 속에서 마음껏 노래를 불렀노라.

언제고 잊지 못할 이 꿈은
깨져 흩어진 이 내 머릿속에도
굳게 못박혔도다
다른 모든 것은 세파에 스치어 사라져도
나의 이 동경의 꿈만은 길이 존재하나니.

—「나의 꿈」[2] 전문

황순원의 등단작인 이 시는 앞으로 펼쳐질 그의 문학세계에 대한 강한 전조를 보여 흥미롭다. 시의 큰 축을 이루는 꿈과 현실의 갈등은 황순원 문학의 낭만적 성향을 내포한다. '이상한 꿈'은 현실의 '세계'와 맞먹는 원대한 포부를 담고 있다. 그는 현실의 세계를 지우고 '생명의 꽃'이 가득한 아름답고 평화로운 세계를 세우고 싶어 한다. "세계를 짓밟

2 황순원, 『황순원 전집』 11(시선집), 문학과지성사, 1993, 11쪽.(이후 시 인용은 이 책에 의거함)

아 문지른 후"라는 강한 표현을 통해, 자신이 꿈꾸는 세계를 위해 현실과의 혹독한 대결을 불사하겠다는 각오를 엿볼 수 있다. 자신의 이상을 현실 세계에서 실현하겠다는 '이 동경의 꿈'은 그의 예견대로 온갖 세파에도 흔들리지 않고 황순원 문학의 견고한 뼈대를 이룬 정신이다.

생명의 꽃이 가득한 세계에서 마음껏 노래하고 싶다는 이 순수한 욕망은 레비나스가 말하는 '향유'를 연상시킨다. "향유를 사람이 세계와 가지는 일차적 관계로 보고 세계를 사물의 체계가 되기 이전의 '요소적' 세계로 보는 것은 주체의 주체성을 새롭게 규정하기 위한 것이다. 요소적 세계와의 향유적 관계를 통해 레비나스는 주체의 근원적 존재 방식을 드러내보고자 한 것이다."[3] 향유를 통해 주체는 자신을 둘러싼 세계를 자신의 세계로 변형시키고 개별적 인격을 발현하게 된다. 그러므로 향유는 주체의 내면성과 유일성을 보장한다. 이러한 향유의 자기축발적 구조를 레비나스는 "자기에 대한 감싸여짐"이라는 말로 표현했으며 존재자는 늘 자기와의 연루 속에서 존재한다는 점을 강조하였다. 자신의 감각으로부터 즐거움을 얻는 이러한 작용에서 감성은 중요하게 작용한다. 이런 맥락에서 레비나스는 "감성은 향유의 방식"이라고 했다.[4] 레비나스는 경험의 특정성을 중시했으며 이성보다 감성으로 포착할 수 있는 개별적 감각의 독자성을 사유의 출발점으로 삼았다. 향유를 누리는 주체는 무엇으로 대신하거나 소외시킬 수 없는 고유하고 존엄한 존재이다. 위의 시는 향유를 통해 주체가 내면성과 유일성을

3 강영안, 『타인의 얼굴』, 문학과지성사, 2005, 130쪽.

4 서동욱, 「들뢰즈와 레비나스에서 감성의 중요성 – '상처'의 경험에 관해서」, 『철학과 현상학 연구』 20, 한국현상학회, 2003.5, 181~182쪽 참조.

획득하는 과정을 보여준다. 자신만이 꿈꾸는 세계를 향유함으로써 주체는 그 무엇으로도 대체할 수 없는 자신만의 세계를 확보하고 개별적 인격의 존엄을 선언한다. 향유를 통한 개별적이고 내면적인 세계는 고유한 인격과 절대성을 발현한다.

황순원이 「나의 꿈」에서 보여준 주체성에 대한 분명한 자각은 주체성을 위협하는 부당한 힘에 대한 강한 저항의 동력을 이룬다. 각각의 주체는 자유로운 자기실현을 추구해가며 필연적으로 타자를 만나지만, 타자를 자신의 존재 유지를 위한 수단으로 삼는다. 타자를 수단으로 삼고 지배하고자 하는 욕망은 모든 폭력과 갈등, 전쟁의 원인이 된다. 자신의 존재를 강화하려는 자기중심주의는 필연적으로 타자와 충돌을 일으킨다. 동일한 세계 속에는 무수한 주체들이 공존하기 때문에 서로의 독립성을 앞세우다 보면 타인의 독립성을 제한하려는 적대적인 힘을 발휘하게 된다. 이러한 갈등은 상대방의 개체성과 인격성에 관심을 두지 않기 때문에 타인에 대한 책임이나 윤리에 무감하다.

세계의 평화를 상징하듯이
넓으나넓은 하늘에서 자유로이 날개 펴는 독수리
그러나 얼마나 많은 날짐승이 그 사나운 발톱에 피를 흘리고
그 날카로운 주둥이에 골이 패여 죽었던가
날쌘 몸집도 힘 있거니와 불쏘는 눈알 더욱 무섭구나
잔악한 존재여, 날짐승의 통제자여.

때로 그는 한낱의 장난으로, 잔인성의 발로로

어미 찾는 작은 새를 잡아다 농락하였고
바위 위에 앉아서는 독한 소리를 질러 질러
멀리 있는 어미새의 마음을 공포에 떨게 하였다
가져야 할 연민 대신 폭력만을 믿는 자여.

—「우리 안에 든 독수리」 부분

황순원은 출발선에서부터 세계의 질서에 맞서는 이상과 꿈을 표방하였지만 결코 현실의 상황을 도외시하지 않는다. 주체가 거주하는 세계의 실상을 직시하고 자신의 꿈을 통해 그것과 대결한다. 「꺼진 등대」, 「황해를 건너는 사공아」, 「팔월의 노래」, 「떨어지는 이 날의 태양은」 등 『방가』에 실린 많은 시들은 주체를 억압하는 폭력적인 힘의 지배를 비판하고 강한 저항의 의지를 드러낸다. '거친 파도', '뜨거운 태양', '잔인한 독수리' 등으로 강자의 힘을 비유하고 이들이 약자에게 행하는 부당한 폭력을 강조한다. 선명한 비유와 상징을 통해 폭력적 힘의 부당성에 대한 비판을 행한다. 생명과 아름다움으로 가득한 세계를 향유하고자 하는 자신의 꿈과 상반되게 폭력과 억압이 지배하는 현실에 대해 강하게 반발하다. 위의 시에서 독수리는 자신의 자유를 확장하기 위해 다른 날짐승들의 생명을 무자비하게 탄압하는 폭력적인 존재로 그려진다. 철저한 자기중심주의에 의해 자유와 권력을 독점하고 타인을 억압하거나 제거하는 행위를 서슴지 않는다. '연민 대신 폭력'만 난무하는 이런 세계에 윤리는 들어설 자리가 없다.

"그렇다면 어떻게 타인과의 평화로운 삶이 가능할까? 가능한 하나의 방법은 홉스의 제안과 비슷하게 나의 생존권, 나의 존재 유지 권리를 제한하는 길이다."[5] 각 주체가 자신의 타협이나 계약을 통해 서로 자유의 한도를 조절하는 방법이다. 일견 합리적인 것으로 보이는 이 방법은 근본적으로 상대방에 대한 공포에 근거한 것으로 늘 계약 파기의 위험을 안고 있다. 이성적 계산에 의해 개인 간, 혹은 국가 간의 평화를 유지하는 이러한 방식을 레비나스는 전형적인 서구적 평화 개념이라고 본다. 그는 이러한 평화 유지 방법이 근본적으로 이기심에 근거한 것으로 타자성에 대한 진정한 인정이나 배려가 결여되어 있는 것으로 '윤리가 결여된 정치'라고 단언한다. 이런 정치는 인간의 이기적인 성향을 합리적으로 조정한 것에 불과하고 참다운 평화가 아닌 가식적인 평화만을 보장할 뿐이다. 정의가 아닌 힘의 원리를 바탕으로 하기 때문에 사회의 약자들은 상대적으로 피해를 받을 수밖에 없다. "그러므로 1인칭적 관점을 벗어나 2인칭적 관점에서 나와 타인의 관계를 근본적으로 검토해 보고, 나의 자유를 기초로 한 책임이 아니라 그것을 선행하는 책임의 문제를 인정해야 한다는 것이 레비나스 철학의 핵심이다."[6]

위의 시에 나오는 '독수리'를 포함하여 '파도'나 '태양'으로 비유되는 강자의 횡포는 약육강식의 동물적 상태에 가까운 폭력의 세계를 보여준다. 생존권이라는 기본적 권리가 위협받고 개인의 자유가 극도로 억압되었던 일제 강점기를 겪으며 황순원은 개인이나 국가의 이기적인 생존방식에 대해 철저히 비판적인 입장을 확립하게 된다. 생명과 아름다움이 가득한 이상세계에 대한 끝없는 동경과 생존권과 자치권마저 박탈된 열악한 현실의 격차는 격렬한 부정과 저항의식을 낳는다. 이

5 강영안, 앞의 책, 172쪽.

6 위의 책, 176쪽.

시기에 철저하게 약자의 처지에 놓여있던 그로서 최선의 선택은 부당한 힘에 적극적으로 항거하는 것뿐이었다. 강인한 생명에 대한 찬사와 저항의 의지가 두드러지게 드러나는 것은 이 때문이다. "이 악센 잎사귀에 매듭진 줄기 / 그러나 여기에 줄기찬 생명이 숨어 있지 않는가 / 온 들판을 덮을 큰 힘이 용솟음치지 않는가"(「잡초」)에서는 잡초의 생명력을 통해 약자들이 내포하고 있는 주체의 독립성과 저력을 표출하고 있다. 현실 상황을 힘과 힘의 대결구도로 파악했던 그는 강자의 지배에 맞설만한 강한 힘과 의지를 절감했던 것으로 보인다. "이미 수많은 동지를 삼키었고 또 삼켜갈 바다는 / 사나운 물짐승이 입을 벌리고 사공의 힘 빠지기를 기다리고 있는 바다는 / 출렁출렁 대지를 울려 그대를 비웃고 있지 않느냐 / 황해를 건너는 사공아, 피끓는 젊음아 / 어서 어서 풍파와 싸울 준비를 서둘러라"(「황해를 건너는 사공아」)에서처럼 세계는 강자와 약자가 벌이는 사나운 힘의 대결로 파악된다. 주체와 타자 사이에 최소한의 타협이나 배려도 없이 폭력적인 지배가 행해졌던 시대에 그는 약육강식의 논리가 지배하는 현실의 구조를 직시했던 것이다. 이렇게 야만적이고 폭력적인 질서에 대한 처절한 각성이 있었기에 그는 타자를 배려하고 존중하는 윤리적인 세계를 지향해가게 된다. 유태인으로서 나치의 폭력에 모든 가족이 희생되는 참극을 겪은 레비나스가 타자에 대한 근본적인 성찰을 촉구하는 철학을 주창한 것처럼 식민지 시대와 이산의 고통을 겪으면서 황순원은 폭력적 지배에 저항하고 약자의 존재를 존중하는 윤리적인 결단을 행하게 된다.

생명과 아름다움에 대한 향유의 열망은 열악한 현실의 조건에 굴복하지 않고 끝없이 그것을 지향하도록 한 구심력이다. 개별적 주체로서 황순원은 자신의 고유성과 존엄성을 자각하고 그것이 부정되는 세계의 폭력성에 대해 부단히 저항한다. 『방가』의 저항성은 당대의 상황으로 보아 놀라울 정도로 강한 것으로 그의 확고한 자존적 의지를 드러낸다. 폭력적 현실에 굴복하지 않고 생명과 아름다움을 추구하려는 의지는 황순원 문학의 기저에 형성된 윤리의식의 동력이다.

3. 타자의 얼굴과 윤리적 주체

황순원의 시는 주체의 강렬한 향유의 열망에서 출발하지만 타자의 존재에 누구보다도 민감한 반응을 드러낸다. 자신의 향유를 방해하는 부정적 현실이 약자인 타자들에게 더욱 가혹하고 폭력적인 힘을 행사하고 있다는 사실을 간과하지 않는다. 자신에게 그런 것처럼 타자들에게 역시 향유와 거주는 기본적인 삶의 여건이 되어야 하지만 현실은 그렇지 않다는 점을 직시한다.

레비나스는 인간의 주체성이 향유나 거주와 같은 구체적인 신체성을 통해 확인된다는 점을 강조한다. 인간은 잠을 자고 집을 짓고 그 안에 거주하는 기본적이고 신체적인 행위를 통해 주체성을 확립하며 이렇게 자기를 실현하는 가운데 타인들을 만난다. "레비나스는 신체와, 타인과 함께 내밀한 공간을 형성하는 집을 주체를 떠받쳐주는 '기반'으로 삼고자 한다."[7] 거주는 주체가 원래 자리로 돌아오는 것이고 이를 통해 환대와 기대와 인간적인 영접을 체험할 수 있다.

황순원 시에서 일제하의 피폐한 현실은 향유와 거주의 여건이 충족되지 않는 상황으로 묘사된다. 「압록강의 밤」, 「고향을 향해」, 「황혼의 노래」, 「이역에서」, 「오후의 한 조각」, 「칠월의 추억」, 「귀향의 노래」 등 많은 시에서 집을 잃고 떠도는 유랑민들, 조국을 등지고 이국을 향하는 사람들, 쇠락한 고향에서 가난에 시달리는 이웃들의 모습이 그려진다. 이국을 떠도는 사람들은 말할 것도 없고 "서러운 눈물의 고장"(「압록강의 밤」), "근심 많은 고향"(「고향을 향해」)으로 돌아온 자들에게 환대와 기대와 영접이 있는 진정한 귀향은 요원하다. 그의 시에서는 자신보다도 약자인 타자들의 가난하고 고통스러운 삶이 가득하다. 그는 제어되지 않는 장황한 서술을 통해 그들의 고달프고 서러운 삶을 펼쳐 보인다.

타자의 고통에 대한 인식은 인간 상호간의 윤리적 관점을 열어준다. "타자의 고통에 대한 관심이 우선이고 그 외 도덕법칙에 대한 존경이나 행복, 또는 공동체의 보존과 같은 것은 윤리에 대해 부차적인 것이다."[8] 즉 타자의 고통에 대한 감성적인 반응이 보다 즉각적으로 윤리적인 관심과 실천을 이끌어낸다. "감성은 '타인과 만나는 장소'인데, 이는 바로 감성이 '상처'를 받을 수 있기 때문이다."[9] 레비나스가 '타자의 얼굴'을 그토록 강조한 것도 이 때문이다. "얼굴을 통해서 존재는 더 이상 그것의 형식에 갇혀 있지 않고 손을 내밀며, 또한 열려서 깊이를 이루며, 이 열려 있음을 통하여 개인적으로 자신을 보여준다. 얼굴은 존재가 자신

7 위의 책, 138쪽.

8 위의 책, 226쪽.

9 서동욱, 앞의 글, 182쪽 참고.

의 동일성 속에서 스스로를 나타내는 다른 어떤 것으로도 환원할 수 없는 방식이다."[10] 타자의 얼굴은 어디에도 속해있지 않고 늘 열려있으며 상처받기 쉽고 저항이 불가능하기 때문에 이로 인해 도덕적 호소력을 갖는다. 곤궁하고 무력한 타자의 얼굴은 나에게 도움에 대한 윤리적인 명령을 행한다. "타인은 타아(他我)조차 아니다. 타인은 자아, 나가 아닌 것이다. 자아, 나는 강하지만 타인은 약하다. 타인은 가난한 자이며 과부이고 고아이다."[11] 이런 무력한 타자의 얼굴이 나에게 행하는 호소에 직면하여 나는 나만의 자유와 부를 무한히 소유할 수 없다. 타자의 얼굴을 의식하면서 나는 재산과 기득권을 버리게 되고 인간의 보편적 결속과 평등의 차원에 이른다. 레비나스의 사상에서 특이한 것은 진정한 평등에 이르기 위해서는 인간 사이의 관계가 비대칭적이어야 한다고 보는 것이다. 그가 당하는 고통 속에서 타자는 나의 주인과 같아 명령하고 질책한다. 나는 내 자신을 벗어나 그를 모실 때 비로소 그와 동등할 수 있다.[12] 타자의 빈궁과 고통을 나의 책임과 의무로 받아들이며 자신만의 내면성에서 벗어날 때 나는 비로소 윤리적 주체가 될 수 있다.

더구나 이런 때 생각키우는 곳은, 마음이 달리는 곳은
고향의 황혼, 시냇물 소리에 스며드는 황혼
까막까치 흉허물 없이 지저귀며 날고
방앗간 지붕에 박꽃이 웃는 그 고운 황혼

---

10 Emmanuel Levinas, trans. by Sean Hand, *Difficult Freedom*, Baltimore : The Johns Hopkins University press, 1997, p.8.

11 레비나스, 서동욱 역, 『존재에서 존재자로』, 민음사, 2001, 161쪽.

12 강영안, 앞의 책, 151쪽 참조.

그러나 거기에도 고역에 지친 어버이의 얼굴이 있었고
굶어 맥없이 자빠진 동생이 있지 않았는가.

—「황혼의 노래」 부분

나는 돌을 집어 검은 개울로 던진다
아니, 내 가슴에로 던진다.

떨어져 앉은 늙은 일본여자 거지의 모습도
검은 개울에 떠있다
잠뿍 알콜병에 잠기고 싶은 한낮.

—「오후의 한 조각」 부분

여윈 구레나룻의 링컨이
검은 칠판에다 검은 분필로 무엇인가 썼다
나는 여전히 판독할 수 없었다
그는 나를 향해 조용히
아주 조용히 슬픈 빛을 띠었다
그 슬픈 빛이 자꾸만 나를 따라왔다
내 나라로 따라오고 내 안방까지 따라왔다

—「링컨이 숨진 집을 나와」 부분

시집 『방가』, 『공간』, 『세월』에서 한 편씩 뽑아낸 위의 시들은 황순원의 시에서 '타자의 얼굴'에 대한 감성적 유리의식이 초기부터 후기까지 일관되게 나타나고 있음을 보여준다. 가장 가깝게는 가족으로부터 멀게는 이국땅에서 만난 링컨에 이르기까지 곤궁과 비애에 젖은 타자의 얼굴들에 그는 무감하지 못하다. 고향의 아름다운 황혼의 풍경으로도 가릴 수 없는 것은 고역에 지친 아버지와 굶주린 동생의 모습이다. 그들의 얼굴을 떠올리자 마음은 자족적인 내면의 풍경에서 벗어나 윤리적 책무에 사로잡힌다. 곤궁하고 고통에 찬 타자의 얼굴은 나의 자기중심적인 삶을 괴롭히고 정죄한다.

「오후의 한 조각」에서도 나는 낯선 이국땅에서 가난하고 서러운 고국에 대한 상념에 젖어 있다. 자신에게 생각을 모아보지만 가슴 속에 떠오르는 타자들의 얼굴을 지울 수 없다. 이 시에서 특이한 것은 "늙은 일본여자 거지의 모습"도 타자의 얼굴로 함께 떠오르고 있다는 것이다. 궁핍하고 처량한 처지라는 점에서 그녀 역시 다르지 않다. 가난한 자, 고아, 과부, 나그네의 얼굴은 모두 고통 받는 얼굴로서 윤리적 책무를 불러일으킨다. 민족적 이해관계를 떠나 노약한 여자의 모습에 무심하지 못하는 것은 윤리적 감성이 지닌 보편성을 드러낸다. 타자들의 얼굴을 보며 "잠뿍 알콜병에 잠기고 싶"어 하는 것은 그들이 야기하는 윤리적 호소가 나에게 고통을 주기 때문이다. "타자는 나보다 높은 곳에 있는 나의 주인처럼 내가 윤리적으로 행동하기를 명령하고 나는 그 명령을 회피하지 못한다. 그러므로 어떤 식으로도 나에게 규정되지 않고, 오히려 나의 힘을 무력화시키고 나에게 명령하는 타자의 얼굴이란, 형이상학의 대상, 규정 불능의 무한자, 곧 신을 닮고 있다."[13] 고통 받는

13 서동욱, 『차이와 타자』, 문학과지성사, 2000, 143쪽.

모습으로 나타나는 타자는 절대적인 타자로서 무한자를 연상시키며 그만큼 막강한 윤리적 호소를 불러일으킨다.

「링컨이 숨진 집을 나와」에서 링컨의 얼굴은 타자의 얼굴이 작동하는 방식을 보여준다. "타자의 얼굴은 주체의 능동적 의식작용에 근원하는 '현상'과 달리 '현현'한다. 즉 타자가 그 스스로 드러나고 보여주는 것으로 나의 개념화나 사유작용의 범위를 벗어난다."[14] 타자의 얼굴은 나의 의지나 사유와 무관하게 스스로 자신을 드러낸다는 것이다. 위의 시에서 링컨의 얼굴은 판독할 수 없는데도 나의 의식을 사로잡는 것으로 나타난다. 고통 받는 타자의 얼굴은 나에게 동일시되지 않으면서 계속해서 자신을 개시함으로써 자신의 윤리적 호소에 귀 기울일 것을 요구한다. 황순원의 예민한 감성은 슬픈 타자의 얼굴이 계속 떠오르면서 일으키는 무언의 윤리적 요청을 감지한다. 자신의 의지를 넘어서 육박해오는 윤리적 타자의 존재를 받아들인다. "데리다는 레비나스의 사유가 신의 얼굴과 내 이웃의 얼굴 사이, 신으로서의 무한한 타자와 다른 사람으로서의 무한한 타자 사이의 '유비의 놀이'를 하고 있다고 말한다."[15] 신과 다른 사람의 무한한 타자성을 구별하지 않는다는 점에서 레비나스의 윤리학은 종교에 가깝다. 황순원의 문학에서 윤리와 종교가 하나의 뿌리로 이어지며 죄의식과 연민, 구원의 정서 등이 주조를 이루는 점은 같은 맥락에서 흥미로운 현상이다. 황순원 자신이 독실한 기독교 신자였으며 종교와 윤리가 분리되지 않는 삶을 살았던 것도 이와 무관하지 않을 것이다. 타자에 대한 그의 관심에는 인간과 존재에 대한 근본

14 김연숙, 『레비나스 타자윤리학』, 인간사랑, 2001, 171쪽.

15 서동욱, 앞의 책, 144쪽.

적인 질문이 깃들어 있으며 끝없는 연민과 죄의식을 드러내는 것으로 보아 자신의 삶과의 긴밀한 연관성을 인식했던 것으로 보인다.

> 말하지 않겠네
> 꽃이 나를 위해
> 이러큼 아름답게 핀다고.
>
> 생각지 않겠네
> 꽃이 나를 위해
> 이러큼 향기를 풍긴다고.
>
> 저 고통으로 응축된
> 빛깔,
> 그때마다 신음하는
> 내음.

—「꽃」 부분

타자의 고통에 무감한 것은 윤리적인 태도와 거리가 멀다. 꽃이 나를 위해 아름답게 피었다고 보는 것은 자기중심적인 생각이다. 타자의 고통이 나에게 주는 고통을 원하지 않을 경우 이런 식의 자기본위적인 생각은 편리할 수 있다. 주체를 초월하여 타자를 향하는 고통에 대한 감성 없이 윤리적 삶은 실현될 수 없다. 고통 받는 타자의 호소에 대한 감성적 수용은 윤리적 책임의 원천을 이룬다. "책임으로서의 윤리는 자율적으로 발생하는 것이 아니라 밖으로부터 오는 타율적인 윤리이다."[16] 이러한 바깥의 호소에 귀 기울이기 위해서는 자신을 초월하여 타자의 고통에 책임을 느끼는 주체로서의 윤리적 의식이 요청된다. 위의 시에서는 꽃의 아름다움을 향유하는 것보다 꽃의 고통과 신음을 느끼는 윤리적 태도가 강조되고 있다. 주체를 초월하여 타자의 고통에 응답하는 윤리적인 감성이 발현된 결과이다.

4. 상처의 공유와 우애의 공동체

타자의 고통에 대한 반응은 이성보다도 근원적인 감성과 관련된다. 타자는 주체의 감성에 작용하면서 '현현'한다. 타자를 이성의 대상으로 삼을 때는 냉철하고 초연한 태도를 유지할 수 있지만 타자에 대해 감성이 작용할 때는 불안하고, 부담을 느끼고, 냉담하지 못하고, 상처받을 수 있다. 레비나스는 이 같은 상태를 자아 안에 있는 타자의 근접성, 가까움으로 설명한다.[17]

눈 속을 거닐고 있는데 사슴 한 마리가 내 곁을 달려 지나갔다. 달려서 등성마루턱에 이르자 사슴은 우뚝하니 자신의 위치를 확인하는 자세로 섰다

16 강영안, 앞의 책, 230쪽.

17 김연숙, 앞의 책, 15쪽

가 등성이 너머로 사라졌다. 숫눈 위에 한 줄 사슴의 발자국. 그리고 피 얼룩이 남겨졌다. 이어서 사냥꾼들이 내 곁을 지나 부산하게 사슴의 뒤를 추적해갔다. 다시 눈 속을 거닐다 보니 나는 사슴이 섰던 등성마루턱 그 자리에 서있었다.

—「위치」 전문

이 시에서 나의 감성은 약자인 사슴의 동태에 집중돼 있다. 총을 맞고 쫓기는 사슴의 절박한 상황은 나의 이성적 반응을 압도하며 감성에 호소한다. 그리하여 어느새 사슴이 섰던 등성마루턱에 서서 그의 안위를 걱정하게 된다. 사슴이 우뚝 섰던 그 위치에서 주체는 자신의 세계를 열고 타자와 공감을 이룬다. 여기에는 타자의 고통과 상처를 절감하는 윤리적 감성이 작동한다.

레비나스에게 있어 진정한 주체로 선다는 것은 타자에 의해서, 타자를 대신해서 짐을 짊어질 뿐 아니라 심지어 타자의 잘못을 자신의 잘못으로 수용할 수 있다는 말이다. 타자를 대신해서 고통 받는다는 것은 특별하고 뜻 깊은 행위이다. 합리적인 질서에 의해 유지되는 현실에서 찾아보기 힘든 희생적 태도이다. 타자의 고통을 짊어지는 것은 존재의 질서 바깥에서 자유롭고 빈 공간을 만들어낼 수 있다. 레비나스는 '나' 또는 '우리'의 고통에만 한정되어 있던 관심의 축을 '타자'로 전환시켰다는 데 독창성이 있다.[18] 타자의 고통에 다가선다는 것은 '박애'라는 보편적인 인륜을 실천하는 길이다.

18 강영안, 앞의 책, 230~233쪽 참조.

이참에 내 그대한테만 고백함세
그토록 내가 술을 마셔 오는 건
단 한마디의 말 때문이라네
네 이웃을 네 몸과 같이 사랑하라
처음부터 두렵고 고통스런 말로
나를 붙들고 놓아주질 않는다네
이 심약한 위인은 차마 이를 어쩌지 못해
술로 피해다니고 있는 거라네
아니 이참에 내 그대한테만 마저 다 고백함세
실은 그 말이 나를 붙들고 있는 게 아니라
정말 이건 비밀일세
되레 내가 그 말을 놓칠까 겁이 나서
그래서 술을 이제까지 마셔 오고 있는 걸세
이런 나더러 애주가라니!

—「고백」 부분

이 시는 황순원의 문학을 통틀어 가장 내밀한 고백에 해당한다. 애주가로 불릴 정도로 술을 많이 마셔온 속사정을 내비친다. 그가 가장 속 깊이 감추어 두고 고민한 것은 "네 이웃을 네 몸과 같이 사랑하라"는 내면의 소리였음을 알 수 있다. 이 말을 지키든지 말든지 하는 것은 전적으로 자신의 의지와 선택에 달린 것이다. 이 말은 존재 실서의 안쪽에 놓인 꼭 지켜야 할 규율이 아니라 그 바깥에 놓인 선택 조항이다. 극단적인 이기심이 횡행하는 현실에서 이 말을 지키지 않는 것은 큰 허물이 되지 않는다. 그렇기 때문에 그는 이 말에 붙들려 있다기보다 스스로 붙잡고 있는 셈이다. 평생 동안 술로 애써 감추어왔던 두려움은 바로 스스로 그 말을 놓아버릴지도 모른다는 사실에 있다. 강제적으로 부가된 규율이 아니어서 유지하기가 어렵지만 도저히 버릴 수 없는 이러한 양심의 기저에는 이웃의 고통에 무감해서는 안 된다는 윤리의식이 자리잡고 있었던 것이다.

이웃에 대한 사랑은 레비나스가 '우애의 공동체'라고 부른 인간적 유대에 가깝다. 레비나스는 이러한 공존의 형태가 너와 나의 타자를 위한 존재에 있다고 본다. 즉 타자에 대한 동일자의 무한한 관심이 인간 사이의 유대와 사회의 기원이고 정의는 고유한 타자를 위한 고유한 존재의 책임에 근원한 것이다. 인간 간의 유대는 너와 나의 배타적인 친밀성에 머무는 것이 아니고 공동의 세계가 타자의 복지를 향하도록 모든 타자들에게로 향한다. 따라서 타자에 대한 나의 책임은 모든 인류에게 확대되어 간다. 레비나스에게 있어 인류의 우애는 정의로운 사회뿐 아니라 선의 실현을 위한 가능조건이다. 우애적 공동체로서의 인류는 타자와 내가 서로 묶여 영향을 주고받는 관계에 있다.[19] 이런 공동체적인 관계를 의식할 때 배타적으로 자기 자신을 유지하며 만족하기는 힘들다. 위의 시에서 고백하듯 이웃의 존재가 늘 두렵고 고통스러운 책임으로 다가오는 것은 그 때문이다. 일단 타자에 대한 책임을 의식하기 시작하면 이기적 자아에서 벗어난 윤리적 주체가 된다. "레비나스는 존재론의 테두리 안에 있는 '나의 자유에 근거한 책임'과 구별

19 김연숙, 앞의 책, 175~176쪽.

해서 타인의 얼굴의 등장으로, 타인에 의해 창조된 책임을 '타인에 의한, 타인에 대한 책임'이라 이름 짓는다."[20] 타인에 의한 책임은 나의 자유에 근거한 책임보다 더 강력하게 나의 윤리의식을 자극하고 고양시킨다. 위의 시에서 화자가 계속 술을 마시는 것은 자기 자신만을 위한 향유가 아니라 타자에 대한 책임에서 오는 부담감 때문이다. 아무도 강제하지 않지만 스스로 이웃에 대한 사랑을 잃을까 두려워하는 것은 자아를 초월한 높은 도덕률에 기인한다.

감성과 윤리의식이 크게 발달한 그는 인간의 마음이 천국을 만들기도 하고 지옥을 만들기도 하는 것을 절감한다. 「메모」에서는 상이한 두 마음이 빚어낸 전혀 다른 결과를 대조해 보인다. 물에 빠진 개가 아이를 구조해낸 사건이 신문에 실리고 둘이 얼마나 친밀한 관계였는지가 밝힌 이야기를 보면서 '나'는 끊은 지 일 년 반 된 담배를 다시 피우고 싶은 기분 좋은 충동을 느낀다. 며칠 뒤 그 이야기가 거짓이었던 것으로 밝혀졌지만 속은 게 억울하기보다는 미소가 지어진다. "그건 아마도 애들의 그 얘기를 만들어낸 상상력과 내 상상력이 어떤 공간에서 합치점을 볼 수 있었기 때문이리라"는 진술로 보아 그런 이야기를 만들어내는 마음의 상태를 더 중시하는 것을 알 수 있다. 이와 대조적인 예로는 십 대 소년이 단돈 3만 원 때문에 이웃의 집 보던 어린이를 셋이나 흉기로 난자해 살해한 사건을 든다. 부모들이 고함을 지르자 현장에 나타나 시체를 병원으로 옮기는 일을 도울 정도로 소년은 침착하고 담대한 면모를 보인다. 이 사건을 접하며 충격을 받고 "소년은 범행을 하기 전과 후에 무엇

20 강영안, 『책임으로서의 윤리』, 『철학』 81, 한국철학회, 2004, 74쪽.

을 생각했을까. 애들을 죽이고 돈을 훔쳐가지고 친구와 술 마시겠다는 생각뿐만은 아니었을 것이다. 아니었을 것이다. 아니었을 것이다"라고 하는 '나'의 강한 부정에는 인간성에 대한 근본적인 신뢰를 잃고 싶지 않은 절박한 바람이 깃들어 있다.[21] 타자를 살인하는 과정에는 철저한 자기중심주의와 폭력성이 발동한다. "어린 혼은 어떤 지옥을 보고 어떤 천국을 보았을까"라는 의문처럼 주체의 마음에 따라 타자에 대한 태도는 천차만별로 달라진다. 이기심이 극단화되면 타자를 위해하는 일까지도 가능하다. 심지어는 집단적인 폭력까지 행해질 수 있다.

레비나스는 나치즘이나 파시즘 같은 집단적 폭력이 발생하는 이유를 정치·경제적 관점이 아닌 근본적인 윤리의 차원에서 설명한다. 그것은 본질적으로, 타자를 동일자(나)로 환원하는 서구 존재론의 구조에서 필연적으로 유래할 수밖에 없는 전쟁으로 여러 형태의 휴머니즘을 통해서도 방지되거나 치유될 수 있는 문제가 아니다.[22] 그는 "질서가 아주 잘 잡힌 자비는 자기 자신으로부터 시작된다"는 프랑스 속담을 변형시켜 "질서가 아주 잘 잡힌 정의는 타자로부터 시작된다"는 정반대의 의미로 사용한다. 진정한 윤리적 행위는 자기 자신으로부터 시작될 수 없고 타자에 대한 책임에서 비롯된다는 것이 레비나스의 생각이다.[23]

그렇다면 타자에 대한 폭력을 방지하는 데 있어 휴머니즘보다 더 근

21 레비나스에게 있어서 "너는 살인해서는 안 돼!"가 "너는 결코 살인할 수 없어!"로 나타난다. 왜냐하면 너의 힘은 타자의 얼굴로 말하는 타인의 절대적인 타자성에서 끝나기 때문이다. 레비나스가 타자의 역사의 신성함 내지 그 자체로서의 나의 의무의 신성함에 대해 생각하다고 할 때, '신성함'은 '죽일 수 없음'의 성격을 표현한다. 타자의 얼굴은 온전하게, '신성하게' 있다.(베른하르트 타우렉, 변순용 역, 『레비나스』, 인간사랑, 2004, 176~177쪽)

22 서동욱, 앞의 책, 140~141쪽 참조.

23 레비나스, 서동욱 역, 앞의 책, 161쪽 참조.

본적인 방법은 나라는 동일자로 환원될 수 없는 타자의 존재를 인정하고 그에 대한 윤리적인 책임을 통해 진정한 주체성을 발견하는 것이다. 주체를 초월하여 타자의 고통과 상처를 수용할 수 있어야만 타자에 대한 폭력은 근절된다. 이는 결코 이성적 차원에서 가능하지 않은 것으로 윤리적인 감성을 필요로 한다. 위의 시에서 말하는 상상력의 합치점 같은 것이 주체를 초월한 감성의 차원에 놓일 것이다. 이성의 잣대나 이기적인 선택을 벗어나는 곳에서 이웃에 대한 사랑이라는 인류애적 책임의 윤리는 가능하다.

황순원은 후기시에서 관점의 차이에 따라 상대적으로 달라지는 현상과 가치에 대해 자주 언급한다. "진정 봐야 할 것은 어차피 육안만으론 대중 안 되는 것"(「초상화」)이라는 생각이 상해신다. '육안'이 아닌 '심안'을 열어야만 '진정 봐야 할 것'을 볼 수 있다는 말은 이성보다 감성, 현상보다 진실에 대한 지향을 담고 있다. 타인에 대한 지극한 관심과 배려를 접할 때는 상상력의 환희를 느끼고 이기적이고 폭력적인 행위에 대해서는 상상력의 한계를 토로한다. 인간의 감성과 상상력이 배타적이고 이기적인 세계를 넘어서 타인에 대한 배려와 우애를 향해가는 장면에 집중한다. 인간의 선택에 따라 세상이 우애의 공동체가 될 수도 있고 적자생존의 전쟁터가 될 수도 있다는 점을 확연하게 인지하고 윤리적인 감각을 발휘한다.

5. 결론

황순원은 평생 동안 시를 쓰면서 육성에 가까운 진솔한 고백을 행했다. 시에서 그의 삶의 태도나 사상의 핵심은 소설에서보다 분명하게 드러난다. 시를 통해 타자에 대한 윤리의식이 얼마나 지속적이고 강력하게 그의 문학을 이끌어왔는지를 확인할 수 있다. 여기서는 레비나스의 타자철학에서 주요 개념들을 참조하여 황순원 시에 나타나는 타자의식의 내적인 동기와 의미에 대해 접근해보았다.

황순원 시의 출발은 생명과 아름다움에 대한 추구에 있다. 아름답고 평화로운 세계를 동경하며 현실에서 실현하겠다는 다짐은 평생 동안 황순원 문학을 이끌어가는 동력이 된다. 그는 자신이 꿈꾸는 세계를 향유하려는 분명한 의지로 자신의 고유한 인격과 절대성을 발현한다. 생명과 아름다움을 향유하고자 하는 자존적 의지는 현실에서 횡행하는 폭력적인 힘의 질서에 대한 강한 부정과 대결의 방식으로 표출된다. 향유는 감성의 작용이며 주체의 개별적 경험과 감각의 독자성을 발현한다. 이렇게 주체에 대한 자각에서 시작하여 타자와의 관계를 근본적으로 성찰하는 주체 철학적 사유방식은 기존의 휴머니즘보다 더 근본적인 차원에서 타자에 대한 윤리를 수립할 수 있게 한다.

그는 향유와 거주라는 주체의 기본적인 욕망이 충족되지 않는 현실을 직시하고 그 안에서 살고 있는 약자들의 처지에 관심을 기울인다. 가난하고 고통에 찬 타자의 얼굴에서 자기중심적인 삶을 초월하는 윤리적 책무를 발견한다. 이성에 앞서 작동하는 윤리적 감성이 타자의 고통을 수용하고 응답하게 한다. 타자의 고통에 대해 타율적으로, 즉각적으로 반응하게 하는 윤리적 감성은 이해관계를 떠난 근본적인 책임의식과 연결된다. 황순원의 시는 윤리에서 이성보다 감성의 작용이 얼마나 중요하고 결정적인 것인지를 분명하게 보여준다.

타자의 고통에 다가선다는 것은 박애라는 공동체적 윤리와 관련된다. 황순원은 시를 통해 자신이 가장 깊이 고민해 온 것이 "네 이웃을 네 몸과 같이 사랑하라"는 윤리 강령이었음을 고백한다. 타자의 고통과 상처에 대한 절실한 공감과 인류애적 책임의 윤리를 보여주는 황순원의 시는 우리 문학의 윤리의식을 대표할 만하다. 그의 문학이 순수한 낭만성이나 서정성 못지않게 현실에 대한 선명한 자각과 비판을 드러내는 것은 타자의 고통에 대한 감성을 기반으로 공동체적 윤리에 대한 의식이 투철하기 때문이다. 타자의 고통에 감응하여 주체를 초월하고 인류애에 이르는 드높은 윤리의 차원에 있어 황순원 시는 각별한 성과와 의미를 보여준다.

실비아 플라스의 시와 1980년대 한국 여성시

1. 서론

한국 여성시의 역사에서 1980년대는 비약적인 전환이 이루어지는 시기이다. 이전의 시들과 확연히 구분되는 활달한 언어로 개인과 사회적 현실에 대한 적극적인 발언을 행하기 시작했기 때문이다. 이 시기 여성시인들은 남성의 시선으로 볼 때의 여성다운 시에서 벗어나 여성의 현실과 여성의 정체성에 대한 통렬한 자각을 바탕으로 한 새로운 시를 쓰기 시작한다.[1] 사회적 현실에 대한 높은 관심은 1980년대 여성시

1 1980년대의 여성시는, 일레인 쇼왈터가 제시한 여성문학의 세 단계 — 여성적 문학(Feminine Literature), 여성주의적 문학(Feminist Literature), 여성의 문학(Female Literature) — 가운데 여성주의적 문학 단계에 가깝다. 여성주의적 문학은 사회문화적 규범에 의해 부여된 여성성에 충실한 여성적 문학과 달리 기존의 규범을 의심하고 해체하려는 경향을 보인다.(Elaine Showalter, "The Female Tradition", *A literature of Their Own*, Princeton, New Jersey : Princeton University Press, 1977, pp.19~36)
김승희는 한국 여성시에서 여성주의적 문학의 단계가 1970년대 후반부터 시작되었다고

의 획기적인 변모를 반영한다. 이 시기 여성시인들은 여성시의 영역으로 고정되어있던 개인적이고 감성적인 서정시의 공간을 벗어나 사회 역사적인 문제로 관심을 확장한다. 여성으로서의 정체성에 대해서도 전례 없이 과감하고 근본적인 회의와 각성을 행한다. 이와 함께 표현면의 혁신은 1980년대 여성시의 전면적인 변화를 뒷받침한다.

1980년대 한국 여성시의 획기적 변모의 양상은 여러 가지 측면에서 미국 여성시인 실비아 플라스(Sylvia Plath, 1932~1963)를 연상시킨다. 실비아 플라스는 1960년대 미국의 여성시에 커다란 변화를 일으켰을 뿐 아니라 우리나라에 번역 소개되면서 많은 반향을 일으켰기 때문이다. 실비아 플라스의 유명한 시 「Daddy」는 가부장에 대한 격렬한 부정으로 인상 깊은 시인데, 1980년대 한국시에서 크게 유행한 '아버지' 부정의 시들과 관련성이 높다. 지금까지 실비아 플라스와 한국시의 관계에 대해 주목한 논자로는 장석주와 김승희가 있다.

장석주는 최승자의 시 「다시 태어나기 위하여」를 읽는 순간 실비아 플라스의 「Daddy」를 떠올렸다고 하며, 이 시가 이성복의 시 「그 해 가을」을 연상시키기도 한다고 했다.[2] 실비아 플라스의 시에 나오는 파시스트적인 아버지에 대한 극심한 애증과 충격적 욕설은 1980년대 많은 한국시에서 행해진 폭력적인 아버지에 대한 부정과 흡사하다.

보는데, 이는 여성주의적 문학의 개척자라 할 수 있는 고정희, 최승자 시인의 등단 연대가 1970년대 후반이라는 점을 중시했기 때문이다 (김승희, 「한국 현대 여성시의 고백시적 경향과 언술 특성 – 최승자, 박서원, 이연주를 중심으로」, 『여성문학연구』 18, 한국여성문학학회, 2007, 237~240쪽 참조) 그러나 이 글에서는 1980년대 초에 이르러 여성주의적 경향의 시인들이 집단적으로, 분명하게 새로운 목소리를 내기 시작한 점을 중시하여, 한국 여성시에서 여성주의적 문학의 단계가 1980년대 초에 시작되었다고 본다.

2 장석주, 「죽음 · 아버지 · 자궁, 그리고 시쓰기」, 『문학과사회』, 1994 봄, 443쪽.

김승희는 한국 현대 여성시의 고백시적 경향을 살피는 가운데 실비아 플라스와의 영향 관계를 거론한다. 실비아 플라스는 1980년대 초부터 한국에 번역 소개되기 시작하여 2000년대 초까지 지속적으로 번역되어 왔다. 1981년 플라스의 자전적 에세이인 『벨자』, 1982년 알바레즈의 『자살의 연구』, 1990년 플라스의 시집 『거상』, 1994년 플라스의 에세이 『어느 순수주의자에게 보내는 편지』, 1999년 테드 휴즈의 『실비아 플라스의 영혼을 찾아서』, 2004년 플라스의 『일기』 등 그동안 실비아 플라스 관련 책들이 꾸준히 번역, 출간된 것을 보면 그녀가 한국 독자들에게 실존적 공감과 예술적 지지를 받아왔다는 것을 알 수 있다.[3] 김승희는 실비아 플라스가 한국 현대 여성 시인들의 시 세계에 고백시적인 목소리, 여성 자아의 발견, 위험한 여성 주체의 분열, '파시스트 아버지, 히틀러 아버지'라는 남성 중심적인 세계에 대한 저항적 담론의 발견에 영향을 주었으며 그 결과 자의식 과잉, 여성 자아의 분열의 문제, 아버지 부정, 예리한 어법과 정신병리학적 감수성, 여성적 광기의 드러냄이라는 현대성으로의 전환에 큰 자극을 주었다고 본다.[4]

실비아 플라스와 한국 여성시의 관련은 충분히 추론해볼만한 것이지만 그동안 본격적인 연구가 행해진 적은 없다. 김승희의 언급은 양자에 대한 직접적인 비교에 의해 유출된 것은 아니지만 실비아 플라스가 한국 여성시에 미친 영향을 거론하고 있다. 본격적인 비교 연구를 통해 양자의 관련성을 보다 분명하게 파악하고, 의미있는 차별성도 발견할 수 있으리라 본다.

---

3 김승희, 앞의 글, 245쪽.

4 위의 글, 246쪽.

문화 간의 비교 연구, 특히 개인의 창조력이 결정적으로 작용하는 문학의 비교는 많은 난제를 포함한다. 영향 관계에 집착할 경우에는 영향의 전신자와 수용자가 자칫 우열의 관계로 규정될 우려가 있다. 귀야르(M. F. Guyard)는 여러 가지의 복잡한 영향이 있을 수 있기 때문에 영향 연구에서는 확실한 증거가 필요하다고 주장하며, 비교문학에서 영향 연구보다는 어떤 작가에 있어서 어떤 나라의 '이미지'와 같은 방식의 이미지 연구를 권한다. 이는 역으로 영향의 전통적 관계를 벗어나 수용자로서의 작가를 원천연구에 끌어들임으로 해서 수용자가 일방적인 수동성을 벗어날 수 있게 한다.[5] 비교문학에서 오히려 의미 있는 것은 영향의 과정에서 발생하는 독창성을 규명하는 일이다.

결과론적인 문헌 비교에 집착할 경우 독창성이 발생하는 과정이 배제되기 쉽다. 가령 실비아 플라스의 시가 한국의 1980년대 시에서 폭발적인 반응을 일으키게 된 데에는 특별한 시대적 상황이 작동한다. 어떤 문학적 자극이 각별한 의미를 지니며 수용되었다고 할 때, 그 과정에 작용하는 시대적, 환경적 요인을 고려해야만 수용 과정에서 발생하는 독창성을 이해할 수 있다. 실비아 플라스와 한국 여성시의 관련 양상은 1980년대라는 시대적 맥락을 중요한 접점으로 한다. 1980년대 초 한국의 여성시는 변화를 향한 모색기로 접어들고 있었고 이 때 소개된 실비아 플라스가 기폭제 역할을 한 것이다.

1980년대 한국 여성시의 대폭적인 변화를 증명하기 위해 여기서는 이 시기의 대표적인 시인인 최승자, 김승희, 김혜순의 시를 함께 살펴본

5 김정곤, 「수용미학과 비교문학」, 『프랑스문화예술연구』 6, 프랑스문화예술학회, 2002.4, 56쪽.

다. 세 시인 모두 자신만의 개성 있는 시세계를 보여주지만 1980년대의 맥락에서 이들이 공유한 유사성을 살피는 것이 한국 여성시사의 중요한 전환점을 파악하는 데 긴요하기 때문이다. 이들과 실비아 플라스의 관련을 살피기 위해 여기서는 영향관계의 규명보다는 대비 연구에 초점을 맞출 것이다. 비교 연구의 의의가 영향과 수용의 역사에 대한 정확한 고증에 대한 집착에서 벗어나 문화 간의 다문화주의 혹은 상호 문화주의와 더불어, 문화와 가치의 문제로 나가고 있다고 보기 때문이다.[6] 대비 연구는 강조점에 따라 시・공간을 초월해 공유하게 되는 보편성을 확인할 수도 있고, 차이점을 통해 각각의 비교 대상이 지니는 고유한 특질을 부각시킬 수도 있다. 이 글에서는 실비아 플라스와 한국 여성시인들의 시가 지니는 유사성에 중점을 두어 비교하면서, 중요한 차이점을 함께 고찰할 것이다. 이러한 대비 연구를 통해 이들의 시가 보여주는 여성문학의 특성과 의미를 보다 분명하게 파악할 수 있을 것이다.

2. 가부장제와 절대 권력에 대한 부정

실비아 플라스와 1980년대 한국 여성시가 보여주는 명백한 유사성은 가부장제에 대한 강한 부정에 있다. 실비아 플라스의 시 「Daddy」와 한국 여성시인들의 시에 나타나는 '아버지' 소재 시들은 직접적인 영향관

6 윤호병, 『비교문학』, 민음사, 1994, 7쪽 참조.

계를 유추할 수 있을 정도로 관련성이 높다. 실비아 플라스의 「Daddy」는 절대적이고 폭력적인 부권에 대한 강한 부정과 충격적인 욕설로 깊은 인상을 주는 시이다. 1960년대 초에 미국에서 쓰인 이 시와 유사한 아버지 부정의 시들이 1980년대 한국시에 많이 나타나는 것은, 실비아 플라스가 번역 소개되기 시작하는 시점과도 무관하지 않지만, 이 시기 한국의 사회적 분위기와 밀접한 관련이 있다. 폭력적 남성중심주의를 앞세우고 수립된 1980년대의 또 다른 독재정권은 오랜 군부 독재로 인해 민주화를 갈망하던 한국인들에게 허탈감과 함께 강한 부정의 정서를 일으킨다. 폭력적인 정권의 강한 억압과 비례하여 위기의식과 거부감이 증폭된다. 억압적 지배구조에 대한 반동의 역학은 정치권력과 마찬가지로 억압적인 권력 체계가 작동하는 가족제도에 대한 부정의 표현을 통해 절대 권력에 대한 거부의 욕구를 분출해내기 시작한다. 한국 사회의 정치·사회적 모순이 날카롭게 분출되었던 1980년대의 경우, 시에 묘사된 가족에는 어김없이 역사의 그림자가 어른거린다.[7] 폭력적인 아버지와 불화로 가득한 가족이 억압과 혼돈으로 점철된 이 시기의 사회적 분위기를 압축적으로 드러낸다.

실비아 플라스의 시에서도 부권에 대한 부정이 단순한 개인적 고백을 넘어서 국가적, 문화적 위기에 대한 상징으로서 기능하지만, 그 구체적인 양상은 다르다. 실비아 플라스의 「Daddy」는 자전적인 요소가 강하고 부친에 대한 애증이 복잡하게 드러난다.

7 김수이, 「가족 해체의 세 가지 양상－1980~90년대 이성복·이승하·김언희의 시에 나타난 가족」, 『시안』 22, 시안사, 2003.12, 31쪽.

당신은 아니예요, 당신은
더 이상 검은 구두가 아니예요
나는 그걸 발처럼
삼십년이나 신고 다녔어요, 초라하고 창백하게,
감히 숨 쉬지도 재채기도 못하며.
아빠, 나는 당신을 죽여야 했어요.
당신은 내가 그러기 전에 죽었죠

You do not do, you do not do
Any more, black shoe
In which I have lived like a foot
For thirty years, poor and white,
Barely daring to breathe or Achoo.
Daddy, I have to kill you.
You died before I had time

—「Daddy」[8] 부분

이 시의 첫 부분에서 실비아 플라스는 자신의 전 생애를 지배했던 아버지의 존재를 삼십년이나 신고 다닌 검은 구두에 비유한다. 시인은 아버지의 절대적 지배 때문에 제대로 숨도 못 쉬며 살았다고 고백한다. 급기야는 아버지 살해의 욕망을 드러내며 아버지에 대한 강력한 부정

8 Sylvia Plath, Edited by Ted Hughes, *Collected Poems*, Harper Perennial, 1981, p.222.(이후 실비아 플라스의 시는 이 책에 의거하고 쪽수만 표시한다)

을 행한다. 그러나 자신이 그럴 수 있기 전에 아버지가 죽었다는 데 그녀의 심각한 콤플렉스가 잠재되어 있다. 실비아 플라스의 아버지 오토 플라스(Otto Plath)는 대학에서 독일어와 생물학을 가르친 교수이고 '땅벌에 대하여'라는 박사논문을 쓴 과학자이다. 그녀는 어린 시절 부모들의 지적인 분위기 밑에서 성장하며 인정받기 위해 늘 책을 읽고 글을 썼다. 실비아 플라스는 여덟 살 때 겪은 아버지의 죽음으로 치유하기 힘든 상처를 입는다.[9]

죽음으로 인해 더욱 절대화된 아버지는 "대리석처럼 무겁고, 신으로 가득 찬 푸대자루(Marble-heavy, a bag full of God)", "무시무시한 조상(Ghastly statue)" 등의 압도적인 이미지로 표현된다. 자신의 전 생애를 지배하는 억압적인 아버지의 존재에 대한 거부감은 시의 후반부로 갈수록 "파시스트(Fascist)", "흡혈귀(vampire)" 등 더욱 부정적인 이미지로 나타난다. 나치로 문명의 나락을 경험했던 서구인들에게 있어 '파시스트'는 야만적인 전체주의의 상징이다. 그런 파시스트에 아버지를 비유함으로써 시인은 아버지가 행사하는 절대 권력에 대한 강렬한 거부감을 표명한다. 아버지를 파시스트와, 자신을 유태인과 동일시함으로써, 개인적 상처가 역사적 비극과 결부되고 의미가 증폭된다.

> 당신의 살찐 검은 심장에 말뚝이 박혔어요.
> 마을 사람들은 당신을 결코 좋아하지 않았어요.
> 그들은 춤을 추며 당신을 짓밟고 있어요.

---

9 Linda Wagner Martin, *Sylvia Plath : A Literary Life*, Palgave, 2003, pp.11~14.

그들은 그게 당신이라는 걸 언제나 알고 있었어요.
아빠, 아빠, 이 개자식, 이젠 끝났어.

There's a stake in your fat black heart
And the villagers never liked you.
They are dancing and stamping on you.
They always *knew* it was you.
Daddy, daddy, you bastard, I'm through. (224)

시의 마지막 부분에서는 아버지의 지배력에서 벗어나는 상징적인 제의를 묘사한다. 화자 뿐 아니라 마을 사람들 모두가 이 처단에 동참하고 있다는 점을 주목할 필요가 있다. '파시스트'에 이어 '흡혈귀'로 규정되었던 아버지는 흡혈귀를 처형하는 전통적인 방식에 의해 살해된다. 마을 사람들 전체를 위험에 빠뜨릴 수 있는 존재가 그들 모두에 의해 처벌된다는 마지막 장면의 설정은 파시즘이나 가부장제와 같은 절대적이고 지배적인 체제는 구성원 모두의 공감에 의해서만 해체될 수 있음을 암시한다. 이 시가 갖는 힘은 지극히 개인적인 고백의 이면에 이와 같이 공동체적 질서에 대한 성찰이 내재해 있는 데 있다. 시인은 개인의 내밀한 상처의 기억을 당대의 공동체의 위기의식과 결합하여 사회적인 상징의 차원으로 이끌어낸다.[10]

10 로젠탈은 실비아 플라스의 시를 1950년대 말 미국시에서 새롭게 형성되는 고백시의 흐름과 관련짓는다. 그는 실비아 플라스를 포함한 고백시인들이 자신의 개인적 불행을 토로하는 데 그치지 않고 개인의 고통을 전체 사회의 상징으로 보편화시켰다고 본다.(M.L. Rosental, *The New Poets : American and British Poetry since World War II*, New York : Oxford

1980년대 한국 여성시는 아버지가 대표하는 권위적 질서에 대한 거부감이나 아버지와 딸 사이의 심각한 가학-피학의 관계를 과격한 언어로 표현하고 있다는 점에서 실비아 플라스의 시와 유사하다.

어머니의 어두운 뱃속에서 꿈꾸는
먼 나라의 햇빛 투명한 비명
그러나 짓밟기 잘 하는 아버지의 두 발이
들어와 내 몸에 말뚝 뿌리로 박히고
나는 김긴 칠사줄 같은 잠에서 깨어나려 꿈틀거렸다
아버지의 두 발바닥은 운명처럼 견고했다
나는 내 피의 튀어오르는 용수철로 싸웠다
잠의 잠 속에서도 싸우고 꿈의 꿈 속에서도 싸웠다

—최승자, 「다시 태어나기 위하여」 부분[11]

이 시에서 아버지는 '나'의 생존 자체를 위협하는 무시무시한 존재이다. 실비아 플라스의 시에서 아버지와의 문제가 아버지의 죽음이라는 비교적 구체적인 동기에서 발생하는 것에 비해 이 시에서는 잉태의 순간부터 아버지의 위협에 노출되는 것으로 나타난다. 이 시에서 아버지

University Press, 1967, p.15)

11 최승자, 『이 시대의 사랑』, 문학과지성사, 1981, 20쪽. 이후 한국 여성시인들의 시를 인용할 때는 다음의 표시를 따른다. ①: 최승자, 『이 시대의 사랑』(1981), ②: 최승자, 『즐거운 일기』(1984), ③ 최승자, 『기억의 집』(1989), ④: 김혜순, 『또 다른 별에서』(1981), ⑤: 김혜순, 『아버지가 세운 허수아비』(1985), ⑥: 김혜순, 『우리들의 음화』(1987), ⑦: 김혜순, 『어느 별의 지옥』(1988), ⑧: 김승희, 『왼손을 위한 협주곡』(1983), ⑨: 김승희, 『미완성을 위한 연가』(1987).

와 '나'는 극단적으로 적대적인 관계를 형성한다. 실비아 플라스의 시에서 아버지는 삼십 년이나 신고 다닌 구두에 비유된다. 아버지의 지배적 권력이 화자에게 내면화되었다는 뜻이다. 최승자의 시에서 아버지의 두 발은 화자의 몸속에 말뚝 뿌리로 박히는 극단적인 폭력을 상징한다. 실비아 플라스의 시에서 화자가 아버지의 막강한 권위에 이끌리며 매료되기까지 하는 것에 비해 최승자의 시에서 화자는 아버지에게 전혀 동화되지 않고 처절한 싸움을 선언한다. 실비아 플라스의 시에서 아버지가 자전적인 요소를 반영하며 복잡한 애증의 대상으로 나타나는 것에 비해 최승자의 시에서 아버지는 한결 상징적이어서 가부장적 질서의 폭력적 권위를 의미하며 강한 거부감의 대상이 된다. 최승자 시의 화자는 탄생의 순간부터 존재의 전모를 지배하고 통제하는 절대적인 부권에 대해 단호하게 저항한다. 아버지의 권위와 폭력에 맞서기 위해 직설적이고 거친 언어로 내면의 강한 불만을 토로한다. 이 시의 마지막 부분은 "인생이 똥이냐 말뚝 뿌리 아버지 인생이 똥이냐 네가 그렇게 가르쳐 줬느냐 낯도 모르는 낯도 모르고 싶은 어느 개뼉다귀가 내 아버지인가 아니다 돌아가신 아버지도 살아계신 아버지도 하나님 아버지도 아니다 아니다"라고 하여, 갖은 비속어로 아버지에 대한 거부감을 표출한다. 이 시의 화자에게 아버지는 "낯도 모르고 싶은" 철저한 부정의 대상이다.

최승자의 시에서 극단적으로 표출된 아버지에 대한 거부감은 삶 전체를 통제하고 억압했던 1980년대 독재적 권력에 대한 상징적 저항으로서의 의미가 크다. 단호하고 격렬한 시인의 언어는, 개인의 무의식 깊숙이까지 침범하여 절대적 권력을 휘두르던 억압적인 정권에 대한 항변에 가깝다. 1980년대 최승자 시에 나타나는 극단적인 아버지 부정은 당시의 시대적 상황에 대한 저항의 문학적 표현이다.

최승자의 시뿐 아니라 1980년대 한국 여성시에서 폭력적이고 억압적인 아버지를 찾는 것은 어렵지 않다. 김혜순의 시에 나타나는 아버지 역시 폭력적인 양상을 보인다. "잘못했어요 아버지. 수박은 내가 안 먹었어요. 방망이 좀 치워주세요"(「남은 자들을 향하여」, ⑥)에서 아버지는 화자를 무조건적으로 처벌하려드는 폭력적인 존재로 드러난다. '방망이', '말뚝 뿌리' 등에서 알 수 있듯 아버지들이 행사하는 폭력의 수위는 매우 높다. 이는 자연스럽게 억압적 권력의 광기에 가까운 폭력을 연상시킨다. 납득하기 힘든 처벌과 폭력적 지배를 전면에 내세우는 권력은 이미 정당한 통솔력을 상실한 상태에 있다고 할 수 있다. 김혜순은 폭력적인 권력에 내재해 있는 허위의식을 날카롭게 간파하고 이에 대한 비판과 풍자를 행한다.

> 아버지가 허수아비를 만드신다
> 어머니 저고리에 할아버지 잠방이를
> 꿰어서 허수아비를 만드신다
> 낡아빠진 군모에 구멍뚫린 워카를
> 아버지가 허수아빌 세우시고
> 넝마들에게 준엄하게 이르신다
>
> —김혜순, 「아버지가 세운 허수아비」, 부분 ⑤

이 시에서 '아버지'는 '허수아비'와 동일시되면서 허황한 권력을 상징한다. 아버지의 허수아비를 구성하는 것은 어머니의 저고리나 할아버지의 잠방이 같은 타인의 것들이다. 아버지의 것이라고 할 수 있는 군모나 워커는 이미 낡아빠지거나 구멍이 뚫려 본래의 모습을 상실한 상태이다. 허수아비를 장식한 군모나 워커는 1980년대의 폭력적인 군사정권을 연상시킨다. 낡아빠진 군모나 구멍 뚫린 워커로는 더 이상 위엄이 유지될 수 없는 상황인데도 이런 구시대적 유물을 앞세우고 '준엄하게' 훈계를 늘어놓는 아버지의 모습은 실추된 권력을 희화화한다. 최승자가 폭력적인 권력에 대한 직접적인 대결의 의지를 드러내는 것에 비해 김혜순은 그 허위를 실소하는 방식으로 권위에 도전한다.

실비아 플라스와 1980년대 한국 여성시인들은 모두 아버지라는 우상에 대한 격렬한 부정을 통해 절대적인 권력을 비판한다. 실비아 플라스의 시가 국가 권력이 증대하던 미국의 1960년대 사회적 분위기에 대한 위기의식과 관련되는 것과 흡사하게 한국의 여성시인들은 1980년대의 억압적인 독재정권에 대한 반발심을 표출한다. 이들의 시는 개인적 차원의 고백에 머물지 않고 사회적인 공감을 획득함으로써 여성시의 가능성을 크게 확장한다. 내면 정서를 우아한 시어로 표현했던 기존의 여성적인 시에서 탈피하여 거칠고 직접적인 언어로 개인과 사회에 대한 불만을 토로하면서 여성시의 영역을 넓힌다.

이런 공통점 외에 차이점도 주목해 볼만하다. 실비아 플라스의 시는 당대 미국시의 새로운 조류인 고백시의 전통에 닿아 있다. 고백시는 무엇보다 개인적 체험에 대한 진솔한 고백을 바탕으로 한다. 실비아 플라스의 시에서 아버지에 대한 애증의 복합적인 감정이 드러나는 것은 그 때문이다. 그에 비해 1980년대 한국의 여성시에서 아버지는 부정과 혐오의 대상일 뿐이다. 실비아 플라스의 아버지가 개인적 체험과 관련되는 것에 비해 한국 여성시에서 아버지는 상징적인 의미가 훨씬 강하다. 오랜 가부장제와 폭력적인 정권의 억압에 대한 극도의 거부감으로 인해 한국의 여성시인들은 격렬한 부권 부정의 시들을 산출한다. 이 시들이 시대 상황과 밀접히 관련되어 있다는 사실은 후에 같은 시인들의 아버지 관련 시들이 변모하는 데서도 확인할 수 있다. 최승자 시에서 시적 자아의 삶과 꿈을 짓밟는 무법적인 권력의 존재로 나타났던 아버지가 『내 무덤, 푸르고』(1993)에서 힘없이 늙은 아버지, 아장거리는 아기, 애기 동자 등으로 변주된다는 것은 주목할 만하다.[12] 김혜순은 "천년 묵은 여우는 백 사람을 잡아먹고 / 여자가 되고, 여자 시인인 나는 / 백 명의 아버지를 잡아먹고 / 그만 아버지가 되었구나"(「어쩌면 좋아, 이 무거운 아버지를」, 『나의 우파니샤드, 서울』, 1994)라 하여 아버지 부정이 또 다른 권력으로 작용할 수 있음을 경계한다. 한국의 여성시인들에게 1980년대의 아버지 부정은 매우 절박하고 필연적인 과정이었다. 가부장제의 가장 큰 희생양인 딸로서, 폭력적인 정권의 피해자인 여성으로서, 그들은 자신들이 당면해 있는 사회적·제도적 모순에 대해 직접적으로 발언하기 시작했다. 첨예한 사회 문제에 침묵하지 않고 격렬한 목소리를 드러냄으로써 그들은 여성시가 갖는 폭발적 에너지를 주목하게 만들었다.

12 장석주, 앞의 글, 447쪽.

3. 여성적 경험의 표출과 여성성의 자각

실비아 플라스와 1980년대 한국의 여성시인들은 여성으로서의 정체성을 적극적으로 표현함으로써 각각의 여성시사에서 각별한 의미를 지닌다. 여성들도 여성이기 이전에 인간이기 때문에 인간으로서의 보편적인 정서를 표현하는 데 주력할 수 있다. 여성주의적 문학 이전 단계의 대다수 여성 시인들의 시가 그러하다. 그러나 여성으로서 자신이 경험하는 삶을 자각하고 여성으로서의 정체성에 주목하는 시들은 인간으로서의 보편적인 체험을 다룬 시들과 확연히 구분된다. 그런 시인들은 여성주의 문학을 의도하지 않았더라도 여성적 삶으로 특징지어지는 자신의 삶에 대한 예리한 자각을 바탕으로 여성성에 대한 집요한 의문을 제기한다.[13]

여성으로서의 정체성을 새롭게 자각하는 여성시인들은 남성적 관점에 의해 배제되어 왔던 여성적인 경험을 적극적으로 탐구하기 시작한다. 여성적 삶을 자각하는 시인들이 결코 회피하지 않는 문제는 여성의 육체가 갖는 특수성이다. 이는 여성주의적 문학 이전 단계의 시에서 여성의 육체에 대한 언급이 기피되거나 암시적으로만 다루어졌던 것과 대조적이다. 만일 여성시인들이 육체에 대해 언급하는 것을 피하거나, 그들의 시대와 계층과 장소와 관련해서 여성 존재의 특별한 문제

13 실비아 플라스는 페미니즘 운동이 시작되기 이전에 사망해서 이 흐름에 직접 참여하지는 않았지만, 어떤 작가보다도 중요한 의미를 갖는다. 그녀는 페미니즘 운동의 역사를 때로는 앞서고, 때로는 뒤따르고, 때로는 함께한 여성문학사의 복잡한 연대기에 최초의 실질적 사례를 제공하였다.(Ellen Mores, *Literary Women*, New York : Doubleday, 1977, p.x viii)

에 대해 언급하는 것을 피했더라면 그들은 좁은 의미로 인간적일 뿐이고 훌륭한 작가가 되기는 어려웠을 것이다.[14] 여성주의적 시에서 여성의 육체는 직접적이고 전면적으로 거론된다. 특히 여성만이 겪는 출산의 체험은 여성성의 발견에 있어 결정적인 작용을 한다. 출산의 체험을 다룬 여성시에서 두드러지는 특징은 출산의 과정을 경험하면서 삶과 죽음의 연계성을 강하게 의식하게 된다는 것이다.

실비아 플라스는 출산, 혹은 유산과 관련된 시들을 통해 이 독특한 여성적 경험이 일으키는 정서적 반응을 예리하게 드러낸다. 「튜울립」에서 시인은 이 꽃의 붉은빛과 생명의 붉은빛을 동일시한다. "튜울립은 우선 너무 붉어서, 나를 아프게 한다. / 선물 포장지 너머로 나는 그 꽃들이 / 하얀 강보에 쌓여 섬뜩한 아기처럼, 희미하게 숨 쉬는 소리를 들을 수 있었다(The tulips are too red in the first place, they hurt me. / Even through the gift paper I could hear them breathe / Lightly, through their white swaddlings, like an awful baby)"(161)에서 포장지 속의 튜울립과 하얀 강보에 쌓인 아기는 절묘하게 부합한다. 그런데 튜울립과 아기의 지나치게 붉은 빛은 혼란과 상처를 불러일으킨다. 붉은 빛은 피의 빛깔로 강한 생명력을 연상시키지만 반면에 죽음과 관련되기도 한다. 시인이 붉은 빛에서 느끼는 압박감은 강하면서도 위태로운 생명을 배태한 체험을 내포한다.

한국의 여성시인들도 직접적인 몸의 체험을 통해 여성의 육체가 내포하는 다면적 속성을 간파한다. 여성시에서 삶과 죽음의 가능성이 얽

---

14 Ibid., p.xiv.

혀 있는 여성의 몸은 종종 무덤에 비유된다. "무덤은 여기 / 몇 세기 전의 어둠이 아직도 / 피 흘리며 갇혀 있다가 / 초승달 떠오를 때 / 기지개 켜는 곳"(김혜순, 「어느 별의 지옥」, ⑦), "여자들은 저마다의 몸속에 하나씩의 무덤을 갖고 있다. / 죽음과 탄생이 땀 흘리는 곳, / 어디로인지 떠나기 위하여 모든 인간들이 몸부림치는 / 영원히 눈먼 항구"(최승자, 「여성에 관하여」, ②) 등으로 묘사되는 여성의 몸은 죽음과 삶이 역동적으로 작용하는 장소이다.

범패보다 더 진한 막다른 소리들이
관처럼 하얀방을 자욱히 메웁니다
오뇌와 비원의 처절한 촉수들이
찢어지는 살점을 쥐고 흔듭니다
쾌락처럼 그렇게 실신하면서
나는 천지 아득히 터지는 범종소리를
들은 것같습니다
아가의 울음소리 — 갓난동이의 첫 — 울음소리가
문득 하나의 太虛를 울리고
신탁처럼 장렬한 핏덩이 하나가
이제 삶 속에 우뚝 섭니다
우리는 어디에서 와서 어디로 가는가 —
하얀 잠이 가득히 와서
내 육체의 모든 문을 꼭꼭 여며주고 있읍니다

— 김승희, 「여인 등신불 — 세브란스 병원 분만실에서」 부분, ⑧

김승희의 시는 삶과 죽음의 이미지가 부단히 교차하는 출산의 장면을 선연하게 묘사한다. 출산의 과정에서 여성들이 벌이는 사투는 "범패보다 더 진한 막다른 소리", "관처럼 하얀방", "하얀 잠" 등 강렬한 감각으로 표현된다. '태허를 울리며' 하나의 생명이 탄생할 때 사력을 다한 모성이 죽음처럼 깊은 잠으로 빠져드는 출산의 극적인 과정이 실감나게 그려진다. 시인은 삶과 죽음이 교차하는 생명 탄생의 장렬한 순간을 폭발적인 언어로 재현한다.

이처럼 출산의 경험은 존재에 대한 새로운 각성을 일으키며 여성으로서의 정체성을 확인하게 한다. 출산을 통해 여성은 모성적 존재로서 자신을 받아들이게 되고 출산의 체험을 공유하는 모성적 연대를 인식하게 된다. 공동의 육체적 체험으로 결속되는 모성적 연대는 여성들을 관념으로 묶어놓는 가부장제와 또 다른 강력한 인력을 발휘한다.

> 내가 지금 그녀의 머리를 생각하자,
>
> 수은으로 된 거울의 뒷면에서
> 어머니, 할머니, 증조할머니가
> 앙상한 손을 내밀어 나를 끌어당긴다
>
> As I think now of her head,
>
> From the mercury-backed glass
> Mother, grandmother, greatgrandmother

Reach hag to haul me in, (70)

그 거울을 열고 들어가니
또 들어가니
또다시 들어가니
점점점 어두워지는 거울 속에
모든 윗대조 어머니들 앉으셨는데
그 모든 어머니들이 나를 향해
엄마엄마 부르며 혹은 중얼거리며
입을 오물거려 젖을 달라고 외치며 달겨드는데

―김혜순, 「딸을 낳던 날의 기억」 부분, ⑤

실비아 플라스와 김혜순의 위 시들은 거울에 비친 영상에서 모계의 연속성을 유추하는 유사한 상상력을 보여준다. 여성들이 공유하는 출산의 경험은 생명 유전의 강한 연계성을 각성시킨다. 두 시인 모두 출산이라는 여성적 체험을 통해 모계로 이어지는 생명의 강한 결속력을 확인한다. 이런 유사성 외에 두 시에 나타나는 차이점을 주목할 만하다. 실비아 플라스는 선대의 여성들이 자신을 끌어당긴다는 상상에 집착한다. "앙상한 손을 내밀어 나를 끌어당긴다"는 표현에서 그들의 강력한 모성에 대한 압박감을 엿볼 수 있다. 이에 비해 김혜순의 시에서는 거울에 겹겹이 비친 선대 할머니들의 이미지를 묘사하는 데서 그치지 않고 그 반대편 영상에 해당하는 후대의 연속성을 이어서 상상하는 차이가 눈에 띈다. 마치 '나'를 중심으로 마주 놓인 양쪽의 거울에 선대와 후대의 무수한 '어머니'와 '딸'들이 겹쳐서 나타나는 형국이다. 모계로 이어지는 출산의 체험 속에서 어머니와 딸의 역할은 수없이 반복되며 전승된다. 이 시에서는 '나'가 존재하기까지의 무수한 어머니들의 역사와 '나'로 인해 이어질 또 다른 어머니의 계보가 겹쳐지면서 "그 모든 어머니들이 나를 향해 / 엄마엄마 부르며" 달려드는 장면을 창출한다.

실비아 플라스가 모계로 이어지는 여성적 존재에 중압감을 느끼고 여성의 육체에 대해 위기의식을 느꼈다는 사실은 다른 여러 시편에서도 드러난다. 실비아 플라스는 자신의 어머니에 대해 애증이 심했고 강한 압박감을 느꼈던 것으로 보인다. 자신의 전모를 지배하는 어머니에게서 시인은 강력한 메두사의 이미지를 발견한다.[15] "돌로 된 마개뚜껑 같은 모래톱에서, / 하얀 채찍처럼 이리저리 눈알을 굴리면서, / 바다의 어수선한 웅얼거림을 모두 귀에 담아내면서, / 당신이 이고 있는 머리는 무기력하게 만든다 신의 눈처럼, / 자비의 눈길처럼(Off that landspit of stony mouth plugs, / Eyes rolled by white sticks, / Ears cupping the sea's incoherences, / You house your unnerving head—God-ball, / Lens of mercies)"(224)의 메두사처럼 어머니는 단단하게 폐쇄된 자신의 영역인 가정을 지키기 위해 감시의 눈길을 멈추지 않는다. 실비아 플라스의 아버지가 죽은 후 그녀의 어머니는 가장으로서 역할을 충실히 수행했다. 그것이 자유로운 자아를 갈망하는 실비아 플라스에게는 강한 억압으로 느껴졌다.

15 「메두사(Medusa)」는 「아빠(Daddy)」의 짝을 이루는 시이다. 실비아 플라스는 각각의 시에서 양친의 형상을 떨쳐버리려는 투쟁을 벌이며, 그녀의 글쓰기 능력을 좌절시키는 감정적 의존에 대하여 저항한다.(Van Dyne, Susan R., *Revising Life : Sylvia Plath's Ariel Poems*, Chapel Hill : The University of North Carolina Press, 1993, pp.93~94)

자신의 모성적 계보에서 강한 억압을 느낄 뿐 동일시의 모델을 발견하지 못한 실비아 플라스는 자신의 모성 체험에서도 존재의 위기를 감지한다. 출산 후 새로운 생명을 바라보는 감회를 그려낸 시 「아침의 노래(Morning Song)」에서 그녀의 미묘하게 불안한 자아의식을 살필 수 있다. "외풍 심한 박물관에서 너의 벌거벗은 몸은 / 우리의 안전에 그늘을 드리운다. / 우리는 벽처럼 멍하니 둘러 서 있다. // 나는 네 엄마가 아니다. / 거울을 증류시켜 바람의 손에 자신이 천천히 지워지는 모습을 / 반영하고 있는 구름이 그렇듯(In a drafty museum, your nakedness / Shadows our safety. We stand round blankly as walls. // I'm no more your mother / Than the cloud that distills a mirror to reflect its own slow / Effacement at the wind's hand)"(157)에서 화자는 새로운 존재의 탄생이 자신의 존재에 그늘을 드리운다고 인식하며 모성을 부정한다. 김혜순이 출산을 계기로 자신의 모성을 뚜렷하게 감지하는 것과 대조적이다. 실비아 플라스는 어머니가 되는 것을 두려워하는 모성공포증(matrophobia)[16]이 심했던 것으로 보인다. 완벽주의자이며 자아실현의 욕구가 유난히 강했던 그녀는 출산으로 인해 자신의 정체성이 흐려질까 봐 두려워한다. 플라스는 생명을 낳고 기르는 여성의 역할과 관련된 기존의 여성성을 거부하면서, 억압되지 않은 낯선 풍요로움을 지닌 타자성으로서의 여성성을 마주하

16 모성공포증은 여성문학의 주제로 자주 다루어지는, 누군가의 어머니가 되는 것에 대한 공포를 가리켜 시인 린 수케니크가 만들어낸 말이다. 아드리안 리치는 '어머니란 우리들 가운데 희생자, 자유가 없는 여자, 순교자를 나타낸다'며 '어머니가 딸을 잃는 것, 딸이 어머니를 잃는 것은 여성의 비극적 본질이다'고 지적한다. 모성공포증의 치료법으로, 메리 달리는 딸의 권리(daughter-right)를 인정할 것을 제안한다.(Lisa Tuttle, *Encyclopedia of Feminism*, New York, Oxford : Facts On File Publications, 1986, p.201)

지는 못하고 있다.[17] 자아의 해방을 꿈꾼 그녀는 가부장적 속박이나 모성의 역할을 모두 억압적인 기제로 인식하였으며 타자와의 관계 속에서 자신의 정체성을 발견할 수 없었다. 자아 해방의 강렬한 열망을 담은 시 「에어리얼(Ariel)」에서 해방된 자아가 관념적 이상의 상태로 표현되는 것은 그 때문이다. "그리고 난 / 화살이다, // 이슬이다 / 시뻘건 눈 / 아침의 큰 솥 속으로 / 자살하듯 돌진해 들어가는(And I / am the arrow, // The dew that flies / Suicidal, at one with the drive / Into the red // Eye, the cauldron of morning)"(239~240)에서처럼 그녀의 자아 해방의 욕구는 '화살'과 같은 맹목적인 돌진을 감행했고 '이슬'과 같은 허무한 자아 해체에 이른다. 여성성을 새롭게 체험하고 거기에서 정체성을 찾기에 그녀의 자아의식은 지나치게 독존적이었다.

한국의 여성시인들에게도 모성의 체험이 무조건 긍정적으로 인식되는 것은 아니다. "자비와 저주의 비밀구좌이신 어머니"(김승희, 「배꼽을 위한 연가(1)」, ⑧)에서처럼 어머니라는 존재는 자신을 희생하며 자비를 실현하면서도 그러한 삶에 대해 저주와 회환을 안고 사는 이중적인 성격을 지닌 것으로 인식된다. 한국의 어머니들은 특히 가부장제의 희생자이면서도 그것의 질서를 유지하기 위해 충실한 조력자가 되는 모순을 경험해왔다.[18] 1980년대 한국의 여성시인들은 자아 해방의 열망에도

---

17 한은원, 「실비아 플라스 시에 나타난 타자성」, 『영어영문학』 51, 한국영어영문학회, 2005, 491쪽.

18 한국은 근대화의 과정에서 식민지, 전쟁, 분단 등 역사적 혼란을 지속적으로 겪으면서 아버지 부재의 상황에서 어머니의 실질적인 권한이 확대된다. 즉 모 중심적 가족의 성격을 두드러지게 나타내게 되는데, 그러나 이념상으로는 여전히 삼종지도의 규범과 아버지의 상징적 권위가 강조되어왔다. 이는 마치 껍데기만 남은 가부장적 틀을 여성들이 '자발적' 노력으로 메꾸어진 형태로도 볼 수 있는데 생활 세계의 면에서 볼 때 이 시대의

불구하고 여전히 자기 자신을 얽매는 가부장적인 모성에 대해 자각하고 반성한다. "엄마는 늘 말씀하셨다 / 시야를 좁게 가져라 / (…중략…) / 영혼을 아무데나 흘리고 다녀선 안 된다 / 그래서 나도 엄마가 될 수밖에 없었다 / 어린 자식의 시야에 칸을 지르고 / 널푸른 영혼에 금을 긋고 / 우물을 파는 / 자못 교훈적인 엄마가 되었다"(김혜순, 「엄마」, ⑤)에서처럼 가부장적 질서를 내면화하는 자신의 모성을 냉철하게 돌이켜본다. 한국의 여성시인들은 가부장적 질서에 순응해온 전통적인 모성에 대해서는 회의적이었지만 모성 자체를 거부하지는 않는다. 막연한 모성공포증에서 벗어나 어머니로서, 또 딸로서 마땅한 삶의 방향을 모색한다.

> 우리의 삶은 모두 이와 같습니다
> 우리들 각자가 배우지 않으면 안되는
> 외국어와 같은 것 —
> 어디에도 인당수는 없읍니다
> 어머니,
> 우리는 스스로 눈을 떠야 합니다
>
> —김승희, 「배꼽을 위한 연가(5)」 부분, ⑧

이 시의 화자는 어머니를 위해 인당수에 빠지지는 않겠다고 선언한다. 더 이상 가족을 위한 희생자가 되지는 않겠다는 뜻이다. 애벌레가

가부장제를 전 시대의 것과 질적으로 다르다고 보기는 어렵다.(조혜정, 「한국의 가부장제에 관한 해석적 분석」, 『한국의 여성과 남성』, 문학과지성사, 1988, 108~110쪽)

나비가 되듯, 하나의 알이 새가 되듯, 새로운 삶을 희구하는 것은 자신이 가질 수 있는 당연한 권리이기 때문이다. 화자는 더 나아가 눈 먼 어머니, 즉 여성을 억압해온 오랜 인습에 젖어있는 어머니에게 점자책을 사드리고 점자 읽는 법도 가르쳐주겠다고 제안한다. 여성에게 있어 주어진 삶에 대한 맹목적 순응에서 벗어나는 일은 점자책을 읽듯, 외국어를 배우듯, 의식적 노력에 의해서만 가능하기 때문이다. 이 시에서 보여주는 어머니와 딸의 관계는, 딸의 권리를 인정함으로써 모성공포증을 극복해야한다는 주장을 연상시킨다. 가부장제에서 어머니는 교묘하게 딸을 조종하며 기존 질서를 유지하는 역할을 수행한다. 어머니는 자유로운 자아를 실현하고자 하는 딸의 권리를 인정하는 데서 가부장제의 고리를 끊어낼 수 있고, 나아가 새로운 여성성을 실현하기 위해 서로 협력할 수 있다.

실비아 플라스와 1980년대 한국 여성시인들은 여성으로서의 정체성에 대해 날카로운 자각을 드러내며 그것을 시의 전면에 끌어들였다. 자유로운 자아의 실현을 억압하는 어머니의 존재나 어머니로서의 역할을 직시한다. 실비아 플라스는 여성적 신체나 여성으로서의 삶을 부정적으로 인식하였으며 관념적이고 극단적인 방식으로 자아의 해방을 추구한다. 한국의 여성시인들은 가부장적 질서가 완강하게 자리잡고 있는 전통적인 모성을 반성하면서 새로운 여성성을 모색한다.

4. 시어의 파격과 시적 언술의 혁신

실비아 플라스나 1980년대 한국의 여성시인들은 그 혁신적인 사유만큼 새로운 시적 표현으로 여성시의 전환점을 이룬다. 이들의 시가 일으킨 파장은 표현면의 개성과 호소력에 의해 뒷받침된 것이다. 전대의 여성시가 여성적인 언어라고 인식되어온 우아한 어휘를 구사하는 것에 비해 이들은 온갖 거친 언어, 심지어 욕설조차 마다하지 않고 쓴다. 이들의 시가 가하는 충격은 상당부분 여성시에서 거의 쓰지 않았던 금기어를 과감하게 사용한 데서 온다. 이들은 또한 잘 다듬어진 형식을 보이던 기존의 여성시와 다르게 구어체의 산문적인 형식을 시도한다. 이들이 구사하는 직설법의 장광설은 억압돼 있던 내면의 언어를 끌어내 폭발적인 힘과 속도감을 발휘한다.

실비아 플라스는 모더니즘의 강한 영향 하에서 시를 쓰기 시작한다. 초기에 그녀는 오든(W. H. Auden)의 시를 모델로 삼아 시를 썼다. 1950년대 미국시에서 오든의 영향력은 엘리어트(T. S. Eliot)와 맞먹었으며, 반어적이고, 암시적이고, 잘 조절된 운율과 형식을 갖춘 신비평적인 시의 정점에 해당하였다.[19] 그녀는 로월(Robert Lowell)의 고백시를 접하고, 테드 휴즈의 시가 보여주는 자유분방한 형식에 매료되면서 크게 변화한다. 모더니즘 시의 엄격한 규범과 절제의 규율에서 벗어나면서 그녀의 시는 개성을 발휘하게 된다.

---

19 Linda Wagner-Martin, op.cit, p.84.

실비아 플라스에게 절실했던 여성으로서의 자아 정체성은 기존의 남성 중심의 문학적 전범으로는 표현하기 힘든 것이었다. 그녀의 시에 나타나는 개성적인 비유나 충격적인 시어들은 내면의 분노를 표출하기 위해 선택된 경우가 많다. 실비아 플라스의 특별한 점은 다른 여성들이 여전히 침묵을 지키고 있을 때 자신의 모순되고 분열된 인격에 대해 목소리를 부여한 것이다.[20]

> 먼저, 당신은 우리와 같은 부류의 사람인가요?
> 당신은
> 유리로 된 눈, 의치나 목발,
> 교정기나 갈고리 손,
> 고무 젖가슴이라든가 고무 샅,
>
> 무언가 잃어버렸음을 보여주는 수술 바늘 자국들을 달고 다니시나요?

> First, are you our sort of a person?
> Do you wear
> A glass eye, false teeth or a crutch,
> A brace or a hook,
> Rubber breasts or a rubber crotch,
>
> Stitches to show something's missing? (221)

20 Susan Bassnett, "Poetry and Survival", *Sylvia Plath*(updated Edition), New York : Bloom's Literary Criticism, 2007, p 209.

이 시에서 낯설게 묘사되고 있는 신체는 바로 결혼생활에서 남성의 시선에 의해 물화된 여성의 신체이다. 여기에서 '같은 부류의 사람'이라는 것은 무언가를 잃어버렸든지 어떤 기능을 결여하고 있다는 뜻이다.[21] '유리', '틀니', '목발', '교정기', '갈고리 손', '고무 젖가슴', '고무 살' 등 신체의 모든 부분이 인공적인 보완물로 이루어져 있어 괴기스럽게 느껴지는 이러한 신체는 결혼생활을 통해 여성의 신체가 본래의 모습을 잃고 기능적이고 파편화된 양상을 보이는 것을 의미한다. "25년이 지나면 그녀는 은이 될 거고, / 50년이 지나면 금이 된답니다. / 어디를 보든지 살아 있는 인형, / 그 인형은 바느질도 하고, 요리도 하고, / 또 말, 말, 말도 할 수 있답니다(But in twenty-five years she'll be silver, / In fifty, gold. / A living doll, everywhere you look / It can sew, it can cook, / It can talk, talk, talk)"(221~222)에서처럼 시인은 여성이 결혼생활에서 남성에 종속되어 복무하는 '인형'과 같은 존재임을 냉소한다.

부조리한 인간관계에 대한 불만을 표현하기 위해 시인은 이전의 여성시에서 보기 힘들었던 특이한 비유들을 많이 사용한다. 타개하고 싶은 우상이었던 아버지는 "파시스트", "흡혈귀", "멈블포즈(Mumblepaws)", "파이도 리틀소울(Fido Littlesoul)", "진창 구덩이(Mud-sump)" 등 온갖 부정적이고 모욕적인 수식어로 표현된다. 대적하기 힘든 강한 상대에 저항하기 위해 과격한 언어를 동원한 것이다. 자신을 억압하는 또 다른 존재인 어머니에 대해서는 "절구공이 어머니가 나를 축소시켰습니다. / 난 조용한 조약돌이 되었어요(The mother of pestles diminished me. / I became

21 Mary Lynn Broe, *Protean poetic : the poetry of Sylvia Plath*, Columbia & London : University of Missouri Press, 1980, p.169.

a still pebble)"(136)에서와 같이 자신이 느끼는 심리적 압박과 관련된 비유를 행한다. 결혼생활에 대한 환멸은 "난 쓰레기 찬장과 결혼했어요. / 난 물고기 웅덩이에서 잔답니다(I've married a cupboard of rubbish. / I bed in a fish puddle)"(134)와 같은 표현에서 분명하게 드러난다. 시인은 이와 같이 기존의 시적인 언어와 거리가 있는 과격한 시어와 비유들을 통해 불만과 위기의식으로 가득한 자신의 불안한 내면을 표출한다.

1980년대 한국 여성시가 이전의 여성시와 확연하게 다른 느낌을 주는 중요한 이유도 시어의 과감한 혁신에 있다. 이 시기의 시에서는 기존의 여성시에서 보기 힘들었던 거칠고 속된 언어, 심지어 욕설이 전면에 나오면서 충격과 긴장을 일으킨다.

최승자는 여성시에 대한 선입견을 뒤엎는 시어들을 활용해 깊은 인상을 남긴다. "개 같은 가을이 쳐들어 온다. / 매독 같은 가을. / 그리고 죽음은, 황혼 그 마비된 / 한 쪽 다리에 찾아온다."(「개같은 가을이」, ①)와 같은 시가 보여주는 분명한 개성은 시어에 대한 고정관념에서 근본적으로 탈피함으로써 가능하다. 아름답고 우아한 수식어를 동반하던 '가을'을 기존의 시어들과 전혀 다른 추하고 거친 언어로 비유함으로써 완전히 새로운 의미를 산출한다. 자신에게는 고통스럽고 위태롭게만 느껴지는 가을을 솔직하게 대면하면서 가능해진 표현이다.

여성시에서 새롭게 나타난 혁신적 시어들은 자신에 대한 통렬한 성찰에서 기인한다. 기존의 시어들로 표현하기 힘든 뿌리 깊은 절망과 위기의식을 드러내기 위해서 여성시인들은 시어의 저층에 묻혀 있던 거칠고 생경한 언어들을 끌어올린다.

일찌기 나는 아무 것도 아니었다.

마른 빵에 핀 곰팡이

벽에다 누고 또 눈 지린 오줌 자국

아직도 구더기에 뒤덮인 천년 전에 죽은 시체.

—최승자, 「일찌기 나는」 부분, ①

시인은 자신의 절망적인 현실을 직시하면서 자조적이고 위악적인 표현을 마다하지 않는다. 자신의 존재가 얼마나 보잘 것 없는 것인지를 강조하기 위해 '곰팡이', '오줌 자국', '시체' 등 시어로서 생경한 언어들을 끌어들인다. 시인은 자신이 경험하는 현실을 자신만의 눈과 언어로 받아들인다. "이젠 정말 현실적으로 배가 고파 오는구나. / 그 모든 것에도 불구하고 우선적으로 / 채워져야 할 밥통을 가진 밥통적 존재인 나는,"(「散散하게, 仙에게」, ②)에서도 자신을 속박하는 보잘 것 없는 욕구를 솔직하게 응시하고 그에 합당한 언어로 그것을 표현한다. 기존의 여성시에서 보기 힘들었던 배고픔과 같은 원초적 욕구를 드러냄으로써 여성에게 보이지 않게 작동하던 금기의 영역을 해체한다. '밥통적 존재'로서의 자신을 직시함으로써 모든 욕망에 대해 솔직하고 당당하게 발언할 수 있게 된다.

1980년대 한국의 여성시인들은 자신이 여성으로서 겪는 현실에 대한 불만과 저항감을 표현하기 위해 기존의 여성적 시어의 영역을 벗어난 과감한 언어들을 끌어낸다. 시와 비시의 경계를 허물고 금기어를 해방시켜 전례 없이 풍부한 시어를 활용할 수 있게 된다. 여성에 대한 편견을 벗어나려는 분명한 의식이 여성시의 언어를 대폭 확장시킨다.

시어 면의 혁신 외에 서술 방법의 새로움은 실비아 플라스와 1980년대 한국여성시의 강한 개성을 드러낸다. 이들은 거침없는 시어와 마찬가지로 거침없이 분출하는 구어체의 산문적 진술을 통해 내면의 감정을 토로한다. 이 역시 정제된 서정시가 주류를 이루던 기존의 여성적 시의 단계와 구분되는 점이다.

실비아 플라스가 보여주는 언술의 새로움은 1950 · 60년대 미국 고백시의 흐름과 관련된다. 실비아 플라스를 비롯한 미국의 고백시인들은 모더니즘의 상징 장치 속에 갇힌 자신들의 의식을 해방하기 위해서 '언어의 혁명'을 부르짖었다. 그들은 시의 본질, 시 형식, 시의 주제 등을 대담하게, 그리고 근본적으로 재검토함으로써, '순응'의 늪에 빠진 미국시를 소생시키려 했다. 그들은 존재의 우발적 특수성을 강조하고, '우연의 시간'에 종속된 영원히 불확정적이고, 영원히 불완전한, 미지의 공간으로 열려있는 삶의 시학, 즉 '발견의 시학'을 그들 스스로에게 요구했다.[22] 일인칭 화자의 극적 고백은 보다 솔직하고 자유로운 내면의 소리를 통해 미지의 공간으로 열려있는 발견의 순간들을 이끌어낸다.

> 위로 오르고 있는 듯해요,
> 난 승천하고 있는 것 같아요
> 뜨거운 금속 구슬들이 날아가요, 그리고 나는 여보, 나는

---

22 James Breslin, *From Modern to Contemporary : American Poetry*, Univ of Chicago Pr, 1985, p.54. 신정현, 「로웰 (Robert Lowell)과 플라쓰 (Sylvia Plath)의 고백시 – 합리주의 문명과 예술에 대한 거세공포증」, 『현대영미시연구』 2, 한국현대영미시학회, 1997, 54쪽에서 재인용.

순결한 아세틸렌의
처녀랍니다

장미와,
입맞춤과, 아기천사들,
이런 분홍빛이 의미하는 모든 것들에
둘러싸여
당신이나 그가 아니라,

그가 아니라, 그가 아니라,
(나의 자아는 용해되고 있다, 매춘부의 낡은 페티코트)
천국을 향해.

I think I am going up,
I think In my rise
The beads of hot metal fly, and I, love, I

Am a pure acetylene
Virgin
Attended by roses,

By kisses, by cherubim,
By whatever these pink things mean.

Not you, nor him

Not him, nor him
(My selves dissolving, old whore petticoats)
To Paradise. (232)

위의 시 「화씨 103도 신열(Fever 103°)」은 실비아 플라스 자신이 경험했던 신열의 고통을 다루고 있다. 열에 들떠서 보는 환상과 신음과 같은 언어들이 거침없이 분출된다. 화자는 끈질기게 자신의 발열 현상을 빛나는 자기 충족적인 에너지의 표현으로 읽어낸다.[23] 절체절명의 순간에 그녀는 자신이 모든 속박들로부터 벗어나 자유롭게 날아오르는 듯한 느낌을 받는다. 그 누구에 의해 이끌리는 것이 아니라 바로 자기 자신이 가진 내면의 강한 에너지를 통해서 솟아오르는 듯한 이 느낌은 바로 그녀가 그토록 희구했던 자유로운 자아의 상태에 가깝다. 신열에 들떠 뱉어내는 신음 같은 고백 속에서 그녀는 자신의 가장 강렬한 욕망을 발언한다.

실비아 플라스는 자신이 속해 있던 남성 중심의 사회에서 여성의 말이 얼마나 억압되어 있는지를 분명하게 의식했고 자유롭게 발언하고자 했다. "전 결코 아빠에게 말할 수가 없었어요. / 혀가 턱에 붙어버렸거든요 // 혀는 가시철조망 덫에 달라붙어버렸어요. / 전, 전, 전, / 전 발할 수가 없었어요(I never could talk to you. / The tongue stuck in my jaw. // It

23 Van Dyne, Susan R., op.cit, p.118.

stuck in a barb wire snare. / Ich, ich, ich, / I could hardly speak)"(223)에서처럼 아버지가 지배하는 가부장적 세계에서 여성의 언어는 극도로 위축된다. 여성시에 흔히 등장하는 말더듬 현상은 여성 언어의 억압된 양상을 드러낸다. 미약한 여성언어에 저항하며 그녀는 잠재되었던 언어를 폭발적으로 분출한다. 잘 다듬어진 아름다운 언어보다 강렬하게 용솟음치는 내면의 언어를 끌어낸다. 실비아 플라스 시에서 넘치는 에너지와 속도감은 시에 대한 규범에서 자유롭게 자신만의 언어를 창조하고 싶었던 시인의 강한 욕망을 증명한다.

누군가 물음표에서 물음을
뽑아 버리고 있다.
닭털처럼 날리던 물음
(…중략…)
물음의 눈물.
눈물의 홍수.
물음의 무릎.

무릎을 당겨, 물음. 돌아누워, 물음. 좋아, 물음. 개같이 짖어봐, 물음. 물음, 입 벌려. (…중략…) 물음을 물어뜯는 물음. 잠자지 마, 물음. 노래해, 물음. 바람처럼 흩날려, 물음. (…중략…) 흩날리며 입술을 깨물던 그 불쌍한 물음.

—김혜순, 「물음표 하나」 부분, ④

울부짖는 입,
입을 목젖까지 환히 벌리고

거울 속을 들여다본다,

목젖을 밀치고

누군가가, 아니, 무엇인가가

힘껏 나오려고 한다,

털복숭이의 손이 보이고

털복숭이의 몸이 보이고

검은 장미꽃이파리 같이

뿌리칠 수 없는 눈동자가 보이고

보이는 것들은 무슨 엄청난 힘으로

오히려 입술을 잠궈버린다,

—김승희, 「魔의 말을 찾아서」 부분, ⑧

1980년대 한국의 여성시인들도 억압된 언어의 문제에 대해 예리하게 각성한다. 김혜순의 시는 언어의 속박을 감금과 고문이라는 극적 상황으로 실감나게 묘사하고 있다. 물음표에서 물음을 뽑아버리는 것으로 형용된, 어떤 질문이나 의심도 허락하지 않는 억압된 상황을 일방적인 명령형의 언술로 드러낸다. 김승희의 시에서는 억압된 말이 뛰쳐나오려 하는 긴장된 상황을 속도감 있게 표현하고 있다. 털복숭이의 야성적 언어는 시인의 내면에 잠재해 있다가 튀어나오려는 말인데, '무슨 엄청난 힘'이 다시 그것을 억누른다. 이 시의 털복숭이는 줄리아 크리스테바의 '아브젝시옹(Abjection)'을 연상시킨다. 입젝션은 정체성, 질서, 안정성을 어지럽히는 충동의 기원이다. 주체의 육체적 기능에서 추방된 이것은 결코 완전히 소거되지 않고 주체의 정체성, 뚜렷한 결속과 안정성을 위협하고 소멸시킬 수 있다. 이 '억압된 것들의 귀환'은 사회적으로 받아들여지지 않는 성적 욕망의 형태 뿐 아니라 예술, 문학, 지식처럼 순화되고 사회적으로 승인된 행동에도 수반된다. 이것은 깨끗함과 더러움, 적절함과 부적절함, 질서와 무질서 사이의 분명한 경계가 불가능함을 입증한다.[24] 털복숭이는 혐오스러우면서도 '검은 장미꽃이파리' 같은 기묘한 매력을 지녔다는 점에서 압젝트에 가깝다. 시인은 여성에게 금지되었던 거칠고 위험한 언어가 솟아오르는 순간을 털복숭이 괴물에 대한 구체적인 상상으로 드러낸다. 순치되지 않은 언어에 내재한 에너지뿐 아니라 그것의 위험성을 경계하는 질서의 힘이 얼마나 강한지를 긴장감 있게 표출한다.

자신이 겪고 있는 억압적인 현실에 대한 불만과 저항을 드러내기 위해 실비아 플라스와 1980년대의 한국 여성시인들은 자유롭고 혁신적인 시의 형식을 필요로 했다. 이전의 여성시에서 보기 힘들었던 과격한 시어들을 사용하여 여성시에 대한 편견에 충격을 가하고 개성과 속도감 넘치는 진술로 내면의 욕망을 분출한다. 그들은 여성의 언어에 가해지는 억압을 의식하고 적극적으로 대항하면서 여성시의 표현력을 대폭 확장한다. 그들이 여성시에 일으킨 혁명은 여성적 현실에 대한 예리한 각성 뿐 아니라 여성시에 내재하던 보이지 않는 표현의 한계를 과감하게 돌파함으로써 가능했다.

24 Elizabeth Gross, "The Body of Signification", *Abjection, Melancholia, and Love : The Work of Julia Kristeva*, London & New York : Routledge, 1990, pp.86~89.

5. 결론

이 논문은 실비아 플라스의 시와 1980년대 한국 여성시인들의 시를 비교하여 이들의 시가 보여주는 특성과 여성시사에서 이룬 성과를 규명하고자 하였다. 실비아 플라스와 한국시의 영향 관계에 대해서는 부분적인 언급이 있었지만 구체적인 논의는 이루어지지 않았었다. 이 글에서는 본격적인 비교 연구를 통해 양자의 관련 양상을 분명하게 파악하고자 하였다. 실비아 플라스는 미국 여성시인들 중에서 한국에 가장 많이 소개된 시인으로, 강렬한 아버지 부정의 시로 인해 1980년대 한국 여성시와 직접적인 영향관계를 형성한다. 개인의 창조력이 작용하는 문학 작품의 비교 연구에서는 정확한 문헌 비교 이상으로 영향의 과정에서 발생하는 독창성을 규명하는 것이 중요하다는 판단 하에 이 글에서는 이들의 시가 보여주는 관점이나 태도의 유사성이나 차이점을 대비 연구하는 데 비중을 두었다.

실비아 플라스와 1980년대 한국 여성시인들은 가부장제 혹은 절대 권력에 대해 강한 부정을 행한다는 점에서 뚜렷한 유사성을 드러낸다. 실비아 플라스의 「아빠(Daddy)」는 부권에 대한 완강한 저항이 인상적인 시이다. 이 시는 1980년대 한국에서 크게 유행한 '아버지' 부정의 시들과 관련이 깊다. 이 시기의 한국시에서 나타나는 가부장제의 억압에 대한 강한 불만은 독재 정치에 대한 거부감을 내포한다. 1980년대 한국 여성시는 가부장제의 최대 피해자인 딸의 입장에서 폭력적인 부권에 대한 강한 부정을 표출한다. 실비아 플라스의 시에서도 부권에 대한 저항은 개인의 고백을 넘어서 국가적, 문화적 위기에 대한 상징이 되지만, 그녀의 시에는 자전적인 요소가 강하고 부친에 대한 애증이 복잡하게 드러난다. 이에 비해 1980년대 한국 여성시는 극단적으로 폭력적인 부권에 대한 강한 거부감을 표출한다. 이 시기 한국 여성시에서 아버지는 오랜 가부장제와 폭력적인 정권에 대한 상징으로서의 의미가 크다.

이들은 여성적 경험과 여성성에 대한 자각을 분명하게 드러내기 시작했다는 점에서도 유사하다. 여성으로서의 삶을 인지하면서 이들은 여성의 육체가 갖는 특수성을 주목하게 되고, 출산과 같은 여성만의 특수한 체험을 통해 여성으로서의 정체성을 확인한다. 출산의 체험을 공유하는 모성적 연대에 대한 인식은 가부장제와 또 다르게 여성의 삶에서 강력한 인력을 갖는 것으로 드러난다. 실비아 플라스의 시에서 모계로 이어지는 생명의 강한 결속감은 또 다른 압박감과 위기의식을 불러온다. 자유로운 자아를 희구했던 그녀는 모성적 계보에서도 강한 억압을 느꼈으며 출산으로 인해 자신의 정체성이 흐려지는 것을 두려워한다. 한국의 여성 시인들도 모성 체험에 대해 긍정적으로만 인식하지는 않는다. 가부장제의 희생자이면서도 그것의 충실한 조력자가 되어온 한국의 어머니들에 대해 냉철하게 인식하고 자유로운 자아를 실현하기 위해 새로운 여성성을 모색한다.

이들이 드러낸 혁신적인 사유만큼 시적 표현 면의 새로움도 두드러진다. 이들은 전대의 여성스러운 시와 확연하게 구분되는 개성을 드러내는데, 그것은 상당 부분 여성시에서 그동안 쓰지 않았던 비속어나 거친 언어를 표출한 데서 온다. 여성에게 가해지는 억압에 대한 불만과 분노를 표출하기 위해 이들은 과격한 언어를 끌어들인다. 솔직하고 거침없는 이들의 언어는 자신들이 겪는 깊은 절망과 위기의식을 나타내기 위해 여성시에서 금지되었던 언어의 영역에서 길어 올린 것이다. 이들은 또한 정제된 형식에서 벗어난 자유롭고 개성적인 언술을 개발한다. 실비아 플라스는 일인칭 화자의 극적 고백에 내면의 소리를 담아 발견의 순간들을 이끌어낸다. 한국의 여성시인들 역시 자유로운 형식의 언술로 억압된 언어에 대한 예리한 각성과 새로운 언어의 가능성을 드러낸다.

실비아 플라스와 1980년대 한국의 여성시인들은 각각 여성 시인으로서의 자신의 존재를 자각하고 그것을 적극적으로 표출함으로써 여성문학사에서 특별한 위치를 차지하게 된다. 이들은 여성시인들에게 닫혀 있던 사회적 발언을 적극적으로 행한다. 여성으로서 자신들이 겪는 압박감의 근원에 가부장적인 질서와 절대 권력이 자리하고 있다는 점을 자각하고 그것을 적극적으로 부정한다. 자신들이 당면해 있는 사회·제도적 모순에 대해 격렬하게 발언함으로써 여성시가 갖는 폭발적인 에너지를 주목하게 한다. 또한 이들의 시는 여성적 체험과 여성성에 대한 자각을 적극적으로 표출하면서 여성문학사에 새로운 획을 긋는다. 이들은 이전의 여성시에서 보편성을 기준으로 하여 배제했던 여성적 체험을 적극적으로 탐구한다. 출산의 체험과 같은 금기시되었던 영역이 적극적으로 표현되고 모성적 계보에 대한 인식이 나타난다. 이들을 통해 여성적 체험과 정체성에 대한 탐구는 여성시의 독자적인 영역으로 자리 잡는다. 의식의 각성뿐 아니라 표현 면에서 보여준 변화는 이들의 시를 전적으로 새로운 차원의 여성시로 자리매김한다. 이들은 기존 여성시의 언어와 언술의 한계를 과감하게 돌파하는 혁신적인 방법으로 여성시의 표현 가능성을 확대한다. 이들은 여성의 의식과 언어에 가해지는 억압을 예리하게 인식하고 저항하는 가운데 여성시의 새로운 역사를 이룩할 수 있었다. 여성시가 지배문화에 대한 대립과 부정에 지나친 에너지를 빼앗기지 않고 자신의 안에서 정체성을 추구하는 '여성의(female)' 단계에 이르기까지의 과도기에서 미국의 실비아 플라스나 1980년대 한국 여성시인들이 보여주었던 적극적인 저항의 과정은 반드시 거쳐야만 할 필연적 단계였다.

폭력의 시대에 맞서는 사랑의 언어

한용운 · 최승자의 시

사랑을 노래하는 시와 시대를 노래하는 시는 좀처럼 합치되기 어려워 보인다. 사랑은 지극히 개인적이고 내밀한 감정이어서 한 시대의 보편적인 삶의 장과 거리가 멀기 때문이다. 사랑에 관한 시를 잘 쓰기 어려운 이유는 그것이 개인적인 감정의 자장을 넘어서 보편적인 공감대에 도달하기가 쉽지 않기 때문이다. 아무리 절절한 사랑의 노래도 당사자들의 울타리 밖에서는 과도한 감정의 노출로 여겨지는 것이 보통이다. 성공적인 사랑시의 특징은 개인적 감정의 차원을 넘어 보편적인 공감을 확보한다는 것이다. 보편적인 차원에 도달한 사랑시는 그 어떤 시보다도 강력한 호소력을 가질 수 있다. 사랑이라는 가장 진솔하고 절실한 감정이 공동체의 정서와 호응하면서 증폭되는 공명이 크기 때문이다.

우리시에서 사랑의 노래가 시대적 의미를 갖는 대표적인 예로 한용운의 『님의 침묵』과 최승자의 『이 시대의 사랑』을 들 수 있다. 두 시집 모두 암울한 시대의 산물이지만 사랑의 극한을 추구한다는 점에서 특별하다. 사랑을 노래하기 어려운 시대의 곤경을 피해가기보다는 더 치열한 사랑으로 돌파해가는 것이 이 시집들이 보여주는 사랑의 방식이다. 이들은 지극히 내밀한 사랑조차도 시대의 어둠에 가려질 수밖에 없는 현실을 투철하게 인식하면서도 결코 포기하지 않음으로써 새로운 차원에 도달할 수 있음을 보여준다. 이 시집들에는 사랑의 노래가 시대의 인식과 함께 할 때 형성되는 커다란 울림이 들어있다. 어두운 시대의 빛과 같이 흔들림 없는 사랑의 건재를 노래하는 이 두 시집의 탄생 배경과 내용을 자세히 살펴보도록 하자.

1. 현실을 초극하는 사랑의 의지–한용운 시집 『님의 침묵』

『님의 침묵』은 한용운이 48세였던 1926년 6월 7일 회동서관에서 간행한 시집이다. 이 시집은 한용운이 3・1운동으로 인해 투옥되어 3년의 옥고를 치루고 출소한 후 설악산 백담사에 머물던 시기에 쓴 것이다. 시집 끝부분에 "을축 팔월 이십구일 밤 끝"이라고 적혀 있어 집필 시기를 정확하게 파악할 수 있다. 을축년 즉 1925년 여름에 집중적으로 써서 탈고한 것으로 추측된다. 시집은 맨 앞에 실린 '군말'과 맨 끝에 실린 '독자에게'를 제외하면 모두 88편의 시들로 구성되어 있다. '군말'과 '독자에게'는 시인 자신의 육성을 담고 있는 것에 비해 88편의 시들에는 허구적 화자가 등장하기 때문에 그 성격이 구분된다. 그러니까 '군말'과 '독자에게'는 각각 시집의 서문과 후기에 해당하고 본격적인 시는 88편이라고 할 수 있다.

백담사에 머물던 시기에 한용운은 1925년 6월 『십현담주해』를 탈고하고, 같은 해 8월 29일 『님의 침묵』을 탈고하는 왕성한 집필 능력을 발휘한다. 한용운이 이전에 시인으로 활동한 일이 없고 이후에도 더 이상 시집을 내놓지 않았다는 사실로 미루어 이 시집의 예외성은 더 놀랍다. '군말'에 드러나는 집필 의도는 어떻게 이 특별한 시집이 태어나게 되었는지를 이해하는 데 도움이 된다. "나는 해 저문 벌판에서 돌아가는 길을 잃고 헤매는 어린 羊이 기루워서 이 詩를 쓴다"는 것으로 보아 한용운은 돌아가야 할 집과 고향과 조국을 잃고 헤매는 불쌍한 겨레를 위해 이 시집을 구상한 것이다. '독자에게'에서도 "여러분이 나의 詩를 읽을 때에 나를 슬퍼하고 스스로 슬퍼할 줄을 입니다 / 나는 나의 詩를 讀者의 子孫에게까지 읽히고 싶은 마음은 없습니다"라고 하여 이 시집을 통해 독자와 함께 나누는 슬픔이 한시적인 것이어서 다음 시대에는 지속되지 않기를 바라는 마음을 드러낸다. 그는 자신의 시집이 영속적인 예술로서 인정을 받기보다 불운한 시대의 등불이 되기를 바랐던 것이다.

한용운은 3·1운동 실패 후 투옥과 칩거의 시기를 거치며 민족의 현실을 타개할 수 있는 방안을 숙고한다. 사회현실을 극복하기 위해 불교적 깨달음을 강구하고 종교적 진리를 현실의 실상에 적용해보려 한다. 『님의 침묵』은 세간의 노래인 연애시의 형식으로 종교적 깨달음과 현실 극복의 방법을 구현한 시집이다.

『님의 침묵』의 시들이 일관된 어조를 띠며 '님'을 향한 염원을 담고 있다는 점은 타고르의 영향을 짐작하게 하는 요소이다. 이 시집에 「타고올의 詩(GARDENISTO)를 읽고」라는 시가 있는 것으로 보아 한용운이 타고르의 시를 읽은 것은 분명해 보인다. 그런데 타고르의 『원정』이 '님'을 향한 찬사와 영적 환희의 표출에 주력한 것에 비해 한용운의 『님의 침묵』에서는 시대에 대한 비판과 저항의식이 강하게 작용하고 있다. 한용운은 시인으로서보다 혁명가로서의 의식이 강했기 때문에 '님'이 '침묵'하는 시대 현실을 직시하고 자신의 혁명적 의지를 표출할 우회적 수단으로 시를 쓴다. 『조선불교유신론』을 집필할 정도로 불교의 대중화에 관심이 많았던 한용운은 『님의 침묵』을 통해 일반 독자들이 쉽게 이해하고 공감할 수 있는 문학의 형식으로 자신의 사상을 전달하려 한 것이다.

이 시집에 실려 있는 88편의 시는 전체적으로 연작시의 형태를 띠고 있으며 님과의 이별로부터 재회에 이르는 과정이 기승전결의 구조로 엮여 있다. 첫 시 「님의 침묵」에서는 님과의 사랑을 뒤로 하고 이별해 있는 현재의 상황이 제시되며 마지막 시 「사랑의 끝판」에서는 님과의 재회를 앞두고 바쁘게 달려가는 모습을 그리는 극적인 구성을 보여준다. 님과의 이별에서 재회에 이르는 과정의 변증법적 전개는 이 시집의 미학적 구성에서 특이성을 이룬다.

이 시의 여성화자는 전편을 통해 님에 대한 사랑과 고난 극복의 결의라는 일관된 태도와 어조를 드러낸다. 화자는 님에 대해서는 절대적인 믿음과 헌신을 행하는 반면 님과의 사랑을 방해하는 모든 세력에 대해서는 단호한 거부와 저항의 의지를 보인다. 이 시에 나타나는 독특한 역설법은 화자의 의지적인 태도와 부합한다. "님은 갔지마는 나는 님을 보내지 아니하였습니다"(「님의 침묵」), "타고 남은 재가 다시 기름이 됩니다"(「알 수 없어요」), "사랑을 '사랑'이라고 하면 벌써 사랑은 아닙니다"(「사랑의 존재」) 등 다양한 역설에서 현상을 넘어 진리에 도달하기 위한 지혜와 의지가 발현된다. 한용운 시에서 현실과 언어의 한계를 초월하려는 역설의 정신은 진리의 깨달음이라는 종교적 수행과 관련된다. 그런데 이때 진리의 실천은 사랑의 완성이라는 세속적 욕망과 배리되지 않는다. 사랑을 통한 해탈이야말로 『님의 침묵』에서 도달한 깨달음의 방식이다. "대해탈(大解脫)은 속박에서 얻는 것입니다"(「禪師의 說法」)라는 역설에서 알 수 있듯 한용운 시에서 사랑과 해탈은 모순이 아닌 융합의 관계로 주제를 형성하고 있다. 한용운은 현실 언어의 한계 안에서 존재의 진실에 이르기 위해 역설의 방법을 활용한다. 이를 통해 현실을 초극하는 사랑과 깨달음을 구현한다.

한용운은 『님의 침묵』 단 한 권으로 현대시사에서 빼놓을 수 없는 위치를 차지하고 있다. 그의 시는 낭만주의 시의 애상적이고 허무주의적인 정서가 지배하던 1920년대 시의 전반적인 분위기와 전혀 다른 저항과 극복의 의지를 드러낸다. 단 한 권 내놓은 시집이 이토록 높은 완성도와 독창성을 지니는 것은 경이로운 일이다. 이 시집의 성과는 시인으로 국한되지 않고 승려이자 독립운동가로 활동한 한용운의 전인적 면모를 배제하고는 설명하기 힘들다. 진리와 사랑이 구현되는 절대세계를 향한 한용운의 염원은 언어의 가능성을 최대로 확장하여 현실을 넘어서는 역설의 시학으로 발현된다. 사유와 인식의 깊이에 있어 한용운의 시는 우리 현대시가 도달한 하나의 지표에 해당한다. 그의 시에서 깨달음을 향한 종교적 지향과 사랑을 향한 세속적 지향은 분리되지 않고 높은 수준으로 통합된다. 『님의 침묵』은 사랑과 역설의 언어로서 진리의 차원을 열어 보인 독보적인 시집이다.

님은갓슴니다 아아 사랑하는나의님은 갓슴니다

푸른산빗을깨치고 단풍나무숩을향하야난 적은길을 거러서 참어썰치고 갓슴니다

黃金의꼿가티 굿고빗나든 옛盟誓는 차듸찬씌끌이되야서 한숨의微風에 나러갓슴니다

날카로은 첫'키쓰'의追憶은 나의運命의指針을 돌너노코 뒤ㅅ거름처서 사러젓슴니다

나는 향긔로은 님의말소리에 귀먹고 꼿다은 님의얼골에 눈머럿슴니다

사랑도 사람의일이라 맛날때에 미리 써날것을 염녀하고경계하지아니한 것은아니지만 리별은 뜻밧긔일이되고 놀난가슴은 새로은슯음에 터짐니다

그러나 리별을 쓸데업는 눈물의源泉을만들고 마는것은 스스로 사랑을깨치는것인줄 아는까닭에 것잡을수업는 슯음의힘을 옴겨서 새希望의 정수박이에 드러부엇슴니다

우리는 맛날때에 써날것을염녀하는것과가티 써날때에 다시맛날것을 밋슴니다

아아 님은갓지마는 나는 님을보내지 아니하얏슴니다

제곡조를못이기는 사랑의노래는 님의沈默을 휩싸고돔니다

—「님의沈默」 전문

이 시는 『님의 침묵』 전체의 서시에 해당하며 표제시이기도 하다. 이 시에서는 시집 전체를 관통하는 님과의 이별이라는 극적인 상황이 제시된다. 첫 행에서부터 강렬한 비애와 탄식의 어조가 나타나 긴장감을 유발한다. 2행에서는 님과 이별하는 장면이 보다 상세하게 묘사된

다. '푸른 산빛'과 '단풍나무숲'은 사랑과 이별이라는 대조적 상황을 색의 대비로 더 선명하고 감각적으로 보여준다. 3행의 '황금의 꽃'과 '차디찬 티끌' 역시 사랑을 나누던 과거와 이별해야 하는 현재의 극적인 대비를 강조한다. "날카로운 첫'키쓰'의追憶"이라는 구절은 이 사랑의 극적인 성격을 함축한다. 이 사랑은 '날카로운' '운명의 지침'과 마주할 것이며 그것을 극복하려는 완전한 몰입과 강한 의지에 의해 지속될 수 있을 것이다. 사랑은 '사람의 일'이고 운명의 지배를 받는 것이어서 염려했던 바처럼 이별을 겪게 된다.

이 시의 놀라움은 '그러나'로 시작되는 7행 이후의 반전에 있다. 이별은 쓸데없는 눈물의 원천이라는 인식에 도달한 화자는 이별을 넘어서는 새 희망을 꿈꾼다. '슬픔의 힘'은 운명에 맞서는 의지를 함축한 역설이다. '슬픔의 힘'은 '걷잡을 수 없는 슬픔'을 '새 희망의 정수박이'로 들어부어 '운명의 지침'을 역전시킨다. 운명으로 인한 이별을 되돌리는 것은 재회의 희망과 의지이다. '님은 갔다'는 운명과 '나는 님을 보내지 아니하였다'는 의지가 격렬하게 충돌하는 역설이 이 시의 주제를 내포한다. '님의 침묵'이라는 운명적 현실과 '사랑의 노래'에 담긴 재회의 희망은 시집 전체를 견인하는 두 개의 축이라 할 수 있다.

'사랑의 노래'는 '님의 침묵'을 초극하려는 의지이다. 사랑과 믿음의 힘은 '님의 부재'라는 부정적 상황을 역전시키는 계기가 된다. '사랑의 노래'는 '님의 침묵'을 휩싸고 도는 시인 자신의 역설의 언어이며, 운명을 극복하는 의지, 현실 너머 진리에 도달하려는 정신의 표상이다.

2. 사랑의 상처와 발효의 미학—최승자 시집『이 시대의 사랑』

『이 시대의 사랑』은 1981년 문학과지성사에서 간행된 최승자의 첫 시집이다. 96쪽이고 3부로 구성되어 있다. 제1부는 1981년 1월부터 6월까지 쓴 시 18편, 제2부는 1977년부터 1980년까지 쓴 시 20편, 제3부는 1973년부터 1976년까지 쓴 시 18편이 들어있다. 시를 창작 시기별로 나누고 시간의 역순으로 배열한 것이 특징이다.

최승자는 1979년 「이 시대의 사랑」 외 4편을 『문학과 지성』 가을호에 발표하면서 등단한다. 1970년대 말부터 시작된 해체적 경향의 시들과 더불어 우리시의 새로운 경향을 대표하는 시로 등단 초기부터 주목을 받는다. 1980년대를 '시의 시대'라고 할 때 이는 격렬한 부정의 정신과 어법으로 시대정신을 대변하면서 사회적 관심의 중심을 차지하던 시의 위상을 뜻하는 것인데, 최승자는 바로 이러한 '시의 시대'를 이끌었던 대표주자이다.

최승자는 "70년대는 공포였고 80년대는 치욕이었다"고 하여 자신이 살았던 시대를 명쾌하게 규정한 바 있다. 최승자는 개인의 삶에 드리워진 시대의 어두운 그림자에 민감했고 부정과 저항의 시로서 그에 맞섰다. 사회와 가정 모두를 병들게 했던 권위와 폭력은 최승자가 가장 철저하게 부정한 대상이다. '아버지'로 대표되는 권위적 질서에 대한 대립과 저항의 태도는 단호하다. "아버지의 두 발바닥은 운명처럼 견고했다 / 나는 내 피의 튀어오르는 용수철로 싸웠다 / 잠의 잠 속에서도 싸우고 꿈의 꿈 속에서도 싸웠다"(「다시 태어나기 위하여」)에서처럼 '아버지'는 '나'의 존재를 장악하고 통제하려는 절대적인 권력이다. 강력한 '아버지'의 힘에 저항하여 '나'는 생존을 건 처절한 싸움을 벌인다. 최승자 시에 나타나는 '아버지'에 대한 부정과 투쟁의 의지는 삶 전체를 통제하고 억압했던 1980년대의 독재 권력에 대한 저항으로서의 상징적 의미가 크다. 우리시에서 유례를 찾아보기 힘든 극단적인 '아버지' 부정은 당시의 시대적 상황에 대한 문학적 항거라 할 수 있다.

이처럼 위험한 시집이 모진 검열의 눈길을 피해 출간될 수 있었던 것은 '아버지'의 부정을 능가하는 철저한 자기 부정에 기반을 두고 있기 때문일 것이다. "일찌기 나는 아무 것도 아니었다."(「일찌기 나는」)로 시작되는 이 시집의 서시는 "내가 살아 있다는 것, / 그것은 영원한 루머에 지나지 않는다"는 진술로 자아를 영점화하는 극단적인 자기 부정을 행한다. 시인은 위악적인 태도로 자신에 대한 혐오와 비하를 서슴지 않는다.

시인은 또한 자신의 존재와 모든 인간관계를 부정하는 방식으로 세계의 불모성과 황폐함을 드러낸다. 타락하고 불결한 세계 속에서 사랑은 소멸하고 고통과 상처만이 넘쳐난다. "네게로 가리. / 혈관을 타고 흐르는 매독 균처럼 / 삶을 거머잡는 죽음처럼."(「네게로」)에서처럼 사랑은 간절하지만 부패와 소멸의 예감으로 가득하다. 삭막하고 위협적인 세계는 사랑을 허용하지 않는다. "메스를 든 당신들. / 그 칼 그림자를 피해 내 사랑은 뒷전으로만 맴돌다가 / 이제는 어둠 속으로 숨어 / 종기처럼 문둥병처럼 / 짓물러 터지려 하네."(「이제 나의 사랑은」)에서 암시하듯 '나'의 사랑은 "메스를 든 당신들"이 지배하는 세계에서 이루어질 수 없다. 최승자의 시에서 사랑이 '종기', '문둥병', '매독'과 같은 불결한 질병의 이미지로 연결되는 것은 그것이 '저주받은 운명'처럼 철저하게 거부된다는 부정적인 인식에 기인한다.

사랑에 대한 강렬한 열망과 그것이 불가능한 세계에 대한 절망에 직면하여 시인은 외로움과 슬픔을 통감한다. "내 온 하루를 꿰고 있는 의식의 카타곰", "때때로 튕겨져 나갔다가 다시 / 튕겨져 들어와 돌고 있는 원심점"(「청계천 엘레지」)을 '슬픔'이라고 시인은 고백한다. 시인은 허망한 일상의 시간들이 맴돌며 이어지는 의식의 밑바닥에 비애와 고독이 자리 잡고 있음을 안다. 그녀의 시는 그 "슬픔의 毒이 전신에 발효하길 / 기다"(「자화상」)려 빚어낸 진한 독주이다. 자신과 세계와의 불화를 철저하게 마주하며 그로 인한 파멸의 과정마저도 모두 용해시켜 만들어낸 발효의 미학이다.

최승자의 시는 파괴를 통한 창조의 역동적인 작용을 내포한다. 시인은 기존의 질서와 관념을 배격하는 방식으로 새로운 세계와 자아의 이상에 도달하고자 했다. 이를 위해 규범적인 언어에서 벗어나는 일탈적 언어와 파괴적인 어법을 구사한다. 최승자의 시에는 기존의 시어에서 찾아보기 힘든 거칠고 속된 언어, 심지어는 욕설까지 등장하면서 놀라움과 긴장감을 유발한다. 이러한 충격요법은 시에 대한 고정관념을 뒤집고 근본적인 질문을 행하게 한다. 최승자 시의 파괴적인 언어는 부패하고 타락한 세계에 대한 적나라한 야유와 조롱의 의미를 담고 있다. 시인은 또한 기존의 시어들로 표현하기 힘든 뿌리 깊은 절망감과 위기의식을 드러내기 위해 언어의 지층에서 미발굴되었던 거칠고 생경한 시어들을 끌어올리기도 한다. "일찌기 나는 아무 것도 아니었다. / 마른 빵에 핀 곰팡이 / 벽에다 누고 또 눈 지린 오줌 자국 / 아직도 구더기에 뒤덮인 천년 전에 죽은 시체"에서처럼 '곰팡이', '오줌 자국', '시체'와 같은 생경한 시어들이 혹독한 자기 부정의 정신을 뒷받침하고 있다. 시와 비시의 경계를 넘어서는 최승자 시의 혁신적 언어는 시의 새로운 가능성을 크게 확장한다.

『이 시대의 사랑』은 1980년대의 시단에 충격파를 던지며 시의 경계에 대한 질문을 일으킨 혁신적인 시집이다. 자기 자신과 시대에 대한 철저한 부정의 정신은 기존 시의 형식과 언어에 대한 파괴라는 방법적 부정과 더불어 우리시의 흐름에 큰 변화를 일으키게 된다. 최승자의 시가 보여준 지배적인 질서와 권위에 대한 파격은 1980년대의 역사적 맥락 속에서 더욱 각별하게 부각되었지만, 그 시대를 넘어선 오늘날의 관점에서도 전위적 태도의 전범으로서 의미를 잃지 않는다. "썩지 않으려면 / 다르게 기도하는 법을 배워야 했다. / 다르게 사랑하는 법 / 감추는 법 건너뛰는 법 부정하는 법"(「올 여름의 인생 공부」)에 대한 시인의 제안은 끝없이 새로워지고자 하는 창조의 정신에 여전히 뛰어난 참조가 된다.

개 같은 가을이 쳐들어 온다.
매독 같은 가을.
그리고 죽음은, 황혼 그 마비된
한 쪽 다리에 찾아온다.

모든 사물이 습기를 잃고
모든 길들의 경계선이 무드러진다.

레코드에 담긴 옛 가수의 목소리가 시들고
여보세요 죽선이 아니니 죽선이지 죽선아
전화선이 허공에서 수신인을 잃고
한번 떠나간 애인들은 꿈에도 다시 돌아오지 않는다.

그리고 그리고 괴어 있는 기억의 廢水가
한없이 말 오줌 냄새를 풍기는 세월의 봉놋방에서
나는 부시시 죽었다 깨어난 목소리로 묻는다.
어디 만큼 왔나 어디까지 가야
강물은 바다가 될 수 있을까.

—「개 같은 가을이」 전문

“개 같은 가을”과 “매독 같은 가을”, 이 두 구절만으로도 최승자는 우리 현대시사에서 잊을 수 없는 시인이 되었다고 할 수 있다. 이 돌발적인 비유는 ‘가을’에 관한 모든 시들을 평범한 것으로 만들어 버린다. ‘개’와 ‘매독’에 비유되는 가을은 전무후무한 것이다. 이 비유의 원관념과 보조관념 사이의 까마득한 격절은 일반적인 통념의 한계를 한순간에 뒤엎는다. 감히 ‘개’나 ‘매독’으로 비유할 수 없었던 고상한 대상은 드디어 금기에서 벗어나 내면의 가장 절실한 투사체가 된다. 이 시의 화자는 자신이 가을에 느끼는 고통과 절망을 직시하고 그에 합당한 언어를 구사한다. 가을에 자신이 느끼는 ‘더러운’ 감정을 숨김없이 드러냄으로써 전례 없는 개성을 확보하게 된 것이다.

이 시에서 인상 깊게 그려지는 불결하고 병적인 가을의 이미지는 곧 내면의 충실한 반영이기도 하다. 화자를 둘러싼 모든 상황은 불안하고 부정적이다. "모든 사물이 습기를 잃고 / 모든 길들의 경계선이 문드러"지듯 기본부터 흔들리고 제대로 돌아가는 것은 아무 것도 없다. 레코드의 소리도 시들고 전화도 되지 않고 모든 소통은 단절된다. 당연히 "한번 떠나간 애인들은 꿈에도 다시 돌아오지 않는다." 모든 관계는 철저히 차단된다.

이 시의 화자는 죽음에 가까운 단절과 고립을 겪으며 삶에 대한 근원적인 질문을 행한다. 자신의 삶을 돌이켜보며 존재의 전환을 꿈꾼다. '기억의 폐수'로 가득한 '세월의 봉놋방'을 벗어나 드넓은 '바다'에 이를 순간을 기다린다. 삶의 종착지이며 존재의 근원인 또 하나의 세계에 이르고자 한다. 최승자 시의 강렬한 언어가 얼마나 통렬한 자기 부정과 간절한 존재 전환의 염원을 내포하고 있는지를 가늠할 수 있게 하는 시이다.

『님의 침묵』과 『이 시대의 사랑』은 폭압으로 가득한 어두운 시대를 밝힌 특별한 시집들이다. 두 시집은 수십 년의 격차를 두고 있지만 시대의 어둠과 맞서는 사랑시의 계보에서 두드러진 성과들이라 할 만하다. 현실의 압력에 대응하는 강력한 사랑의 언어를 표출하기 위해 이들은 역설의 가능성을 십분 발휘한다. 한용운의 역설은 님의 부재라는 현실을 초극하려는 정신적 의지의 표현이며, 최승자의 역설은 사랑에 대한 절망과 사랑의 한계치를 승화하는 방식이다. 두 시집은 어법에 있어서도 주목할 만하다. 『님의 침묵』에서는 '님'에 대한 무한한 신념과 예찬을 드러내는 극존칭의 경어법이, 『이 시대의 사랑』에서는 사랑의 상처와 자기비하로 인해 통렬한 야유와 파괴적 어법이 쓰이고 있다. 전혀 다른 시대와 개성의 산물이지만, 두 시집 모두 사랑의 극한에서 한 시대를 돌파할만한 강력한 추동력을 창출했다는 점에서 문제적이다.

제2부

문학지리학과 생태시학

한국 현대시에 나타난 '서울'의 문학지리학 1

한국 현대시에 나타난 '서울'의 문학지리학 2

도시 생태의 시적 수용과 전망 – 이하석·최승호·이문재의 시

한국 생태시의 전개와 세 가지 층위

한국 현대 여성시에 나타난 자연 표상의 양상과 의미

에몬즈와 최승호의 생태시 비교

한국 현대시에 나타난 '서울'의 문학지리학 1

1. 서론

이 글은 한국 현대시에 나타난 '서울'의 양상과 의미에 대해 문학지리학적으로 접근해보고자 한다. 문학지리학(literary geography)은 20세기 초에 영국의 샤프(Sharp)가 처음 시도하였으며, 1970년대부터 본격적으로 탐구되어 지리학의 한 분야로 자리 잡게 되었다. 문학지리학은 경관에 대한 해설로서의 문학작품이나 지리학적 현상으로서의 문학 작품을 연구하는 것이다.[1] 본래 지리학자들이 실증적 지리학의 한계에 대한 대안으로서 시도했던 이 방법은 현재에는 문학 연구의 새로운 방법으로도 주목받고 있다.

"지리학과 문학은 둘 다 장소와 공간에 대한 글쓰기이다. 이들은 둘

1 이은숙, 「지리학과 문학의 만남」, 『문학지리 · 한국인의 심상공간』 중, 논형, 2005, 22쪽 참조.

다 의미화 과정, 즉 사회적 매개 속에서 장소를 의미 있게 만드는 과정인 것이다."[2] 장소가 텍스트에 영향을 끼치기도 하지만 텍스트에 의해 장소가 풍부한 의미를 획득해간다. 장소는 직접적인 경험에 의해 가치가 부여되며 실재하는 공간이 된다. 문학은 장소와 인간의 관련을 살피는 데 있어 더할 수 없이 적절한 대상이다. 문학 작품은 장소와 관련된 경험과 기억과 상상을 재구성하여 그에 대한 전체적인 통찰을 제공하기 때문이다. 문학은 텍스트와 사회 문화적 환경과의 광범위한 영향 관계의 산물이며 장소를 의미화하는 능동적 과정이다.

최근 문학지리학의 유행은 이와 같은 장소의 재현 문제와 더불어, 공간 연구에 대한 관심이 고조되는 문화연구의 패러다임을 반영한다. 미국의 대표적인 지리학자인 에드워드 소자에 따르면 공간의 개념적인 중요성과 공간 패러다임의 부상은 서구 지성사의 매우 강력한 패러다임인 시간과 공간에 대한 단선적인 사고를 근본적으로 비판하고, 시간의 압제에 눌려온 공간의 존재와 역동성을 재평가하는 동시에 격상시키는 중요한 지적인 변환점이 된다.[3] 시간과 공간의 변증법적인 작용을 주목하게 되면서 그동안 도외시했던 공간의 중요성에 대한 관심이 높아지게 된 것이다. 가령 '근대성'의 규명을 위해서는 근대의 시간적 층위를 실질적으로 구성하는 도시화 등의 공간적 양상이 파악되어야 한다. 최근에 근대화와 도시화라는 역사 정치적 변화가 가시적으로

2 Crang, M., "Literary landscapes : Writing and geography", *Curtural Geography*, London : Routledge, 1998, p.44.

3 이기형, 「문화연구와 공간－도시공간과 장소를 둘러싼 정치학과 시학을 지리학적 상상력으로 그리고 자전적으로 표출하기」, 『언론과 사회』 16-3, 성곡언론문화재단, 2008 가을, 16쪽 참조.

표출되는 도시 공간에 대한 논의가 활발해지는 것은 그 때문이다.

도시는 정치・경제・문화 등의 사회적 정책과 비전이 첨예하게, 구체적으로 작동하는 구조물로서 문학지리학적으로, 또한 공간 패러다임으로서 역할이 매우 크다. 이 글에서는 한국의 대표 도시인 '서울'을 중심으로 현대시에서 그것이 수용되는 양상과 그 의미에 대해 살펴볼 것이다. 현대시에 나타나는 서울은 식민화와 함께 근대 도시로 출발한 특수한 상황을 반영한다. 식민화와 더불어 급작스럽게 근대화된 서울은 전통과 새로움, 노동자와 자본가, 식민지 지배 계급과 피지배 계급 간의 심한 불균형과 차별적인 관계가 작동하는 '권력의 기하학(power geometry)'[4]을 형성한다. 정치 경계학적으로 접근할 때 서울은 이중 도시(dual city)의 성격이 짙다. 특히 식민지 시대의 서울은 민족적・계급적 차별이 극대화된 식민지형 이중도시로서의 특수성을 보인다. 이 글에서는 일차적으로 식민지 시대의 현대시를 중심으로 당대 서울의 특수한 양상을 고찰하려 한다. 이는 최근 활발하게 진행되는 '도시 문화'나 서울 관련 연구들이 감각적이고 표피적인 접근 방식에 함몰되고 있다는 문제의식에서 기인한다. 식민지의 근대적 도시문화를 당대 사회의 복잡한 권력관계에서 분리하여 그 외현적, 문화적 양상만을 강조하는 방식은 제한적일 수밖에 없다. 식민지 도시의 외적 기능이 압도적으로 '경제적'인 것이라면, 그 내적 공간을 구성하는 논리는 압도적으로 '정치적'인 것이다. 식민지 도시는 식민 권력의 공간적 구현인 것이다.[5] 식민지 도시의 역할을 간파하기 위해서는 그 외현적 양상에 내재

4 Massey, D., *Space, Place, and Gender*, Minneapolis : University of Minnesota Press, 1994, p.149.

5 김백영, 「식민지 도시성에 대한 이론적 탐색－공간사회학적 문제설정」, 『사회와 역사』

해 있는 정치 · 경제적 지배의 논리를 간과해서는 안 된다.

한국 현대시와 '서울'의 관련성을 살핀 기존 연구들은, '도시'라는 보다 일반적인 범주 안에서 그것을 살핀 경우가 많다.[6] '서울'에 국한시킨 연구 중에는 모더니즘과의 관련성을 살핀 경우[7]나 도시체험의 상징으로서 '서울'을 거론한 경우가 있다.[8] 최근에는 문학지리학적 관점으로 '서울'을 탐구한 경우도 있다.[9] 이런 연구들을 통해 '서울'의 근대성과 다양한 변화의 과정이 조명되어 왔다. '서울'이라는 구체적인 공간에 대한 문학지리학적 접근을 통해 이 글에서는 기존의 모더니즘적 시각이나 문화적 접근과 달리 식민지 근대도시로서의 서울이 보이는 다중성에 주목하고자 한다. 서울의 근대성에 집중하는 기존의 관점과 다르게 식민지 도시로서의 성격을 규명할 것이다.[10] 문학지리학에서는 장소에 대한 주체의

72, 한국사회사학회, 2006, 193쪽.

6 오세영, 「도시시의 가능성과 그 의미」, 『상상력과 논리』, 민음사, 1991.
서준섭, 「한국 현대시의 도시 수용과 시의 변화」, 『인문과학』 7, 서울시립대 인문과학연구소, 2000.
전봉관, 「1930년대 한국시의 도시 체험과 향수」, 『국어국문학』 131, 국어국문학회, 2002.5.

7 서준섭, 「모더니즘과 1930년대의 서울」, 『한국학보』 45, 일지사, 1986.
고봉준, 「1930년대 경성과 이상(李箱)의 모더니즘」, 『문화과학』 45, 문화과학사, 2006.3.

8 홍성식, 「현대시에 나타난 '서울' 연구」, 『새국어교육』 71, 한국국어교육학회, 2005.
권오만, 『서울을 시로 읽는다』, 혜안, 2004.
유성호, 「한국 현대문학에 나타난 '서울' 형상 연구」, 『서울학연구』 23호, 서울시립대 서울학연구소, 2004.9.
김재관 · 장두식, 『문학 속의 서울』, 생각의나무, 2007.

9 장석주, 「서울, 그 욕망의 지리학」, 『장소의 탄생』, 작가정신, 2006.
김미정, 「경성에서 서울까지, 메트로폴리스 심상지리」, 『문학 · 선』, 2006 봄.

10 이는 "기존의 많은 연구들이 식민지 근대성의 양 측면 가운데 '식민지성'이나 '근대성'의 일면에만 관심을 둠으로써 식민지의 전체 모습을 부분으로 축소시키고, 부분적 모습을 전체로 일반화하는 모순을 보여주고 있다"(김동노, 「식민지 시기 일상생활의 근대성과 식민지성」, 『일제의 식민지배와 일상생활』, 혜안, 2004, 27쪽)는 국학계의 문제의식을 공유하는 것이기도 하다.

개별적 감수성을 중시한다. 심리적 층위의 지리학은 특정 공간에 대한 다양한 재현과 정서적 반응에 의해 물리적 공간과 질적으로 차별화되는 의미의 형성한다. 이 글에서는 서울에 대한 각별한 관심을 지속적으로 시화했던 대표적 시인들을 대상으로 그들의 시에서 서울이 어떻게 인지되고, 감수되는지를 살펴보려 한다. 여기에서 서울은 일반 도시공간과 구분되는 특정 장소이다. 물론 서울은 도시공간의 대명사라 할 만하지만 이 글에서는 서울의 역사, 정치, 경제적 특수성에 주목한다. 따라서 이 글에서는 서울의 지리적 구체성이 드러나는 시들을 대상으로 한다.[11]

흔히 시보다는 소설이 문학지리학의 자료로 더 적절한 것으로 본다. 소설에는 구체적인 삶의 양상이 그려지기 때문이다. 그렇지만 시는 소설에 비해 너 직접적인 정서적 반응을 드러낸다는 점에시 소설과는 또 다른 문학지리학적 가치를 지닌다고 할 수 있다. 시는 특정 장소의 이미지를 직접적이고 함축적으로 표현해내기 때문에 선명한 심상지리를 펼친다. 시의 심상지리에서 중요한 것은 시적 화자의 태도와 시선이다. 시적 화자의 시선과 정서적 반응은 장소에 대한 당대 사회 구성원의 체험과 열망과 가치관을 대변한다. 당대 시에 드러나는 심상 지리를 통해 식민지 근대 도시 서울의 복잡한 기능과 정체성을 확인할 수 있을 것이다. 이 글에서 대상으로 하는 김광균, 박팔양, 임화, 오장환 등의 시는 식민지 근대성이 난숙해가는 1920년대 후반 이후의 서울을 그리고 있어, 빠르게 근대화되어가는 식민지의 수도에서 시인들이 체

---

11 이상, 김기림, 정지용 등 모더니즘을 대표하는 시인이 배제된 이유는 그들의 시가 도시공간의 일반적 특성을 드러내기는 하나 서울이라는 구체적 장소를 적시하고 있지는 않기 때문이다.

험했던 복잡 미묘한 심리와 정서를 살필 수 있다. 장소 체험의 주체로서 시인들이 보여주는 가치관과 태도를 통해 당대 서울의 존재성과 함의에 보다 근접할 수 있을 것이다.

2. 근대적 풍경으로부터의 소외와 애수—김광균

김광균은 모더니즘을 대표하는 시인으로 언급되는 만큼 도시적 감각과 기법의 시들을 많이 썼다. 그의 시 중에서 서울의 경관과 관련되는 시들은 「와사등」, 「광장」, 「향수」, 「환등」, 「눈 오는 밤의 시」, 「도심지대」 등 다수가 있다. 이 시들은 1938년부터 1940년까지의 특정 시기에 집중적으로 발표된다. 군산에서 신혼살림을 하던 김광균이 서울에 직장을 얻어 청계천 주변의 다옥동(茶屋洞)에서 하숙을 시작한 1938년 무렵이 바로 그 시점에 해당한다.[12] 바다나 부두, 소도시의 풍경이 주를 이루던 이전의 시들과 확연하게 다른 대도시 서울의 풍경이 이 시기부터 본격적으로 등장하기 시작한다. 지리적 환경과 문학 작품과의 밀접한 연관성을 확인할 수 있다.

김광균의 서울 체험이 생래적이거나 오래 지속되어 온 것이 아니라 특정 시기에 본격적으로 시작되었다는 것은 그의 시에 나타나는 독특

12 나희덕, 「김광균 시의 조형성과 모더니티」, 『한국시학연구』 15, 한국시학회, 2006.4, 111쪽.

한 시각과 정서를 이해하는 데 있어 관건이 된다. 그의 시는 대도시에서 볼 수 있는 이국적 풍경의 인상을 소묘하는 데 집중된다. 한 폭의 그림을 연상시키는 김광균의 시는 문화적 이미지이며 재현의 회화적 방식이자 경관의 구조화 또는 상징화인[13] 풍경화처럼 경관의 재현을 통해 외부의 풍경을 내면화해 보여준다. 시인의 시선을 이끈 풍경은 주로 거리나 건물 같은 도시의 가시적 외관이다.

> 긴-여름해 황망히 나래를 접고
> 늘어선 高層 창백한 墓石같이 황혼에 젖어
> 찬란한 夜景 무성한 雜草인양 헝클어진채
> 思念 벙어리되어 입을 다물다
>
> —「瓦斯燈」(『조선일보』, 1938.6.3)[14] 부분

> 슬픈 都市엔 日沒이 오고
> 時計店 지붕 위에 靑銅비둘기
> 바람이 부는 날은 구구 울었다.
> 늘어선 高層 위에 서걱이는 갈대밭
> 열없이 標木되어 조으는 街燈
> 소리도 없이 暮色에 젖어
>
> —「廣場」(『비판』, 1938.9) 부분

13 Cosgrove, D. & Daniels, S.(eds.), *The Iconography of Landscape*, Cambridge : Cambridge University Press, 1988, p.1.

14 김학동 · 이민호 편, 『김광균 전집』, 국학자료원, 2002, 45쪽.(이후 김광균 시 인용은 이 책에 의거함)

滿洲帝國領事館 지붕 우에 노-란 깃발.

노-란 깃발 우에 달리아만한 한포기 구름.

로우터리의 噴水는 우산을 썼다.

바람이 고기서 조그만 커어브를 돈다.

—「都心地帶」(『인문평론』 3호, 1939.12) 부분

김광균 시 특유의 풍경을 구성하는 것은 고층 빌딩, 이국적 건축물, 공원, 동상, 분수, 가로수, 가스등, 풍속계, 시계탑 등의 이국적 경관과 문물들이다. 시인은 주로 도시의 거리 풍경을 형성하는 이런 대상들을 관조적이면서도 감각적인 시선으로 재현한다. 지방 소도시에서 생활하던 그는 대도시의 경관에서 새롭고 깊은 인상을 받았던 것이다. 서울의 경관을 가장 크게 변화시킨 것은 근대화와 더불어 급속히 증대한 서구식 건물들이다. 개항 이후 근대적인 개항장 공관이나 상업건축물 등 신건축물들이 들어서기 시작했고 1888년부터 서구 르네상스풍이나 고딕풍의 종교건축물들이 세워졌다. 그 후 서양 건축을 배운 일본인 건축가들이 우리나라에 들어와 일본 전통양식에 서양식을 섞은 화양풍(和洋風)으로 공관시설, 군사시설, 철도시설을 짓는다. 각 국의 건축양식에 맞는 공관들도 들어섰는데 르네상스식 2층 벽돌건물이 주류였다.[15] 서울의 스카이라인을 변화시킨 고층건물과 각종 서양식 건물들은 낯설고 이국적인 정경으로 다가오면서 시인의 미감을 자극한다.

15 김정동, 『남아있는 역사, 사라지는 건축물』, 대원사, 2000, 17쪽 참조.

시인은 서울의 경관을 형성하는 이국적 풍물을 지속적으로 소묘한다. 도시 풍경을 그린 시들에서는 특히 다양한 외래어 사용이 두드러진다. '램프', '비오롱', '호텔', '씨네마', '필림', '스크린', '아스피린', '나타샤', '캬스파', '로우터리', '커어브', '포스트', '뉴우스', '스피이커', '호로', '바리에테', '글라스컵' 등 외래어 사용은 당대 수입된 많은 외래 문물에 대한 시인의 관심을 엿보게 한다. 외래어 사용에서 드러나는 다문화적인 감각은 당대 모더니스트들에게는 일종의 유행과도 같은 것이었다. 고유어와 혼재되어 있는 이질적인 언어들의 생경함은 이국의 문화에 대한 거리감과 매혹을 환기시킨다.

서울의 낯선 경관과 접하며 시인은 매혹과 소외를 동시에 체험한다. 그의 시에 펼쳐지는 도시 풍경에서 화자는 주체가 아닌 관찰자로 등장한다. 도시의 경관이 전경화된 채 화자 자신은 주변인으로서 거리감을 확보한 채 그것을 관찰하는 시선을 유지한다. 그런데 이런 산책자, 혹은 관찰자의 시선이 식민지 통치에 작용하는 제국의 스펙터클 효과를 반영하고 있음을 주목해볼 필요가 있다. 김광균 시에 나타나는 '늘어선 고층', '찬란한 야경'과 같은 첨단의 도시 풍경은 일본인 거리에 편중되는 공간의 차별화가 일어나고 있었다. '북촌'의 조선인들이 제국의 문명을 맛보기 위해 '남촌'을 방문하는 대중적인 '순례'의 풍속이 출현한 것은 제국의 스펙터클화와 식민지 도시 공간의 차별적 균질화의 결과였다고 할 수 있다.[16] 김광균 시의 화자가 스펙터클한 도시의 풍경에 종종 매혹되면서도 전혀 동화되지 못하고 관조적 태도로 일관하는 것

16 김백영, 「제국의 스펙터클 효과와 식민지 대중의 도시경험」, 『사회와역사』 75, 한국사회사학회, 2007.9, 92~93쪽 참조.

은 식민도시의 주변인에 불과한 현실적 처지와 무관하지 않다.

김광균의 시에서 묘사되는 서울이 가시적 외관이 두드러진 데 비해 구체적인 삶의 모습은 삭제되어 있는 점도 주목할 만하다. 화자는 도시의 이곳저곳을 배회할 뿐 생활인으로서의 면모를 전혀 보여주지 않는다. "비인 방에 홀을로 / 대낮에 體鏡을 대하여 앉다", "황혼을 좇아 네거리에 달음질치다. / 모자도 없이 廣場에 서다"(「廣場」)에서처럼 낮에는 방에 칩거하고 황혼이 되어 거리로 나서는 역행의 반경을 드러낸다. 타인과 소통하는 장면이 전혀 없고 철저히 고립된 채 배회하는 모습이다. 서울 이주 직후인 1938년 김광균은 경성고무주식회사 판매부장 직책을 사임하고 창작활동에 전념하게 된다.[17] 일제 치하에서 엘리트로의 진입의 기회와 관료 충원의 기회가 소수 친일적인 사람들에 의해 독점되었기 때문에 지식인들은 물질적, 정신적인 면에서 충족감을 갖기 어려웠다. 따라서 한국 룸펜 인텔리는 단순히 경제적 측면이 아니라 복잡한 윤리적 사회적 측면에서의 소외현상을 일으키게 되었다.[18] 시인은 "空虛한 군중의 행렬"(「瓦斯燈」)과 역행하며 나름대로 절실하게 "信賴할 現實"(「空地」)을 찾아다녔고 그 좌절로 말미암아 비애와 우울의 정서에 빠져들었던 것이다.

김광균의 시가 막연한 비애나 낭만적 감상성에 그치지 않는 현실 인식을 수반하고 있다는 점은 도시에서 고향을 그리는 다음의 시에서도 확인할 수 있다.

---

17 이경호, 「김광균」, 『약전으로 읽는 문학사』, 소명출판, 2008, 486쪽 참조.

18 박영택, 「식민지시대 도시공간과 미술」, 『한국근현대미술사학』 10, 한국근현대미술사학회, 2002, 203쪽.

停車場도 주막집도 헐어진 나무다리도
온-겨울 눈 속에 파묻혀 잠드는 고향.
산도 마을도 포플라나무도 고개 숙인 채
호젓한 낮과 밤을 맞이하고
그 곳에
언제 꺼질지 모르는
조그만 生活의 촛불을 에워싸고
해마다 가난해 가는 고향 사람들.

낡은 비오롱처럼
바람이 부는 날은 시러운 고향.
고향 사람들의 한줌 희망도
진달래빛 노을과 함께
한 번 가고는 다시 못오기

저무는 都市의 옥상에 기대어 서서
내 생각하고 눈물지움도
한떨기 들국화처럼 차고 서글프다.

—「鄕愁」(『인문평론』 7호, 1940.4) 부분

1930년대 한국 시인들이 도시 생활의 환멸에서 오는 고향에 대한 향수를 드러내기 위해 고향의 이미지를 유미적으로 왜곡시킨 것[19]에 비해 김광균은 "해마다 가난해 가는 고향"의 절망적 현실을 간과하지 않는다. 도시의 육교를 달리는 화물차를 바라보며 모든 것이 눈 속에 파묻힌 고향의 정체성을 비교하고, 식민지의 현실에서 이중으로 소외되어 있는 지방의 열악한 사정을 인지한다. 수도 서울의 화려한 외관에 내재하는 차별화와 서울과 또 달리 차별화된 고향의 현실에 대해 감지하지만 행동할 수 없는 무력감으로 인해 그는 애수에 젖는다.

김광균은 서울의 근대적 풍경을 관찰자로서 소묘하였다. 그 이국적 경관에 시각적으로 이끌리면서도 그로부터 소외된 채 우울과 비애의 정서로 일관하였다. 근대적 도시로 성장하는 서울과 달리 자신을 비롯한 고향의 고립감이나 정체감을 절감하며 감상에 젖는다. 그의 시에 짙게 깔린 소외감과 애수에는 식민지적 근대화가 진행되는 현실에 대한 예리한 자의식이 자리잡고 있음을 알 수 있다.

3. 희망과 절망, 근대와 전통 속의 이중적 주체–박팔양

우리의 현대시에서 근대 도시의 다채로운 모습이 처음으로 형상화되어 나타난 것은 박팔양의 「도회정조(都會情調)」(1927.1)에서이다.[20] 이 시에서는 근대도시 서울에 대한 경이와 찬탄을 토로한다. 박팔양은 조선총독부 관리인 아버지 밑에서 풍족하게 생활했으며 경성법학전문학

19 전봉관, 앞의 글, 545쪽.

20 권오만, 앞의 책, 210쪽.

교를 졸업한 인텔리로서 근대도시 서울과 일찍부터 친숙할 수 있었다. 그는 「도회정조」를 비롯해서 「하루의 과정(過程)」, 「점경(點景)」, 「근영수제(近詠數題)」, 「태양(太陽)을 등진 거리 위에서」, 「새로운 도시(都市)」 등 서울을 배경으로 한 많은 시들을 남기고 있다. 그는 근대도시의 스펙터클에 대한 경외감을 주저 없이 토로한다.

도회는 강렬한 음향과 색채의 세계,
나는 그것을 얼마나 사랑하는지 모른다.
불규칙한 직선의 나열, 곡선의 배회,
아아 표현화의 그림 같은 도회의 기분이여!
(…중략…)
文明機關의 總神經이 이 곳에 집중되어
오오! 현대문명이 이 곳에 있어
경찰서, 사법대서소, 재판소, 감옥소, 교수대,
학교, 교회, 회사, 은행, 사교구락부, 정거장,
실험실, 연구소, 운동장, 극장, 음모단의 소굴,
아아 정신이 얼떨떨하다.

—「都會情調」(『신여성』, 1926.11)[21] 부분

「도회정조」에서 시인이 경탄하는 일차적 대상은 대도시 특유의 "강렬한 음향과 색채"이다. 서울의 근대적 건물과 거리는 "불규칙한 직선

21 박팔양, 『태양을 등진 거리—박팔양 전집』, 미래사, 1991, 34~35쪽.(이후 박팔양 시 인용은 이 책에 의거함)

의 나열, 곡선의 배회"와 같은 새로운 현태를 산출하고 이는 시인들의 시각을 직접적으로 자극한다.[22] 이 시는 1930년대 본격화되는 모더니즘 시에 앞서 도시 경관이 불러일으키는 미적 감수성의 근본적 변화를 예고한다. 그러나 모더니즘 시가 냉철한 시선을 유지하는 것에 비해 이 시의 감정 표출은 직접적이다. "나는 그것을 얼마나 사랑하는지 모른다"는 진솔한 고백을 통해 근대 도시의 외관이 시인에게 불러일으킨 매혹과 도취의 정도를 짐작할 수 있다.

시인의 시선은 도시의 경관에만 머물지 않고 그곳에서 새롭게 펼쳐지는 근대적 제도와 생활로 이어진다. 길게 나열된 "文明機關의 總神經"은 외래에서 유입된 근대의 전형적인 기관과 풍물들이다. 기존의 삶을 전면적으로 개편하는 이러한 새로운 양상에 대해 시인은 "정신이 얼떨떨하다"는 심정을 토로한다. 새로운 일자리와 늘어나는 향락시설이 어지러운 거리만큼이나 혼란스러운 서울의 근대화를 목도하며 그는 "복잡한 기분과 기분의 교류는 / 어느 놈이 감히 나서서 정리하지를 못한다. / 마치 그는 위대한 탁류의 흐름과 같다"고 한다. 근대도시 서울에서 그는 강렬한 매혹과 혼돈을 체험한다.

급변하는 근대도시 서울에 누구보다도 매료되고 긍정적인 시선을 보였던 박팔양 역시 설명하기 힘든 '복잡한 기분'을 느낄 수밖에 없었다. 그 '복잡한 기분'은 종종 그의 시에서 몹시 혼란스러운 태도와 서술의 잦은 변화로 나타난다.

---

22 도시화가 진행되면서 현대는 더 가속도를 붙이기 시작했다. 그리고 도시화는 이른바 도시적 감수성이라고 부르는 새로운 감성들을 형성하기 시작했다. 도시적 인간, 도시적 지식인이 생겨나고 그들은 이제 도시를 하나의 비평과 서술의 대상으로 삼아 도시적 삶의 양태를 그대로 받아들였다.(김진송, 『현대성의 형성』, 현실문화연구, 1999, 254쪽)

붉고 푸른 채색등, 네온싸인,
사람의 물결 속으로 헤엄치는 나의 젊은 마음은
지금 크나큰 기쁨 속에 잠겨 있다.
(…중략…)
그러나 이윽고 나는 나의 피로한 마음 우에
소리도 없이 고요히 나리는 회색의 눈(雪)을 본다.
아아 잿빛 환멸 속의 나의 외로운 마음아.
페이브먼트 우엔 가을의 낙엽이 떨어진다.
이것은 1930년대의 서울
늦은 가을 어느 밤거리의 점경.
기쁨과 슬픔이 교착되는 네거리에는
사람의 물결이 쉬임없이 흐르고 있다.

—「點景」(『중앙』, 1933.11) 부분

이 시의 전반부에서는 도시의 밤거리에 매혹되어 환희에 찬 심정을 고백한다. 그러나 도시의 밤풍경에 한껏 도취되었던 진술은 뚜렷한 이유 없이 피로와 환멸의 토로로 이어진다. 이처럼 박팔양의 시는 화려한 근대도시 서울에서 혼란스럽게 교차하는 매혹과 공허감을 직설적으로 드러낸다.

「하루의 과정」에서도 "아침의 아름다운 행복을 노래"하던 샐러리맨들이 "오후 네시의 권태를 오늘도 절실히 체험"한다는 상반된 진술에 이어, "네온싸인! 그것은 한 개의 슬픈 풍경. / 일없이 거리를 방황하는 수많은 룸펜이여"라고 탄식하다가, "우리는 가난한 우리의 / 침상 속에서 또다시 '희망의 내일'을 꾸미고 있다"고 적당히 마무리한다. 그의 시에서 긍정이나 부정, 희망이나 절망의 일관된 정조를 발견하기는 힘들다.

박팔양의 시에서 어지러울 정도로 표변하는 시적 정조는 우선 실제적 삶과 사회 인식적 괴리가 존재한 개인적 이력에서 그 이유를 찾아볼 수 있다. 그는 총독부 관리였던 아버지를 둔 체제 순응적 가정 출신이면서 프로시인들과 어울리며 프로시를 쓰는 모순적인 행동을 보인다. 프로문학 활동을 하다 순수시 성향의 구인회로 쉽게 전환할 수 있었던 것도 이러한 환경과 무관하지 않을 것이다.[23] 식민 정권에 편승한 가계의 일원이자 그에 대해 비판적인 당대 지식인의 대열에 합류했던 그에게서는 식민지 주체에게 드러나는 분열증적 증세가 더욱 극대화되어 나타났던 것이다.

「태양을 등진 거리 위에서」에 나타나는 화자의 다중성은 시인이 함유했던 많은 모순을 복합적으로 드러낸다. 시의 전반부는 서울의 거리를 걷는 청년의 쓸쓸한 정서를 감상적 그린다. 그러다가 갑작스럽게 친구들과 모여 토론으로 지새울 사회적 회합에 대한 열정을 드러낸다. 다시 오동나무 잎이 떨어지는 모습에 서울의 적요함에 대해 탄식하다 곧 자신의 감상성을 반성한다. 그는 서울 거리를 헤매는 내내 절망과 희망, 감상과 의지 사이에서 정주하지 못한다.

> 그러나 지금은 이 고장 시인들이 넋이 빠져
>
> 붓대를 던지고 앉았으니

23 이주열, 「박팔양 시의 형성에 대한 비판적 고구」, 『우리어문연구』 31, 우리어문학회, 2008, 449쪽 참조.

울 사람도 없다. 노래할 사람도 없다.
(아아, 나는 모른다.)
이 땅이 피로한 잠에 깊이 잠겨 있음이라.
나는 고개를 숙이고 생각한다.
그저 걸어가자
설움과 희망이 뒤범벅된
알지 못하게 빠근한 이 가슴을 안고
가는 데까지 가보자고……
숭례문—가을의 숭례문이여,
그대는 무엇을 묵묵히 생각만 하고 있느뇨?

「太陽을 등진 거리 위에서」(『조선지광』 1928.8) 부분

설명할 수 없는 이 혼란스러운 감정의 정체는 개인과 사회의 갈등, 근대의 매혹과 식민지의 설움, 현재의 절망과 막연한 희망 등의 혼류에서 기인한 것이다. 화자의 직설적 어조는 "설움과 희망이 뒤범벅된" 식민지의 이중적 주체가 갖는 복잡한 심리를 사실적으로 보여준다. 그의 시는 분명한 현실 비판이나 뚜렷한 자의식을 보여주지는 못하지만 식민지 모순의 한복판에 있었던 개인의 혼란스러운 정서를 통해 문제의 핵심을 건드린다. 이 시의 말미에 등장하는 '숭례문' 또한 식민지의 이중적 주체로서 살아갔던 시인의 정체성을 형성하는 상징물이다.

시인은 「남대문」이라는 시를 따로 쓸 정도로 이에 대한 남다른 애착을 드러낸다. 시인이 서울의 상징으로 남대문을 내세우는 이유는 식민 권력에 의해 개발된 근대도시로서의 서울에 저항하는 민족적, 전통적

저력을 의식하기 때문이다. 서울은 500년간 이어진 고유의 전통과 식민화와 함께 건설된 근대도시가 공존하는 전형적인 이중도시이다. 식민권력이 편집증적이라면, 피식민 주체는 분열증적이다. 이중도시가 창출한, 서로 다른 두 개의 공간 속에서 서로 다른 '이중적 주체'로서 생활하는 피식민자들은 한편에서는 보호색을 띤 '근대적' 주체성의 역할을 충실히 연출하다가도, 본거지로 돌아와서는 '토착적' 자아로 복귀하는 '이중주체성(dual-subjectivity)' 혹은 '다중주체성(multi-subjectivity)'의 양상을 띤다.[24] 근대도시 서울의 새로운 선과 색채에 그토록 매료되었던 시인이 "우리 조상과 우리를 보고 또 우리 자손을 지킬" 보루로서 남대문을 숭앙하는 이중적인 태도에서 식민지 삶의 복잡한 심리 구조를 확인할 수 있다. 식민 현실에 대한 매혹과 환멸, 변화에 대한 경이와 전통에 대한 의지가 혼재되어있는 박팔양의 시는 식민지의 다중 주체가 지녔던 정체성의 혼란스러운 양상을 보여준다.

4. 민족의 거리 종로와 저항적 연대 – 임화

임화는 서울 낙산에서 출생한 서울 토박이 시인이다. 서울 출생의 시인이 드물었던 당시의 상황에서 매우 이례적인 경우이다. 임화는 생래적으로 서울과 떼어낼 수 없는 인연을 지닌 시인이라 할 수 있다. 그

24 김백영, 앞의 글, 200쪽.

의 시 중에서 서울에 대한 직접적인 언급이 나타나는 시들로는 「네거리의 순이」, 「봄이 오는구나」, 「병감(病監)에서 죽은 녀석」, 「다시 네거리에서」 등이 있다. 주목할 만한 것은 시인이 서울 중에서도 '종로'에 집중된 관심을 보인다는 점이다.

> 눈바람 찬 불쌍한 도시 종로 복판에 순이야!
> 너와 나는 지나간 꽃 피는 봄에 사랑하는 한 어머니를
> 눈물 나는 가난 속에서 여의었지!
>
> —「네거리의 순이」(『조선지광』, 1929.1) 부분

> 너와 내가 젊은 기운이 타오른 ××에로 발길을 날리던
> 종로 이 길 이 거리(街里)를 걸어가며 간 네가 주는 눈물을 먹고 있다
>
> —「봄이 오는구나」(『조선문예』 창간호, 1929.5) 부분

> 오오, 그리운 내 고향의 거리여! 여기는 종로 네거리,
> 나는 왔다, 멀리 낙산(駱山) 밑 오막살이를 나와 오직 네가 네가 보고 싶은 마음에……
>
> —「다시 네거리에서」(『조선중앙일보』, 1935.7.27)[25] 부분

임화는 서울의 거리 중에서 유독 '종로'에 대한 애착을 드러낸다. 종로가 어떤 곳인가. 종로는 단순한 길이 아닌, 서울 시민들의 애환이 서린

25 김이곤 편, 『임화전집』 1(시), 박이정, 2000.(이후 임화 시 인용은 이 책에 의거함)

삶의 공간이었다. 또한 전통의 거리였다. 1898년 10월 자주민권운동이었던 독립협회운동의 과정에서 발생한 만민공동회 운동이 바로 종로 네거리에서 있었고, 3·1운동 당시 운동의 시발점이었던 저 유명한 파고다공원도 종로 한복판에 있다. 서울의 민족운동은 종로를 떠나지 못하였다. 종로는 이처럼 민족의 거리였다.[26] 따라서 지금까지의 임화 연구가, "종로가 가진 사회적이고 공적인 성격을 주목하지 못하고 종로를 임화의 내적 욕망이 투사된 단순한 배경으로 취급하고 있을 뿐이다"[27]라는 문제제기는 타당하다고 본다. 임화는 민족 자본과 반식민지 투쟁의 장이었던 종로의 역사적 의미를 간파하고 있었다. 그의 시에서 종로가 그려지는 구체적인 양상을 살펴보면 이러한 사실이 보다 분명해진다.

「네거리의 순이」에서 종로는 피식민 주체들이 살아가는 삶의 공간이며 저항의 공간이다. 이 시에서는 가난 속에 어머니를 잃은 오누이와 누이의 연인이 감옥에 갇힌 사연이 임화 특유의 '단편서사시'의 형식으로 핍진하게 그려진다. 임화의 시에서 중심이 되는 것은 도시의 거리나 건축물보다는 그곳에서 살아 움직이는 사람들이다. 그는 식민지 도시 서울에서 벌어지는 민족적·계급적 갈등을 직시한다. 부당한 노동 현실에 저항하다 청년들이 투옥되고 혹은 죽어가는 현실을 각성시킨다. 또한 현실에 대한 관조나 비판에서 그치지 않고 행동을 지향한다. '종로 네거리'는 사회주의 사상으로 무장한 젊은이들이 민족해방운동의 열정을 앓았던 장소였다.[28] 임화는 자신의 시를 통해 민족해방

---

26 고석규, 「일제강점기 서울 중심부에 나타난 도시문화의 특성」, 『한국사학사연구』, 나남출판, 1997, 579쪽 참조.

27 허정, 「임화와 종로」, 『한국문학논총』 47, 한국문학회, 2007.12, 258쪽.

28 위의 글, 263쪽.

운동을 실천하려는 분명한 의지를 실천하였다. 유서 깊은 전통의 거리이자 민족적 저항의 장소였던 '종로'는 그의 혁명적 열정을 표출하기에 더없이 적절한 공간이었다고 할 수 있다. 종로를 통해 연결되는 민족적 혹은 계급적 유대감은 긴밀하다. 1920·30년대 조선인과 일본인의 직업 분포를 보면 민족적인 구분이 곧 계급적인 구분과 다르지 않음을 잘 보여주고 있다.[29] 즉 일본인들은 계급의 상층을 형성하고 조선인들은 하층을 이루었다. 이러한 계급적 차이는 거주지에도 작용한다. "전국적으로는 일인 중심의 신도시와 전통도시로 구분되어지나, 서울 내에서는 민족에 따른 주거지역의 구분으로 나타났다. 즉 조선인들이 북촌과 마포 등을 중심으로 전통적인 거주 지역을 구축하고 있는데 반해, 일본인들은 충무로(本町), 명동(明治町) 등의 남촌과 용산 등 이른바 틈새를 비집고 들어가 새 공간을 만들어 갔다"[30]고 한다. 이러한 공간의 분리는 전형적인 식민지적 이중 도시의 양상을 보여준다. 종로는 전통 상권의 보루였고 일본인 중심의 신흥 상권에 맞서는 전선이었다. 또 나아가 조선인과 일본인의 민족적 경계로서 조선인의 자존심이었다.[31] 임화는 전통과 자존심의 거리, 민족적 계급적 저항의 거리인 종로의 정체성을 보존하고 있었다.

종로에 대한 임화의 각별한 애정은 「다시 네거리에서」에 보다 확연하게 나타난다. 이 시에서는 아예 종로 거리를 청자로 삼아 이야기를 한다.

29 고석규, 앞의 글, 575쪽.

30 위의 글, 577쪽.

31 위의 글, 583쪽.

네거리 복판엔 문명의 신식 기계가
붉고 푸른 예전 깃발 대신에
이리 저리 고개를 돌린다.
스톱- 주의- 고-
사람, 차, 동물이 똑 기예(教鍊) 배우듯 한다.
거리엔 이것밖에 변함이 없는가?

낯선 건물들이 보신각을 저 위에서 굽어본다.
옛날의 점잖은 간판들은 다 어디로 갔는지?
그다지도 몹시 바람은 거리를 씻어갔는가?
붉고 푸른 '네온'이 지렁이처럼,
지붕 위 벽돌담에 기고 있구나.

—「다시 네거리에서」(『조선중앙일보』, 1935.7.27) 부분

이 시는 제목에서부터 종로 네거리에 대한 시인의 지속적인 관심을 드러낸다. 「네거리의 순이」와는 6년 정도의 시간적 격차를 보이는데, 그동안 변화된 종로의 모습을 엿볼 수 있다. 네거리에는 신호등이 자리 잡고 고층건물이 들어서고 네온사인이 반짝이는 등 근대 도시의 경관이 확연해진다. 그런데 종로의 변화를 바라보는 시인의 시선은 매우 부정적이다. 기계의 신호에 맞추어 움직이는 모습에서 부자유스러움을, 건물을 장식한 네온사인에서는 이질감을 느낀다. 결정적으로는 보신각을 굽어보는 낯선 건물들과 화려한 간판에서 고유의 삶과 전통을 압도하는 근대 권력의 스펙터클을 발견한다. 제국사회에서 스펙터클

은 어떠한 내부도 외부와 구분할 수 없이 통일되어 있으며 동시에 분산되어 있게 한다. 공적인 것, 즉 우리가 타자 앞에서 행동하는 외부 장소에 관한 자유주의적 관념은 스펙터클의 가상공간에서 보편화되고 동시에 승화되거나 현실에서 벗어난다.[32] 시인은 압도적인 제국의 스펙터클이 피식민 주체에 대한 자기 관리의 효과로 작동하는 시선의 권력을 예감한다. "번화로운 거리여! 내 고향의 종로여! / 웬일인가? 너는 죽었는가, 모르는 사람에게 팔렸는가? / 그렇지 않으면 다 잊었는가?"에는 식민 권력에 종속되어가는 듯한 종로에 대한 우려가 담겨있다. 낯선 종로 거리에서 외세에 잠식되어가는 과거의 기억과 유산을 떠올린다. 민족적 자긍심의 마지막 보루인 종로의 변화에 대해 시인은 "불쌍한 도시, 종로 네거리"라는 연민을 드러내며 "나는 뉘우침도 부탁도 아무 것도 유언장 위에 적지 않으리라"는 다짐으로 최후의 항전을 결의한다. 종로 네거리를 의인화한 채 "잘 있거라! 고향의 거리여! / 그리고 그들 청년들에게 은혜로우라"며 연대를 도모한다. 한 도시의 정체성은 그곳의 외형뿐 아니라 구성원들의 욕망과 의지와 행동에 의해 결정된다고 볼 때, 종로가 끝까지 민족 상권을 유지하며 민족의 거리로서 자존심을 지킬 수 있었던 것은 임화가 보여준 바와 같은 식민 권력에 대한 저항과 불복종의 의지에 힘입은 바 크다.

32 안토니오 네그리 · 마이클 하트, 윤수종 역, 『제국』, 이학사, 2001, 254~255쪽 참조.

5. 식민지 수도의 비판적 조망 – 오장환

오장환의 「수부(首府)」(1936)는 식민지 수도 서울의 모습과 생태를 가장 광범위하게 조망한 시이다. 총 11연으로 구성된 장시인데, 특이한 것은 각 연이 독립되어 있으며 수부의 이모저모를 카메라로 찍듯이 냉철하게 관찰하고 있다는 점이다. 이는 같은 장시이면서도 인물 중심의 서사가 있는 임화의 시와는 뚜렷하게 구분된다. 임화가 수도의 일부인 종로에 집중된 관심을 보이며 식민지 근대화에 대한 저항을 표명하는 것과 달리 오장환의 시는 식민지의 수도 전체에 범람하는 근대화의 병폐를 그리는 데 주력한다. 임화 시의 열정적인 어조와 대조적인 오장환 시의 냉소적인 어조는 식민지 수도 서울의 변모에 대한 부정적이고 비판적인 태도를 드러낸다. 오장환은 자신을 포함하여 서울 전체가 병들었다는 의식이 강했고, 회복의 가능성을 꿈꾸기보다는 냉정하게 거리를 유지한 채 그 환부를 직시한다.

1

수부의 화장터는 번성하였다.
산마루턱에 드높은 굴뚝을 세우고
자그르르 기름이 튀는 소리
시체가 타오르는 타오르는 끄름은 맑은 하늘을 어지러놓는다.
시민들은 기계와 무감각을 가장 즐기어한다.
금빛 금빛 금빛 금빛 교착(交錯)되는 영구차.

호화로운 울음소리에 영구차는 몰리어오고 쫓겨간다.

번잡을 존숭(尊崇)하는 수부의 생명

화장장이 앉은 황천고개와 같은 언덕 밑으로 시가도(市街圖)는 나래를 펼쳤다.

—「수부(首府)」(『낭만』 1호, 1936)[33] 부분

'화장터' 장면에서 시작되는 이 시의 첫 장면은 수부 전체의 불길하고 부정적인 상황을 암시한다. 수부에 화장터가 번성한다는 것은 그곳이 죽음의 징후로 가득 차 있음을 뜻한다. "금빛이 교착"하고 "호화로운 울음소리"로 가득한 화장터는 겉은 화려하지만 속은 병들어 죽어가는 수부의 실상과 일치한다. "기계와 무감각"을 즐기는 시민들의 생태는 근대화가 이식된 서울의 새로운 면모이다. 수부의 변두리에 화장장을 설치하고 죽음의 절차조차 효율적으로 관리하는 식민 지배층의 위생 권력에 대해 시인은 냉정한 비판을 행한다.

화장장에서 시작된 시가의 조감은 도시의 변두리부터 중앙으로 시선을 이동하며 치밀하게 이루어진다. 2연은 "사처(四處)에서 운집하는 화물들"이 "거대한 수부의 거대한 위장(胃腸)"으로 모여드는 양상을 그린다. 식민지 수도 서울은 수탈의 거점으로서 전국 각지에서 산출한 물산들이 집합하는 장소이다. 이 시에서는 식료품, 원료, 재목, 철광석 등 모든 물산을 흡수하여 식민 지배의 동력으로 삼는 포식의 네트워크를 간파하고 있다.

33 김재용 편, 『오장환 전집』, 실천문학사, 2002, 160쪽.(이후 오장환 시 인용은 이 책에 의거함)

3연에서는 식민지 도시에서 살아가는 노동자나 빈민의 열악한 상황을 보여준다. "끼익 끼익 기름 마른 피대가 외마디 소리로 떠들 제 / 직공들은 키가 줄었다. / 어제도 오늘도 동무는 죽어나갔다"고 묘사되는 것은 전형적인 식민지형의 노동 현실이다. 일제가 식민지를 획득하기 이전에는 그들의 자본주의가 기계이용보다는 저렴한 노동력을 이용한 고혈(膏血)제도에 기초하여 있었다. 이것도 정부의 보호와 원조에 의하여 천민자본가를 육성하였지만, 식민지 개척 이후에는 보다 적극적이었다.[34] 식민 독점 자본가들은 식민 도시의 풍부한 노동력을 마음껏 이용하며 저렴하고 차별적인 임금으로 부를 독식하였으며 노동자의 궁핍화는 점차 심화되어 식민지적 계급 분해는 양극화된다. 차별적 고용으로 식민지인들의 실업률이 증가하고, 직장을 잃은 사람들은 급속도로 궁핍화한다. 이 시기에 "산등거리 파고 오르는 토막(土幕)"들이 증가한 것은 그 때문이다. "수부는 등줄기가 피가 나도록 긁는다"는 비유는 도시 빈민으로 전락한 자들이 넘치는 식민지 수도의 병리를 인상적으로 드러낸다.

3연까지 주로 수부의 주변부에 위치한 식민지 피지배 계층의 삶을 그리던 시는 4연부터 중심부로 이동하여 지배계층의 호화롭고 퇴폐적인 양상을 보여준다. 4연에서는 특히 수도 중심부의 외관을 묘사한다. "주뼛주뼛 하늘을 찔러 위협을 보이는 고층 건물 / 둥그름한 주탑(柱塔) -점잖은 높게 뵈려는 인격 / 꼭대기 꼭대기 발돋움을 하여 소속(所屬)의 깃발이 날린다"는 표현에서 식민 권력의 위용을 과시하는 스펙터클

34 김영모, 「일제하의 사회계층의 형성과 변동에 관한 연구」, 『일제하의 민족생활사』, 현음사, 1982, 623쪽.

한 경관을 살필 수 있다. 식민지 수도의 스펙터클은 주체들을 구체적인 삶과 체험에서 소외·분리시키고 나아가 현실의 삶을 허구적으로 통합한다. "스펙타클의 대립물들 밑에 은폐되어 있는 것은 비참함의 통일성이다. 모든 선택의 가면들 아래에는 각기 형태는 다르지만 동일한 소외가 서로 마주보고 있으며, 이같은 다양한 형태의 모든 소외는 억압당하고 있는 현실적 모순들 위에 세워져 있다."[35] 기 드보르의 말처럼, 위협적인 고층 건물과 '소속의 깃발'을 바라보는 피식민 주체는 화려한 경관으로부터 분리되어 있다. 식민지의 스펙터클은 접근 불가능한 위용으로 피식민 주체들을 철저히 예속시킨 채 오로지 자기 자신만을 위해 존재한다. "수부는 무엇을 먹으며 화미(華美)로이 춤추는 것인가!"라는 구절로 보아, 시인이 이런 스펙터클한 경관이 내포한 허위의식을 날카롭게 자각하고 있음을 알 수 있다. 이렇게 볼 때 "이 시를 단순히 '문명비판'의 시로 읽은 것은 일면적이며 '도시의 충만한 충격체험을 묘사한' 시로 보는 것은 오류이다"[36]는 지적은 타당하다. 그러나 이 시가 "자본주의 사회경제체제에 대한 본질적 회의와 극렬한 증오를 내포한 시로 읽혀진다"[37]는 설명 역시 충분하지는 않다. 이 시는 일반적인 자본주의 체제가 아닌 식민지적 상황과 관련되어 있기 때문이다.

5연에서는 "외국 사신의 행렬", 6연에서는 독주회나 독창회가 열리는 "남작의 아들-자작의 집", 7연에서는 "영미어(英美語), 화어(華語), 내지(內地)말, 주선말"이 뒤섞여 쓰이는 장면, 8연에서는 "박물관-사원-

35 기 드보르, 이경숙 역, 『스펙타클의 사회』, 현실문화연구, 1996, 46쪽.

36 이승원, 「오장환 시의 전개와 현실인식」, 『현대시와 현실인식』, 한신문화사, 1990, 50쪽.

37 위의 책, 같은 곳

불각 교회당"을 다니는 사람들을 통해 서울에 외래문화가 넘치는 양상을 그리고 있다. 식민화와 더불어 외세의 영향력은 급격하게 파급된다. 급변하는 현실에 대한 민첩한 적응과 외래문화에 개방적인 태도가 사회적 성공의 관건이 된다. "똑똑하다고 자처하는 사람"들, "돈을 많이 모은 사람"들이 모여들어 수부는 다른 어떤 도시도 비교될 수 없는 '화미(華美)'한 공간이 되어 간다. 이러한 진술은 "아무 이름없던 시골 지주의 아들이나 일확천금의 부자들이 올라와서 조선인 서울의 패권을 쥐었다는 것이 젊은이의 동경의 대상이었다. 지금은 서울이나 시골이 다 그렇지만 서울의 젊은 청년들도 앉으면 돈 모을 이야기만 하여 완연 황금만능을 구가한다"[38]는 당대의 풍속도와 정확히 일치하며 자본주의적 가치관이 급속도로 확산되던 시대 상황을 간파하고 있다.

대단원에 해당하는 9연과 10연에서는 퇴폐와 타락의 정도가 심화되어가는 수부의 위험한 상태를 드러낸다. 카페, 바, 당구장, 마작구락부, 골프장, 술집, 레스토랑 같은 위락시설이 늘어가고, 광고와 상점이 날로 번창하는 모습이 장황하게 묘사된다. 미래의 중추가 되어야 할 대학생들이 "퇴폐한 절망"에 젖고, "신상(紳商)"들은 "관능을 어금니처럼 아낀다." 진고개의 일본인 상점을 찾는 조선인들이 늘어났으며 도회풍의 세례를 받고 성장한 신세대 즉, 모던 걸·모던 보이도 나타났다. 그들은 상점가와 백화점을 배회하며 소비욕구를 충족시켰고 카페에 모여 앉아 도시의 고독을 논하였다. 그들은 시선을 끌만한 옷차림으로 남촌의 거리를 거닐고 다방에서 재담을 주고받는 행위를 통해 예술행위를 하고

38 유광열, 「대경성의 점경」, 『사해공론』, 1935.10.(김진송, 앞의 책, 286쪽에서 재인용)

있었다. 소외자로서의 룸펜 인텔리의 전형이 그들 동인들이었다.[39] 1930년대가 되어 신식교육이 확산되면서 지식인의 수효는 훨씬 많아졌다. 그러나 그만큼 고등실업자의 숫자가 늘어나면서 '룸펜'이라는 말이 하나의 유행어처럼 번졌고 스스로를 멋스럽게 룸펜이라고 부르는 치도 늘었다.[40] 식민지하 근대도시의 특수한 상황에서 룸펜 인텔리는 당대의 복잡한 경제・사회・윤리적 문제를 반영한다. 우선 경제적으로 그들은 당시의 심각했던 지식인 실업률을 입증한다. 식민지하에서 한인과 일인의 계층구조는 뚜렷하게 차별적이었다.[41] 일인이 계급의 상층구조를 차지하고 한인 중에는 하층 노동자와 무직자가 대다수였다. 고등교육을 받은 한인이 가질 수 있는 일자리는 매우 제한적이었고, 전통적으로 지식인들이 종사했던 관직의 경우 일세식민정책의 주구 노릇에 가까웠다. 지식인의 무직은 적극적 친일에서 거리를 둘 수 있게 하였지만 무직자로서의 무력감과 좌절감에서 헤어나기 어렵게 했다. "젊은 남작도 아닌 사람들은 왜 그리 야위인 몸뚱이로 단장을 두르며 / 비만한 상가, 비만한 건물, 휘황한 등불 밑으로 기어들기를 좋아하느냐!"는 구절은 마땅한 일거리를 찾지 못해 퇴폐와 향락으로 소일하는 시인 자신을 포함한 식민지 지식인 룸펜의 실상을 드러낸다. 날로 비대해지는 식민도시의 외양과 왜소해지는 식민지 지식인의 대비가 뚜렷하다. 이렇듯 외세에

39 박영태, 앞의 글, 204쪽.

40 김진송, 앞의 책, 120쪽

41 한인은 경영자 : 0.12%, 소산자 : 16.16%, 화이트칼라 : 1.04%, 기능공 : 9.02%, 무직자 : 73.47%인데 비해, 일인은 경영자 : 9.54%, 소산자 : 5.26%, 기능공과 화이트칼라 : 31.14%, 무직자 : 54.06%로 직업에 있어 양국의 계급구조가 양극화돼 있다.(김영모, 앞의 글, 624쪽 참조)

의해 타율적으로 형성되어 급격하게 변모되어 가는 식민지 수도의 미래에 대한 시인의 전망은 비관적이다.

11
수부는 지도 속에 한낱 화농된 오점이었다
숙란하여가는 수부–
수부의 대확장– 인근 읍의 편입

이제까지의 장황한 서술에 비해 마지막 연은 압축적이다. '화장장'의 조망에서 시작되어 수부의 중심부에 이르러 상당히 밀착된 시선을 보여주다가 마지막에는 가장 높은 위치에서 수부의 전모를 내려다본다. 수부를 "한낱 화농된 오점"으로 규정하는 것은 수부 전체가 "퇴폐한 절망"에 빠져있음을 확인했기 때문이다. 더 큰 문제는 수부가 엄청난 잠식력으로 주변부를 편입시키고 있다는 점이다. 서울은 그 안의 모든 것을 내향적으로만 관리하기 때문에, 그리고 농촌 붕괴로, 또 같은 말이지만 도시 확장으로 인하여 도시 외부가 사라지는 경향 때문에 탈출이 불가능한 곳이다.[42] 식민화와 함께 시작된 수도 서울의 근대화 과정은 제국과 식민지, 도시와 농촌의 지배–종속 관계에 기반을 둔 것으로서 확장 일변도로 성장해왔다. 오장환은 근대도시 서울에 집중된 과잉 욕망과 불평등한 속성을 예리하게 비판·성찰하고 있다.

42 강내희, 『공간, 육체, 권력』, 문화과학사, 2002, 125쪽.

6. 결론

이 글에서는 문학지리학적 방법으로 식민지 시대 한국 현대시에 나타난 '서울'의 양상과 의미에 대해 살펴보았다. 서울은 근대화와 도시화라는 역사・정치적 변화의 역동성을 살피기에 적합한 장소이다. 서울의 근대화는 식민화와 함께 시작되어 민족적・계급적 차별이 극대화된 식민지형 이중도시로서의 특수성을 드러낸다. 이 글에서는 서울의 구체적 공간성에 주목하며, 기존의 모더니즘적 시각이나 문화적 접근과 달리 식민지 근대도시로서 서울이 갖는 다중성을 중시하였다. 현대시에 함축되어 있는 개성적・정서적 반응은 식민지 근대도시 서울의 복잡한 기능과 정체성을 확인하기에 적합하다. 이 글에서 대상으로 삼은 김광균, 박팔양, 임화, 오장환 등의 시는 식민지 근대성이 난숙해 가는 1920년대 후반 이후 식민지 수도 서울의 존재 양상과 심상 지리를 대변하고 있다.

김광균의 시에 대해서는 그동안 주로 모더니즘적인 접근이 주를 이루었는데 이 글에서는 시인의 구체적 삶과 관련지어 그 독특한 정서를 해명해보았다. 김광균은 서울의 낯선 경관에서 매혹과 소외를 동시에 체험하며 철저히 주변인으로서 거리감을 유지한 채 그것을 관찰한다. 근대적 도시로 성장하는 서울과 달리 자신을 비롯한 고향의 고립감이나 정체된 현실을 절감한다. 김광균 시의 기본 정조인 소외감과 애수는 막연한 낭만적 감상이 아니라 식민지적 근대화가 진행되는 현실에 대한 예리한 자의식을 반영하는 것이다.

박팔양은 근대도시 서울에서 강렬한 매혹과 혼돈을 체험한다. 그런데 서울에 누구보다 매료되었던 박팔양조차 자주 혼란스러운 태도를 드러낸다. 식민 정권에 편승한 가계의 일원이며 비판적 지식인의 대열에 합류했던 모순적인 입장에 있었던 그의 시에는 식민지의 이중적 주체가 갖는 복잡한 심리가 극대화되어 나타난다. 식민 현실에 대한 매혹과 환멸, 변화에 대한 경이와 전통에 대한 의지가 혼재되어 있는 그의 시는 모순의 한복판에 있었던 식민지 주체의 혼란스러운 정서를 통해 당대의 핵심적 문제를 보여준다.

임화는 서울 토박이 시인으로 '종로'에 대한 집중적 관심을 표명한다. 임화는 민족 자본과 반식민지 투쟁의 장이었던 종로의 역사적 의미를 간파하고, 자신의 시를 통해 민족해방운동을 실천하려 하였다. 종로는 일인 중심의 신도시와 구분되는 전통도시의 중심으로, 식민지적 이중도시의 구조 속에서 민족적 계급적 저항의 최전선으로 작용한다. 임화가 민족의 거리 종로에 대해 보여준 각별한 관심과 연대의식, 그리고 식민 권력에 대한 저항의식은 정체성을 보존하려는 피식민 주체들의 강력한 의지를 대변한다.

오장환의 「수부」는 식민지 수도 서울의 전모를 광범위하게 조망한 시이다. 시인은 식민지 수도에 범람하는 근대화의 병폐를 냉철하게 관찰하고 비판한다. 화장장과 공장 등 도시 변두리부터 시작하여 중앙으로 시선을 이동하며 식민지 수도 전체에 넘치는 민족적·계급적 불평등과 병리현상을 간파한다. 그의 시는 특히 서울의 퇴폐한 양상을 탁월하게 묘파하여 급격하게 타락해가는 식민지 수도에 대한 비관적인 전망을 행한다.

문학지리학적으로 살펴본 식민지 시대 현대시 속의 서울은 당대의 특수한 정치·역사적 체험이 복합적으로 작용하고 있는 구체적인 삶의 공간이다. 당대의 시인들은 근대도시 서울의 화려한 외양에 매혹되는 한편 소외와 혼돈, 저항과 비판 등의 다양한 태도로 식민지 주체로서의 정체성을 표명한다. 이러한 심상지리의 확인을 통해 기존의 모더니즘적 관점에서 도외시했던 식민지적 근대성의 특수한 양상에 보다 긴밀하게 접근할 수 있었다. 당대 시인들의 다중적인 태도는 식민지 근대도시에 존재했던 중층적인 지배전략과 저항전술을 반증한다. 이를 통해 무조건적인 협력이나 저항 이외에 다양한 일상적 저항이 행해졌던 당대의 구체적인 현실을 확인할 수 있다. 해방 이후 현대시에서 서울의 양상과 의미가 어떻게 변화하는가를 살피는 것은 추후의 과제로 삼는다.

한국 현대시에 나타난 '서울'의 문학지리학 2

1. 서울의 문학지리학적 함의

이 연구는 최근 부상하고 있는 문학지리학의 문제의식을 바탕으로 하여 한국 현대시에 나타난 '서울'의 형상과 의미에 대해 살펴보고자 한다. 이전의 문학 연구에서 지리학적 요소는 '배경'에 해당하는 부차적인 의미로 축소되어온 경향이 있다. 그러나 최근에는 장소가 인간의 행동 양식을 결정하고 삶을 적극적으로 구성하는 중요한 요인인 동시에 개인적이거나 민족적인, 또 더 넓게 나아가서는 국가적인 정체성을 결정하는 요인이 되는 것으로 인식된다. 따라서 장소를 지정학적 공간으로 한정하지 않고 문화적 공간으로 파악하는 관점이 확대되고 있는 것이다.[1]

1 박주식, 「제국의 지도 그리기 – 장소, 재현, 그리고 타자의 담론」, 『탈식민주의의 이론과 쟁점』, 문학과지성사, 2003, 260~262쪽 참조.

"지리학과 문학은 둘 다 장소와 공간에 대한 글쓰기이다. 이들은 모두 의미화 과정, 즉 사회적 매개 속에서 장소를 의미 있게 만드는 과정이다."[2] 문학 작품에 나타나는 경관에 대한 인지의 양상들은 장소에 대한 인간주의적 접근을 대표한다. "문학은 본질적으로 사회과학과는 달리, 장소와 인간 집단, 그리고 그들의 사회적 조직에 관한 빈약한 자료를 사용하기는 하지만, 사회과학적 보고서 이상의 특별한 우월성을 갖는다."[3] 문학의 주관성은 사회과학의 자료에 비해 보다 보편적이고 친숙한 진실을 내포한다. 문학 작품은 특정 장소에 대해 결정적인 이미지를 형성할 정도로 의미화 작용이 강하다. '문학이 지리를 창조한다'는 말로도 알 수 있듯 지리에 대한 일반적인 인식에 작용하는 문학의 역할은 매우 크다.

"지리학의 입장에서 볼 때에 문학지리학 연구의 궁극적인 목표는 문학을 이해하는 데에 있는 것이 아니고 지리학을 이해하는 데 있다"[4]면 문학의 입장은 그와 상반된다. 장소와 관련된 개인과 집단의 체험이나 이미지를 통해 문학은 경관의 다양한 의미와 미학적 감수성을 파악할 수 있다. 동일한 장소가 갖는 상이한 의미나 시기별 변화의 이유 등을 살펴 장소에 대한 감각과 경험의 심층적 이해를 도모할 수 있다.

이 글에서 살펴보려는 '서울'은 문학지리학의 탐구에 있어서 상당히 까다로운 대상이다. 지리적으로 광범위할 뿐 아니라 다양한 관점과 많

---

2 Crang, M., "literary landscapes : Writing and geograpy", *Cultural Geograpy*, London : Routledge, 1998, p.44.

3 이은숙, 「지리학과 문학의 만남」, 김태준 편저, 『문학지리 · 한국인의 심상공간』 중, 논형, 2005, 27쪽.

4 위의 글, 39쪽.

은 변화를 내포한 공간이기 때문이다. 근대화와 산업화로 급변하며 '장소 상실'의 과정을 겪어온 서울은, '진정한 장소'로서의 "원체험의 자리, 지울 수 없는 의미의 영역"[5]을 각인하고자 하는 문학지리학의 탐구 대상으로는 그다지 합당하지 않다. 최근에 활발해지고 있는 문학지리학의 대상이 향토나 자연에 집중되어 있는 것에 비해 도시 특히 '서울'에 대해서는 그다지 주목하지 않는 것도 그 때문이다. 그러나 도시의 삶이 일반화되어 가고 있는 사회 변화를 반영하여 문학지리학은 도시 영역에 대한 관심을 적극적으로 확대할 필요가 있다.

한국 현대시의 진행 과정에서 도시적 삶이 갖는 중요성은 의심할 여지가 없음에도 불구하고 그것을 대표하는 '서울'에 대한 탐구는 상대적으로 미약했다. 그러나 "미학적으로 의미를 가질 수 도시는 '도시의 위계'에서 최고 정점에 놓이는 '대도시'"[6]라고 할 때 한국 현대시의 문학지리학적 연구에서 '서울'이 갖는 위치는 절대적이다. '서울'은 한국의 도시 중에서는 타의 추종을 불허하는 정점에 해당하기 때문이다. 식민지적 근대화라는 특이한 요건에서 출발한 우리 현대시처럼 '서울'도 식민지 수도로서 근대화를 경험하는 동일한 과정을 겪게 된다. 우리 근대사에서 늘 지리적 · 문화적 중심에 놓여있었던 '서울'은 첨예한 현실적 · 미학적 의미를 지니고 있음에도 불구하고 그만한 관심을 받았다고 하기는 어렵다.

기존 연구에서 '서울'의 문학지리학은 시에 집중된 경우가 드물었고

---

5 장석주, 『장소의 탄생』, 작가정신, 2006, 36쪽.

6 전봉관, 「1930년대 한국시의 도시 체험과 향수」, 『국어국문학』 131, 국어국문학회, 2002, 533쪽.

일반적인 도시의 이미지와 혼용된 경우가 많았다. 여기서는 '서울'의 문학지리학적 의미를 부각시키기 위해 구체적이고 직접적인 지리학적 연관성이 있는 시들을 대상으로 한다.

한국 현대시에서 '서울'은 시기별로 다양한 양상을 보인다. 여기서는 1920・30년대~1950년대, 1960년대~1980년대 중반, 1980년대 후반~1990년대까지의 세 시기로 나누어 살펴볼 것이다. 각각 식민지 근대, 산업화, 후기 자본주의 등의 특성을 보이며 차별화되기 때문이다. 식민지 시대와 함께 출발한 근대도시로서의 서울은 밖으로부터 밀어닥친 갑작스런 변화로 인해 경이와 불안의 대상이 된다. 1960년대부터의 본격적인 산업화를 맞이하면서 서울은 노동과 생산의 중심지로서 자리 잡는다. 대규모의 도시 입성이 이루어지면서 '서울'은 심각한 불평등과 소외의 공간이 된다. 후기 자본주의적 징후가 나타나기 시작하는 1980년대 후반부터 '서울'은 거대한 소비 공간으로서 욕망의 집결지가 된다. 낯설고 이질적인 장소로 다가왔던 근대도시 '서울'은 대다수 한국인의 삶의 현장이 되었을 뿐 아니라 개인적이고 내밀한 영역까지 지배하는 문화적 판옵티콘이 되었다. '서울'은 한국의 근현대사가 태동하고 돌진해온 거대한 상징이다.

이 글에서는 한국 현대시에 나타나는 '서울'의 이미지를 추적하여 시대적 변화의 양상과 원인, 심상지리적 특성과 의미를 살펴볼 것이다. 시대에 따른 서울의 변화상을 조망함으로써 근현대문학사에서 '서울'의 심상지리가 주농해온 미학적 특성을 포괄적으로 파악할 수 있다. '서울'을 소재로 한 시 전체를 고찰의 대상으로 하되 심상지리의 시적 특성이 잘 드러나는 대표작 중심으로 분석할 것이다.

2. 관찰의 대상으로서의 서울과 경이와 불안의 이중적 감정—1920・30년대~1950년대

서울은 조선 왕조 500년 동안 왕국의 수도였던 전통의 도시이다. 그러나 우리 현대시에 나타나는 서울은 식민 통치와 함께 시작된 근대도시로서의 면모만이 부각된다. 외부로부터 급작스럽게 들어온 근대문명의 충격이 그만큼 컸던 것이다. 식민지 최대의 도시 '경성'에 도열한 생경한 이국 문물들은 일차적으로 강한 시각적 인상을 남긴다.

향토적인 시인으로 알려진 김소월의 시 중에서 「서울밤」은 다소 이례적인 시이다. "붉은電燈. / 푸른電燈. / 넓다란거리면 푸른電燈. / 막다른골목이면 붉은電燈. / 電燈은 반짝입니다. / 電燈은 그무립니다. / 電燈은 쏘다시 어스렷합니다. / 電燈은 죽은듯한긴밤을 직힘니다"에서 볼 수 있듯 서울의 밤거리를 빛내고 있는 전등의 깜빡임을 상당히 구체적으로 묘사하고 있다. 붉고 푸른빛으로 깜빡이는 전등은 당시로서는 문명의 상징과 같은 것으로서 근대도시인 서울의 인상을 좌우했다고 할 수 있다. 전등빛이 넘치는 서울의 거리를 보며 시인이 보이는 일차적인 반응은 감각적 경이이다. 그런데 조금 더 나아가 정서의 저변에서는 그에 대한 거리감을 떨칠 수 없다. 같은 시의 마지막 부분에서는 "서울거리가 죠타고해요, / 서울밤이 죠타고해요. / 붉은電燈. / 푸른電燈. / 나의가슴의 속모를곳의 / 프른電燈은 孤寂합니다. / 붉은電燈은 孤寂합니다"라고 하여 서울의 밤거리에서 화자가 느끼는 고독을 강조하고 있다. 외래적인 문명의 이기 앞에서 발생하는 정서적 거리감을 표출한 것이다. 근대 도시의 관찰자이자 주변인으로서 시인은 대상에 대한 이질감을 부정하기 힘들었던 것으로 보인다.

김소월과는 상당히 대조적으로 박팔양은 근대도시 서울에 대한 경이와 찬탄을 토로한다. "文明機關의 總神經이 이 곳에 집중되어 / 오오! 현대문명이 이 곳에 있어 / 경찰서, 사법대서소, 재판소, 감옥소, 교수대, / 학교, 교회, 회사, 은행, 사교구락부, 정거장, / 실험실, 연구소, 운동장, 극장, 음모단의 소굴, / 아아 정신이 얼떨떨하다"(「都會情調」)는 핍진한 진술로 알 수 있듯 현대문명의 집결지인 변화한 도회에 대한 시인의 일차적 반응은 놀라움이다. "도회는 강렬한 음향과 색채의 세계, / 나는 그것을 얼마나 사랑하는지 모른다. / 불규칙한 직선의 나열, 곡선의 배회, / 아아 표현화의 그림 같은 도회의 기분이여!"에서는 이질적인 도시의 감각에 대한 선호가 드러난다. "어떻든 이 도회란 곳은 / 철학자가 昏倒하고 상인이 만세 부르는 좋은 곳이다. / 그 복잡한 기분과 기분의 교류는 / 어느 놈이 감히 나서서 정리하지를 못한다. / 마치 그는 위대한 탁류의 흐름과 같다"고 하여 시인은 근대도시의 다양성과 복잡성을 간파하고 있다. '위대한 탁류'라는 비유는 근대도시로서의 서울의 속성을 함축하고 있다. 박팔양은 서울의 놀라운 변모를 주시하며 근대도시의 존재양식을 즉각적으로 감지하고 반응했던 선구적 시인이다.

위의 경우처럼 1920년대 시에서 간헐적으로 볼 수 있었던 근대도시 서울에 대한 인상은 1930년대에 이르면 본격적으로 그려지기 시작한다. 1930년대의 모더니즘 시들은 서울의 심상지리가 미학적 감수성의 변화에 근본적으로 작용하였음을 반증한다. 1930년대 모더니스트들은 서울의 근대적 건물과 거리에서 받은 새로운 인상을 적극적으로 시에 도입한다. 그들의 시에서 시각적 인상이 두드러지게 표출되는 것은 그만큼 근대적 경관의 경이가 강하게 작용했기 때문이다.

四角形의內部의四角形의內部의四角形의內部의四角形의內部의四角形.
四角이난圓運動의四角이난圓運動의四角이난圓.
비누가通過하는血管의비눗내를透視하는사람.
地球를模型으로만들어진地球儀를모형으로만들어진地球.
去勢된洋襪, (그女人의이름은워어즈였다)
貧血緬布, 당신의얼굴빛깔도참새다리같습네다.
平行四邊形對角線方向을推進하는莫大한重量.
마르세이유의봄을解纜한코티의香水의마지한東洋의가을.
快晴의空中에鵬遊하는Z伯號. 蛔虫良藥이라고씌어져있다.
屋上庭園. 猿猴를흉내내이고있는마드무아젤.

—이상, 「AU MAGASIN DE NOUVEAUTES」 부분

이상은 1930년대 모더니스트 시인들에게 일어난 감수성의 격변을 대표하는 시인이다. 근대도시 서울의 상징이라고 할 수 있는 백화점의 인상을 담은 위의 시는 형태나 언어부터 기존의 시들과 구별된다. 외래어와 한자와 불어를 혼용한 다문화적인 감각이 두드러진다. 시의 첫 부분은 당시로서는 고층으로 이루어진 백화점 내부의 공간적 특이성을 포착하고 있다. 화자의 시선은 연속적으로 백화점의 구조와 상품들을 가로지르며 움직인다. "백화점에서의 상품 체험은 산책자가

상품과 직접 접촉하지 않는 가운데 빠른 속도로 지나가면서 행해진다. 대상과 주체의 거리, 이 간접성이야말로 주체를 산책자로 만드는 데 있어서 필수적인 요소이다."[7] 산책자는 상품이 아닌 경관으로서 백화점을 일람하며, 자신은 주변인으로서 거리감을 확보한 채 그것을 관찰하게 된다.

이런 산책자의 시선은 식민지 지배 권력의 공간적 구현에 작용하는 제국의 스펙터클 효과를 예리하게 간파한다. 식민지적 이중도시 속에 공존하는 외래 식민자들의 '문명세계'와 토착 피식민자들의 '암흑세계' 양자의 극명한 모순과 대조는, 식민지 지배 권력의 우월성을 현시하기 위한 공간적 장치, 일종의 권력의 무대장치로서 생산되고 연출되었다. 지배의 정당성이 결여된 외래 식민권력은 권력의 현시 효과를 극대화하기 위한 정치적 스펙터클로서 식민지 도시의 외적 기능을 강화한다.[8] 제국의 위력과 선진 문명의 상징인 백화점을 관람하는 식민지 시인의 시선에 모종의 냉소가 흐르는 것은 그 때문일까? 근대 건축물의 현란한 기하학적 공간 구성에 매혹되면서도 찬탄하기보다는 차가운 관조로 일관하는 시인의 태도는 식민도시의 주변인으로서의 예리한 자의식과 관련되는 것으로 보인다.

이상의 시가 근대도시의 스펙터클을 모던하고 차가운 시각적 인상으로 포착하고 있다면 김광균은 애조 띤 이미지를 산출하고 있다.

---

7 고봉준, 「1930년대 경성과 이상(李箱)의 모더니즘」, 『문화과학』 45, 문화과학사, 2006.3, 235쪽.

8 김백영, 「식민지적 도시성에 대한 이론적 탐색－공간사회학적 문제설정」, 『사회와역사』 72, 한국사회사학회, 2006.12, 193쪽.

차단-한 등불이 하나 비인 하늘에 걸녀 있다
내 호올노 어델 가라는 슬픈 信號냐

긴- 여름해 황망히 날애를 접고
느러슨 高層 창백한 墓石같이 황혼에 저저
찰난한 夜景 무성한 雜草인양 헝클어진 채
思念 벙어리되여 입을 담을다

皮膚의 바까테 숨이는 어둠
낫서른 거리의 아우성소래
까닭도 없이 눈물겹고나
空虛한 群像의 행렬에 석기여
내 어듸서 그리 무거운 悲哀를 지고왓기에
길-게 느린 그림자 이다지 어두어

내 어듸로 어떠케 가라는 슬픈 信號기
차단-한 등불이 하나 비인 하늘에 걸니여잇다

—김광균, 「瓦肆燈」 전문

김광균의 시에서도 시각적 이미지가 두드러진다. 이 시의 화자는 인파가 넘치는 근대도시의 밤거리에 서 있다. 그 역시 철저히 관찰자의 입장에서 "느러슨 高層"과 "찰난한 夜景"이 자리 잡고 있는 근대도시의 경관을 일별한다. 김광균은 이상에 비해 보다 직접적인 정서적 반응을 표출한다. 시인의 부정적인 시선에 의해 고층과 야경은 "창백한 墓石"과 "무성한 雜草"라는 퇴락의 이미지로 환치된다. 경이와 매혹의 대상이었던 근대도시는 전혀 다른 느낌의 짙은 공허와 비애의 정조로 채색된다. "空虛한 群衆의 행렬"과 뚜렷하게 구분되는 화자의 거리감이 산책자로서의 비판적 시선을 확보하게 한다. 주목할 만한 것은 감상성이 두드러지는 가운데도 정서를 객관화, 특히 시각화하려는 경향이 강하다는 것이다. 공허하게 몰려다니는 군중의 행렬 가운데 느끼는 까닭모를 고독감은 "차단한 등불"의 이미지로 치환되고 있다.

1930년대 모더니즘 시들은 전례 없이 압도적인 시각적 이미지를 구사하였는데, 이는 근대적인 공간이 요구하는 근대적인 시선체계의 문제와 무관하지 않다. 그리고 이것은 도시라는 공간을 심적으로 혹은 물리적으로 재현전화(再現前化)하는 문제이고, 표상을 표상으로 만들어 주는 사회문화적 표현 코드 혹은 표상 시스템의 변동에 주목할 필요가 있다.[9] 외부로부터 주어진 획기적인 공간의 변화에 대해 시인들은 주변인으로서 탐색과 회의의 시선을 작동하게 된 것이다. 시각은 다른 감각에 비해 훨씬 객관적이고 냉정한 감각으로 알려져 있다. 이질적인 근대문물의 범람 앞에서 시인들은 시각의 관찰 기능을 극대화하는 방식으로 외계의 변화에 반응한다. 스펙터클한 근대적 경관으로 파노라마적 시선을 요구하게 된 서울의 변모는 1930년대 시인들의 감각과 정서에 결정적인 영향을 미친다.

오상완의 「首府」는 식민시 시내 수도 경성에 대한 파노라마적인 시선

9 이효덕, 박영관 역, 『표상 공간의 근대』, 소명출판, 2002, 19쪽.

의 극대치를 보여준다. 11연으로 구성된 이 시는 화장터, 화물 열차, 공장촌, 고층 건물, 외국 사신의 행렬, 음악회, 금광, 교회당, 카페, 저널리즘, 도시의 확장 등 수부의 특이한 경관과 생리를 광범위하게 거론한다. 시인은 특히 수부에 편재한 소비문화와 퇴폐성을 비판하며 나날이 거대해지는 수부의 지나친 팽창을 경계한다. 수부에서 일어나는 갖가지 변화와 새로운 풍속을 포착하는 시인의 시선은 카메라의 눈처럼 민활하면서도 냉정하다. 그는 이 모든 변화를 구성원들의 주체적인 의지가 아니라 광증과 같은 유행에 의해서 일어나는 현상으로 파악한다. 오히려 수부는 자체 증식력을 가진 유기체처럼 번성하며 구성원들을 지배한다. 시의 마지막 부분에서 "首府는 지도속에 한낱 화농된 오점이었다 / 숙란하여가는 首府"라는 진단으로 시인은 수부에 대한 부정적 의식을 표명한다.

이러한 부정적인 의식의 밑바닥에 식민지의 수도로서의 서울에 불만이 내재해 있었음은 같은 시인이 해방 직후 쓴 「병든 서울」에서 한결 직접적으로 표출된다. "그렇다. 병든 서울아, / 지난날에 내가, 이 잡놈 저 잡놈 / 모두 다 술취한 놈들과 밤늦도록 어깨동무를 하다시피 / 아 다정한 서울아 / 나도 밑천을 털고보면 그런 놈 중의 하나이다. / 에이, 나라 없는 우리들 청춘의 반항은 이러한 것이었다"라는 회고처럼 "언제나 눈물없이 지날 수 없는 너의 거리"에 대한 각별한 감정은 서울이 식민지의 수도라는 불만에서 기인한다. 번성하는 식민지의 수도에서 시인들은 주체가 아닌 주변인으로서 냉정한 시선과 불편한 정서를 감수했다. 시선을 압도하는 근대도시의 위용에 이질감을 느끼며 고독과 불안을 지우지 못했다.

해방에서 전쟁으로 이어지는 격변기에 서울은 고스란히 그 혼란을 감내해야 했다. 이 시기의 시들은 미처 말을 고르고 감정을 다듬기도 전에 서울의 치욕과 고통을 분출해낸다. "서울에 피와 비와 / 눈바람이 섞여 추위가 닥쳐오던 날 / 너는 입은 옷도 없이 벌거숭이로 / 貨車 위 별을 헤아리면서 남으로 왔다"(박인환, 「어린 딸에게」)는 진술처럼 전쟁은 수도 서울의 면모를 또다시 훼손시키고 오랜 복구의 노고를 요구한다.

식민지 시기부터 전후까지 굴절 많은 현대사 속에서 서울은 격변을 거듭하며 수도로서의 영욕을 겪었다. 식민 통치와 함께 시작된 근대 도시 서울은 자생적이고 생산적인 도시라기보다는 인위적으로 형성된 식민 도시의 성격을 띠게 된다. 이 시기 시들에서 두드러진 주변인 혹은 관찰자의 시선은 외부로부터 주어진 변화에 대한 민감하고 냉정한 반응을 표출한다. 제국의 위용을 드러내는 스펙터클한 경관에 대해 시인들은 경이와 매혹, 냉소와 불안이라는 이중적인 태도를 보인다. 주체로서 참여할 수 없는 식민지 수도에서 그들은 주변인으로서의 부정의식을 현시하는 시선의 역학을 행한다.

3. 삶의 현장으로서의 서울과 저항과 연대의 정서
—1960년대~1980년대 중반

서울이 식민지와 전쟁의 후유증에서 벗어나 자생적인 발전을 시작하는 것은 1960년대 이후이다. 1960년대 초의 상황은 일제의 식민 정책으로 굴절된 근대화를 시작하고 후발 발전국가로서 민주화와 산업화라는 두 가지 과제에 직면해 있던 우리의 현실을 단적으로 표출한다. 1960년의 4·19혁명과 곧 이은 군부독재의 출범이 그것이다. 서울은 민주화 투쟁과 개발독재의 '이중 혁명'[10]이 교차하는 격변의 중심지이다.

> 서울도
> 해 솟는 곳
> 동쪽에서부터
> 이어서 서 남 북
> 거리거리 길마다
> 손아귀에
> 돌 벽돌알 부릅쥔 채
> 떼 지어 나온 젊은 대열
> 아! 신화같이
> 나타난 다비데群들

—신동문, 「아! 神話같이 다비데群들」 부분

"4·19의 한낮에"라는 부제가 붙은 이 시는 혁명의 진행과정과 감동을 현장감 있게 그리고 있다. 1960년대 벽두의 서울은 독재에 저항하는 시민과 학생들의 물결이 넘친 민주화의 성지이다. 시인은 이 대열

10 '이중혁명'이란 한국의 권위주의적 산업화체제가 야누스적인 두 얼굴을 갖고 있다는 것, 고성장 능력을 가진 체제임과 동시에 고강도 억압능력의 체제라는 것을 뜻한다.(이병천, 「우리 시대 후발"이중혁명"에 대한 비판적 성찰」, 『역사비평』, 2007 가을, 129~130쪽 참조)

을 신화의 영원성과 위대함에 비유하며 찬탄한다. 반독재 민주화 투쟁이 시작된 역사적 현장을 신화의 한 장면처럼 각인시키려는 화려한 수사와 강렬한 표현력이 두드러진다. "마지막 발악하는 / 총구의 몸부림 / 광무하는 칼날에도 / 一絲不亂 / 해일처럼 해일처럼 / 밀고 가는 스크럼 / 승리의 기를 꽂을 / 악의 심장 急所를 향하여 / 아! 신화같이 / 전진하는 다비데群들"과 같이 민주와 독재를 선과 악의 이분법으로 선명하게 가르며 시인은 직접적이고 분명한 입장을 드러낸다. 시인의 시선은 시위의 전 과정을 아우르는 포괄적인 것이지만 결코 방관자가 아닌 심판자로서의 위치에 놓인다. 식민지 시대의 시들과 달리 역사의 주체로서의 자각과 자신감을 엿볼 수 있다.

이 같은 강렬한 민주화의 열기에도 불구하고 우리 역사의 방향은 산업화로 치중된다. 후발 발전국가의 경우 미성숙한 민주주의 하에서 정치적 불안정성이 초래될 가능성이 많고, 산업화와 민주주의 간에 딜레마가 존재한다. 따라서 후발 산업화의 초기 단계는 권위주의체제와 친화성이 높다.[11] 후발 산업화의 초기 단계에 해당하던 1960년대 우리나라는 성장 능력뿐 아니라 억압의 강도가 높았던 개발 독재체제를 맞이하게 된다. 서울은 이제 '한강의 기적'이라 불리는 경제적 고속 행진의 중심지로 자리 잡는다.

우리 시인들이 주목한 것은 산업화의 양지보다는 음지이다. 시인들의 예리한 눈길은 산업화의 음지를 대표하는 도시빈민의 문제를 피해가지 않는다. 신동엽의 「鐘路五街」는 본격적인 산업화가 시작되어 이

11 위의 글, 122쪽 참조.

농민과 도시빈민이 산출되기 시작한 1960년대의 상황을 실감나게 재현하고 있다.

> 이슬비 오는 날.
> 종로 5가 서시오판 옆에서
> 낯선 少年이 나를 붙들고 東大門을 물었다.
>
> 밤 열한시 반,
> 통금에 쫓기는 群像 속에서 죄 없이
> 크고 맑기만 한 소년의 눈동자와
> 내 도시락 보자기가 비에 젖고 있었다.
>
> 국민학교를 갓 나왔을까.
> 새로 사 신은 운동환 벗어 품고
> 그 소년의 등허리선 먼 길 떠나 온 고구마가
> 흙묻은 얼굴들을 맞부비며 저희끼리 비에 젖고 있었다.
>
> 충청북도 보은 俗離山, 아니면
> 전라남도 해남땅 漁村 말씨였을까.
> 나는 가로수 하나를 걷다 되돌아섰다.
> 그러나 노동자의 홍수 속에 묻혀 그 소년은 보이지 않았다.

—신동엽, 「鐘路五街」 부분

서울은 일자리를 찾아 도시로 몰려들었던 이농민들에게 새롭고도 불안한 삶의 터전이 된다. 이 시의 주인공인 소년도 전형적인 이농민의 사례에 해당한다. 소년을 관찰하고 있는 화자 역시 도시 노동자이기 때문에 소년의 처지를 공감과 동정의 시선으로 바라보고 있다. 종로 5가의 밤거리는 통금에 쫓기는 노동자의 무리와 낯선 땅을 헤매는 상경민들의 군상으로 가득하다. 자꾸만 눈길을 잡아끄는 소년을 바라보며 화자는 너나없이 일자리를 찾아 서울로 올라온 도시이주민들의 곤핍한 삶을 되돌아본다. 종묘 담 옆에서 보았던, 한쪽 눈이 부은 채 때 묻은 긴 편지를 읽고 있었던 창녀는 소년의 누나가 아닌가 싶고, 세종로 고층거물 공사장에서 등짐 지다 허리를 다쳐 쓰러진 노동자는 소년의 아버지를 연상시킨다. 대다수 이농민들이 서울에서 얻을 수 있는 일거리는 일용직 품팔이에 지나지 않았다. "도시로 온 이농인구는 연령, 교육 및 기술이 갖는 제약으로 말미암아 자본제 부문의 임금노동자가 되지 못하고 단순노무직, 실업, 잡업직을 전전하다가 도시빈민으로 전락하게 된다."[12] 변화하는 서울의 세태 속에서 시인은 인구의 과잉 집중과 도시빈민층이 형성되는 과정을 간파한다.

이 시에서 주목해볼 것은 시적 화자의 시선이 서울의 외관보다는 그곳에서 이루어지는 삶의 양태에 집중되고 있다는 점이다. 식민지 시대 시에서 서울은 근대도시의 풍모로 시각적 이미지를 양산한다. 시적 화자는 서울의 외적인 변화에 수동적으로 반응하는 관찰자로서의 면모가 강하다. 그에 비해 산업화 시대의 시들은 서울의 외형보다는 삶의

12 조흥식, 「70, 80년대 산업화와 빈민」, 『역사비평』, 1999 봄, 190쪽.

현장으로서의 그것에 보다 관심을 기울인다. 관찰자나 방외인의 시선에 가깝던 대상에 대한 시적 화자의 거리감이 줄어들고 감정과 입장의 표명이 분명해진다. 서울은 더 이상 외부로부터 이식된 근대문명의 전시장이 아닌 구성원 모두가 함께 개척해가야 할 삶의 터전으로 인식되기 시작한다.

치열한 삶의 현장으로서 서울은 빈곤과 노동문제가 산재한 사회적 갈등의 장소가 된다. 첨예한 사회적 상상력을 드러내는 산업화 시대의 많은 시들이 노동의 중심지로서 서울이 갖는 의미를 주목한다. 김지하는 1970・80년대 심화되었던 노동문제와 사회적 불평등을 전통시가의 창법을 활용한 강렬한 어조로 비판한다.

> 간다
> 울지 마라 간다
> 흰 고개 검은 고개 목마른 고개 넘어
> 팍팍한 서울길
> 몸 팔러 간다
>
> —김지하, 「서울길」 부분

이 시에서 "몸 팔러 간다"는 직설적인 발언에 담겨있듯이 산업화 시대의 서울은 몸 하나를 밑천으로 이농을 감행하는 인파로 인해 급속도로 팽창하며 각종 사회문제의 온상이 된다. '간다'의 반복은 무조건적으로 서울을 향했던 이농 대열의 움직임과도 상통한다. 상경을 감행하는 화자의 상황은 곧 전통적인 농촌사회의 붕괴를 의미하는 것이기도 하다. 민요의 가락에 실린 화자의 애조 띤 어조는 전통적인 삶의 터전이 망실되어가는 현실에 대한 비탄을 내포한다.

김지하는 전통시가의 형식과 소외계층의 육성을 활용해 급변하는 사회 속에서 대두되는 분배의 불균형을 비판적으로 거론한다. 「五賊」에서 서울은 부정부패와 비리를 일삼는 고위공직자들의 온상으로 그려진다. "서울이라 장안 한복판에 다섯 도둑이 모여 살았겄다. / 남녘은 똥덩어리 둥둥 / 구정물 한강가에 동빙고동 우뚝 / 벗은 산 만장아래 성북동 수유동 뾰쪽 / 남북간에 오종종종 판잣집 다닥다닥 / 게딱지 다닥 코딱지 다닥 그위에 불쑥 / 장충동 약수동 솟을대문 제멋대로 와장창 / 저 솟고 싶은 대로 솟구쳐 올라 삐까번쩍 / 으리으리 꽃궁궐에 밤낮으로 풍악이 질펀 떡치는 소리 쿵떡"으로 알 수 있듯 서울은 빈부의 격차가 심각하다. 거대한 저택과 좁다란 판잣집의 극명한 대비로 보이듯 산업화의 과정에서 분배의 불균형은 심화된다. "도시 미관을 위해 구걸하는 거지들을 내쫓고 불량주택으로 불리던 판잣집들이 철거된 자리에는, 고층건물과 고급주택들이 들어섰다. 서울의 개발 과정 중 산뜻하게 단장한 곳에서 오적들은 그들만의 리그를 펼쳤다."[13] 개발독재를 주도한 신흥 지배계급의 화려한 등극은 도시 빈민에게 희생의 그늘을 드리운다. 이 시의 화자는 시인 자신이며, '꾀수'가 대표하는 소외계층의 편에서 지배계층인 '오적'의 비리를 고발한다. 이 시에서도 역시 전통적인 시가양식인 판소리의 기법을 변용하여 신흥 지배계급의 부패상을 풍자·비판한다.

13 김재관·장두식, 『문학 속의 서울』, 생각의나무, 2007, 106쪽.

박노해는 노동자 출신 시인으로 노동 현장과 분배 불균형의 문제를 더욱 직접적으로 표출한다. 그에게 서울은 '가리봉동'으로 대표되는 공단의 집결지이다. "가리봉동 공단에 묻힌 지가 / 어언 육 년, 세월은 밤낮으로 흘러 / 뜻도 없이 죽음처럼 노동 속에 흘러"(「지문을 부른다」)에서처럼 1980년대 공단은 헤어날 길 없는 노동의 현장이다. "지문도, 청춘도, 존재마저" 삼켜버릴 정도로 이 시기 노동 현실은 열악하다. 시인은 자신이 속해 있는 노동자 계층의 의식과 생활에 밀착된 시를 쓴다. "돈이 생기면 제일 먼저 가리봉 시장을 찾아 / 친한 친구랑 떡볶기 500원어치, 김밥 한 접시, / 기분나면 살짜기 생맥주 한 잔이면 / 스테이크 잡수시는 사장님 배만큼 든든하고 / 천오백 원짜리 티샤쓰 색깔만 고우면 / 친구들은 환한 내 얼굴이 귀티난다고 한다 // 하루 14시간 / 손발이 퉁퉁 붓도록 / 유명 브랜드 비싼 옷을 만들어도 / 고급오디오 조립을 해도 / 우리 몫은 없어, / 우리 손으로 만들고도 엄두도 못 내"(「가리봉시장」)와 같은 구체적인 진술로 알 수 있듯 당시 서울에는 노동자와 자본가의 심각한 생활 격차가 자리 잡고 있다. 박노해 시가 갖는 호소력은 직접적인 체험에 기인하는 구체적인 노동현실의 재현에 있다. 그의 시에서 서울은 노동자들의 피와 땀이 어린 절박한 삶의 공간으로 그려진다. 박노해의 시는 자본의 위력과 열악한 노동 조건으로 인한 갈등이 첨예하게 대치됐던 1980년대 서울의 생활상을 실감나게 반영한다. 그의 시는 자신이 속해 있던 노동자계층의 육성을 통해, 산업화의 주역으로서 헌신했지만 결국 대자본의 특권적 지배체제에 희생되었던 이 시대 노동자들의 실상을 근접해서 보고하였다는 의미를 갖는다.

전후 한국 사회는 민주화와 산업화라는 커다란 과제를 안고 출발하였다. 1960년대 벽두를 열었던 민주화의 열기를 곧바로 진압한 개발 독재는 오랫동안 산업화를 주도하면서 민주화운동에 지대한 상처를 남겼다. 1980년 광주의 참사는 군부와 관료 주도의 개발 독재가 감행해온 강력한 억압 통치의 결과이다.

"퇴계로에 와서도 그 山이 보인다. 3·1로까지 걸어가는데, 봄바람 맞으며 가는데, 산은 흔들리는 자기 그림자를 발목까지 담그고 자꾸 뭔가 게워낸다. 흙덩어리인 자기를 버리기라도 하려는 듯이. 그녀를 무등태운 山 그림자가 시내까지 따라온다"(「에서·묘지·안개꽃·5월·시외버스·하얀」)는 황지우의 이 시는 광주의 상처가 드리운 1980년대의 상황을 그리고 있다. 퇴계로와 삼일로 같은 서울의 한복판에 있어도 사라지지 않는, 자의식 깊숙이 각인된 민주화의 상처를 떠올린다.

또 다른 시 「徐伐, 셔블, 셔볼, 서울, SEOUL」에서 시인은 1980년대 서울의 속물성을 보성물산주식회사 종로 지점에 근무하는 34세의 장만섭 씨를 주인공 삼아 구체적으로 그려 보인다. 시의 마지막 부분은 장만섭씨가 거리의 전자오락실에서 우주 전쟁놀이의 굉음을 듣고 있는 장면이다. "그러나 정말로 갤러그 우주선들이 튀어 나와, 보성물산주식회사 장만섭 차장이 서 있는 버스 정류장을 기총 소사하고, 그 옆의 신문대를 폭파하고, 불쌍한 아줌마 꽥 쓰러지고, 그 뒤의 고구마 튀김 청년은 끓는 기름 속에 머리를 처박고 피흘리고, 종로 2가 지하철 입구의 戰警 버스도 폭삭, 안국동 화방 유리창은 와장창, 방사능이 지하 다방 "88올림픽"의 계단으로 흘리내려기고, 회신 일대기 정전되고, 회염에 휩싸인 채 사람들은 아비규환, 혼비백산, 조계사 쪽으로, 종로예식장 쪽으로, 중소기업협동조합중앙회 쪽으로, 우미관 뒷골목 쪽으로,

보신각 쪽으로 / 그러나 그 위로 다시 갤러그 3개 편대가 내려와 5천 메가톤급 고성능 핵미사일을 집중 투하, 집중 투하!"와 같은 편집증적인 상상 속에는 폭력적인 힘과 그에 대한 공포가 내재해 있다. 88올림픽이라는 또 다른 전시 행사를 내세워 국가 능력을 과시하며 온 국민을 억압과 희생의 대상으로 삼으려하는 강력한 체제에 대한 불안을 느낄 수 있다. 이때의 서울은 폭력적인 권력이 쉽게 희생양으로 삼는 평범한 사람들의 삶의 공간이다.

식민 통치 기간을 넘어서 자율적인 민주화와 산업화가 요청되었던 시기의 서울은 본격적인 삶의 공간으로 등장하게 된다. 서울을 근대적 외관을 방외자의 입장에서 관찰하던 단계에서 나아가 구체적인 삶의 현장으로 파악하는 차이점이 두드러진다. 이 시기 서울은 민주화의 열기가 들끓거나 좌절되고 산업화로 인한 각종 폐해가 속출한 사회적 격변의 장이다. 시인들은 그 자신 이러한 시대의 구성원으로 참여하며 첨예한 사회적 상상력과 통찰을 드러낸다. 소외계층과 희생자에 밀착된 시선과 구체적인 상황의 진술이 강화되면서 이 시기의 시에서 서울은 저항과 연대의 가능성이 충만한 정치적 공간으로 그려진다.

4. 욕망의 표상으로서의 서울과 매혹과 반성의 교차
—1980년대 후반~1990년대

1960년대 이후 산업화와 도시화를 겪으며 서울은 거대도시로 변모한다. 1988년 올림픽 이후 서울은 세계적인 규모의 인구와 외형을 갖춘 도시로 자리 잡는다. 서울은 국내에서 견줄 대상이 없을 정도로 절대적인 위치를 차지하게 된다. 경제와 문화의 중심지로서 다른 도시에 비해 압도적인 우위에 서게 된다. 식민도시로서, 군부독재의 중심지로서 굴곡을 겪었던 서울은 어느새 그 규모만으로도 위압적인 존재로 성장한다.

1980년대 후반부터의 시에서 서울은 제어할 수 없이 확대되는 거대한 욕망의 상징으로 나타나기 시작한다. 이윤택은 「신기루 도시」에서 서울을 "스스로 선택한 감옥"으로 규정한다. 자신이 설계한 구조물에 갇혀버리는 아이러니를 지적한 것이다. 시인이 보기에 서울은 '환상'과 '현실'이 전도된 결과라 할 만큼 놀랍게 변화했다. 그러나 그것은 '요지경'이며 '신기루'에 불과한 부정적인 양상이다. 그리하여 '탈주'를 꿈꾸지만 '발목잡힌'채 꼼짝할 수 없는 처지를 냉철하게 확인한다.

함성호와 함민복은 거시적인 시각으로 거대도시 서울의 위험성을 경고한다. 그들의 시선은 멀리서 서울의 한복판을 조감하며 그것의 지나치게 조직적이고 위험한 구조를 간파한다. 함성호는 건축사회학적 관점으로 '잠실 롯데 월드'를 "거대한 욕망의 성채"로 정의한다. "이성을 살해한 음울한 중세의 성벽과 / 빛나는 P.C. 자기질 타일 외장의 롯데 월드 / 그것은 무엇을 방어하고 있나요 / 당신을, 우리를, 무산 대중을? / 꿈과 희망의 동산이요, 사랑과 행복의 / 당신의 휴식 공간 롯데는 / 우리를 모두 젊은 베르테르의 사랑에 빠지게 한다 / 욕구의 끓는 기름과 조갈의 불화살을 쏴 / 끊임없이 당신을 상품화하고 / 끊임없이 당신을 당신이 소비하도록 / 구애한다"(「잠실 롯데 월드」)에서처럼 롯데 월드의 독특한 외관과 소비 심리의 상관관계를 규명한다. 이윤택과 마찬가지로 도시가 제공하는 '꿈과 희망'이 공허한 환상이라는 사실을 강조한다.

가로수가 더 이상 전원에 부착된
안전벨트로 보이지 않는 도시
서울의 클리토리스 남산
거대한 주사기처럼 스포이트처럼
발광하며 문명을 주사하는 타워
어둠이 내리면 연꽃처럼 피어나는 광고
여관 개업식 날 만국기를 다는 곳
서서히 사람들을 처형하는 독가스
합법적으로 내뿜으며 질주하는 자동차
현재의 인구와, 작금의 교통사고 현황과,
환경오염도와, 일기예보와, 활자뉴스와 ……
순간적 인식과 찰나적 망각을 종용하는
슬픔과 아픔이 숙성될 수 없는
정서의 겉절이 시대

적당량의 희망과 고통과 죽음을 투여받아

전신이 무감각화된 서울,

—함민복, 「백신의 도시, 백신의 서울」 부분

함민복의 '서울'도 "적당량의 희망과 고통과 죽음을 투여받아 전신이 무감각한" 도시이다. 시인들은 욕망과 쾌락에 무감각해지는 서울의 위험성을 자각한다. 서울은 이제 식민지 시대처럼 막연한 동경의 대상도 아니고 산업화 시대처럼 노동의 현장에 그치는 것이 아니라 삶을 전면적으로 지배하는 욕망의 거처가 된다. 오래도록 젖어있어 중독과 마비를 일으키는 독소처럼 서울은 삶의 전반을 점령하고 있다. 시인들은 서울의 화려하고 거대한 외관 이상으로 정신을 지배하는 위압적인 면모를 주시한다. 1980년대 후반의 시에서는 노동의 장으로서의 서울에 대한 묘사가 급격히 줄어들면서 일상의 삶에 광범위하게 침윤된 욕망의 표상으로서 그것을 거론하는 시가 증가한다.

장정일의 시에서도 서울은 '욕망의 용광로'로 등장한다. 그런데 이 시인에게서 특별한 점은 서울에서 멀리 떨어진 위치에서 그것을 비판한다는 점이다. 지방에서 볼 때 서울은 '중앙'이다. '중앙'인 서울은 '변방'인 지방 위에 군림하려 한다. 이에 대해서는 "민주화와 지방화의 추세에 따라 도시 시민사회가 활성화되는 동시에 자치적 관리가 본격적으로 실시되게 되었다. 이런 변화가 특히 서울 대도시권을 중심으로 집중적으로 일어남에 따라, 90년대에 들어 선도적인 산업, 활동, 기능이 '서울로 재집중'되는 현상이 나타났다"[14]는 사회학적 고찰을 참조할 수 있다. 서울은 기회와 특전을 내세워 타 지역에 대한 우위를 확보한다. "흥, 그 잘난 '중앙'!"(「'중앙'과 나」)이라는 외침은 서울 일변도의 잣대에 대한 불만을 담고 있다. 그런 시인의 눈에는 서울의 특성이 확연하게 들어온다. "다른 사람이 소유하고 있는 것을 / 소유하고 있지 못하면, 금세 외로워지는 서울"(「서울에서 보낸 3주일」)에서처럼 서울은 소유의 욕망이 넘치는 곳이다. 끊임없는 비교와 경쟁으로 욕구 불만에 빠지거나 소외되기 십상이다. 지방의 시인에게 서울은 '지옥'으로 인식되고 한시 빨리 벗어나고 싶은 곳일 뿐이다. 장정일은 특유의 경쾌한 어조로 욕망이 들끓는 서울의 기이한 생태를 풍자한다.

최승호와 유하는 서울과 욕망의 상관성을 심층적으로 탐구한다. 최승호 시에서 욕망에 대한 사유는 언제나 세속 도시의 한 가운데서 행해진다. 그의 시에서 서울은 자본주의와 물질문명의 첨단을 달리는 세속 도시를 대표하는 장소이다. "움푹해라 내 욕망은 / 밥순갈을 닮았다 / 천 만개의 순갈이 한 냄비에 덤비듯 / 꿀꿀거리고 덜그럭대는 서울에서 / 나도 움푹한 욕망 들고 뛰어가고 / 보름달 뜨면 먹고 싶어라"(「밥순갈을 닮았다」)에서 서울은 "천 만개의 순갈이 한 냄비에 덤비는" 욕망의 도가니로 선연하게 형상화된다. 모두가 획일적인 욕망을 추구하면서 더욱 각박해지는 것이 서울의 현실이다. 「시간 없는 서울」에서는 "내려다보면 발밑은, 아찔한 서울. 폭격에 폐허가 된 집터에서, 밥짓는 연기가 모락모락 솟고 있다. 아이들은 시궁창에서 목을 놓아 길게도 운다. 왜 나를 낙태시켰냐고, 떼를 쓰는 것이다"고 하여 디스토피아 같은 서울을 상상한다. 쉴 새 없이 긴장해야하고 도덕적 불감증이 횡행하는

14 조명래, 「전환기 대도시 발전의 딜레마와 전망」, 『도시연구』 2, 한국도시연구소, 1996, 17쪽.

서울이 전쟁터와 다름없다는 통렬한 비판이 내재해 있다. 욕망의 공허한 결말을 제시하는 데 탁월한 시인에게 서울은 더할 수 없이 적합한 상징이 되어준다.

유하 역시 서울과 욕망의 역학을 탁월하게 구현해 낸다. 그런데 최승호가 서울에 대해 뚜렷한 비판적 거리를 확보하고 있는 것에 비해 유하는 비판과 탐닉의 이중적인 태도를 보인다. 유하는 서울의 심상지리를 누구보다도 세밀하게 구현해낸다. '압구정동'이나 '세운상가'는 그의 시로 인해 독자적인 심상지리를 확보하게 된다. "세운상가, 욕망의 이름으로 나를 찍어낸 곳 / 내 세포들의 상점을 가득 채운 건 트레이시와 치치올리나, / 제니시스, 허슬러, 그리고 각종 일제 전자 제품들, / 세운상가는 복세된 수만의 나를 먹어지웠고 / 내 욕밍의 허기가 세운상가를 번창시켰다"(「세운상가 키드의 사랑 2」)에서 고백하듯 세운상가는 유하 시의 원천인 키치 문화의 집산지이다. 그가 세세하게 늘어놓는 상품의 이름들은 그를 매혹시켰던 물질적 욕망의 지표이다. 유하의 시에서는 이러한 욕망에 대한 탐닉과 "내 몸의 내부, 어두운 욕망의 벌집이 웅웅댄다 / 그렇게 끝없이 웅웅대다가 죽음을 맞으리라"는 비판적 자의식이 중첩된다. 서울이라는 거대도시의 화려한 물질적 매혹을 거부하기에 그는 이미 도시의 삶에 너무나 친숙해져 있다. "자, 오관으로 느껴보라, 안락하게 푹 절여진 만화방창 각종 쾌락의 묘지, 체제의 꽁치통조림 공장, 그 거대한 피스톤이, 톱니바퀴가 검은 기름의 몸체를 번득이며 손짓하는 현장을"(「바람부는 날이면 압구정동에 가야 한다 2」)이라는 권유처럼 그는 세속도시에 대한 반성을 그것에 대한 탐닉과 분리할 수 없게 된 도시 '안'의 시인이다. 이는 1980년대와 구분되는 1990년대

시인의 특징이기도 하다. 1990년대의 젊은 시인들은 그들 나름의 감수성과 언어미학으로 도시적 삶의 현상을 포착해 낸다. 그들은 전시대의 시인들보다 도시의 속성에 민감하고 그 체제에 잘 적응하며, 경쾌하게 비판할 줄도 안다.[15] 더 이상 밖에서의 관찰이 어려워질 정도로 도시의 삶에 밀착된 그들은 구체적인 체험을 살리며 그것에 대한 반성과 진단을 행한다.

김혜순은 서울에 관해 가장 많은 시를 쓴 시인이다. 시인은 서울을 '경전'처럼 탐구한다. 그녀의 시에서 서울은 거의 자신의 몸처럼 내면화된다. "다시 하늘이 빛의 발을 서울의 동서남북 내다 걸면 / 일천이백만 쌍의 태양이 눈을 번쩍 뜨고 / 저 내장들의 땅속 지하 삼천 미터 속까지 / 빛살 무늬 거룩하게 새겨진다"(「나의 우파니샤드, 서울」)에서처럼 서울은 대타적 존재가 아니라 이미 몸 속에 들어와 몸이 되어버린 그 무엇이다. 자아가 몸속에 갇혀 있듯 서울은 시적 화자를 가두고 있다.[16]

> 내 마음엔 웬 실핏줄이 이리도 많은지요 이 실핏줄을 다 지나야 그곳에 당도하게 되겠지요 (…중략…) 어디 계신지요 며칠 만에 시내에 나가보면 아직도 포장도 안 뜯은 새 건물이 제본소에서 마악 도착한 신간 소설책 뭉치처럼 부려지고 있어요 날마다 당신에게로 가는 길이 늘어나요 길 속에 길이 있어요 지금 막 도착한 저 빌딩의 몸 속을 들여다보세요 층계와 층계 사이로 불켠 실핏줄들이 보이잖아요? 저 길을 언제 다 지나 당신에게 당도하지요? 서울이 서울을 낳아요 마음이 제 몸을 한껏 부풀려 또 마음을 낳아

---

15 이혜원, 「꿈의 공간과 삶의 공간」, 『세기말의 꿈과 문학』, 하늘연못, 1999, 92쪽.

16 장석주, 앞의 책, 251쪽.

요 거기로 이삿짐을 가득 실은 차들이 쏟아져 들어오고 또 실핏줄이 엉겨 붙어요 샛길이 나요 발을 디뎌보지도 않았는데 또 길이 나요 언제 저 길을 다 뒤져 당신을 찾아내지요 당신이 보고 싶어요

—김혜순, 「서울 길」 부분

이 시에서 서울의 많은 길은 몸속의 실핏줄과 동일시된다. '몸'을 지닌 유기체에 서울을 비유하는 것이 김혜순 시의 특이성이다. 서울의 몸 안에는 실핏줄 같은 무수한 길이 있다. 날마다 새로 지어지는 빌딩의 층계 사이로도 실핏줄 같은 길이 있다고 한다면 서울 길은 무한대다. "서울이 서울을 낳아요"란 표현은 그래서 가능해진다. 서울은 자꾸 증식하고 그 안에서 '당신'을 찾는 나의 길은 묘원하다. 실타래처럼 잉킨 서울을 떠날 수 있을까? 이미 내 안의 내가 되어버린 서울을 떠날 수는 없다. 서울이라는 지옥을 그리는 시인의 어조가 마냥 비관적이지 않은 까닭은 그것이 대안 없는 절대적인 존재의 거처이기 때문이다. 시인에게 서울은 위태롭기 그지없는 '방주'이면서 구원의 비밀을 담고 있는 '경전'이기도 하다. 산업화 후에 서울은 노동의 장소보다는 욕망의 공간으로 그려진다. 자본과 문명의 위력이 극대화된 도시 서울은 물질적 욕망의 집산지를 표상하게 된다. 거시적인 관점의 시에서 서울은 냉정한 비판의 대상이 된다. 1990년대 이후 서울의 삶에 보다 밀착하면서부터는 서울에 대한 매혹과 반성이 교차하는 시선이 증가한다. 더 나아가 서울은 우리의 몸처럼 내밀화되고 필연적인 공간으로 인식되기에 이른다.

5. 결론

이 글은 문학지리학적 접근 방법으로 한국 현대시에 나타난 '서울'의 형상과 의미를 살펴보았다. 시는 특정 장소의 이미지를 직접적이고 함축적으로 표현해내기 때문에 사실적이고 구체적인 소설과 또 다른 문학지리학적 가치를 지닌다. 이 글에서는 시적 화자의 태도와 시선을 중심으로 미학적 감수성과 심상지리의 관련을 검토해보았다. 서울은 현대사의 굴곡에 따라 급변하면서 다양한 양상을 드러낸다. 이 글에서는 식민지 근대, 산업화, 후기 자본주의와 관련되는 서울의 변화 과정을 현대시에 드러나는 심상지리적 특성으로 추적해보았다.

1920년대에서 1950년대까지의 시에서 서울은 근대도시의 초기 양태를 보인다. 1920년대의 시인들은 서울에 대해 정서적 거리감을 느끼거나 경이와 찬탄을 나타낸다. 1930년대 모더니즘 시에서 서울의 근대적 경관은 감수성의 격변을 일으키며 예리한 관찰의 대상이 된다. 해방에서 전쟁으로 이어지는 격변기에도 서울은 고독과 불안의 장소로 인식된다. 산업화 전의 서울은 외부로부터 인위적으로 형성된 근대도시로서 시인들에게 경이와 매혹, 냉소와 불안의 이중적 태도를 유발한다.

1960년대부터 1980년대 중반까지 서울은 산업화와 민주화의 터전이 된다. 이 시기에 시인들은 역사의 주체로서의 자각과 자신감을 보여준다. 개발 독재체제로 경제적 고속 행진을 하게 되는 서울에서 시인들은 산업화가 야기하는 도시빈민의 문제를 간파하고 노동문제와 사회적 불평등을 주시한다. 이 시기에 서울은 구체적인 삶의 현장으로, 소외계층의 저항과 연대의 가능성이 충만한 정치적 공간으로 그려진다.

1980년대 후반부터 1990년대에 이르는 후기 자본주의 시대에 거대도시 서울은 경제와 문화의 중심지로 자리 잡는다. 서울은 제어할 수 없는 거대한 욕망의 표상이 된다. 거시적인 시선으로 서울을 조감하는 시들에서 서울은 소유의 욕망과 중앙집권적 권력이 넘치는 위험한 도시로 인식된다. 1990년대 이후의 시에서는 서울에 대한 거시적이고 비판적인 시각보다 내재적인 반성이 행해진다. 이미 벗어나기 힘들 정도로 절대적인 일상의 공간이 되어버린 서울에 대해 구체적이고 감각적인 접근을 행하며 매혹과 반성이 교차하는 이중적인 시선을 드러낸다.

한국 현대시에서 서울은 전형적인 근대도시의 면모를 보여준다. 관찰의 대상이었다가 삶의 현장이 되고 제어할 수 없는 욕망의 표상이 되기까지 서울은 근대도시의 발생과 성장의 과정을 함축하고 있다. 안타깝게도 조선조 500년 간 도읍지였던 서울의 전통은 거의 관심의 대상이 되지 못했다. 김수영은 사라져가는 서울의 모습을 되새기며 그 "전통은 아무리 더러운 전통이라도 좋다"(「거대한 뿌리」)고 했다. 한 장소의 전통에는 그 무엇도 대신할 수 없는 고유한 역사가 담겨 있다. 근대의 궤적을 좇느라 외면했던 서울의 전통을 되돌아볼 필요가 있다.

한국 현대시에서 서울은 식민도시와 산업화, 거대 욕망에 사로잡힌 부정적인 도시로 형상화되어 왔다. 주체적인 노력보다는 외적인 강압에 의해 개발된 도시라는 인상이 강하다. 시인들은 섬세한 감수성으로 서울의 변화에 대면하며, 경이와 불안, 연대와 저항, 매혹과 반성의 정서로 반응해왔다. 우리시에 나타나는 서울의 심상지리는 당대와 함께했던 첨단의 의식을 반영한다. 이제 우리시는 수동적이고 부정적인 시각에서 벗어나 서울을 다각도로 새롭게 조명할 필요가 있다. 벗어날 수 없다면 개선할 수밖에 없다. 서울의 세부에서부터 새로운 시선과 감각으로 접근한다면 '진정한 장소'로서의 면모를 재발견할 수 있을 것이다.

도시생태의 시적 수용과 전망

이하석 · 최승호 · 이문재의 시

1. 서론

우리나라의 근대화 과정에서 산업화와 도시화의 속도는 세계적으로 주목할 만큼 경이로운 것이었다. 우리나라의 도시인구비가 10%를 넘기 시작한 것은 1940년 이후의 일이며 30%를 넘은 것은 1966년 이후의 일이다. 그리고 1975년에는 전인구의 50%가 도시에 거주하고 있으며 1980년에 이르러 선진국 수준인 60%에 도달하였다. 1990년에는 인구의 85%가 도시에 살고 있다.[1] 이제 도시는 보편적인 삶의 공간으로 부정할 수 없을 만큼 확고하게 자리를 잡고 있다.

좁은 의미의 자연에서 벗어나 인간과 자연 간의 관계 및 자연을 매개로 이루어지는 인간과 인간 간의 관계를 포괄하게 된 생태학의 새로운 경향[2]으로 볼 때, 도시 환경이 갖는 생태학적 의미는 각별하다. 문학에

1 최유식, 『미래사회와 환경』, 한울아카데미, 1999, 109쪽.

서는 최근 서서히 도시생태계와 환경에 대한 관심이 고조되고 있다. "현대의 대부분의 사람들이 심각한 환경문제를 안고 있는 도시지역에 거주하고 있으며, 생태비평이 보다 많은 독자에게 환경문제 의식과 자연의 소중함을 일깨우는 생태환경의식을 불어넣어주는 것을 중요한 목적으로 공표하고 있다는 점을 고려할 때, 생태비평의 이러한 도시 환경문제로의 관심이동은 시의적절하고 올바른 방향으로 생각된다"[3]는 의견에 공감하며, 생태문학이 현실적 삶과 호흡하기 위해서는 도시생태에 대한 보다 긴밀한 이해와 적극적 관심이 필요하다고 본다.

도시생태가 생태문학의 중요과제로 대두하고 있는 것에 비해 아직까지 구체적인 성과는 찾아보기 힘들다. 오랫동안 자연을 탈 인간중심적 관점에서 다루어온 관행이 강하게 작용하는가 하면, 도시 환경에 대한 문제의식을 보이는 경우도 도시의 녹색자연에 대한 사유보다는 독성물질에 의한 환경오염이나 도심빈민지역의 열악한 환경과 같은 '환경정의' 담론이 주를 이루고 있다.[4] 도시생태를 '환경정의'의 측면에서 바라보는 관점은 사회, 정치적 문제의식과 해결의 방안이 될 수 있으나

---

2 최병두, 『환경갈등과 불평등』, 한울, 1999, 470쪽. 그밖에 이 책에서 요약하고 있는 생태학의 새로운 경향은 다음과 같다. 생태학은 단순히 정태적인 것으로 간주되는 자연이 아니라 역동적으로 변화하는 인간사회의 역사성을 고찰할 필요를 갖게 되었고, 자연의 영역 내에 한정된 것으로 인식했던 물질적 흐름을 인간사회로 확대시킬 뿐만 아니라, 인간사회와 자연환경 간의 상징적 관계(특히 가치의 문제)에도 관심을 가지게 되었다. 또한 생태학은 당면한 환경위기의 극복과 더불어 새로운 미래 사회환경을 열어가는 비전을 제시하고 또 이를 실현시키기 위한 실천을 전제로 하고 있다.(같은 책, 471~472쪽) 이렇게 볼 때 도시 환경의 생태학적 비중은 크게 증대할 것으로 예측된다.

3 신두호, 「녹색과 갈색의 경계지대 – 미국 도시근교자연문학과 생태비평의 영역확장」, 『영어영문학』 54-1, 한국영어영문학회, 2008, 32쪽.

4 위의 글, 33~34쪽.

지극히 인간 중심의 사고여서 자연을 도구화하고 소외시키는 또 다른 문제를 야기할 수 있다. 생태문제에 대한 인간중심적 관점을 비판하는 심층생태학의 기본 입장을 수용하면서도 도시생태에서 인간과 자연이 맺는 관계의 현실적인 양상을 주의 깊게 살피는 것이 도시생태에 대한 문학적 접근의 바람직한 방향이 될 수 있을 것이다. 도시 환경의 실상을 파악하고 그것을 극복할 수 있는 가치관이나 전망을 제시하기 위해서는 그동안 누적된 생태학의 성과들을 통합적으로 인식하고 활용할 필요가 있다.

도시생태는 도시 환경 속에서 일어나는 자연과 인간의 상호작용과 관련된다. 도시의 발달은 자연을 변화시켜 새로운 환경을 만들어낸다. 급격한 자연 파괴가 이루어지며 인공적인 환경이 조성된다. 도시는 인간의 생활환경과 자연의 환경 모두에 결정적으로 작용한다. 생활환경에 있어서는 수자원의 부족과 오염 현상이 생겨나며, 자동차 증가, 녹지 감소, 인공 시설물의 밀집에 의해 대기 오염이 심각해진다. 대도시의 경우, 소음과 진동의 문제가 새로운 환경 문제로 등장하고 있다. 폐기물 처리 공간과 입지 선정을 둘러싸고 도시 간에 심각한 갈등이 일어나며, 과학 기술의 발달과 일회용 식품의 증가로 인한 유해 화학 물질이 시민의 건강을 위협하고 있다. 자연 환경에 있어서는 무분별한 개발로 인해 도시생태계가 파괴되어 가고 있으며, 녹지 공간이 줄어들어 도시민의 휴식처가 사라지고 삶의 질이 저하되는 문제가 발생한다.[5] 이러한 도시생태의 특수성은 생태문학에서도 본래의 자연 환경과 다

5 이시경, 『도시 환경론』, 대영문화사, 2000, 25~27쪽 참조.

른 도시의 자연을 관심의 대상으로 확대할 필요성을 제기한다.

이 글에서는 한국 현대시에 나타나는 도시생태의 수용양상과 그 의미를 살펴보려고 한다. 도시화가 활발하게 진행된 우리나라에서 도시의 시적 수용은 풍부하게 이루어져 왔고 그에 대한 연구도 상당히 축적되어 있다. '도시시'라는 특수한 장르 개념이 생겨날 정도로 도시는 우리 시의 주요 소재로 자리 잡고 있다. 지금까지 '도시시'에 대한 연구는 대개 모더니즘 시의 양상으로 언급되거나,[6] 근대화와 관련된 사회적 문제의식의 차원에서 이루어져 왔다.[7] 기존 연구에서 도시시는 급격한 사회 변화로 인한 인간성의 상실과 소외 등 병리현상의 원천이거나 그것의 개성적 표현으로서의 모더니즘적 경향을 대변하는 것으로 파악되어 왔다. 인간중심적인 관점이 강력하게 작용하며, 비판은 있으나 전망은 부재하는 부정적인 결론을 보여준다. '도시생태'라는 개념으로 도시의 자연 환경과 인간의 상호작용에 주목한다면 일방적인 인간중심적 관점에서 벗어나 도시 속의 자연을 새롭게 바라보고, 도시 문제의 극복과 대안의 방안도 살펴볼 수 있을 것이다. 이 글에서 중점적으로 다루는 이하석, 최승호, 이문재 시인은 뚜렷한 생태의식을 지니고 도시문제를 지속적으로 다루어왔기 때문에 도시생태의 수용양상을 살피

---

6 서준섭, 「모더니즘과 1930년대의 서울」, 『한국학보』 45호, 일지사, 1986.
이미순, 「80년대 모더니즘 시 연구」, 『우리말글』 26, 우리말글학회, 2002.
고봉준, 「1930년대 경성과 이상(李箱)의 모더니즘」, 『문화과학』 45, 문학과학사, 2006.3.
김동우, 「1930년대 모더니즘과 도시시학」, 『국어국문학』 149, 국어국문학회, 2008.9 등의 논문 참조.

7 이남호, 「도시적 삶의 시적 수용」, 『한심한 영혼아』, 민음사, 1986.
이건청, 「시적 현실로서의 환경오염과 생태파괴」, 『현대시학』, 현대시학사, 1992.8.
임도한, 「한국 현대 생태시 연구」, 고려대 박사논문, 1999.
이희중, 「문명과 시의 불화—생태시의 현재」, 『오늘의 문예비평』, 2000 여름 등의 논문 참조.

려는 이 글의 목적에 부합한다. 우리의 생태시는 도시화로 인한 자연 파괴를 비판하는 부류와 본연의 자연에서 생명의 가치를 발견하고 긍정하는 부류로 양분되는 경향이 강한데, 이들은 그 양자를 아우르는 통합적 관점을 보여준다는 점에서 주목된다. 이들의 시에 나타나는 인간의 생활환경과 자연 환경으로서 도시생태의 양상, 그에 대한 시인의 가치관과 전망은 어떻게 드러나는지를 살펴볼 것이다.

2. 도시 변두리의 생태 관찰과 '초록의 길'의 발견—이하석

이하석의 시는 도시화가 생태에 끼친 영향의 구체적인 묘사에 있어 독보적이다. 그의 시에는 쇠조각, 유리조각, 비닐, 폐휴지, 깡통 등 각종 쓰레기들이 주인공으로 등장한다. 이들은 도시 생활의 주요 산물이지만 도시의 한복판에서 밀려나 변두리에 버려져 있다. 도시의 악성종양은 그 가장자리에 해당하는 주변지역에서 더 심각하게 드러난다는 사실을 입증하는 듯하다. 이하석은 차가운 현미경의 렌즈를 통하여 로렌츠가 비유적으로 말한 악성 종양의 가장자리를 미세하게 관찰한다.[8]

> 폐자상 뒷실, 석양은 내던서신 유리 조각
> 속에서 부서지고, 풀들은 유리를 통하여 살기를 느낀다.

8 이남호, 위의 글, 145쪽.

밤이 오고 공기 중에 떠도는 물방울들
차가운 쇠 표면에 엉겨 반짝인다,
어둠 속으로 투명한 속을 열어 놓으며.
일부는 제 무게에 못이겨 흘러내리고
흙 속에 스며들어 풀뿌리에 닿는다,
붉은 녹과 함께 홍건한 녹물이 되어.
일부는 어둠 속으로 증발해 버린다.
땅 속에 깃든 쇠조각들 풀 뿌리의 길을 막고,
어느덧 풀 뿌리에 엉켜 혼곤해진다.
신문지 위 몇 개의 사건들을 덮는 풀. 쇠의 결을 돌아서
아늑하게, 차차 완강하게 쇠를 잠재우며
풀들은 또 다른 이슬의 반짝임 쪽으로 뻗어나간다.

—「뒷쪽 풍경 1」 부분

'폐차장'은 도시적 삶의 불편한 진실을 함축하고 있는 상징적 공간이다. 화려한 도시의 '뒷쪽' 풍경은 불결하고 추하기 이를 데 없는 것으로 드러난다. 위 시에서 유리조각이나 쇠 같은 인공적 폐기물들은 자연물과 명백하게 대립된다. 풀들은 유리조각들로 생명에 위협을 느끼며 물방울들은 쇠로 인해 녹물이 된다. 심지어는 석양조차 유리조각 속에서 부서진다. 도시의 쓰레기는 자연에 대해 폭력적인 가해자에 가깝다. 쇠조각은 "풀뿌리의 길"을 막고 자연의 생명에 위협이 될 수 있다.

그러나 문제의 근본적인 원인은 쓰레기를 발생시킨 자들에게 있다. 물의 오염과 관련된 시 「깊은 침묵」에서도 "옛 맑은 물은 수문을 빠져

나갔고, / 수문 녹슬어 닫힌 채 물들 어두운 깊이만으로 / 썩어간다. 이 도시가 버린 자식들의 얼굴들 / 한밤 때때로 수면에 떠오르고 / 고기의 넋은 진흙 속에 처박힌다"고 하여, 폐수나 폐기물을 "도시가 버린 자식들의 얼굴들"로 파악한다. 도시에서 발생한 오염은 결국 자연을 파괴하며 생태계 전반을 교란시킨다. 쇠나 유리조각 같은 인공물들도 인간에 의해 버려졌다는 점에서는 자연과 같은 피해자라 할 수 있다. 이하석의 시에서 각종 폐기물이 절대악으로 그려지기보다는 묘한 측은지심을 유발하는 것은 그 때문이다. 위의 시에서도 풀뿌리를 위협하던 쇠조각이 "어느덧 풀뿌리에 엉켜 혼곤해진다"는 구절이 나온다. 버려진 쇠조각도, 자연 상태에서 인공의 쇠가 되어 도시의 한복판을 질주하다 고철이 되어 버려지는 고달픈 삶을 지나와, 이제는 마지막 자리에 지쳐 쓰러져 있는 셈이다.

쓰레기들에 치어 연약해보이기만 하던 풀은 오히려 그것들을 덮으며 생명을 이어나간다. 풀은 신문지에 가득한 복잡한 인간사도 넘어서고 쇠도 잠재우며 새로운 생명을 향해 뻗어나간다. 쓰레기까지 감싸안으며 생명을 지속해가는 자연의 치유력에 대해 시인은 지속적인 신념을 표출한다. "붉은 쇳조각들의 틈을 비집어 넓히며 봄 가을 없이 / 소인 찍힌 풀들이 돋아난다. / 빈 하늘에 무슨 씨앗의 연애 편지가 오가는지 / 쇠가 이룬 산의 망루에 올라가 / 수염 깎은 감시자가 땅을 샅샅이 살피든 말든 / 풀들이 바람에 뒤엉킨다"(「폐차장 3」)에서는 자연의 생명력에 대해 너욱 상한 확신을 보여준나.

이하석의 시에서는 도시생태의 파괴적 국면이나 자연의 치유력이 모두 치밀한 관찰에 의해 드러난다. 시선의 중심은 대상에 집중되어 있고 관찰의 주체와는 일정한 거리가 유지된다. “사물의 시인이라고 불리는 프랑스의 어느 시인이 그렇듯이, 산업 사회의 폐기물과 같은 것이건, 아니건 간에, 구체적 사물에 대한 이하석의 관심은 인간 중심적인 우월한 시각의 포기를 뜻하는 것이자 동시에 인간 존재의 의미 혹은 인간과 세계와의 바른 관계를 복원시키고자 하는 데 있다.”[9] 시인은 생태계의 훼손을 발생시킨 인간 중심적 관점에서 벗어나 사물의 입장을 관찰함으로써 인간과 자연의 관계를 다른 각도로 인지한다. 인간에 의해 버려진 것들이 도시 주변에서 새로운 생태를 형성하고 있다는 사실을 발견한다. 폐기물과 폐수가 자연의 생명을 위협하는 한편 자연이 본연의 생명력으로 그것들과 더불어 공생하는 장면을 포착한다. 시인은 도시 변두리의 세밀한 관찰을 통해 도시가 발생시키는 오염의 심각성을 포착할 뿐 아니라 자연의 놀라운 치유력을 인지하게 된다.

도시 변두리에 관한 세밀한 시선에 비해 도시의 중심을 향한 시인의 눈길은 지극히 부정적이고 단정적이다. 특히 도시의 빌딩은 매우 위협적인 것으로 그려진다. “갑자기 무너져 그녀를 덮은 / 건물은 청소되었다 / 황혼이 저쪽 공원의 나무에 붉은 칠 할 때 / 누가 도시계획도를 보며 / 죽음을 생각하지 않는다”(「황혼」)에서처럼 쾌적하고 안전해 보이는 도시계획은 많은 위험을 은폐하고 있는 것으로 드러난다. 쾌속의 발전을 지향하는 도시는 설계상에 잠재한 불안 요인에 의해 발생한 불의의 죽음도 일시에 소거시켜 버리고 안전성에 대해 가장하는 속성이 있다.

9 오생근, 「내면성의 시 혹은 삶과 자연」, 『측백나무 울타리』, 문학과지성사, 1992, 72쪽.

매끈한 외양으로 은폐되어 있는 도시의 구조는 실상 위험하기 그지없다. 「유리 속의 폭풍」에서는 도시의 건축물에 잠재되어 있는 위험성에 대한 박진감 있는 묘사가 이루어진다. "나는 기다려야 한다. 푸른 신호등이 켜질 때까지는 어쩔 수 없이 / 길 건너 온통 거울로 벽을 바른 금융회사 육층 건물의 / 거울 속에 비쳐 있어야 한다. 폭풍의 구름 아래 / 너무 어두워 이 쪽에선 보이지 않지만 / 나는 조그만 덩어리로 비쳐 있어야 한다"에서 폭풍 같은 자연재해 앞에 도시의 환경이 얼마나 위험할 수 있는지를 알 수 있다. 도시의 중심은 대개 고도 자본주의의 견인차인 금융회사의 건물이 차지한다. 온통 유리로 장식한 현대적 외관은 세련돼 보이지만 위태롭다. 전신주가 꺾일 정도로 심한 폭풍 속에서 유리로 된 빌딩은 치명적인 무기가 될 수 있다. 그런데 기계적으로 조작되는 도시는 위험에 대한 본능적인 공포조차 통제한다. 쏟아질 듯 위태로운 유리건물 앞에는 신호등까지 놓여 있어 사람들을 꼼짝할 수 없게 한다. 도시의 편리하고 쾌적한 삶을 위한 인공적인 구성물들이 치명적인 위험물이 될 수 있는 것이다.

시인에게 도시 환경은 안정적 거처나 편안한 휴식과는 거리가 먼 것으로 인식된다. 자연 속에서 노동과 휴식이 이루어졌던 전 시대와 달리 현재의 도시 생활은 진정한 휴식처로서의 자연을 일상과 멀어진 것으로 이분화한다. 그래서 도시는 고달픈 생활의 장이고 휴식을 얻기 위해서는 자연을 찾아 떠나야 하는 복잡한 이중고가 생겨난다. "대두시 빌딩에서 내 의식(儀式)은 / 창을 열고 빌딩 밖으로 얼굴을 한껏 내민 채 / 구름을 불러 마음이 그 위에 타는 것. / 갇힌 모래에 이는 바람을 깊이 삼키며 / 나는 모래에 상한 구름 기둥을 꽂아둔다. / 그런 다음 사물실로 돌아와 주말 등산을 신청한다"(「금요일엔 먼데를 본다」)는 상황은 대도시의 직장인들이 공유하는 것이다. 도심 개발은 휴식처로서의 녹지 공간을 축소시켜 삶의 질을 떨어뜨린다. 대도시의 빌딩에서 창을 열고 얼굴만이라도 밖으로 내밀어 호흡하는 광경은 도시 직장인의 답답한 삶을 대변한다. 그들은 막힌 숨통을 뚫기 위해 주말이면 자연을 향해 나간다. 도시에서 자연은 생활공간의 바깥쪽 '먼데' 위치하여 따로 찾아가야할 곳이 된다.

시인은 질식할 듯한 도시의 인공적인 환경에서 놓여나 제대로 숨쉬며 살 수 있는 길이 자연 속에 있다고 본다. 그의 많은 시들은 도시생태의 부정적인 측면에 대한 비판에만 그치지 않고 자연에서 작은 생명의 기미를 발견한다. 그는 도시와 자연의 접점에서 생명의 길을 찾는다.

> 나의 길은 도시에서 도시로 이어지지만
> 저 새의 길은 숲에서 숲으로 이어진다.
>
> —「상처 1」 부분

> 희망은 멀리 — 저기, 심인광고와
> 구인광고들이 덕지덕지 붙은 푸른 벽을 돌아간
> 길을 지나 — 있지 않고
> 바로 여기 — 민들레가 먼지를 가르며 돋는
> 구석진 참호 — 에 있다
>
> —「희망」 부분

모든 풀벌레들의 울음은 죽었다. 그러나 나는 그것들 하나하나가 온 길을 비로소 찾아 나설 마음이 인다. 풀무치는 초록의 길을 따라, 산이나 들에서 이 도시의 깊은 곳으로 왔다. 처음엔 들판에서 쉽게 이어진 초록의 길이 도시 변두리의 빈터로 이어졌으리라. 그 다음엔 우리가 모르는 풀에서 풀로 이어진 길이 풀무치를 미세하게 이끌었으리라. 그렇다, 이 도심의 회색 콘크리트의 세계에도 자세히 보면 — 풀무치의 눈으로 보면 — 들과 산으로 이어진 초록의 길이 있다.

—「초록의 길」 부분

인간의 길은 계속 도시에서 도시로 이어지고 새의 길은 숲에서 숲에서 이어질 것이다. 문제는 공존의 길이다. 지금까지 그랬던 것처럼 자연을 파괴한다면 인간의 길도 지속되기 어렵다. 시인은 인간들의 생존경쟁으로 들끓는 도시 한복판이 아닌 구석진 빈터에 피어난 작은 풀꽃에서 생명의 지속 가능성에 대한 희망을 발견한다. 인간이 초록 생명의 길에 동참하는 방법은 자연의 작은 생명체들을 돌아보고 연민하는 마음이다. 도시의 좁은 땅을 '참호' 삼아 피어난 풀꽃을 경이로워하고 도심 한복판으로 날아든 새를 염려하는 마음이 자연과 인간의 공존을 가능케 한다. 시인은 초록이 있는 곳이면 어디든 찾아오는 작은 풀벌레나 꽃이나 새가 내놓은 길에서 희망을 찾는다. 이는 자연에 대한 신격화와는 다르다.[10] 그는 작은 생명들에 대한 섬세한 관찰을 통해 생명

10 "그에게 있어서 도심 속의 초록은 일정하게 통합의 구실을 해준다. 그런데 그의 시속에 나타난 자연은 너무나 신격화되어 있다. 자연 자체가 통합, 동일화의 근거로 떠오르다 보니 자연이 신격화될 수밖에 없다. 그러나 자연을 신격화하는 것은 도시문제를 해결해 나가는 데 그렇게 바람직하지 못하다. 오늘날 도시문제, 생태환경문제를 초래한 것도 인간

의 실질적인 현상을 발견한다. '풀무치의 눈'으로 길을 찾는 것이 인간 중심적 발상의 위험성에서 도시생태를 살릴 수 있는 방법임을 제안한다.[11] 자연을 찾아 도시의 '밖'으로 나가는 것뿐 아니라 도시의 한복판으로 자연의 길을 끌어들이는 것은 도시생태의 향방에 시사점이 될 수 있을 것이다.

3. 도심 생태의 비판적 통찰과 무위자연의 대조– 최승호

이하석의 시에서 도시 변두리의 관찰이 특징적인 것에 비해 최승호의 시에서는 도시 중심의 생태에 대한 관찰과 비판적 통찰이 두드러진다. 특히 도시 특유의 생활 환경과 관련된 많은 시들은 도시생태가 근본적으로 병적이고 파괴적이라는 점을 묘파하고 있다.

고층과 지하로 이루어지는 건물 구조는 도시인들의 생활을 근본적으로 바꾸어놓는다. "어두운 지붕들, 고층건물 옥상에서는 간혹 투신자살사건이 일어날 뿐"(「지붕들」)에서는 죽음을 부르는 도시의 고층 구

이지만, 그것을 주체적으로 해결해야 할 것도 인간의 몫이다"라는 비판이 있다.(최승호, 「도시적 서정시의 맥락과 현재적 가능성」, 『우리말글』 26, 우리말글학회, 2002, 461쪽)

11 이러한 생각은 도시생태계의 문제를 해결하려는 실질적인 대책과도 상통한다. 도시생태계의 회복을 위해 제시되는, 도시 녹지축의 형성, 도시지역 땅의 회생, 도시생태계의 생물종 다양성 증진 등의 대책은 자연과 인간의 공생을 위한 구체적인 제안이다.(이경재, 「지역 및 도시개발의 문제와 대책–도시생태계의 현황과 회복 대책」, 『건축』 37-2, 대한건축학회, 1993, 66쪽 참조)

조를 담담한 어조로 거론한다. '간혹'이라는 부사는 고층에서의 투신자살이 계속될 것임을 암시한다. 도시의 고층 구조가 충동적인 죽음을 유발한다면 지하는 서서히 생명을 잠식해간다. "그녀는 지하생활자가 되어간다 / 지하철을 타고 지하상가의 많은 물건들을 / 방에다 가득 채우는 그녀의 머리에 / 끈끈한 음지식물들이 자라는 것을 / 나는 보고 있다 그녀는 / 지하생활자가 되어간다"(「썩는 여자」)의 '그녀'는 지하 공간과 밀착되어 있는 도시인의 생활을 대변한다. 지하철과 지하도를 헤매다 밤이면 지하방에서 잠드는 '그녀'는 "조금씩 시체를 닮아"간다. 시인은 지하생활의 부정적인 속성을 섬찟하게 묘파한다. 도시의 지하 공간이 얼마나 삭막하고 비위생적인지는 「지하주차장」이라는 시에서 잘 그려진다. "콘크리드 기둥들, 천장의 배관, 여기 대도시의 한 냄새가 있다. // 먼지와 / 시멘트가루와 / 매연이 뒤섞여 / 콧구멍을 말리는 냄새"로 가득한 지하주차장은 열악한 도시생태를 대표하는 공간이다. 시인은 "만 년 뒤에 누가 이곳을 발굴하면 出土品은 아무것도 없을 것이다"고 예상한다. 그의 시에서 도시의 생활환경은 무생명과 인공적인 느낌으로 가득하다.

> 옛탑 하나 없는 벌판의 신층도시에서
> 가건물인 상점들을 본다
> 거대한 가짜 깡통을 받치고 있는
> 옥상의 광고탑 기둥들
> 비디오가게의 근육질 포스터들
> 비닐은 도처에서 펄럭이고

진짜인지 가짜인지 그 누구보다도
조화옹(造化翁)이 들여다봐야 할 조화(造花)들
생명 없는 나무에
종이꽃이 피고
화분의 흙은 진짜 흙인지
가짜 개미도 한 마리 걸어가는지
가건물이 늘어선 거리에서 욕망은
광고빨이 먹혀든 상품들을 집어삼키고
포장된 선물상자를 뜯어보니
가짜 눈알만 하나 뚱그렇게 놀라
가짜인 나를
보고 있다면

—「생명 없는 나무에 종이꽃이 피고」 전문

신흥도시에서 인공적인 도시생태는 단적으로 드러난다. 역사의 흔적도 자연의 숨결도 찾아보기 힘든 이 인공적인 도시는 '가건물', '가짜 깡통', '조화', '종이꽃', '가짜 눈알' 등 '가짜'로 가득하다. 가짜로 뒤덮힌 인공의 도시에서 시인은 공허한 욕망의 본질을 통찰한다. 쾌적한 환경을 위한 인위적인 조작의 흔적은 생활의 곳곳에 침투해있다. "하나의 桶 속에서 / 죽어가는 작은 게들 / 양파의 웅크림 / 멸치떼의 침묵 / 다듬어진 파와 쑥갓 / 냉각된 기류는 소리없이 흘러다니고 / 나의 의식은 냉장고 속 죽은 물고기의 / 차가운 뼈에 닿고 있다"(「냉각된 도시에서」)에서 묘사되는 풍경은 익숙한 도시생활의 단면이다. 도시생활에서는 일용할 양식들조차 자연의 상태에서 멀어진 채 가공되어 있다. 잘 다듬어져 가지런히 정돈된 식품들은 죽음의 이미지를 풍긴다. 시인은 인공물로 넘쳐나는 도시의 생태를 병이나 죽음에 가까운 것으로 파악한다.

오염된 도시생태의 심각성을 포착하는 시인의 시선은 지극히 냉철하고 예리하다. 그의 시는 사실에 대한 치밀한 관찰을 바탕으로 할 뿐 아니라 그것의 근본적인 원인에 대한 통찰을 내포하고 있다. 인간의 헛된 욕망이야말로 도시의 삶을 죽음으로 이끄는 문제의 핵심이다. 욕망은 무한증식하며 가속화되는 속성이 있다. 최승호의 시에서 질주하는 '바퀴'는 욕망의 질주와 파멸의 궤적을 상징한다. "소음이 땡삐처럼 들끓는 거리가 붕붕거린다 / 붕붕거리는 소리를 쫓아 뒤질세라 떼지어 붕붕거리며 / 중고차 시징으로 폐차장으로 / 고철을 향하여 질주하는 욕망의 바퀴들이다"(「붕붕거리는 풍경」)에서처럼 자동차의 소음으로 가득한 도시의 거리는 욕망의 도가니를 연상시킨다. 시인은 죽음조차 불사하는 욕망의 질주를 간명하게 포착해낸다.

도시생태를 담고 있는 최승호의 시들은 파멸을 향한 무한 욕망의 현상에 집중한다. 그 욕망은 너무 압도적이어서 대안을 찾기 어렵다. 작은 생명들이 열어보이는 초록의 길을 발견한 이하석과 달리 최승호의 시에서 도심의 작은 생명들은 인간 욕망의 희생물일 뿐이다. 「질주」에서 비둘기는 질주하는 자동차들에 무참하게 희생된다. 죽어가는 비둘기를 발견했는데도 속도를 줄일 수 없는 상황이 더 심각하다. "자동차를 타고 있었고 뒤에서 자동차들이 무서운 속도로 쫓아오고 있었으므로 브레이크를 밟을 수가 없었다. 감전된 듯 푸득푸득거리면서 비둘기를 점점 등 뒤로 멀어져 갔다. 사실은 우리가 빠르게 도망자들처럼 멀어져가고 있었다. 에어컨을 틀고 있었고 차 유리문을 다 닫고 있었기 때문에 비둘기의 절규도 그 어떤 울부짖음도 들려오지 않았다"는 고백처럼 현대적 도시의 생태 자체가 작은 생명들에 위협적이다. 모두가 질주하는 상황에서 작고 연약한 존재들을 돌아볼 여유는 없다. 그리고 자동차가 그러하듯이 외계와 차단된 밀폐된 환경으로 인해 서로 고립된 채 저마다의 길을 달려갈 뿐이다. 인공에 밀려 자연은 버려지고 파괴되어 간다.

최승호의 시에서 도심 속의 자연은 인공에 압도되어 미약하기 그지없거나 기형적인 것으로 그려진다. 「잠원역의 누엣늙은이」에서 지하철역 입구의 기둥 밑에 돋아난 생명은, "사막식물처럼 / 오지 않는 희귀한 나비를 기다리는 / 민들레"처럼 부정적인 상황에 놓인 것으로 표현된다. 도심의 생태는 자연의 생명이 유지되기 힘든 열악한 환경인 것이다. 뽕나무밭이 가득했던 잠원역에는 "8미터짜리 누에"가 타일벽에 자리잡고 있다. 옛 지명의 상징만 남고 자연은 사라진 상태이다.

> 왕숙천에 사는 꼽추물고기들을 보았다면 당신도 莊子의 道를 의심하게 되었을 것이다. 꼽추물고기가 아가미를 벌름거리는 것도, 머리 없는 개구리가 아무데로나 뛰는 것도 道의 묘한 작용이다. 무뇌아들은 그걸 긍정했을 것이다. 그걸 긍정할 수가 없다. 그걸 긍정해야 한다. 이 대목에서 글이 뒤틀린다. 이 대목에선 道가 독약 먹은 듯 자빠진다.
>
> ―「잠원역의 누엣늙은이」 부분

시인은 도심의 생태가 얼마나 병들었는지를 특유의 냉소와 반어로 이야기한다. 도시의 하천에 사는 '꼽추물고기'와 '머리 없는 개구리'는 심각한 수질 오염 상태를 보여준다. 시인은 뒤틀리는 언어로 그 충격을 표현한다. 도시의 병적인 상태에 있어서는 자연을 이끄는 도의 작용조차 무력해지는 듯하다. 최승호의 시에서 도시문명과 대비되며 비판적 대안으로 제시되는 무위자연의 도가 이 시에서는 "독약 먹은 듯 자빠진다." 최승호의 시에서 도의 작용이 가장 잘 그려지는 경우는 자족적인 생명으로서의 공간을 그릴 때이다.[12] 도심 속에서 기형이 되어가는 생명체는 자연이 제어하지 못하는 도시생태의 심각한 오염상태를 드러낸다.

최승호 시에 나타나는 도시생태에서 '나무'가 차지하는 의미는 독특하다. 그의 시에서 나무나 식물의 이미지는 그리 자주 등장하지는 않는다. 오히려 인조꽃이나 인조나무, 혹은 죽은 나무들이 가끔씩 등장하여 도시의 인공적이고 삭막한 풍경을 드러낸다. 번다하고 인위적인 도시 환경에서 식물처럼 고요한 존재는 쉽게 소외된다. 「화분」이라는 시에서는 시인 자신이 옥상에 올려놓고 잊고 있던 화분에 대해 "소외의 군락에서도 / 또 소외가 일어난다"는 성찰을 보인다. "어두운 하늘 밑 쥐회색 지붕들" 사이에서 우두커니 비를 맞고 있는 화분은 도시의 중심에서 밀려나 있는 자연의 위상과도 같다. 도시의 환경은 나무의 생장에 적합하지 않다. 오염된 공기와 물, 협소한 토양 등은 나무의 생존에 위협적이다.

나무를 죽이는 비가 온다. 대머리들이 두려워하는 식조 같은 비, 黑林을 古鐵의 숲처럼 찌그러뜨린, 산성비가 온다. 그래도 나무를 심어야 한다. 우

12 이혜원, 「욕망의 원리와 무위자연의 도」, 『생명의 거미줄』, 소명출판, 2007, 198쪽.

> 리가 스피노자는 아니지만 나무를 심어야 한다. 오색딱따구리, 소쩍새, 자라나는 후손들을 위해서가 아니라, 나무를 위해 나무를 심어야한다. 우리가 내보낸 오줌 같은 비가 하늘에서 땅으로 되돌아온다 해도, 땅이 없고 흙이 없어도 나무를 위해 나무를 심어야 한다.
>
> —「나무를 심는 사람」 부분

나무에 대한 시인의 생각이 전면에 등장하는 이 시에서는 나무를 심어야 한다는 직접적인 발언을 행한다. 흔히 하는 말처럼 자연과 인류의 미래를 보호하기 위해서가 아니라 "나무를 위해 나무를 심어야한다"고 한다. 늘 다른 무언가를 위한 도구로 삼아온 나무를 중심에 놓음으로써 모든 존재의 존귀함을 각성시킨다. 나무 그 자체를 인식하고 그것을 보존하려는 노력은 만물의 평등한 생명권에 대한 자각에 기반을 둔, 생태계의 존속을 위한 근본적인 자세라 할 수 있다.

시인은 소멸을 향해 질주하는 '휘발성의 거리'에서도 굳건하게 버티며 의연하게 우람해지는 나무의 강한 생명력에 주목한다. "플라타너스에 박힌 굵은 못을 / 해마다 나이테가 천천히 삼키는 중이다"에서 나무는 고난을 감내하며 단련되는 성자의 이미지를 연상시킨다. "대지 위의 농부는 / 한 그루 농부라고!"(「타일 위의 잠」) 하는 것으로 알 수 있듯 나무에 대한 시인의 애착은 두드러진다. 나무와 농부는 다 같이 대지에 굳건히 뿌리를 내리고 오랜 시간을 견뎌온 존재들이다. 인공의 구조물과 병든 자연으로 가득한 도시에 대지의 강인한 생명력을 증명하는 나무는 도시생태와 무위자연의 도를 접합하는 매개가 될 수 있다. 저 자신은 움직이지 않으며 생명을 퍼올리는 나무는 "언제나 아무 활동도 하는 바가 없지만 또한 안 하는 바가 없다"[13]는 도의 실천과 유사한 생태를 보인다. 시인은 나무 자신을 위해 나무를 심어야 한다고 하지만 그것은 곧 도시와 자연이 공존하는 길이기도 하다.

4. 도시 산책자의 시선과 '개인'의 각성 – 이문재

이하석이나 최승호가 시인 자신을 잘 드러내지 않은 채로 도시생태에 대한 집중직인 관찰이나 통찰을 행하는 것에 비해 이문재의 시에서는 시인의 존재가 뚜렷이 드러난다. 그는 시에서 직접 움직이고 사유한다. 시에서 그는 천천히 걸으며 자신의 눈에 들어온 풍경을 관조하고 끊임없는 사색을 행한다. '산책'은 이문재 시의 태도나 방법론에 해당한다. 그의 산책이 특징적인 것은 대도시의 중심에서 이루어진다는 것이다. 도시 환경은 산책하기에 그리 적합하지 않다. "도시는 단 한 사람의 산책자도 인정하지 않으려 합니다 느림보는 / 가장 큰 죄인으로 몰립니다 / 게으름을 피우거나 혼자 있으려 하다간 / 도시에게 당하고 말지요 / 이 도시는 산책의 거대한 묘지입니다"(「마지막 느림보 – 산책시 3」)에서 말하듯 도시생활은 게으르게 돌아다니는 산책자를 허락하지 않는다. 그런데도 시인이 산책을 지속하는 것은 도시의 지배에 대한 저

---

13 『老子』「道常無為章」第三十七, "道常無為, 而無不為".

항의 의미가 크다. "산책만이 두 눈과 귀를 열어준다는 비밀"을 아는 시인에게 산책은 의식화된 행위이다. 이는 도시의 거리를 근대적 삶의 상징으로 간주한 벤야민을 연상시킨다. 벤야민은 산업화 시대의 부산물인 대도시의 군중이라는 '현상'과 거리의 다양한 자극을 자신의 것으로 수용하는 산책자의 양가적 '시선'에 주목한다. 산책자는 군중에게 매혹당한 집단의 일원인 동시에 그들로부터 거리를 두고 냉정하게 관찰하는 양면적 존재이다.[14] 산책을 통해 시인은 도시의 다양한 생태를 주의 깊게 살펴보고 대도시의 구성원이자 산책자로서의 자기자신을 각성한다.

산책자로서의 시인은 눈앞에 펼쳐지는 도시생태에 매혹되면서도 비판적이다. "나의 눈이 가는 길, 서울에선 없다, 서울이 수시로 내 눈을 끌어당길 뿐이다, 광고의 아우성과 매체의 잡음 속에서 광고의 잡음과 매체의 아우성으로 나온다"(「타워 크레인-고독한 산책자의 몽상」)에서는 각종 광고의 시각적 자극에 이끌리면서도 그것의 문제점을 직시한다. 도시의 자극에 수동적으로 반응하는 것은 주체적으로 바라볼 수 있는 시선을 잃는 것과 마찬가지이다. 시인은 자신의 시선을 압도하는 도시의 풍경을 위험한 것으로 간주한다. 특히 깜박이는 빛에 대한 경계가 두드러진다. 깜빡거리는 것들은 쉴 새 없이 주의를 끌며 시선을 조종하기 때문이다. 깜빡이는 것들을 극복하는 방법을 시인은 다음과 같이 제안한다. "깜빡거리는 저것들을 응시하라 / 그러면, 깜빡, 거리며 / 서서히 죽어갈 것이다."(「저 깜빡이는 것들-산책시 5」) '응시'는 주체가 대상

14 반성완 편역, 『발터 벤야민의 문예이론』, 민음사, 1983, 164쪽.

을 능동적으로 의식하는 방법이다. 대상을 주체적으로 끊임없이 의식한다면 그 허상을 깨닫고 넘어설 수 있는 것이다. 이처럼 시인은 도시를 관조하면서도 비판하는 산책자의 시선을 유지하려 한다.

도시생활자로서 시인은 도시생활에 익숙하면서도 그에 대한 비판 의식과 각성이 뚜렷하다. 그에게 도시의 생활환경은 아무래도 기이하고 어색한 것으로 인식된다. "29층 화장실 / 멀리 한강은 아주 느린 하류 / 변기에서 움찔 놀란다 / 바다의 한 입이 여기까지 올라와 있다"(「천지간」)는 순간적 인식은 인공적인 도시적 생태의 기묘함을 각성시킨다. "표고 45미터에서 잠자고, 지하철을 한 시간 타고 도심으로 나와서 지상 21층에서 일하다가, 점심 때는 대개 29층 구내식당에서 밥 먹고, 저녁에는 간혹 지하 생맥주집에 들렀다가 곧장 지하철을 타고 집으로 간다"(「그날이 어느 날—고독한 산책자의 몽상」)고 따져보면 땅에 발 딛을 틈 없이 사는 고층생활의 기이함이 선명하게 드러난다. 그는 자신의 삶 자체에서 도시생태의 부자연스러움을 간파한다.

시인은 첨단의 도시생태에 거부감을 일으키는 것에 비해 과거의 자취에는 강한 애착을 보인다. 그가 도시의 한복판에서 발견한 농업박물관은 시간의 개념에 대한 일대 충격으로 다가온다. "불과 30년 사이에 농업은 박물관으로 들어가게 되었"(「농업박물관 소식—목화 피다」)다는 사실은 놀랄 만큼 빠른 시대의 변화를 깨닫게 한다. 농업이 벌써 박물관에 들어가 있는 실정이라면 "내 손자가 이 할애비를 도시박물관에서 찾게 되는 날이 올지도 모르"겠다는 상상도 불가능한 것은 아니다. 자신의 속도에 잡아먹힐지도 모를 도시가 농업을 박물관에 넣고 농사를 문화재로 만드는 광경에 시인은 격분한다. "세종문화회관 앞의 곡식이나

/ 지하철 승강장의 새소리 / 광고 옆에 붙어 있는 한국 명시를 볼 때마다 / 나는 욕지기가 납니다 / 농업에게 미안합니다"(「농업박물관 소식－도시는 말이 없고」)는 직설적인 감정의 토로는 농업이 대변하는 과거의 시간을 박제화하는 도시의 생태에 대한 강한 부정에 기인한다. 그는 현재에 대한 부정과 과거에 대한 선호를 뚜렷하게 표명한다. 가령 종로 뒷골목의 피맛골에서는 "나름대로의 격조"를 발견하고 "詩人不大路行"(「피맛골 안내문－고독한 산책자의 몽상」)이라며 동질감을 내비치기도 한다.

산책자로서의 시인은 대도시의 구석구석을 거닐며 과거와 현재의 삶을 대조하고 응시한다. 그는 현재에 대한 비판을 통해 그 대안으로서 농업에 바탕을 둔 '오래된 미래'를 제안한다. "요즘 내가 쓰고 있는 '농업박물관 소식'은 결핍의 미학, 견딤의 미학에 근거하고자 한다. 그 시들은 우선 농업의 시대, 저 농경공동체 문화에 대한 유전자적인 그리움을 짙게 풍기면서 문명을 야유하지만, 궁극적으로는 새로운 문명을 위한 단초를 찾으려 한다. 나는 사상가나 이론가가 아니므로, 나는 당초에, 그리고 앞으로도 시인일 것이므로 어떤 징후나 직감, 혹은 꿈과 예감의 한 가닥을 겨우 붙잡고 그것을 말하려 할 뿐이다"[15]라는 말처럼 시인으로서의 그는 과거의 문명인 농업에서 근대문명을 극복할 수 있는 예지를 찾으려한다. 농업은 자연과 인간이 조화를 이루며 공존하던 시대의 생활방식이다. 자연은 결핍과 견딤의 시간을 겸허하게 지나온 인간에게 수확의 기쁨을 주고 생명을 유지시킨다. 그에 비해 효율성이

15 이문재, 「미래와의 불화」, 『마음의 오지』, 문학동네, 1999, 101쪽.

증대된 근대에 이르러 인간은 오만하게 자연 위에 군림해왔다. 시인에게 농업은 '은유'이며 자연 파괴를 감행해온 근대문명에 대한 비판으로서의 의미가 강하다.

> 엽록소를 버린 겨울나무들
> 한밤중에 이상한 광합성을 하고 있다
> 광화문은 광화문(光化門)
> 뿌리로 내려가 있던 겨울나무들이
> 저녁마다 황급히 올라오고
> 겨울이 교란당하고 있는 것이다
> 밤에도 잠들지 못하는 사람들
> 광화문 겨울나무 불꽃나무들
>
> —「광화문, 겨울, 불꽃, 나무」 부분

겨울에 도시의 가로수에서 흔히 볼 수 있는 '불꽃나무'도 자연에 가하는 문명의 폭력을 보여주는 예라 할 수 있다. 온몸을 전선으로 감고 밤에도 겨울에도 쉬지 못하고 시달리는 나무는 자연을 지배하려는 근대문명의 희생물이다. '겨울나무'를 휘감고 있는 전원은 자연의 생태를 인위적으로 조정하여 '이상한 광합성'을 일으킨다.

이처럼 '전원'은 인간과 자연을 포함하여 근대문명 지배하는 시스템의 공핵이다. "세국발전소에 연결되어 있지 않은 / 시민은 시민이, 아니 생명체가 아니다"(「제국호텔—더이상 빌어올 미래가 없다」)에서 말하듯이 첨단의 문명에 의해 유지되는 현대도시의 생태는 그 주민들에게 강력한 통제력을 발휘한다. '깜빡이는 것들'처럼 '전원'은 시선과 의식을 마비시켜 자율적인 판단을 제거한다. 모두가 똑같은 성공을 향해 달려가는 사람들은 자신의 존재에 대한 자의식이 없다. 개인은 사라지고 동일한 욕망의 궤적만이 남는다. 시인은 개인이 상실된 허황한 욕망의 관제탑을 '제국호텔'이라고 부른다. '제국호텔'의 반대편에는 '오래된 미래'인 '농업'이 있다. '제국호텔'의 유혹을 극복하고 '농업'을 선택하기 위해서는 산책자로서의 각성과 개인으로서의 자유가 있어야 한다.

나 도망가는 법 터득했다
집 떠날 필요 없다
파워 오프 —
가만히 앉아서 모든 전원을 끌 것

고개 들어 먼산 바라보니
만산홍엽
빨갛게 불을 켠 나뭇잎들이
전원을 내리고 있다

내 안에 조금씩 전기가 고이고
밤이 오고 아침이 온다
그러고 들여다보니
나 아주 오래 된 수력발전소

—「만산홍엽—고독한 산책자의 몽상」 부분

시인은 '제국호텔'의 통제에서 도망하는 법으로 "가만히 앉아서 모든 전원을 끌 것"을 주문한다. 전원을 끄는 순간 문명은 멀어지고 자연은 가까워진다. 가을이 되면 전원을 내리고 숙면을 준비하는 나무들처럼, 전원을 내린 시인은 "밤이 오고 아침이 오는" 자연스러운 시간의 리듬을 회복한다. 외부의 전원을 끈 후 그는 자신에게 자가발전이 가능한 수력발전소가 내재해 있었음을 발견한다. 개인의 발견은 현재의 삶에 대한 대안으로서 어떻게 작용할 수 있을까? "나는 '개인'이기 위하여, 개인을 옹호하기 위하여 시를 쓴다. 개인은 그냥 주어지지 않는다. 선천이나 선험이 아니다. 끊임없는 자의식, 즉 깨어 있음만이 개인을 가능케 한다. 나에게 시쓰기는 개인으로 존재하기와 같은 말이다"[16]라고 하듯, 시인이 추구하는 '개인'은 자의식을 가지고 깨이있는 자이다.[17] 그러니까 그에게 '개인'은 '시인'과 동의어라고도 할 수 있다. 시인은 근대의 획일화된 욕망에 갇히지 않고 첨단의 도시 속을 느리게 산책하며 자신의 시선으로 현재와 미래를 간파하는 자이다. 그의 시에 유난히 많이 등장하는 '나'는 '개인'으로서의 자유와 비판의식을 잃지 않으려하는 시인의 부단한 자의식의 증거라고 할 수 있다.

---

16 위의 글, 101～102쪽.

17 각성된 개인의 중요성에 대한 시인의 인식은 들뢰즈의 '소수자 되기' 개념과 상통하는 바가 있다. 들뢰즈는 백인, 남성, 어른, '이성적임' 등의 중심점에 의해 유지되는 고정된 구조의 지배구조에 비하여, 다수성의 탈영토화된 변수로서 존재하는 소수성을 중시한다. 소수자 되기는 자신의 요소들인 탈영토화된 매체와 주체를 통해서만 존재하는데, 이런 예상할 수 없지만 능동적인 자은 디테일이 없이는 다수성에서 이탈하지 못한다.(질 들뢰즈 · 펠릭스 가타리, 김재인 역, 『천개의 고원』, 새물결, 2001, 552～553쪽 참조) 소수자인 개인으로서 끊임없이 깨어있는 자의식을 촉구하는 이문재 시인의 방식은 욕망의 제국에 저항하는 '소수자 되기'의 미시정치학이라고도 할 수 있다.

5. 결론

최근의 생태문학에서는 도시생태에 대한 관심이 증가하고 있다. 대다수 인구가 도시에 집중되어 살아가는 현실적 상황과의 긴밀한 호응이 요청되기 때문이다. 도시생태에 대한 문학적 접근은 인간과 자연이 맺는 관계의 현실적 양상을 살피면서 생태문제에 대한 근본적 비판을 가능케 하는 심층생태학의 관점을 필요로 한다. 이 글에서는 이하석, 최승호, 이문재의 시를 중심으로 한국 현대시에 나타나는 도시생태의 수용양상을 살펴보았다. '도시'와 관련된 시들을 모더니즘적인 경향으로 파악하거나 비판적 사회시로 언급하던 기존의 관점과 달리, 인간중심적 관점에서 벗어나 도시의 환경과 인간의 상호작용에 주목하여 도시 속의 자연을 새롭게 보고 도시생태 문제의 극복과 대안을 찾아보고자 하였다.

이하석은 도시 변두리의 생태에 대한 치밀한 관찰과 구체적인 묘사를 행한다. 그는 도시 변두리에 버려진 폐기물들을 정밀하게 관찰하여 도시생태의 심각한 오염 양상을 드러낸다. 그의 치밀한 관찰력은 도시생태의 파괴적 국면뿐 아니라 자연의 치유력을 발견한다. 이하석 시에 두드러진 구체적 사물에 대한 관심은 인간 중심적 시선에 대한 대안으로서의 의미가 크다. 시인은 도시생태의 부정적인 측면에 대한 비판에서 나아가 도시와 자연의 접점에서 초록 생명의 길을 찾아낸다. 작은 생명체의 눈을 따라가는 방법으로 자연과 도시의 공존 가능성을 제시한다.

최승호는 도시 중심의 생태를 날카롭게 관찰하고 비판적으로 통찰한다. 그는 인공적 도시의 병적이고 파괴적인 양상을 간파한다. 그의 시에서 도시는 심각하게 오염되어 돌이킬 수 없는 파멸을 향하고 있는 것으로 드러난다. 시인은 도시가 보이는 파멸적 징후의 근본적 원인으로 욕망의 문제를 포착한다. 욕망의 무한증대는 너무 압도적이어서 대안을 찾기 힘들다. 도심의 생태는 작은 생명들을 일방적으로 희생시키는 폭력성을 드러낸다. 병적 상태가 심각한 도심에서는 자연을 이끄는 도의 신묘한 작용을 찾기 힘들다. 도시의 자연 중에서는 '나무'가 대지의 강인한 생명력을 대변하며 무위자연의 도를 도시생태 속에 접합시킬 가능성을 보여준다.

이문재는 산책자의 시선을 유지하며 도시에 대한 비판적 사유를 보여준다. 그는 도시의 구성원으로 생활하면서도 도시생태의 문제점을 분명하게 각성한다. 그는 첨단의 도시생태에 대해 거부감을 드러내며 비판적 대안으로서 '오래된 미래'를 제안한다. 전시대의 문명인 농업에 바탕을 둔 오래된 미래는 자연과 인간이 조화를 이루며 공존하는 방법이 될 수 있다. 시인은 도시자연의 생태를 교란하고 도시의 주민들을 일방적으로 몰아가는 문명의 이기인 '전원'을 끄는 데서, 근대적 통제에서 벗어나는 법을 터득한다. '개인'으로서의 자유를 누리며 끊임없이 각성된 의식을 추구함으로써 도시의 병리에서 벗어날 수 있는 예지를 발현한다.

우리시에서 도시생태의 시적 수용을 대표하는 세 시인을 통해 인간중심적 관점을 극복하고 자연과 도시가 공존할 수 있는 방법을 모색해 보았다. 치밀한 관찰과 비판적 통찰, 자유롭고 깨어 있는 산책자의 시선이 도시의 문제를 바로 볼 수 있게 한다. 지금까지의 성과를 바탕으로 도시생태에 대한 지속적 관심을 기울이며 독자적인 미학을 형성하여 폭넓은 공감을 얻는 생태문학이 활성화되어야 할 것이다.

한국 생태시의 전개와 세 가지 층위

1. '생태시'의 함의

생태 문제는 지구상의 누구나 예외 없이 공유하는 광범위한 삶의 조건과 관련되어 있다. 너무 기본적인 조건이기 때문에 오히려 관심 밖에 놓여있던 이 문제가 부각되기 시작한 것은 생태계 파괴의 구체적인 사례들이 보고되고 지구 환경의 변화가 감지되고부터이다. 개발과 이윤의 단맛 너머로 혼란과 파멸의 쓴맛이 넘어오면서부터 문제의 심각성을 지각하기 시작하게 된 것이다. 생태 문제는 삶의 전반적인 조건과 관련되어 있기 때문에 경영학, 생물학, 공학, 의학, 법학, 인문학 등 현대의 거의 모든 학문들과 접합되어 있다. 그 중에서도 문학과의 친연성은 각별하다. 문학은 전통적으로 가치와 윤리에 대한 새로운 모색과 문명에 대한 근본적인 반성을 행하는 심층생태학과 유사한 관점을 보여 왔다는 지적[1]은 경청할 만하다. 자연과의 교감과 우주적 연민, 근원에 대한 동경 등은 오랫동안 문학의 속성으로 지속되어 왔으며 최근에는 생태학에서 주목하는 가치가 되고 있다. 문학과 생태학이 높은 상관성을 보이는 것은 분명하나 지나친 일반화는 문제의 예각을 둔화시킬 염려가 있다.

'생태시'라는 용어도 '환경시', '생명시', '녹색시', '자연시' 등과 혼용되고 있는 실정이다. 생태 문제를 바라보는 관점과 강조점이 다르기 때문이다. '환경시'에 인간주의적 관점과 사회 현실적 측면에 대한 관심이 강하게 드러나는 것에 비해 '생명시', '녹색시' 등의 명칭에서는 보다 근원적이고 미학적인 측면에 대한 모색이 반영돼 있다. '자연시'는 너무 포괄적이고 소재 중심적인 용어이다. '생태시'라는 명칭은 인간 중심적 사고를 자제하면서 생태계 파괴의 원인으로 근대 사회와 문명의 문제점을 의식하고 극복하려는 관점을 내포한다. '생태시'라는 용어가 가능하기 위해서는 다음과 같은 생태학적 관점이 작용한다. 인간 중심주의에서 자연 중심주의로의 시각 전환, 수학적・기계적 이성에 앞서는 미학적・예술적 이성의 인정, 자기중심적 배타성과 공격적 지배성보다 공동체 중심의 포용적 협동과 조화로운 유연성으로의 전환, 대상 중심적 인식과 시각에서 가치 중심적 인식과 시각으로의 전환, 물질적 소유와 쾌락적 경험을 강조하는 현대문명의 가치관에서 관조적 감상과 내면적 체험을 중시하는 가치관으로의 전환이 그것이다.[2] 따라서 생태시는 인간, 이성, 물질 중심의 근대사회에 대한 근본적인 반성을

---

1 이남호, 「문학은 녹색이다」, 『녹색을 위한 문학』, 민음사, 1998, 61쪽.

2 박이문, 「생태학적 문화의 선택」, 『문명의 미래와 생태학적 세계관』, 당대, 1998, 100~103쪽 참조.

행하는 생태학적 사유와 관련되어 있는 시라고 할 수 있다. 생태시와 자연시의 경우를 비교해보자면, 근대 이전의 자연시에서는 자연 예찬이나 감정이입을 흔히 볼 수 있지만 그 역시 인간 중심적인 사유라는 점에서 생태시와 구별해야 할 것이다. 생태시는 근대사회와 자연을 생태 중심적으로 이해하고 특히 인간에 의해 훼손된 생태계의 문제를 인식하고 본연의 자연을 회복하려는 의식을 지닌 시이다.

우리 시사에서 이러한 생태의식을 내포한 시가 등장하기 시작하는 것은 산업화 이후이다. 김광섭의 「성북동 비둘기」 같은 소박한 문명비판의 시에서 그 단초를 엿볼 수 있다. 산업화 시기의 초기 생태시는 주로 개발의 폐해를 고발하고 문명비판을 행하는 사회학적 관점을 강하게 드러낸다. 산업화로 인해 급변하는 삶의 조건과 그에 따른 각종 공해나 환경오염의 실상을 날카롭게 해부한 시들이 여기에 해당한다. 1990년대 이후 생태시는 그동안 집중되었던 환경 문제에 대한 표면적 관찰에서 그것의 보다 근본적인 원인에 접근하는 식으로 양상을 달리한다. 자연에 대한 심층적 이해와 인식론적 사유가 강화된다. 이 시기는 생태시의 철학적 층위가 형성되었다고 할 수 있다. 2000년대 이후에는 그동안의 생태시가 자연에 대한 일방적 찬사에 기대거나 지나치게 동어반복적이었다는 반성과 함께 새로운 감각과 미학적 가능성에 대한 탐색이 시도되고 있다. 이렇게 본다면 그동안 우리 생태시는 문명 비판적인 사회학적 층위와 자연의 본질에 대해 깊이 천착하는 철학적 층위, 감각적 차원에서 생태체험을 재발견하려는 미학적 층위를 두루 경험해왔다고 할 수 있다. 이 세 가지 층위는 시기별로 우리 생태시를 주도해왔을 뿐 아니라 공존하면서 각기 다른 기능과 역할을 수행해왔다. 생태 문제의 포괄적인 범주를 생각해보면 당연한 일이다. 이와 같은 우리 생태시의 세 가지 층위를 발생 시기 순으로 나누어 살펴보도록 하겠다.

2. 사회학적 층위

우리 생태시의 첫 단계는 생태 환경의 변화에 대한 즉물적인 관찰과 비판의식에서 태동한다. 시인들이 갖는 예리한 관찰력과 비판적 사유는 개발의 미명에 드리운 명암을 내밀하게 간파한다. 그들은 과감하고 성급한 경제개발의 논리에 밀려 돌아볼 겨를이 없던 생태나 소외의 문제를 간과하지 않는다.

산업화 시대에 본격화되기 시작한 국토 개발과 건설 사업은 지형과 생태 변화를 눈에 띄게 촉발하게 된다. 김광섭의 「성북동 비둘기」는 국토 개발계획의 중심에 있었던 서울의 빠른 변화 속에서 시인이 포착한 생태 문제에 대한 선구적 의식을 보여준다. "성북동 산에 번지가 새로 생기면서 / 본래 살던 성북동 비둘기만이 번지가 없어졌다"는 진술은 인간의 개발 이익이 다른 존재에게는 피해가 될 수 있음을 성찰한 데서 온다. 여기에는 인간과 자연을 동등하게 인정하는 생태학의 기본적인 관점이 작동하고 있다. 이는 인간 중심적 관점을 벗어나기 힘들었던 당시의 여타 시들에 비해 월등한 생태 의식이라 할 만하다. 그렇지만 이 시의 생태의식은 전체적으로 볼 때 지나치게 온건하고 감상적이다. 앞에서 제시한 생태 문제를 치밀하게 밀고나가기보다는 정서적으로 안온하게 마무리하고 있다. 아직까지 무리한 개발이 작은 생명체 이상으로 생태계 전반에 미치는 영향에 대한 자각이 없던 시절에 쓰인 시이기 때문이기도 할 것이다. 철저한 생태 의식에 의거해서 쓴 시가 아니기 때문에 "성북동 주민에게 축복의 메시지나 전하듯 / 성북동 하늘을 한 바퀴 휘 돈다"에서는 지극히 인간 중심적인 관점으로 후퇴하고 만다. 이 시는 본격적인 생태시가 출현하기 이전에 친근한 일상의 풍경 속에서 생태의식의 발아를 보여주었다는 의미를 갖는다.

1970년대는 무분별한 산업화 정책으로 공해가 발생하여 생태 환경이 파괴되기 시작하는 시기이다. 성찬경은 「공해시대와 시인」에서 환경오염에 대한 선구적인 지각을 드러낸다. 이 시는 "자궁도 오염되었다. / 태아에게 생명을 대는 탯줄의 혈액에서 / 100ml당 24.3ml의 무서운 납이 검출되었다. / 태아가 죽어서 태어나리라. / (…중략…) / 그래도 오늘 시인은 외친다. / 물질의 공해는 기실 정신의 공해에서 옮은 것이다"라는 상당히 선언적인 진술로 이루어져 있다. 공해와 무관한 생명체가 없으며 인간 생명의 근원인 자궁조차 오염되어 있다는 사실이 구체적인 수치로 제시되어 충격을 더한다. 육성을 노출할 정도로 시인이 느끼는 공해 문제는 심각했던 것이다.

초기 생태시의 소박하고 구호적인 차원에서 벗어나 산업화로 인한 생태 문제에 대한 인식이 심화되는 것은 1980년대 이후이다. 1970년대 이후 강세를 보여 온 사회학적 상상력과 더불어 산업화의 상당한 진행으로 가속화되기 시작한 환경오염의 실상이 생태계 파괴에 대한 심도 있는 천착을 요구한다.

민들레와 제비꽃의 물가는 허물어져
연탄재와 고철들과 비닐 조각들로 어지럽다
능수버들 허리 꺾어진 곳 몇 집의 술집들 철거되고,
술집들 더욱 변두리로 작부들 데리고 떠나가고,
저 물에 빌딩과 거대한 타이프라이터와 시장이 비쳐온다.

—이하석, 「깊은 침묵」 부분

이하석은 1980년대 내내 도시 곳곳에 버려진 쓰레기 더미에 대한 해부학적 시선을 유지한다. 쓰레기는 그것의 근원인 욕망의 적나라한 증거라 할 수 있다. 문제는 그것이 오랫동안 자리 잡고 있던 자연의 터전을 빼앗고 황폐화시킨다는 것이다. 이하석의 시는 현상의 표층에 대한 관찰에서 시작하여 그 근본적 이유를 탐색하는 방법을 취한다. 자연을 쓰레기로 뒤덮고 소외된 자들은 더 주변으로 내모는 것은 다름 아닌 거대한 자본의 위력이다. 자본의 욕망에 침식되어 자연과 인간 모두 본래의 자리에서 소외되는 결과가 초래된 것이다. 시인은 생태문제의 가장 직접적인 증거인 폐기물의 궤적을 면밀히 고찰하고 적확한 사회학적 진단을 행하고 있다.

최승호는 "무뇌아를 낳고 보니 산모는 / 몸 안에 공장지대가 들어선 느낌이다. / 젖을 짜면 흘러내리는 허연 폐수와 / 아이 배꼽에 매달린 비닐끈들. / 저 굴뚝들과 나는 간통한 게 분명해!"(「공장지대」)라며 무뇌아를 낳은 산모의 몸과 공장지대를 동일시하는 충격적인 상상으로 공해의 심각성을 뚜렷하게 각성시킨다. 환경오염의 피해가 인간의 미래와 직결된다는 사실과 그 결과가 얼마나 참담할 수 있는지를 냉혹한 시선으로 포착하고 있다.

1980년대까지의 생태시는 주로 사회학적 층위의 생태의식과 관련되어 있으며 산업화로 인한 생태 환경의 변화에 대한 긴밀한 관찰과 비판의식을 보여준다. 정밀한 관찰과 사실적 묘사를 바탕으로 환경의 변화를 포착하고 그 문제점을 해부해 들어가는 현실적인 관점이 돋보인다. 그러나 아직 현상적인 측면에 치중하고 인간 중심적인 관점에서 크게 벗어나지 못하고 있으며, 자연에 대한 심층적 이해를 도모하려는 노력은 다음 시기에 본격화된다.

3. 철학적 층위

1990년대 이후 우리 시는 이전에 비해 사회학적 상상력이 퇴조하는 반면 내면에 대한 탐구가 강화된다. '욕망'은 1990년대 시를 풍미했던 강력한 화두이다. 자본주의의 위력은 산업화의 외양을 넘어 생활과 의식의 면면에 침투하게 된다. 생태 문제가 더 이상 좌시할 수 없이 심각해진 상황도 욕망의 뿌리를 따져 묻게 한다.

최승호는 1990년대 이후 생태시의 큰 주제가 '공해'에서 '욕망'으로 옮겨간 것을 단적으로 보여주는 시인이다. 초기시에서 철저하게 관찰과 묘사에 의거하여 물질적 욕망의 공허한 결말을 직시했던 시인은 1990년대 이후의 시에서는 생성과 소멸의 작용이 순환하는 자연의 원리를 성찰하기 시작한다. 욕망의 결과로만 인식되었던 허무에서 새로운 창조의 가능성을 발견하는 것도 그러한 변화의 산물이다. 새로운 허무의식의 상징물인 '눈사람'의 경우, 눈사람으로서의 죽음은 물로서는 삶의 시작이 된다. 눈사람을 통해 소멸이 창조가 되는 허무의 역동성을 경험한 시인은 눈사람의 근원이자 자연의 근원인 '물'에 대한 사유를 발전시킨다.

> 물의 책은
> 아무것도 씌어 있지 않아야 한다.
> 투명해야 하고
> 펼치는 순간 손가락 사이로
> 물이 빠져나가야 한다.
> 물의 책은
> 어둠이 오면 어두워야 하고
> 밝음이 오면 밝아야 한다.
> 나는 물의 책으로
> 발이나 씻겠어.
> 그래도 할 수 없다.
> 나는 물의 책으로 화분에 물을 줄 거야.
> 그래도 괜찮다.
>
> —최승호, 「물의 책」 전문

아무것도 씌어 있지 않고 자유자재로 움직이며 순리를 거스르지 않으면서 자신을 베풀고 쓰이는 물의 속성은 '도(道)'의 작용과 유사하다.

"도는 언제나 아무 것도 하지 않지만 또한 하지 않는 바가 없다"[3]는 '도'처럼 아무 것도 없는 듯 비어있으면서도 요긴하게 쓰이는 것이 물이다. 불교나 노장철학의 자연관에서 허무나 도의 심오한 원리를 탐색했던 시인은 '물'을 통해 그 생태학적 고리를 발견한다. 물은 만물을 포용하면서도 자신을 드러내지 않는 자연의 속성을 함축하고 있는 물질이다. '물의 책'은 인간 세계의 책과는 전혀 다르게 주장하지도 않고 분별하지도 않고 다만 베풀 뿐이다. 물질문명의 욕망을 비판할 때 지극히 단호하고 냉소적이었던 시인의 어조와 비교해볼 때 이 시의 어조는 한없이 여유롭고 긍정적이다. 단순하고 꾸밈없이 물의 속성을 그리고 있다. 물의 책에서 넉넉한 자연의 품성을 발견한 시인은 자신의 시 자체에서 그것을 실천해 보인다. 그의 생태의식은 현실에 대한 비판에서 자연에 대한 철학적 이해로 심화되고 있다.

1990년대의 시들이 발견한 자연은 생명으로 충만하며 한없이 베풀어주는 삶의 근원적 터전이다. 정현종 역시 노장적 세계관을 표나게 내세우는 것은 아니지만 이러한 무한하고 거대한 자연의 힘에 대한 긍정이 강하다. "세상의 나무들은 / 무슨 일을 하지? / 그걸 바라보기 좋아하는 사람, / 허구한 날 봐도 나날이 좋아 / 가슴이 고만 푸르게 푸르게 두근거리는 // 그런 사람 땅에 뿌리내려 마지않게 하고 / 몸에 온몸에 수액 오르게 하고 / 하늘로 높은 데로 오르게 하고 / 둥글고 둥글어 탄력의 샘!"(「세상의 나무들」)에서처럼 시인은 자연과 자아의 일체감을 유난히 강조한다. 자아는 자연을 바라보며 찬탄하고 자연은 자아에게

3 『老子』, 「道常無為章」 第三十七, "道常無為, 而無不為"

생기를 부여하는 상승작용을 한다. 정현종의 시에 자주 등장하는 물, 햇빛, 공기, 바람, 나무 등의 자연물은 우주적 생태의 근본 요소이며 무한한 생명으로 약동한다. 시인은 자연의 근본적 움직임을 탄력적이고 생동하는 기운으로 본다. 관념어를 배제한 채 가장 기본적인 어휘와 단순한 정서로 생명의 신비와 환희를 표출한다. 단순하면서도 심오한 자연의 움직임에 가장 가까운 언어를 실현하려는 것이다.

자연과의 친연성을 그릴 때의 언어는 대체로 단순하고 정감이 넘친다. 김지하의 시에서 '나'와 '나무'는 삶과 죽음을 공유하는 윤회의 사슬 속에 놓여있다. "내가 타죽은 / 나무가 내 속에 자란다"(「줄탁」)는 무서운 인연을, 여기서는 "나는 죽어서 / 나무 위에 / 조각달로 뜬다"는 지극히 서정적인 구절로 갈무리한다. 이 시의 행간에 숨어있는 고통스러운 기억은 우주적 상상 속에 승화된다. 죽음을 삶으로, 소멸을 탄생으로 전환시키는 신비한 생명의 근원은 '사랑'이다. 껍질의 안과 밖에서 힘을 모아 한 세계를 여는 새처럼 한 생명의 탄생에는 우주적 연민과 사랑이 작용한다. "김지하의 생명 긍정은 생명 현상의 테두리로서의 우주 공간과 무한한 시간의 연속을 새삼스럽게 깨닫는 데 관계되어 있다."[4] 광활한 우주적 시공간에 대한 인식은 편협한 인간사를 벗어나서 폭넓게 사유하고 긍정할 수 있게 한다. 집착에 얽매인 인간사를 박차고 나가는 것은 결코 죽음이 아닌 우주적 존재로의 탄생이 된다. 이 시는 증오가 사랑으로, 죽음이 삶으로 변전하는 우주적 생명의 경이를 그리고 있다. 이는 시인 자신이 체험했던 생명에 대한 각성과도 상통한

4 김우창, 「시대의 중심에서」, 『중심의 괴로움』, 솔, 1994, 154쪽.

다. 생명 현상의 우주적 차원을 상상하면서 그는 삶에 대한 무한한 긍정과 연민에 도달하게 된다.

그동안 인간을 둘러싼 배경으로만 인식되던 자연을 중심에 놓고 삶의 근원적 터전으로 파악하기 시작한 것은 이전 시기와 크게 달라진 점이다. 고요하면서도 가득 차서 만물을 생장시키는 자연의 이미지는 동양적 사유에서는 상당히 익숙하다. 자연의 근본 원리에 천착해 들어간 시인들은 불교, 혹은 노장철학과 흡사한 생태의식을 보여준다. 그들은 자연의 포용력과 생명력을 발견하고 찬탄해 마지않는다. 심오하면서도 단순한 자연을 닮은 언어와 긍정의 미학이 자리 잡는다. 이는 이전 시기의 인간 중심적이고 피상적인 생태의식을 극복한 일면이 있는 반면 긍정 일변도의 신험직 인식을 반복적으로 양산할 수도 있다.

4. 미학적 층위

1980년대까지의 사회학적 생태시에서 현상에 대한 관찰의 폭을 확대하고 1990년대의 철학적 생태시에서 자연에 대한 선험적 인식을 확인했던 우리 시는 2000년대 이후에는 감각과 미학의 차원에서 자연과의 소통을 노모하고 있다. 시인이 개인의 내밀한 감각과 교응하는 상태를 그리기 시작한 것이다. 자연이 관찰이나 인식의 대상에 머물던 이전에 시들에 비하면 한결 실감의 영역으로 다가온 셈이다.

치밀한 관찰의 시인인 김기택의 시에서도 관찰 이상으로 소통과 교감을 도모하는 미묘한 변화를 감지할 수 있다. 현대 생활에서 자연에 다가가기 위해서는 다소간의 의도적인 노력이 필요하다. "발뒤꿈치처럼 두꺼운 내 귀에 부딪쳤다가 / 되돌아간 소리들을 생각한다 / 브라운관이 뿜어낸 현란한 빛이 / 내 눈과 귀를 두껍게 채우는 동안 / 그 울음소리들은 수없이 나에게 왔다가 / 너무 단단한 벽에 놀라 되돌아갔을 것이다"(「풀벌레들의 작은 귀를 생각함」)에서처럼 자연의 소리를 듣기 위해서는 문명의 소음을 제거해야 한다. 텔레비전을 끄면 풀벌레 소리가 다가온다. 자연은 늘 가까이 있지만 둔감해진 감각이 감지하지 못할 뿐이다. 자연을 향해 열린 감각의 촉수는 민감하고 선명하다. "크게 밤공기 들이쉬니 / 허파 속으로 그 소리들이 들어온다 / 허파도 별빛이 묻어 조금은 환해진다"고 할 때의 감각의 개방성을 눈여겨 볼만하다. 자연과 교융할 때 우리 몸은 오감이 함께 열리며 확산된다. 자연과의 내밀한 접촉으로 모든 감각이 동시에 열리며 숨이 트이는 이런 한 순간이야말로 삶의 실감으로서 자연과 대면하는 경우일 것이다. 이때의 자연은 관찰의 대상이 아니라 참여하고 소통하는 실감의 영역이 된다.

자연을 신비롭고 경이로운 대상으로 격리시키지 않고 실감의 차원에서 받아들이기 위해서는 이와 같이 구체적인 삶의 장면에서 부딪치는 감각적 경험을 주목할 필요가 있다.

한낮 대청마루에 누워 앞뒤 문을 열어놓고 있다가, 앞뒤 문으로 나락드락
불어오는 바람에 겨드랑 땀을 식히고 있다가,

스윽, 제비 한 마리가,
집을 관통했다

그 하얀 아랫배,
내 낯바닥에
닿을 듯 말 듯,
한순간에,
스쳐지나가버렸다

집이 잠시 어안이 벙벙
그야말로 무방비로
앞뒤로 뻥
뚫려버린 순간,

제비 아랫배처럼 하얗고 서늘한 바람이 사립문을 빠져나가는 게 보였다
내 몸의 숨구멍이란 숨구멍을 모두 확 열어젖히고

—손택수, 「放心」 전문

자연과의 합일을 노래하는 많은 진부한 시들과 달리, 이 시에서는 섬광처럼 스치며 열리는 소통의 한 순간을 감각적으로 포착하고 있다. 방심(放心)한 몸이 맞이하는 느닷없는 각성의 경험이 신선하게 다가온다. 제비가 스쳐지나간 그 한 순간 몸의 모든 감각이 열리고, 집이 열리며 자연과 일체가 된다. '나락드락', '스윽', '닿을 듯 말 듯', '어안이 벙

벙', '빵', '확' 등 감각적으로 충일한 시어들, 신체의 반응과 일치하는 시행의 배열이 이 시의 독특한 생태의식에 미학적 효과를 배가한다. "내 몸의 숨구멍이란 숨구멍을 모두 확 열어젖히고"라 하여 개방된 상태로 마무리되는 서술의 방식도 이 시에서 포착한 감각의 경이로운 각성과 합치된다.

자연을 체감하기 위해서는 문명의 소음에서 어느 정도 거리를 둔 채 자신을 열어놓는 시간이 필요하다. 이문재의 경우는 보다 의도적으로 문명에 대한 비판적 거리를 확보하려 한다. "잣나무숲 속에는 / 전원이 없다 / 핸드폰을 끄고 / 침낭 속으로 들어가 / 얼굴을 내민다 / 내 얼굴과 어둠 사이에 / 아무것도 없다 // 마침내 언플러그드 / 빈틈없는 어둠 / 꿈 없는 잠 / 나는 탈주에 성공한 것이다"(「비박」)에서처럼 문명과 단절되는 순간 자연은 다가온다. 시인은 문명이 몰아낸 '어둠'에서 자연의 본성을 발견한다. 그는 문명으로부터 '탈주'하여 자연 상태의 자신을 만나고자 한다. 그는 문명이 아닌 자연을 본래의 자리로 인식하고 돌아가려는 적극적인 의지를 표명한다. 자연으로의 귀환이 '몸'과 감각의 회복에 의해 시작된다고 본다. 문명 세계에서는 부정적 가치인 작고, 어둡고, 느린 것에 친숙해지려 한다. 문명적 감각인 시각을 쉬게 하는 대신 다른 원초적 감각들을 활성화시키려 한다. 어느 샌가 전도되어 버린 삶과 노동의 관계를 제자리로 돌리고자 한다. 돌아가야 할 목표가 뚜렷해진 시인의 목소리는 단순하고 명료하다. 그는 문명의 미명으로 덧칠해온 가식과 허위의 언어를 버리고 가장 단순한 욕구와 미감으로 복귀한다. 생태적 삶을 실현하려는 시인의 의지는 기본적 생의 감각부터 혁신하려는 것으로 나타난다. 생태계의 일부로서 개개인이

지니는 감각과 의식의 변화가 없이는 자연과 인간을 둘러싼 상황이 더욱 악화될 것이기 때문이다.

감각의 차원으로 확산된 생태의식은 관찰과 관념의 영역에 갇혀있던 자연을 개인의 내밀한 체험과 독자적 미학으로 확산시키고 있다. 감각의 개방과 자발적 지향성에 의거할 때 자연과 문명의 거리는 상대적인 것으로 인식된다. 잃어버렸던 감각을 회복하는 것은 더 풍부하고 새로운 삶의 방식이 될 수 있다. 감각을 열고 자연과 친밀하게 접촉하면서 생태시는 전례 없이 다채롭게 미감의 영역을 확대한다.

5. 시와 감성의 혁명

산업화 시대 이후 우리 생태시는 사회학적, 철학적, 미학적 층위의 다양한 문제의식을 실현하며 전개되어 왔다. 시대마다 주조가 변화되긴 했으나 이제는 이러한 다면적 접근이 공존하며 생태시의 분화와 확산을 이루어가고 있다. 생태시에 작용하는 인간 중심적인 시각이나 이와 대립되는 자연에 대한 일방적인 예찬은 모두 경계해야할 안이한 태도이다. 생태시는 자연과 인간이 이루는 현실적 관계의 자장 속에 놓이는 것이며 그 변화에 따라 끊임없이 새롭게 접근해야할 대상이다. 그런 면에서 "사실 어떻게 우리의 생태학적 추론들을 생태학적으로 '좋다'고 여겨지는 방향으로 우리가 영향을 주려는 사람에게 전할 것인가라는 문제는, 그 자체로 생태학적인 문제다. 우리는 우리가 계획하는 생태계 밖에 있지 않다 — 우리는 항상 그리고 필연적으로 생태계의 일부다. 이러한 사실에 생태학의 매력과 공포가 놓여 있다"[5]는 생각을 주목할 필요가 있다. 우리 자신이 언제나 생태계의 구성물로서 공생의 관계에 놓여있다는 점에서 생태시의 현실적 과제가 발생한다. 생태시는 생태계의 일원으로서 인간이 갖는 책무를 자각하며 그 방향성을 설정해갈 수 있는 지침으로 작용할 수 있어야 한다.

오늘날 많은 생태학자들은 의식과 생활의 개선이 생태사회에 이르는 유일한 길이라고 주장한다. 의식의 전면적 변화가 없는 상태에서 생태적 생활은 웰빙 열풍 같은 또 다른 소비 형태를 양산할 뿐이다. '다르게' 소비하는 것이 아니라 '덜' 소비하려는 의식과 그것의 실천이 없이 생태적 생활은 개선될 수 없다. 의식의 전환에 의해 '자발적 가난'을 즐거이 받아들이기 전에는 소비의 양태를 변화시키려는 어떠한 노력도 자본주의의 강력한 자장에서 벗어나지 못한다.

시는 생태학의 난제인 의식의 변화를 위한 유용한 매개가 될 수 있다. 시를 통한 감성의 혁명은 자연과의 유기적 전체성에 대한 감각을 충전시켜 생태적 공동체로서의 자아를 각성하게 한다. 시는 어떤 이론이나 주장보다도 전면적으로 생태적 존재로서의 자의식을 각성시킬 수 있다. 그것은 다른 무엇보다도 강력한 상상과 미감의 훈련이기 때문이다. 시는 더 큰 세계에 대한 통찰을 가능하게 하며 구체적 실감으로 그것에 근접하게 한다. 그것은 또한 현실에 대한 뛰어난 원근법을

5 그레고리 베이트슨, 박대식 역, 『마음의 생태학』, 책세상, 2006, 755~756쪽.

구현하며 투시적 관찰과 폭넓은 전망을 가능케 한다. 시에는 현재적 욕망을 넘어서 더 큰 세계 속에서 그것을 비판할 수 있는 능력이 있다. 더 큰 세계를 상상하게 하는 시의 탁월한 감성은 자발적 가난을 선택할 수 있는 예지와 결단의 원천이 될 수 있다. 백석은 이미 오래 전에 "수박이 열면 수박을 먹으며 팔며 / 감자가 앉으면 감자를 먹으며 팔며 / 까막까치나 두더지 돌벌기가 와서 먹으면 먹는 대로 두어두고 / 도적이 조금 걷어가도 걷어가는 대로 두어두고"(「귀농(歸農)」) 살겠다는 무욕(無慾)의 생태적 사유를 보여준 바 있다. 이는 자신의 시대를 넘어서는 한 뛰어난 시인의 감성이 선택한 자발적 가난의 예지이다. 시를 통한 감성의 혁명은 생태계의 공포를 극복하고 의식과 미감의 충족에 이를 수 있는 지속적인 방안이 될 수 있으리라 본다.

한국 현대 여성시에 나타난 자연 표상의 양상과 의미

'물'의 표상을 중심으로

1. 서론

이 글은 한국 현대 여성시에 나타나는 자연 표상의 양상과 의미를 밝히는 것을 목적으로 한다. 이를 통해 한국 여성시에 대한 다양한 접근 방법을 시도할 수 있을 뿐 아니라 생태시에 대해서도 새롭게 조명할 수 있으리라 기대한다.

본 연구가 여성시에 나타나는 자연 표상에 주목하는 이유는 그동안 여성시에 대한 연구가 사회적 · 제도적 차원에서 여성 현실을 파악하는 데 집중돼왔기 때문에 여성시의 또 다른 면모에 대한 탐구가 필요하다고 보기 때문이다. 기존의 연구들은 여성 억압의 측면에 초점을 맞춤으로써 여성시에 내재하는 다양한 의미와 미학적 특성을 충분히 검토했다고 보기 힘들다. 특히 자연 표상과 관련하여 여성시의 연구는 지극히 제한적으로 이루어져왔기 때문에 전면적인 재검토와 분류가 필요한 상황이다.

이 연구의 필요성에 대해 좀 더 자세히 살펴보겠다.

첫째, 여성시 연구의 다양한 활로를 개척하기 위해 그동안 크게 조명되지 않았던 자연 표상의 양상과 그 특성을 밝혀보려 한다. 여성시에 나타나는 자연 표상 특징을 통해 여성성의 본질과 독자적인 미학적 의미를 해명할 수 있는 다양한 시야가 확보될 수 있으리라고 본다. 가령 자연 표상이 여성시에 나타나는 양상은 남성시의 경우와 차이가 있다. 그 차이의 양상과 의미를 밝히는 것은 여성 고유의 가치관과 미적 감수성을 증명할 수 있는 방법이 될 것이다.

둘째, 여성시에 나타나는 자연 표상을 고찰함으로써 생태시 연구에 새롭게 이바지할 수 있다. 환경문제에 대한 인식과 더불어 생태시에 대한 논의는 현대시 연구에서 지속적으로 진행되는 중요한 주제를 이루게 되었다. 그러나 대부분의 생태시 논의는 남성시를 중심으로 이루어져왔고, 여성시를 다룬 경우도 여성시의 특수성을 배제한 채 일반적인 논의의 차원에서 진행되어 왔다. 여성시에 나타나는 자연 표상의 양상을 살피는 것은 여성이 인식하는 자연의 의미를 보다 폭넓게 파악할 수 있게 한다. 이를 밝혀 생태의식의 다양한 면모를 이해하고 남성 중심의 생태의식을 보완하거나 대체할 수 있는 새로운 관점을 확보할 수 있다.

본 연구와 관련된 선행 연구를 살펴보면 다음과 같다. 이희경은 여성의 '몸'에 대한 기존의 부정적인 의식을 비판하며 그것이 갖는 생명력과 창조력을 긍정적으로 검토하고 있다.[1] 엄경희는 여성의 몸에 가해졌던 수난의 양상과, 치유·보살핌, 조화 등 여성성의 가치를 두루 살펴 여성시의 에코페미니즘적인 비전을 제시한다.[2] 이들 논문에서는 여성의 몸에 대한 새롭고 긍정적인 접근을 보였다는 점이 돋보인다. 그러나 긍정과 부정의 이분법적 도식을 넘어서면서 보다 많은 여성시인들의 시를 대상으로 할 필요가 있다. 또한 '몸', 특히 '자궁'에 국한된 논의를 '자연' 등 보다 넓은 차원으로 확대할 필요가 있다. 여성시에 나타나는 자연표상을 고찰한 경우는 이은정의 논문이 있다. 김혜순, 나희덕, 황인숙의 시에 나타나는 나무의 이미지를 조명한 글이다.[3] '광기의 나무', '밝은 피에 뿌리내린 나무', '질주하는 유쾌한 나무' 등으로 각각의 특성을 규명함으로써 여성시에서 독특하게 그려지는 나무 이미지를 포착하고 있으나, 다소 자의적인 진술이 행해지는 점이나 대상 시인이 협소하다는 아쉬움이 있다.

여성시에 대한 연구는 1990년대를 전후로 본격화되기 시작하였다. 이 분야는 앞에서 살펴본 것처럼 적지 않은 성과에도 불과하고 다양한 측면의 새로운 연구가 필요하다. 여전히 이론 중심의 연구나 단편적인 시인론이 주를 이루고 있어 그동안 축적된 여성시를 포괄하며 그 의의를 밝힐 수 있는 포괄적인 관점이 요청된다. 본 연구에서는 이와 같은 선행 연구들의 공과를 살펴 보다 발전적인 논의를 전개하고자 한다. 이론 중심, 남성시인 중심의 연구 방향에서 벗어나 여성시에 대한 구체

1 이희경, 「여성시의 생태적 상상력」, 『한국언어문학』 50, 한국언어문학회, 2003, 395~419쪽.

2 엄경희, 「상처받은 '가이아'의 복귀－여성시에 나타난 에코페미니즘」, 『한국근대문학연구』 4-1, 한국근대문학회, 2003.4, 336~361쪽.

3 이은정, 「길들여지지 않는 나무들－여성시에 나타난 '나무'의 시적 상상력」, 『여성문학연구』 5호, 한국여성문학학회, 2001, 221~252쪽.

적인 작품 분석과 미학적 조명을 행할 것이다.

이 논문에서 행하려는 여성시의 자연 표상에 대한 연구는 여성학과 생태학, 철학과 문학, 이론과 실제를 통합해야하는 종합적 안목을 필요로 한다. 여성시와 생태학의 관련은 이론적 차원에서 논의되었던 것에 비해 실제 작품에 적용한 경우는 드물다. 현시점에서 절실한 것은 보편타당한 이론보다 한국 여성시가 갖는 특수성을 밝히는 것이다. 자연 표상은 남성시나 여성시, 고전시나 현대시에 모두 적용될 수 있는 요소이면서 각각의 특성을 선명하게 부각시킬 수 있는 준거이다. 남성시와 다른 여성시에서의 특성을 포착하여 자연에 대한 인식과 태도의 차이를 밝힐 수 있을 것이다. 자연 표상에 대한 고찰은 또한 외계 사물을 형상화하는 문학 특유의 미학적 특성과 관련된다. 따라서 이러한 면모에 대한 섬세한 고찰은 그동안 주제 중심으로 이루어져왔던 여성시 연구를 새롭게 활성화하는 방안이 될 것이다.

본 연구에서는 이러한 문제의식에 의해 한국 현대 여성시에 나타나는 자연표상의 특성을 분류하고 그 의식과 미학의 특이성을 조명해보려 한다. 여기서는 표상의 고정된 의미를 산출하기보다는 표상화의 과정에 작용하는 의식의 지향성과 태도에 초점을 맞출 것이다. 대상과 표상의 정합성을 추출하는 데 그치지 않고, 경험을 매개하는 언어로서 표상에 내포되어 있는 인식의 과정을 파악하는 데 주력할 것이다. 이렇게 하는 것이 여성시의 자연표상이 갖는 특성의 근본적 원인을 파악하는 데 보다 요긴하게 작용하리라 본다. 따라서 대상과 표상의 보편적 정합성을 확인하기보다는 여성시에 내재한 특수한 경험과 의식의 지향성을 살펴 여성시의 자연표상이 갖는 새로운 의미를 파악할 것이다.

자연표상의 범주가 너무 광대하므로, 여기서는 '물'의 표상이 발현되는 방식을 중심으로 살펴볼 것이다. 강은교, 김승희, 최승자, 김혜순, 허수경, 나희덕, 김선우의 시에 나타나는 물의 표상을 주요 특징별로 분류하고 분석을 통해 그 미학적, 생태적 의식의 특이성을 밝히려 한다.

2. 감각의 다양성과 미의식의 확장

여성시의 자연 표상에서 남성시와 구분되는 주목할 만한 특징은 미학적 감성에서 드러나는 분명한 차이이다. 어떤 사물을 표상할 때 남성시는 주로 시각적 감각을 이용하는 것에 비해 여성시는 다른 다양한 감각들을 동원한다.

남성시의 대표적인 경우로 정지용을 들 수 있다. 오랫동안 우리 시의 표본처럼 인식되어 왔던 정지용의 시에서는 시각적 표상의 작용이 두드러진다. 그의 시는 대개 "바다는 뿔뿔이 / 달어 날랴고 했다. // 푸른 도마뱀떼 같이 / 재재발렀다"(「바다 9」)에서처럼 선명한 시선을 보여준다. 대상과 철저히 거리를 둔 채 객관적 묘사를 행하는 방식이다. 이는 몸 감각의 관점에서 볼 때 데카르트의 인식론적 철학이 주도한 탈육체화, 자아 중심, 시각 중심인 근대적 사유의 전형적인 방식이다. 근대적 사유에서 정신은 몸 속에 내재하는 것이 아니라 몸을 초월한다. 생각하는 실체로서의 정신은 몸, 즉 연장자(res extensa) 에서 독립해 있으며, 존재하기 위해 자신 이외에 그 어떤 것도 필요치 않는다.[4] 시각은 사물을 객관화하고 지배하기에 편리한 감각이다. 남성 중심의 근대적인 사유와 문화는 시각적 감각이 주도해왔다.[5]

근대적 이성에 대한 회의와 함께 감각의 다양성이 재발견되고 발현되기 시작한다. 여성시인들은 남성시인들이 감지하기 어려운 다채로운 몸의 감각들을 드러내면서 새로운 시의 미학을 창출하게 된다.

천사란 가슴속에, 온몸 속에
핏줄마다 살결마다 스며드는 것
효모처럼 내 몸 속에서 부푸는 눈보라
얼음 아씨들 내 몸 속에서
솜털처럼 휘날렸어요
그 가볍고도 환한 눈물이 이불처럼
내 속을 그만 안아버렸어요

—김혜순, 「얼음 비단, 얼음 아씨」 부분

돌의 이마 붉어지네 물 주름지네
주름 위에 주름이 겹쳐지면서

4 정화열, 『몸의 정치』, 민음사, 2000, 241~242쪽 참고.

5 "데카르트적 주체에 대한 공격이 '시각중심주의(ocularcentrism)'에 대한 공격과 함께 이루어진다는 것은 흥미로운 사실이다. 이것은 현대성이 그 중심에 의식적 주체를 설정하고 있을 뿐만 아니라 시각(vision, sight)을 모든 감각의 우위에 특권화시키는 시각중심주의라는 것을 의미한다. 그러므로 근대적 형태의 지배적인 현대성은 '시각적 현대성'이라 할 만하다"라는 지적처럼 근대적 주체와 시각중심주의는 밀접한 관련을 갖는 것으로 판단된다.(주은우, 「근대적 시각과 주체」, 『사회비평』 12, 나남출판, 1994.12, 139쪽)

아하, 저 물소리

내 몸에서 나던 바로 그 소리

—김선우, 「여울목」 부분

여성시인들의 몸 감각은 대상을 체화시키는 특징이 있다. 대상에 대해 거리를 두고 보기보다는 자신의 몸 감각 속으로 끌어들여 감지한다. 김혜순의 시는 어느 더운 여름날 한순간 스친 바람결에서 얼음이나 눈의 감각을 찾아내고 있다. "아주아주 더운 여름날" 스친 시원한 바람이니 '천사'처럼 느껴졌을 것이다. 보이지 않는 천사가 몸에 깃들듯 몸에 닿는 바람을 "스며드는 것"으로 느낀다. 몸에 스친 한 줄기 바람을 "핏줄마다 살결마다 스며드는 것"으로 받아들이는 데에는 무척 예리한 촉각적 감각이 작동한다. 그 느낌은 거기에서 멈추지 않고 "효모처럼 내 몸 속에서 부푸는 눈보라"로 화한다. 핏줄과 피부 깊숙이 스며들어 온몸을 서늘하게 하는 바람을 역시 특이한 촉각적 이미지로 변화시킨 것이다. 시원한 바람으로 부풀어오른 몸 속에서 '얼음 아씨들'이 솜털처럼 휘날리는 상상은 남성시인들의 시각적 이미지와는 확연하게 차별화된다. 남성시인들이 대상과 거리를 유지한 채 객관적인 시선으로 어떤 이미지를 포착하는 것에 비해, 이 시에서는 상상의 공간 속에서 보이는 시각적 이미지를 표현하고 있다. 이 때 상상의 공간은 바로 자신의 몸속이기 때문에 관념보다는 감각이 작동하는 곳이다. '솜털'의 이미지는 곧 "가볍고도 환한 눈물"로 환치되고 몸속에 가득한 솜털은 '이불'의 느낌과 연결된다. 이 시어들이 불러일으키는 느낌은 대개 촉각과 관련된다. 한 줄기 바람에 촉수처럼 반응하는 몸의 감각을 포착했기 때문이다.

김선우의 시는 여울목의 물을 바라보며 몸의 감각과 관련짓고 있다. 돌의 형상에서 '이마', '주름' 등을 연상할 때도 몸의 감각이 동원되고 있지만, 이 시에서 눈에 띄는 것은 '물소리'에서 "내 몸에서 나던 바로 그 소리"를 연상하는 부분이다. 몸에서 나는 물소리는 누구나 경험할만한 것이지만 크게 주목하지 않았었는데, 이 시에서는 그것을 각별하게 부각시키고 있다. 대상을 객관화시켜 바라보기보다는 자신의 몸 감각과 연결시키기 때문이다. 여울목의 돌들이 서로 부딪치면서 내는 소리는 우리 뱃속에서 나는 소리와 흡사하다. 시인은 '소리'의 유사성에 착안하여 여울목과 신체 현상을 결합하고, 객관적 묘사가 아닌 주관적 감성으로 대상을 포착한다.

이와 같이 여성시인들은 남성의 시각 중심주의와 달리 촉각이나 청각 등의 다양한 감각들을 활용하며 특히 자신의 몸 감각에 집중하여 독특하면서도 친밀한 이미지들을 산출한다. 몸 감각과 결합되는 이미지들은 주체와 대상의 거리가 뚜렷한 시각적 이미지와 달리 주체와 대상이 밀착하고 화합하는 작용을 보인다. 주체와 대상 간의 거리가 사라지면서 우열 관계도 무화되고 혼융현상이 쉽게 일어난다.

> 하늘에서 투명한 개미들이 쏟아진다 (비)
> 머리에 개미의 발톱이 박힌다 (비)
>
> 투명한 개미들이 부녕한 나리로 내 몸에 구멍을 뚫는다 (비)
> 마구 뚫는다 (비)
> 그를 떠밀면 떠밀수록 그는 나를 둘러싸고 오히려 나를 결박한다 (비)

내 심장의 화면에 투명한 글자들이 새겨진다 (비)

글자들 위에 글자들이 또 새겨진다 (비)

나는 해독하지 못한다 (비)

글자들이 이어져 어떤 파장을 그린다 (비)

새겨진다 (비)

하느님, 무슨 말씀 하시는 거예요? (비?)

못 알아듣겠어요 (비)

이 전깃줄은 물이잖아요? (비)

—김혜순, 「(비)」 전문

이 시는 여성시인이 대상을 몸 감각으로 인지하는 과정을 선명하게 보여준다. '비'라는 익숙한 물의 이미지가 여기서는 전혀 새롭게 그려지고 있다. 이 시에서는 '비'를 '투명한 개미'로 비유하는 단순한 시각적 묘사에서 그치지 않는다. "여기서 중요한 것은, 아무런 다른 정황의 제시 없이 "투명한 개미"가 나와 있고, 그것을 분석해보니 비의 상징이더라는 투로 이야기가 전개되지 않는다는 점이다. "투명한 개미"는 곧 '비'를 가리킨다는 정황이 분명히 주어져 있다. 말을 바꾸면, 시인은 비를 가리켜 "투명한 개미"라고 부르고 있다는 것이다. 그것은 시인의 의식 속에서 비가 "투명한 개미"처럼 느껴지고 있음을 말해준다. 하얀, 물방울인 비는 시인의 머리에, 몸에 닿으면서 그저 그녀를 적시고 있는 것이 아니라, 흡사 개미처럼 그녀를 만지고, 간지럽힌다."[6] 다시 말해, "투명한 개미"

6 김주연, 「소통의 갈구, 물길 트기」, 『문학과사회』, 1994 가을, 1210쪽.

는 시인의 눈에 투영된 비의 객관적 표상이 아니라 시인의 몸으로 파고 드는 감각적인 표상인 것이다. 시인의 몸 감각으로 침투한 대상의 작용은 강력해서 "심장의 화면"에 글자를 새길 정도이다. 읽을 수 없지만 느낄 수 있는 글자, 그것은 여성시인이 대상을 인지하는 방식과 유사하다. 여성시인들은 객관적이고 이성적인 기호가 아니라 몸 전체로 받아들이고 느끼는 감각의 언어를 적극적으로 수용한다.

이처럼 몸 감각을 통해 대상을 수용하고 감지하는 능력은 여성시인들에게서 두드러지는 현상이다. 여성시인들에게는 어째서 이런 일이 가능할까? "몸으로 글을 쓴다는 것은 사랑으로 나를 버림으로써 오히려 너와 합일하려는 몸의 욕망을 보여주는 하나의 궤적이다. 나는 내 몸속에 새겨진 아픔과 병과 기쁨과 욕망을 통하여 남성들이 결코 이해할 수 없는 어떤 기쁨을 느꼈다. 그것은 출산의 고통 속에서 느낀 어떤 것이었다"[7]라는 말에서 짐작할 수 있듯이 그들은 여성만의 신체적 경험에서 독자적인 미학적 가치를 발견하기 시작한다. 몸에 대한 성찰을 통한 정체성 확립은 여성의 몸이 가지는 월경, 수유, 임신, 낙태와 같은 생물학적인 특성과 젠더적인 특성을 남성의 몸의 특성과 비교하여 차이에 의한 독자적인 영역을 드러냄으로써 남성에 의해 속령화되지 않은 처녀지를 확보하는 데 출발점을 제공하려는 것이다.[8] 여성은 신체의 많은 변화를 경험하면서 다양한 감각을 수용하게 된다.

---

7 김혜순, 『여성이 글을 쓴다는 것은』, 문학동네, 2002, 150쪽.

8 송지현, 「현대 여성시에 나다난 몸의 전략화 양상－김혜순의 시세계를 중심으로」, 『한국문학이론과 비평』 5, 한국문학이론과비평학회, 2002.6, 372～373쪽.

미열이야 시시로 즐길 만하게 되었다고
큰소리쳐놓고도 마음이 도질 때면
비릿해진 살이 먼저 포구로 간다

—김선우, 「포구의 방」 부분

— 자꾸 몸에 물이 들어야
숭스럽게스리 스무살모냥……
젖무덤에서 단풍잎을 훑어내시네

어라연 푸른 물에 점점홍점점홍

—김선우, 「어라연」 부분

김선우는 여성의 몸 감각을 적극적으로 활용하는 시인이다. 「포구의 방」에서는 월경이라는 신체 현상을 감각적으로 재현하고 있다. '미열'이나 '비릿해진 살' 같은 구체적인 신체 감각을 살리고 있으며, 그것을 유사한 자연 표상과 관련짓는다. 살의 비릿함이 바다의 비릿함을 연상시키면서 '포구'라는 시어를 끌어내는 식이다. 가장 원초적 감각이라고 하는 후각이 내밀한 몸 감각으로 동원된다. 여성들의 신체 감각은 이성의 작용 너머 본능과 밀착되어 있음을 알 수 있다. 「어라연」에서는 '몸에 물이 든다'는 매우 여성적인 감각을 보여준다. 몸에 물이 드는 것은 그야말로 몸 전체로 느낄 수밖에 없는 특이한 감각이다. '물' 특유의 유동성과 여성 신체의 역동성이 결부된 표현이다.

물의 표상은 여성의 몸 감각과 각별한 친연성을 가지면서 여성시 특유의 미학을 형성한다. 물은 특유의 유연성에 있어 여성의 신체와 흡사하다. 고정되지 않아 끊임없이 변화하는 물의 작용은 여성의 신체가 보여주는 유연성과 흡사하다. 대상을 전폭적으로 포용하고 그에 따라 반응하는 물의 유연한 작용처럼 여성시는 대상과의 경계가 무화시키는 역동적인 몸 감각을 통해 새로운 미학을 창출한다. 여성의 몸 감각과 소통하면서 자연은 객관적인 묘사의 대상이 아닌 스스로 움직이는 능동적인 작용으로 닫혀있던 감각의 영역을 확장한다. 여성시인들은 대상을 감지할 때 눈으로 본다기보다 온몸의 감각을 통해 보기 때문에 이성적 감각인 시각 너머의 다양한 감각과 상상을 활성화한다.

여성시인들이 실천해 보이는 감각의 다양성은 시각 중심의 근대적 감각을 넘어서 감각의 평등을 되찾고 잊혔던 온 몸의 감각을 회복할 수 있게 한다. 이와 같은 감수성과 미의식의 변화는 근본적 패러다임의 변화를 반영하는 것이다. 여성시인들은 몸 감각의 다양성을 발견하면서 몸에 대한 정신의 우위, 시각 중심의 근대적 관념에서 벗어난 새로운 미학의 영역을 개척한다. 여성 특유의 유연성과 중심이 아닌 주변에 위치해온 경험이 새로운 미감의 형성을 가능케 한다.

3. 타자인식과 공감의 윤리

몸에 대한 새로운 인식은 근대적 이성 중심주의를 극복할 수 있는 전환점이 되고 있다. 쉘러는 일찍이 데카르트적인 인식에 대해서 회의하며 인식에 대한 몸의 절대적 작용에 주목하였다. 데카르트적인 사고에 의하면 우리가 몸에 관한 외적·내적 의식을 통해서 몸의 고유성을 인식하는 것 같지만, 오히려 우리의 몸을 통해서 외적·내적 의식이 가능하다고 본다. 그는 일반적으로 몸에 의한 외적 직관 속에서 주어진 것을 '몸육체(Leibköper)'로, 몸에 의한 내적 직관 속에서 주어진 것을 '몸영혼(Leibseele)'이라 부른다. 우리 몸의 비애, 고독, 애수 등과 같은 순수 영혼적 현상들은 단순히 시·공간 속에서 정돈되지 않는 '상호내재(Ineinander)'의 특성을 갖기도 한다. 자아의 내적 세계인식은 데카르트가 생각한 것처럼 결코 의심할 수 없는 명석 판명한 인식의 주체에 의해 독자적으로 존재하는 것이 아니라 타자와의 관계성 속에서 구성된다. 그래서 쉘러는 "사람은 먼저 자기 안에서보다는 타자 안에서 살고, 또한 자기의 개체에서보다는 오히려 공동체 안에서 산다"고 강조한다. 엄밀한 의미에서 순수한 자아는 존재하지 않으며, 우리의 자아는 타자에 휩싸여 존재하는 것이다.[9]

비

떨어지는

9 김종헌, 「쉘러의 몸과 타자지각 그리고 환경」, 『철학연구』 60, 고려대 철학연구소, 2003, 120~134쪽 참조.

소리,

위에

떨어지는

눈물.

말라가던 빨래들이

다시 젖기 시작하고

누군가 베란다 위에서

그 모든 기억의 추억의 토사물들을

한꺼번에 게워내기 시작한다.

—최승자, 「雨日 풍경」 전문

여성시에서는 주체와 타자, 또한 주체와 외계의 활발한 상호 작용을 살필 수 있다. 최승자의 시는 풍경의 소묘에서조차 주체와 타자의 상호 작용이 민활하게 일어나고 있는 것을 보여준다. 비 떨어지는 소리는 즉각적으로 '눈물'을 연상시키고 모든 풍경의 '젖은 몸'을 끌어들인다. 이 시에서 주목할 것은 '눈물'과 '비애'라는 감상적 정서가 철저하게 몸의 감각으로 표현되고 있다는 점이다. 감정에 대한 주체의 인식이 우선하고 풍경이 거기에 적절하게 이입된다기보다 내감과 외계의 작용이 거의 동시에 일어나고 있다. 이 시에서 주체의 비애와 타자의 비애는 따로 구분되지 않는다. 또한 그 비애의 근거라 할 수 있는 '기억'은 '토사물'이라는 분명한 육체적 반응으로 표출되고 있다. 우리는 타자의 몸이 직접적으로 경험한 동일한 고통을 지각하지는 못할지라도, 엄밀히 말해서 그 고통이 지닌 일반적인 의미의 동일한 슬픔, 고뇌는 지각할 수 있다.[10] 우리는 타자의 몸을 통해 타자의 마음을 지각하는 것이 아니라, 몸의 전체성 속에서 타자를 지각하기 때문이다. 몸의 구체적인 체험은 개인마다 다르지만 유사한 체험의 반복적 기억 속에서 동일한 감정을 체험할 수 있는 것이다. 토사물을 게워내는 타자의 육체적 반응을 바라보며 자아는 유사한 자신의 체험을 반추하는 가운데 거기 내재해 있는 내적인 상태를 지각할 수 있다. 타자의 몸에서 자신을 발견하는 이러한 반응으로 인해, 우리의 인식이 데카르트식의 독존적인 자아가 아닌 타자와의 관계에 의해 형성됨을 확인할 수 있다. 여성시인들은 자신과 타자의 몸에 대한 내적 직관에 예리하게 반응하면서 자아와 타자에 상호 내재하는 감정적 상태를 절묘하게 포착해낸다.

> 상처의 실개천엔 저녁해가 빠지고 바람같이 장난같이 시시덕거리며 세월도 빠졌습니다
> 산들은 활처럼 둥글게 사라져버리고 이 실개천 꽃다홍 주름이 어둠을 다림질하며 저만치 저만치 가버릴 때 바닥에서 스며드는 먹물, 저녁해는 물에 빠져나오지 않고
>
> 동생들이 누이를 가엾어하는 상처의 실개천엔
> 누이들이 지는 해처럼 빠지는

10 위의 글, 128쪽.

내 상처의 실개천엔

세월도 물에 빠져 나오지 않고

—허수경, 「상처의 실개천엔 저녁해가 빠지고」 전문

허수경의 이 시에서 '실개천'은 상처를 공유하는 장소이다. 이곳에서는 '나'뿐 아니라 '누이'들, 심지어는 '저녁해'까지 상처를 담그게 된다. '나'의 상처의 경험은 '누이'들의 상처와 동일시되고 모든 '세월'에서 상처를 발견하는 데 이른다. "세월도 물에 빠져 나오지 않"는다는 것은 자신과 타자를 포함한 모든 삶에서 상처를 지각한 결과이다. 이 시에서도 내감과 외계의 작용은 동시에 일어나고 있다. 실개천으로 빠지는 저녁해를 바라보는 화자는 직감적으로 상처의 기억을 떠올리고 자신만의 체험이 아닌 보편적인 정서로서 그것을 수용한다. "동생들이 누이를 가엾어하는 상처의 실개천"은 객관적 대상으로 인식되지 않고 자신을 포함한 모든 유한한 존재들의 보편적 삶의 양태로 파악된다. 자신에게 절실했던 상처의 기억은 '누이'로 대표되는 타자들의 상처를 공유할 수 있게 한다.

여성시에서 물의 표상은 자주 '상처'의 기억과 연결된다. 여성시인들은 자신들이 경험한 상처를 통해 타자의 상처를 반영하고 절실한 공감의 영역을 확보한다. "하늘에서 푸른 물의 상처가 내린다. / 떠도는 스물 넷의 이마 위에"(최승자, 「비 · 꽃 · 상처」)에서는 상처의 표상으로서의 날카로운 '비'의 이미지가 나타난다. "진눈깨비가 내리네 / 속시원히 비도 못 되고 / 속시원히 눈도 못 된 것 / 부서지며 맴돌며 / 휘휘 돌아 허공에 / 자취도 없이 내리네"(강은교, 「진눈깨비」)의 '진눈깨비'도 미련과 상처를 안고 떠도는 "몸살치는 혼령"을 반영한다. 여성시인들은 자신이 겪은 절실한 상처의 기억을 통해 민감한 정서적 표현을 얻고 공감할 수 있는 보편적 감정으로서 그것을 확장한다.

여성시인들은 특히 여성으로서 겪는 고난과 상처의 공감대를 표현하는 데 적극적이다. 호수나 저수지 등의 고인 물은 종종 여성들에게 가해진 고난과 상처의 역사를 표상한다. 여성시인들은 호수가 갖는, 여성성 혹은 무의식의 상징[11]으로서의 일반적인 의미를 활용하면서 여성의 삶과 역사에 대한 예리한 자의식을 부가한다.

> 물 밑에 살고 있으니
> 물 위로 떠오르는 일이 여간 쉬운 일이 아니야,
> 몸도 무겁지만 마음이 더 무거워
> 그냥 물 밑에 살고 있는 것이 더 좋을 뿐이야,
> 그렇다고 침몰이 허용되는 것도 아니야,
> 허우적대다가 물을 먹고
> 먹은 물을 토하려면 물 위로 고개를 내밀어야 해,
> 오필리어, 나우지카, 키르케, 아프로디테,
> 다 역사상의 내 자매들,
> 파도 거품에서 태어났다는 것, 그게 좋은 거야,
> 어서 거품으로 돌아가야 할 텐데 ……
>
> ―김승희, 「수련」 부분

11 Boris Matthews, *The Herder Dictionary of Symbols*, Illinois : Wilmette, 1994, p.114.

귀신들은 언제나 투덜투덜, 그래요
그중에서도 억울하게 죽은 여자들이 제일 시끄럽죠
첫사랑에 빠진 귀신은 의외로 추적추적 조용하게 오고요
미친 여자 귀신은 조금 무섭게 오죠
머리칼에 번개가 붙어오니까요

호수는 그렇게 세게 두들기면 안 돼요
두드린 자리마다 핏물이 올라와요

—김혜순, 「장마」 부분

늦봄 저수지 둑 위에 앉아
물속을 오래 들여다보면
거기 무슨 잔치 벌였는지
북소리 징소리 어깨춤 법석입니다

바리공주 방울 흔들어 수문 열리자
시루떡 찌고 있는 명성황후가 보입니다
구름이 내려와 멍석을 펼치고
축문을 쓰고 있는 황진이 쪽찐 머리
가르마 따라 흰 새 날고 바람 불어옵니다
난설헌이 어린 남매들 위해 소지를 사르다가
문득 눈을 들어 감나무를 봅니다

—김선우, 「물 속의 여자들」 부분

김승희의 시에서 화자는 고인 물과 같은 닫힌 일상 속에서 고통스러워한다. 답답한 일상에 묶여 있는 화자는 물 위로 떠오르지도 못하고 침몰하지도 못하는 수련과 흡사한 상태에 있다. 재생이나 정화를 표상하는 수련의 일반적인 이미지와 달리 이 시의 수련은 일정한 시공간에 갇혀 고단하게 부유를 반복하는 여성의 답답한 일상을 표상한다. 화자는 자신의 현재 처지를 토로하는 데서 그치지 않고 거품으로 태어났거나 거품으로 화한 신화나 역사상의 여성들과 자신을 동일시한다. 화자가 여성으로서 겪는 삶의 고통과 중압감은 남성 중심의 역사에서 희생되거나 소외되었던 여성들과 충분히 공감을 이룰 만큼 막중하다. 여성들은 자신과 같이 소외된 존재인 타자 특히 다른 여성들의 고통에 민감하며 긴밀한 연대감을 형성한다.

김혜순의 시는 비 오는 호수의 정경에서 그곳에 얽혀있을 법한 여성들의 사연에 대한 상상을 이끌어낸다. 어둡고 귀기 어린 호수에서 한 많은 여성의 운명을 떠올리는 것은 상당히 익숙한 상상으로서, 실제 과거의 역사를 반영하는 것이기도 하다. "억울하게 죽은 여자들"의 혼령이 깃들어 "두드린 자리마다 핏물이 올라" 오는 '호수'는 여성들의 삶에 가해졌던 강한 억압을 연상시킨다.

김선우의 시도 다른 시들과 유사한 상상을 보여준다. 화자는 저수지를 망연히 바라보다가 그곳에서 바리공주, 명성황후, 황진이, 허난설헌과 같은 여성들의 생애를 떠올린다. 비범한 능력을 타고났음에도 남성 중심의 세상에서 고난과 불운을 겪을 수밖에 없었던 여성들이다.

여성시인들은 가득 고인 물에서 여성을 억압하고 소외시켜온 삶과 역사를 반추한다. 자신들이 겪었던 절실한 고통의 체험을 바탕으로 여성들이 보편적으로 겪는 상처와 중압감을 내밀하게 표현한다. 여성시인들은 물을 객관화하기보다는 거기에 자신들의 내면 정서를 투영하고 적극적인 상상력으로 그것을 확장한다. 시선의 주체로서의 입장을 고수하기보다는 타자들에 대한 관심과 내적 직관을 부단히 투영하여 공감의 지점을 포착하고 합류한다. 자아와 타자의 관계에 대한 관심으로 인해 여성시인들은 대상에 대한 단순한 묘사에 그치지 않는 발산적 상상력을 드러낸다. 여성시인들은 특히 상처와 고통의 경험에 민감하기 때문에, 동일한 감정에 대한 관심과 유대감을 적극적으로 표출한다.

타자의 존재는 주체의 배타적인 자기중심주의에 감염되었던 근대적 사유에 대한 반성의 과정에서 오히려 나-주체가 등장할 수 있는 근본적 토대로 인정되고 있다. 여하한의 관계성, 공동성의 창조도 자신의 과제로 삼지 않을 때 타자는 나-주체의 폭력으로부터 보호될 수 있겠지만, 동시에 나로부터 완전히 절연되어 그 어떤 구성적 가능성도 지닐 수 없게 된다. 삶의 공동적 구성 가능성이 폐기된다면, 오히려 윤리 자체가 불가능해진다고 말하는 것도 그런 까닭이다.[12] 타자에 대한 인식은 주체의 독선으로 공동체의 붕괴를 초래했던 근대 사회의 위험성을 자각하는 데서 활성화된다. 그러나 타자 윤리학에 있어서조차 여성 존재는 소외를 면치 못한다.[13] 주체로서 여성은 스스로에게서 타자성을

12 최진석, 「타자 윤리학의 두 가지 길—바흐친과 레비나스」, 『노어노문학』 21-3, 한국노어노문학회, 2009.9, 189쪽.

13 김애령, 「'여성', 타자의 은유—레비나스의 경우」, 『한국여성철학』 9, 한국여성철학회, 2008.6, 77~102쪽.
신옥희, 「타자에서 주체로」, 『한국여성철학』 11, 한국여성철학회, 2009.6, 105~142쪽.
등의 논문은 타자 윤리학을 대표하는 레비나스의 이론에서 여성이 윤리적 주체도, 심각한 타자도 되지 못함을 비판적으로 검토하고 있다.

경험한다.[14] 여성시인들은 자신이 겪은 타자성의 경험을 확장하여 타자성의 기표로 존재해온 여성들의 삶과 역사적 현실을 드러낸다. 중심에서 소외된 채 소멸을 거듭해온 타자로서의 여성의 계보를 부각시킨다. 타자로서의 여성의 역사는 남성 주체에 일방적으로 이끌렸던 역사의 전체성을 비판적으로 재구성한다. 이 때 주의해보아야 할 것은 여성시인들이 타자로서의 여성을 삶을 재현하는 방식이다. 여성시인들은 여성적 삶과 역사에 대한 공감을 피력하면서도 결코 시선의 주체로 자리 잡지 않는다. 타자로서의 여성의 육성에 귀를 기울이거나 조용히 관조할 뿐 주체로서 개입하지 않는다. 무수한 여성들이 겪은 타자로서의 운명을 드러내 보일 뿐 또 다른 통합적 사유로 제한하지 않으려 한다. 그리하여 여성시인들의 시에서 타자로서의 여성의 삶은 제각각의 방식으로 저마다의 사연을 피력하며 새롭게 태어난다.

타자로서의 여성성에 공감하고 충실히 재현하는 여성시인들의 태도는 남성이 주도해온 타자 윤리학과 다르게, 타자 혹은 약자에 대한 주체의 통합적 시선을 배제하는 방안이 될 수 있다. 이는 전체주의적 사유를 경계하면서 모든 생명의 상호 연관성에 대한 인식은 더 넓은 전체뿐만 아니라 특정한 개별 존재와의 관계에서 우리가 경험하는 생활에서 나오는 인식이어야 한다[15]는 에코페미니즘적 입장과 흡사하다. 에코페미니즘은 주체 중심주의, 남성 중심주의, 인간 중심주의 등 모든 전체주의적 사유의 위험성을 경계하는 비판적 사유이다. 에코페미니

14 김애령, 위의 글, 99쪽.

15 아이린 다이아몬드 · 글로리아 페만 오렌스타인 편, 『다시 꾸며보는 세상』, 정현경 · 황혜숙 역, 이화여대 출판부, 1996, 202~216쪽 참조.

즘은 여성이나 다른 종속적 인간관계, 자연에 대한 인간의 지배 등을 서로 연관되어 있는 것으로 파악한다. 억압, 종속, 여성 지배 등과 관련된 것들은 모두 연관되어 있다고 보기 때문에 자연 역시 여성주의의 관점에서 바라본다.[16] 에코페미니즘의 윤리는 여성과 다른 타자들에 대한 관점의 다양성을 반영하며 성장해 왔다. 그것은 자연의 위험한 파괴를 경험한 자들의 목소리에서 나온다. 에코페미니즘 윤리는 따라서 인간들 사이의 그리고 인간과 자연 사이의 공통점을 인식하는 한편 차이를 상정하고 유지한다.[17] 주체와 타자의 차이를 인정하고 타자의 다양성을 수용하는 과정에서 억압과 지배의 파괴적 구조에서 벗어날 수 있는 가능성이 열린다. 타자와 주체가 공동체적 관계에 있으며 이 '함께 함'이 좋은 것일 때, 즉 새로운 생성과 변화를 추동하는 힘이 될 때 생겨나는 공동성을 우리는 '윤리적인 것'으로 부를 수 있을 것이다.[18] 우리가 타자에 휩싸여 존재하며 타자와 존재의 공통 장소에 놓여있다는 인식이야말로 근대의 배타적 자기중심주의의 폐해로부터 놓여날 수 있는 윤리적 기반이 된다. 여성시인들이 섬세하게 재현하는 타자의 목소리는 자아와 타자의 이분법을 넘어서는 공감의 영역을 확보한다. 여성시인들은 단일한 목소리가 아닌 다양한 목소리, 지배적 시선이 아닌 관조적 시선을 통해 타자의 윤리학을 시적으로 실천한다.

---

16 Karen J. Warren, "Nature Is a Feminist Issue", *Ecofeminist Philosophy*, Rowman & Littlefield, 2000, pp.1~2.

17 Karen J. Warren, "Ethics in a Fruit Bowl", Ibid., p.99.

18 최진석, 앞의 글, 189쪽

4. 순환적 자연의 인식과 생명의 자각

물의 가장 강력한 표상 중의 하나는 생명력과 관련된다. 거의 모든 문명에서 생명은 물에서 시작되었다고 보며, 탄생의 속성과 연결되어 모성을 지니는 것으로 인식된다. "바다는 모든 인간에 있어서, 모성적 상징 가운데 가장 크고 변하지 않는 것의 하나이다"[19]라는 말처럼 바다와 함께 모성은 삶의 근원적인 모태로 자리 잡고 있다. 물은 풍요로움과 생명에 대한 보편적인 상징이다.[20]

물에 대한 이와 같은 보편적인 인식에 비해 여성시인들의 시에서 물은 절대적이고 풍요로운 생명의 표상이라기보다는 삶과 죽음의 속성을 두루 포괄하는 역동성을 보여준다. 여성시인들은 물의 생명력을 표현하는 데 주력하기보다 생명의 작용에 이르기까지의 과도적인 단계를 중시한다.

우리가 물이 되어 만난다면
가문 어느 집에선들 좋아하지 않으랴.
우리가 키 큰 나무와 함께 서서
우르르 우르르 비오는 소리로 흐른다면.

흐르고 흘러서 저물녘엔

---

19 가스통 바슐라르, 이가림 역, 『물과 꿈』, 문예출판사, 1986, 164쪽.

20 Boris Matthews, Op.cit, p.211.

저 혼자 깊어지는 강물에 누워
죽은 나무뿌리를 적시기도 한다면
아아, 아직 처녀인
부끄러운 바다에 닿는다면.

그러나 지금 우리는
불로 만나려 한다.
벌써 숯이 된 뼈 하나가
세상에 불타는 것들을 쓰다듬고 있나니.

만리 밖에서 기다리는 그대여
저 불 지난 뒤에
흐르는 물로 만나자.
푸시시 푸시시 불꺼지는 소리로 말하면서
올 때는 인적 그친
넓고 깨끗한 하늘로 오라.

—강은교, 「우리가 물이 되어」 전문

강은교의 이 시에서 물은 생명의 근원적인 뿌리에 해당한다. "저 혼자 깊어가는 강물"이나 "아직 처녀인 부끄러운 바다"는 죽음과 삶이 잇닿아 있는 생명의 원천을 연상시킨다. 이 시의 앞부분에서는 순결과 새 생명을 상징하는 원형적인 의미를 강조하고 있다.[21] "물이 되어" 만나고 싶다는 강렬한 희구는 새로운 생명을 이루고 싶다는 열망과 다르지 않다. 물이 되어 만나고자 하는 우리의 강렬한 바람은 가물어가는 세상의 희망과도 상통한다. 그러나 이 시에서는 이처럼 모두가 기다리는 물이 그리 쉽게 올 수 없음을 강조한다. 물이 흐르는 강물과 바다에 대한 상상으로 한껏 고조되었던 시는 물이 되어 만나기 이전에 겪어야 할 과정을 상기시킨다. 화합과 풍요의 물은 불이 주재하는 정화의 단계를 거쳐야 가능하다는 것을 역설한다. 극도의 가뭄, 혹은 극도의 시련을 통과하지 않고는 물의 진정한 생명력에 도달할 수 없다는 것이다. 그토록 간절한 물과의 만남은 시련과 정화를 관장하는 불의 시간을 통과하느라 유예될 수밖에 없다. 그리하여 우리가 만나는 물은 "푸시시 푸시시 불꺼지는 소리로 말하면서" 오는, 고통과 정화의 단계를 거친 물이다. 이처럼 불의 단계를 거쳐 힘겹게 만나게 되는 물은 시원스러운 비나 큰 바다처럼 힘차고 풍요로운 물의 상상보다 더 극적인 생동감을 형성한다. 여성시에서 물의 표상은 일반적인 인식에 비해 훨씬 복합적인 양상을 띤다. 생명을 표상할 때도 그 이전의 고통과 시련, 혹은 죽음과 같은 과도적인 단계를 거쳐서 역동적인 변화와 전환의 계기를 갖는 것으로 나타난다.

여성시인들이 물이 갖는 삶과 죽음의 과도적인 속성에 주목하는 것은 생명의 근원으로서의 여성의 몸에 대한 자각과 관련이 깊다. 여성의 몸과 물을 생명의 근원으로서 동일시할 때의 일반적이고 관념적인 이해와 다르게 여성들 자신은 생명으로서의 표상 일변도로 그것을 받아들이기보다는 그 안에 내재해 있는 다면적인 속성을 중시한다.

---

21 Philip Wheelwright, *Metaphor & Reality*, Bloomington : Indiana University Press, 1962, p.126.

여자들은 저마다의 몸 속에 하나씩의 무덤을 갖고 있다.
죽음과 탄생이 땀 흘리는 곳,
어디로인지 떠나기 위하여 모든 인간들이 몸부림치는
영원히 눈먼 항구.
알타미라 동굴처럼 거대한 사원의 폐허처럼
굳어진 죽은 바다처럼 여자들은 누워 있다.
새들의 고향은 거기.
모래바람 부는 여자들의 내부엔
새들이 최초의 알을 까고 나온 탄생의 껍질과
죽음의 잔해가 탄피처럼 가득 쌓여 있다.
모든 것이 태어나고 또 죽기 위해선
그 폐허의 사원과 굳어진 죽은 바다를 거쳐야만 한다.

—최승자, 「여성에 관하여」 전문

최승자의 시에서 여성의 자궁은 '무덤' 혹은 '굳어진 죽은 바다'와 같은 죽음의 표상이다. '여성에 관하여' 여성의 시각으로 쓴 이 시에서 여성의 몸은 결코 풍요로운 생명의 거처인 것만은 아니다. 그것은 "죽음과 탄생이 땀 흘리는 곳"으로서 미정형의 불안한 생명이 깃든 장소이다. 이때의 물은 창조와 파괴의 중간에 해당하는 과도적 물에 가깝다. 과도적 단계로서의 물은 저승 또는 타계로 인도하는 이미지를 내포한다. 이는 삶과 죽음이 동전의 앞뒤처럼 양면성으로 나타나는 경우를 포함할 수 있다.[22] 생성과 파괴의 가능성을 모두 포함하고 있는 물이나 생명의 탄생과 죽음을 모두 경험할 수 있는 여성의 몸은 유사하다. 이 시에서는 여성의 몸에 내재한 죽음의 가능성을 "폐허의 사원과 굳어진 죽은 바다"의 이미지로 선명하게 각인시키고 있다. 여성의 몸과 물의 표상이 인상적으로 결합한 예이다. 이 시인은 또 다른 시에서도 "여자의 자궁은 바다를 향해 열려 있었다. / (오염된 바다) / 열려진 자궁으로부터 병약하고 창백한 아이들이 / 바다의 햇빛이 눈이 부셔 비틀거리며 쏟아져 나왔다"(「겨울에 바다에 갔었다」)와 같이 여성의 몸과 바다가 내포한 죽음과 파괴의 속성을 표현하고 있다. 이와 같은 시들은 여성의 몸이나 물을 생명력과 동일시하는 일반적인 인식에 충격을 가하며 물의 표상이 갖는 다양성을 확장한다. 여성시인들은 삶과 죽음을 통합적으로 인식하는 경향이 강하다. 출산을 포함한 많은 몸의 경험들이 삶과 죽음이 하나라는 역설을 실감하게 하기 때문이다. 그리하여 삶과 죽음의 모든 계기에 파괴와 탄생의 역동적 과정이 내포되어 있음을 간파한다. "모든 것이 태어나고 또 죽기 위해선 / 그 폐허의 사원과 굳어진 죽은 바다를 거쳐야만 한다"는 진술에서처럼 삶을 포괄하는 죽음과 파괴의 작용을 분명하게 인지할 수 있다.

1

빗방울이 구름의 죽음이라는 것을 인디언 마을에 가서 알았다
빗방울이 풀줄기를 타고 땅에 스며들어
죽은 영혼을 어루만지는 소리를 듣고 난 뒤에야

---

22 김난희, 「아쿠타가와 류노스케 문학에 나타난 '물'의 질료적 이미지와 타나토스」, 『일본문화연구』 9, 동아시아일본학회, 2006.7, 45쪽.

2

인디언의 무덤은

동물이나 새의 형상으로 지어졌다

멀리서도 빗방울이 길을 찾아올 수 있도록

3

새 형상의 무덤은 흙에서 날고

사슴 형상의 무덤은 아직 풀을 뜯고 있다

이 비에 풀이 다시 돋아날 것이다

—나희덕, 「빗방울에 대하여」 부분

이 시에서는 죽음에서 삶으로 순환하는 생명의 법칙이 명료하게 그려지고 있다. 자연에서 죽음과 삶은 결코 분리되지 않고 끊임없이 순환하는 관계에 있다. "빗방울이 구름의 죽음"이라는 자연의 원리가 인디언 마을에서는 선연하게 드러난다. "인디언은 우리보다 대자연에 더 가까이 있었다"[23]는 고백은 비단 쏘로우(Thoreau)뿐 아니라 문명인 대부분이 공감할만한 사실이다. 자연과 조화를 이루며 자연의 원리를 실천했던 인디언들에게 죽음과 삶은 지속적인 순환작용으로 인식된다. 동물이나 새의 형상으로 지어진 인디언의 무덤은 이러한 관념을 반영한다. 무덤은 새 생명을 위한 터전이 되고 "구름의 죽음"인 빗방울은 생명수로 거듭난다. 여성시인들에게 이러한 인식은 그리 낯신

23 정규환, 「19세기 미국문학의 제국주의 극복—쏘로의 "인디언서" 기획」, 『19세기 영어권 문학』 9-3, 19세기영어권문학회, 2005.12, 254쪽에서 재인용.

것이 아니다. 여성 자신의 몸은 생명과 죽음이 순환하는 현장이기 때문이다.[24]

아이들 자라는 시간 청동으로 된 시간
차가운 시간 속 뜨겁게 자라는 군인들

아이들이 앉아 있는 땅속에서 감자는
아직 감자의 시간을 사네

다행이군요,
땅속에서 땅사과가 아직도 열리는 것은
아이들이 쪼그리고 앉아 땀을 역청처럼 흘리네

물 좀 가져다주어요
물은 별보다 멀리 있으므로
별보다 먼 곳에 도달해서
물을 마시기에는
아이들의 다리는 아직 작아요

24 니체는 이러한 인식을 '성적인 상징'을 통해 표현하고 있다. 이는 "죽음과 변화를 넘어서는 삶(생명)에 대한 승리적 긍정이며, 출산에 의해, 성적 신비에 의해 총체적으로 지속되는 삶으로서의 참된 생명"이다. 출산, 임신, 탄생을 통해, 즉 영원히 계속되는 '출산의 고통' 속에서 그리고 동시에 생산의 쾌락 속에서 반복되는 '영원한 생명(생명의 영원회귀)'은 긍정적으로 자신을 드러내게 된다.(김정현, 「니체와 페미니즘－데리다와 코프만의 진리 담론을 중심으로」, 『철학』 67, 한국철학회, 2001 여름, 98쪽)

언젠가 군인이 될 아이들은 스무 해 정도만 살 수 있는 고대인이지요, 옥수수를 심을 걸 그랬어요 그랬더라면 아이들이 그 잎 아래로 절 숨길 수 있을 것을 아이들을 잡아먹느라 매일매일 부지런한 태양을 피할 수도 있을 것을

아이들을 향해 달려가는
저 푸른 마스크를 쓴 이는 누구의 어머니인가,
저 어머니들의 얼굴에 찍혀 있는 청동의 총,
저 아이를 끌고 가는 피곤한 얼굴의 사람들은

아이들의 어머니인가
원숭이 고기를 끓여 아이에게 주는 푸른 마스크의
어머니에게 제발 아이들의 안부 좀 전해주어요
아이들이 자라는 그 청동의 시간도, 그 뜨거운 군인이 될 시간도

―허수경,「물 좀 가져다주어요」 전문

허수경의 이 시에서 물은 "별보다 멀리" 있다. "청동의 시간"을 사는 아이들에게 죽음은 가깝고 삶은 먼 것이다. 이 시에서 뚜렷하게 대립하는 "청동의 시간"과 "감자의 시간"은 각각 죽음과 삶의 표상이다. 제대로 자라지도 못한 상태에서 군인이 되어 죽음으로 내몰리는 아이들은 "청동의 시간"에 갇혀 있다. 땅속에서 감자가 열리듯 삶을 향해 움터야할 아이들의 운명이 전쟁의 희생양이 되고 있는 것이다. "물 좀 가져다주어요."라는 간절한 외침처럼, 삶을 향한 그들의 희구는 절박하다.

여기서의 물 한 모금은 절체절명의 순간에 더욱 고조되는 생명에 대한 갈망을 표출한다. "물 좀 가져다주어요"라는 절규에 반응하는 것은 다름 아닌 어머니들이다. 어머니들 역시 열사의 태양에 시달리고 청동의 총에 찍힌 얼굴을 하고 있다. 어머니들 역시 죽음과 전쟁의 위협 속에 놓여 있는 것이다. 어머니들이 하고 있는 "푸른 마스크"는 한 모금의 물처럼 생명을 향한 희구를 담고 있다. 죽음의 태양이 작열하는 청동의 시간 속에서 어머니들은 아이들에게 한 모금의 물을 건네기 위해 위험을 마다하지 않는다. 군인으로 끌려가는 아이들에게 달려가는 것은 어머니들에게도 목숨을 건 모험이다. 어머니들은 죽음의 위협과 생명의 힘겨움을 충분히 감지하면서도 아이들에게 물을 가져다주기 위해 달려간다. 그녀들은 "감자의 시간"을 지키기 위해 "청동의 시간"이 가져온 폭력에 저항한다. 자신들의 몸이 체험했던 "감자의 시간"이 "청동의 시간"에 포획되는 것을 지연시키려 한다. 이 시는 폭력적인 문명의 시간 앞에서 원초적인 자연의 시간이 얼마나 무력해질 수 있는지를 보여준다. 그러나 결코 허무의식에 빠지지 않고 생명을 향한 간절한 염원을 드러낸다. 이 시에서 '물'은 미약하기 그지없지만, 그렇기 때문에 더욱 간절한 생명의 표상이다. 이 물 역시 죽음의 막강한 힘을 인지하면서도 그것과 대결하는 역동적이고 의지적인 물이다.[25] 이 시에서 물의

25 이 시에 나타나는 "청동의 시간"과 "감자의 시간"은 老子의 '柔弱勝剛強'을 연상시킨다. 노자는 인간과 초목의 생존 현상 속에서 성장하는 것은 유약한 상태이고 사망한 것은 굳고 딱딱한 상태라 본다. 굳고 강한 것은 생기를 잃은 죽음의 속성이고 유약한 것은 삶의 속성이다. 따라서 병사가 강하면 멸망하게 되고 나무가 강하면 꺾이게 된다. 강대한 것은 아래에 처하고 유약한 것은 위에 처한다고 하였다. "人之生也柔弱, 其死也堅強, 草木之生也柔脆, 其死也枯槁, 故堅強者死之徒, 柔弱者生之徒. 是以兵強則滅, 木強則折. 強大処下, 柔弱処上."(『老子』 76장) "청동의 시간"에 저항하는 "감자의 시간" 혹은 한 모금의 미약한

표상은 대립과 지배구조를 강화해온 폭력적인 문명의 역사, 즉 "청동의 시간"을 극복할 수 있는 사랑, 배려, 돌봄, 생명 등의 근원적 가치를 부각시킨다. 그것은 어린 생명을 위협하는 "청동의 시간"의 전횡에도 불구하고 생명 보전의 노력을 아끼지 않는 모성과 상통한다. "아직 감자의 시간을 사네", "다행이군요, / 땅속에서 땅사과가 아직도 열리는 것은" 등에서 나타나는 것처럼 현재의 악조건 때문에 생명을 향한 긍정은 더욱 간절하게 표출된다.

여성시에 나타나는 모성은 단지 풍부한 생명력을 표상한다기보다 생명을 향한 지속적 지향, 생명의 본원을 회복하기 위한 근원적 움직임에 가깝다. 그것은 관념적 차원의 생명에 대한 사유와 달리 현실에서 벌어지는 삶과 죽음의 생생한 대립과 투쟁을 내포하고 있다. 여성시인들은 삶과 죽음의 긴밀한 관계를 구체적으로, 그리고 역동적으로 그려보이며, 궁극적으로 그것의 순환적 원리에 대한 긍정을 표명한다. 이는 남성 / 여성, 이성 / 감성, 문명 / 자연, 정신 / 육체 등 모든 영역을 이분법적 대결구조로 파악해왔던 근대적 사유방식과 달리 통합적이고 근원적인 사유와 관련되는 것이다. 여성들은 자신의 몸으로 경험했던 죽음과 삶의 역동적 전환을 자연의 궁극적 원리로서 직관한다. 그리하여 자연과 마찬가지로 생명을 유지 보존하려는 속성을 표출한다. "이성과 감성, 남성과 여성, 인간과 자연이 화해하고 새로운 횡단적 연대성을 찾는 것은 바로 이러한 우리 자신의 자연성, 생명을 자각하는 데서 시작될 수 있을 것이다."[28] 자연의 일부로서의 자신의 몸 감각에 충

'물'에 대한 추구는 전쟁의 파괴력을 극복하고 생명의 항상성을 유지하려는 노자의 지혜와 상통한다(이원섭 역, 『노자 · 장자』, 신화사, 1983 참조)

실한 여성시인들에게서 자연과의 횡단적 연대는 어렵지 않게 실현된다. 여성시인들의 시는 자연과의 연대가 자연을 원리를 공유하는 생명체로서의 자기 자신에 대한 자각과 다르지 않음을 보여준다. 생태주의적 관점에서 여성시가 갖는 중요성 역시 바로 이런 자연적 존재로서의 인간에 대한 자각에 기인한다고 볼 수 있다. 인간과 자연이 하나의 우주적 생명이라는 사실을 받아들일 때 근대를 대립과 파멸의 시대로 이끌었던 이분법적 사유를 극복할 수 있는 새로운 인식의 지평이 열릴 것이다.

5. 결론

이 글에서는 한국 현대 여성시에 나타나는 자연 표상을 통해 그 의식과 미학의 특이성을 밝혀 보았다. 표상화의 과정에 작용하는 경험과 의식의 작용을 살펴 여성시의 자연표상이 갖는 새로운 의미를 파악하려 하였다. 자연표상 중에서 '물'의 표상을 중심으로 고찰해보았다.

여성시에서 '물'은 다양한 감각적 표상으로 드러난다. 여성시인들은 시각 중심주의의 근대적 감각과 달리 촉각이나 청각 등의 다양한 감각들을 표출한다. 이러한 몸 감각을 통해 자연은 객관적인 묘사의 대상

26 김정현, 앞의 글, 101쪽.

에 그치지 않고 능동적으로 감각의 영역을 확장한다. 감각의 다양성을 동반하는 감수성과 미의식의 변화는 몸에 대한 정신의 우위, 시각 중심의 근대적 관념에서 벗어난 새로운 미학의 영역을 개척한다. 여성의 유연한 감성과 중심이 아닌 주변에 위치해온 경험이 이러한 새로운 미감의 형성을 가능케 한다.

여성시에서 '물'은 타자에 대한 인식과 교감을 매개한다. 여성시인들이 섬세하게 재현하는 타자의 목소리는 자아와 타자의 이분법을 넘어서는 공감의 영역을 열어놓는다. 여성시인들은 시선의 주체로서의 지배적 시선을 고수하지 않고 타자들에 대한 관심과 내적 직관을 투영하여 공감대를 형성한다. 자아와 타자의 관계에 대한 관심과 교감으로 인해 여성시는 내상에 대한 단순 묘사를 넘어서는 발산적 상상력을 드러낸다.

여성시에서 '물'은 단순히 풍부하게 넘치는 생명력을 표상하지 않는다. 여성시인들은 물에 대한 통념과 달리 생명에 이르기까지의 힘겨운 과정에 주목하거나 죽음과 삶이 연계되어 있는 장면에 치중하는 경향이 강하다. 여성과 어머니로서 겪은 다양한 몸의 경험들은 삶의 복잡다단한 과정에 보다 많은 관심을 기울이게 한다. 그리하여 삶과 죽음의 순환적 질서를 포착하거나 생명 유지의 난경을 극복하는 등의 역동적 인식을 드러내 보인다. 여성시에 나타나는 모성은 단지 풍부한 생명력을 표상한다기보다 생명을 향한 지속적 지향, 생명의 본원을 회복하기 위한 근원적 움직임에 가깝다.

우리 여성시의 경우 자연에 대한 탐구가 빈약한 편이라는 평가[27]는 양적인 측면을 강조한 것으로 보인다. 우리 여성시의 자연 표상이 보여주는 미학적, 생태학적 성과는 결코 빈약하지 않다. 여성으로서의 삶의 체험을 바탕으로 형상화한 자연표상은 남성시에서 보기 힘든 감각의 다양성, 섬세한 타자인식, 삶과 죽음에 대한 역동적 사유를 보여준다. 주체로서의 시각, 중심의 위치에서 자유로운 여성 특유의 유연성이 새로운 감수성과 생태의식으로 발현된 것이다. 주체와 타자, 인간과 자연 사이의 경계를 열어놓음으로써 여성시는 보다 확산된 감각과 상상을 표출할 수 있게 된다. 이런 경계의 무화는 배타적 자기중심주의에 대한 반성과 함께 타자와 주체의 공동체적 관계를 각성하는 데서 오는 새로운 윤리적 태도를 이끌어낸다. 이는 인간관계를 넘어서는 모든 관계에 대한 성찰에 해당하는 것으로서 여성시의 생태학적 중요성과도 관련된다. 여성시인들은 자연의 원리를 공유하는 생명체로서 자신을 자각하고 인간과 자연을 우주적 생명 공동체로 인식한다. 여성시의 자연표상에는 인간과 자연 사이의 횡단적 연대의 가능성이 내포되어 있어 그 생태학적 의미가 크다.

---

27 엄경희, 앞의 글, 357쪽.

에몬즈와 최승호의 생태시 비교

1. 서론

생태시는 20세기 중·후반 급속한 산업화로 초래된 생태계 위기와 관련되어 거론되기 시작했다. 유럽과 미국에서는 1970년대 초부터 생태계 문제를 본격적으로 다룬 문학이 등장했다. 1974년 미국의 문학이론가인 조셉 미커(J. W. Meeker)가 '문학생태학(literary ecology)이라는 용어를 처음 사용한 이래로 생태문학은 생태시, 생태소설, 생태비평, 생태미학, 생태페미니즘 등 다양하게 분화되어 커다란 흐름을 형성하게 되었다.[1] 생태시는 강조점에 따라 '환경시', '환경생태시', '생태주의시', '생명시' 등 많은 용어로 쓰이고 있다. 환경문제에 대한 고발과 계몽의식을 강조하기 위한 '환경시', '환경시'와 '생태시'의 잠정적인 결합으로 제안된 '환경생태시', 생태주의가 환경보호와 함께 환경과 관련된 사

1 김용민, 『생태문학』, 책세상, 2003, 76~84쪽 참조.

회 · 정치적 생활양식에서의 근본적 변화를 전제해야 한다는 앤드류 돕슨(A. Dopson)의 생태주의에 대한 정의에 따른 '생태주의시', 생태 위기의 자각과 극복을 위한 인식의 핵심에 생명이 놓여있음을 주장하는 '생명시' 등이 혼용되어 온 것이다.[2] 이숭원은 생명과 환경의 유관성과 상의성을 탐색하는 것이 생태학이고, 그러한 인식에 바탕을 둔 상상력을 생태학적 상상력이라고 하며, 그것에 의거해 쓰여진 시를 생태시라고 부르는 것이 가장 합리적이라고 주장한다.[3] '환경'을 강조할 때 배제하기 힘든 인간중심적인 시각이나 '생태주의'가 내포하는 이념적 맥락을 넘어서, '생명'을 포함한 생태계 전반의 문제를 다루는 시를 뜻하는 용어로 '생태시'라는 명칭을 사용하는 것이 가장 타당하다고 보고, 이 글에서는 이를 택한다.

오늘날 생태시만큼 전 세계적으로 보편성을 지니는 테마는 많지 않다. 생태문제가 전 지구적으로 연결되어 있듯이 이에 대한 의식 또한 공동의 영역을 형성한다. 생태시는 보편적 가치의 추구라는 문학 본연의 특성에서 멀어져 가는 20세기 후반 이후의 문학적 경향으로 볼 때 이례적으로 보편적 가치의 문제를 제기하는 각별한 의미를 지니기도 한다.

생태문제를 근본적으로 해결하기 위해서는 "우리자신의 내면의 구조, 즉 감수성과 욕망"[4]을 변화시켜야 된다는 점에서 생태시의 필요성은 분명해진다. 시는 내면의 감수성과 욕망을 투명하게 반영하며 동일

2 신덕룡, 『생명시학의 전제』, 소명출판, 2002, 73~80쪽 참조.

3 이숭원, 「생태시의 현황과 전망」, 『초록 생명의 길』 II(에코토피아를 위한 시론), 시와사람사, 2001, 129~130쪽.

4 김종철, 「시의 마음과 생명공동체」, 『시적 인간과 생태적 인간』, 삼인, 2002, 131쪽.

성과 조화의 비전을 선명하게 제시할 수 있는 장르이기 때문이다. 생태시는 현대인의 과도한 욕망이 초래한 자연에 대한 폭력적 지배의 문제를 지각하고, 자연과 인간이 공존할 수 있는 가능성을 모색할 수 있게 한다. 이를 위해서는 자연과 호응하고 공감할 수 있는 섬세한 감수성이 필요하다.

때로 생태시는 '생태'와 '시' 사이에서 강조점의 차이로 큰 편차가 일어나기도 한다. '생태'라는 문제의식을 강조하는 경우에는 생태계의 위기에 대한 경고와 타개를 위한 선언에 가까워진다. 이때 시적 감성과 미학은 훼손되기 쉽다. '시'를 강조하는 경우, 극단적으로 모든 시는 생태적이라는 일반화에 빠지기 쉽고 생태시의 실천적 파급력이 충분히 모색되기 힘들다. 생태시의 범주를 지나치게 협소화시켜 단순히 생태주의의 구호 같은 것으로 한정짓는 것도 문제이고 지나친 일반화로 생태시의 가치적 측면을 간과하는 것도 문제이다. 따라서 생태시에 대해서는, "단순한 배경 이상의 것으로서 비인간적인 것들이 존재함, 인간의 관심을 인간 너머로 확장함, 환경에 대한 인간의 책임의식과 하나의 상수 혹은 주어진 것이 아닌 하나의 과정으로서의 자연에 대한 인식을 담고 있어야 한다"[5]는 의식적 측면과 더불어, 시로서의 미학성에 대한 고려가 병행되어야 한다.

당위성의 주장에 그치거나 자연에 대한 상투적 감성에 머물러서는 생태시에 요청되는 미학적, 사회적 기능을 감당하기 어렵다. 그러나 많은 생태시들이 동어반복적인 발언을 양산하고 있는 것도 사실이다.

---

5 Lawrense Buell, "Introduction", *The Envirionmental Imagination : Thoreau, Nature Writing, and the Formation of American Culture*, Cambridge : Harvard University Press, 1995, pp.7~8.

생태시 논의가 진전되기 위해서는 생태의식과 미학의 측면에서 뛰어난 작품들을 선별하고 가치를 평가할 필요가 있다. 이 글에서 살펴보려는 에몬즈와 최승호는 생태시의 가능성을 크게 확장한 시인들로서 각별한 관심의 대상이 될 만하다. 이들은 각각 미국과 한국의 시인들이고 활동 시기도 일치하지 않지만, 생태시의 관점에서 볼 때 많은 흥미로운 유사성을 공유한다.

생태시인들에 대한 비교 연구는 생태문제가 갖는 전 지구적 차원의 보편성으로 미루어볼 때 다른 어떤 분야보다도 비교의 필요성이 분명하다. 서로 다른 나라의 생태시를 비교함으로써 국경을 넘어서는 보편적인 현안으로서 생태문제를 인식할 수 있다. 또한 유사하면서도 다양한 생태의식을 접하면서 새로운 비전을 확보하는 데 도움을 받을 수 있다. 이와 같이 비교문학의 필요성이 분명한데도 생태시와 관련된 비교 연구가 활발하게 수행되었다고 보기는 힘들다.

지금까지 한국과 미국의 생태시를 비교한 연구는 장영희와 박성창의 것이 있다. 장영희는 게리 스나이더와 김지하의 시를 자연과 인간의 관계와 문명에 대한 태도라는 두 가지 측면에서 비교한다. 두 시인 모두 생명의 순환고리인 자연에 참여하는 인간의 모습을 통해 상생의 가능성을 타진하며, 현대문명의 비인간성과 생명 파괴 현상을 통렬하게 비판하고 있다고 본다.[6] 기실 이러한 고찰은 생태시 일반에 적용할 만한 것으로서 두 시인의 생태시가 갖는 특별한 의미를 부각시킨 것이라고 하기는 어렵다. 박성창은 '마음의 생태학'이 문학적 차원에서 수

6 장영희, 「한・미 현대 생태시에 나타난 생태의식 비교 — 김지하와 게리 스나이더의 시를 중심으로」, 『비평문학』 15, 한국비평문학회, 2001.7, 312~332쪽.

행된 예로서 게리 스나이더와 정현종의 시를 거론한다. 두 시인은 모든 것이 연결되어 있다는 의식과 인간중심주의에 대한 비판을 통해 생태의식을 드러내며 생태의식의 미학과 윤리를 거쳐 존재론에 이른다는 공통점을 보여준다고 한다.[7] '마음의 생태학'이라는 매우 포괄적인 개념을 적용하고 있어 두 시인의 생태시 비교가 범박하게 이루어지고 있다.

이상의 선행연구에서 알 수 있듯이 생태시에 대한 비교문학적 접근은 자칫 일반적인 생태의식을 확인하는 데서 그치기가 쉽다. 어느 시인에게나 적용될 수 있는 일반론을 반복하기보다는 비교 대상 시인들의 특별한 문제의식이나 미의식을 집중적으로 조명해야 차별화된 연구 성과를 기대할 수 있다. 또한 연구 대상을 보다 다양화할 필요가 있다. 지금까지 생태시 비교에서는 게리 스나이더만이 집중적으로 조명되어 왔다. 물론 게리 스나이더는 미국의 환경운동에서 가장 주도적인 목소리를 유지해왔다.[8] 그러나 그 밖의 중요한 생태시인들도 적극적으로 연구할 때 생태시의 다양한 가능성을 점검할 수 있다.

이 글에서는 그동안 생태시 비교연구에서 거론되지 않았지만 흥미로운 유사성을 내포하며 생태시의 비전에 크게 기여할만하다고 생각되는 에몬즈와 최승호의 생태시를 비교할 것이다. 에몬즈(1926~2001)는 미국 시인으로 노스캐롤라이나 윌밍턴 출생이다. 1955년 첫 시집 『겹눈 차미(*Ommateum, with Doxology*)』를 출간했고 이후 20권 이상의 시집

7 박성창, 「마음의 생태학(Ecology of Mind)을 위한 시론 - 게리 스나이더와 정현종을 중심으로」, 『한국현대문학연구』 16, 한국현대문학회, 2004.12, 37~67쪽.

8 J. Scott Bryson, "Introduction", *Ecopoetry : A Critical Introduction*, Salt Lake City : The University of Utah Press, 2002, p.3.

을 냈다. 최승호(1954~)는 한국 시인으로 강원도 춘천 출생이다. 1977년 등단했고 지금까지 12권의 시집을 내놓았다. 국적과 활동 연대는 다르지만, 두 시인은 시작에 있어서의 기본적인 방법이나 생태의식, 그리고 미의식에 있어 유사성이 크다. 이 글에서는 두 시인이 공유하는 유사성에 초점을 맞추어 비교 고찰하고 이들의 시를 통해 생태시의 의의와 가능성을 검토하려 한다.

2. 관찰의 방법과 개방적 시선

에몬즈와 최승호의 시에서 뚜렷하게 드러나는 유사성은 시각 기능이 두드러진다는 점이다. 두 시인 모두 초기시에서 극도로 정밀한 관찰의 방법을 보여주다가 점차 심안(心眼)의 경지로 나아가게 된다. 이들의 시에서 시각 기능은 이성의 작용을 대변하는 근대적인 감각으로서의 시각과 달리 이성과 인간의 한계를 넘어 세계를 보다 넓고 깊게 이해하는 방법이 다.

에몬즈는 첫 시집인 『겹눈 찬미(*Ommateum, with Doxology*)』에서 인간의 시각과 다른 곤충의 시각에 대한 치밀한 과학적 관찰을 행한다. 곤충의 운동과 바람의 움직임, 그리고 빛과 곤충의 복잡한 윤곽까지 섬세하게 묘사하고 있다. '겹눈'이라는 용어에서 알 수 있듯이 그의 첫 시집은 인간의 인식기관 가운데에서 눈을 이용하여 사물을 관찰하는 능력인

과학에서 사용하는 눈의 중요성을 암시한다는 점에서 주목할 필요가 있다.[9] 에몬즈는 시인으로서는 드물게 구체적인 과학적 지식과 태도를 보여주면서 주목을 받기 시작한다. 과학적 발견은 자아의 좁은 경계를 넘어서는 세계로 에몬즈의 마음을 확장시킨다.[10] 그의 시에서는 인간의 자기중심적인 시각으로는 파악하기 힘든 자연의 독자적인 운동이 포착된다.

태양의 바람
녹색에
불을 지핀다, 엽록소들에
돛을 달아,
강둑, 습지들,
가지들에 불꽃을 일으킨다:
노란빛의 상실로 만든
녹색의 재.

The Sun's wind
blows the fire
green, sails the
chloroplasts,

9 양재용, 「A. R. 에몬즈 시의 비전-과학의 눈에서 노자의 관으로」, 『동서비교문학저널』16, 한국동서비교문학학회, 2007 봄·여름, 79쪽.

10 Steven P. Schnider, "Introduction : The Poet and the Scientist", *A. R. Ammons and the Poetics of Widening Scope*, London and Toronto : Associated University Presses, p.22.

lifts banks, bogs,

boughs into flame:

the green ash of

yellow loss.[11]

이 시에서는 녹색 식물의 광합성 작용을 묘사하고 있다. 태양빛이 엽록소를 만날 때 이루어지는 변화가 역동적으로 그려진다. "녹색의 불", "녹색의 재", "노란빛의 상실" 등의 표현은 광합성이라는 화학 작용의 과정을 비유적, 함축적으로 드러낸다. 이는 "지구상의 생물이 빛을 이용하여 화합물 형태로 에너지를 저장하는 화학 작용"이라는 과학적 정의로는 얻기 힘든 깊은 인상을 준다. 태양빛과 엽록소가 만나면서 이루어지는 경이로운 변화가 시적인 비유를 통해 선명하게 포착된다. 에몬즈의 시는 종종 인간의 시각적 한계를 넘어서는 극미 혹은 극대의 세계를 표현하는데, 이 시에서는 그 두 가지 세계의 결합을 절묘하게 그려내고 있다. "태양의 바람"과 같은 극대의 세계와 "엽록소"라는 극미의 세계가 자연스럽게 합치되면서 발생하는 변화의 과정이 생동감 있다. 이 시는 섬세한 관찰과 시적 상상의 결합으로 평범한 자연현상을 낯설게 하면서 새로운 미감을 발생시키고 자연의 작용에서 경이로움을 느끼게 한다. 인간적인 의식이 작동하면서도 인간의 세계 너머에서 독자적으로 존재하는 자연의 세계를 선연하게 감지하게 하는 시이다.

최승호 역시 "즉물적 관찰과 상상력의 결합, 또 그것을 통한 새로운

11 A. R. Ammons, *Collected Poems : 1951 ~1971*, New York : Norton, 1972, p.241.

지각과 깨달음에 이르는 과정"[12]을 시작의 기본 방법으로 삼는다. 물론 최승호는 에몬즈의 시처럼 극미와 극대의 세계를 넘나들며 과학적 사유를 행하는 것은 아니다. 그렇지만 치밀한 관찰과 정묘한 묘사의 방식에 있어서는 상통하는 바가 크다.

> 해일처럼 굽이치는 백색의 산들,
> 제설차 한 대 올 리 없는
> 깊은 백색의 골짜기를 메우며
> 굵은 눈발은 휘몰아치고,
> 쬐그마한 숯덩이만한 게 짧은 날개를 파닥이며……
> 굴뚝새가 눈보라 속으로 날아간다.[13]

이 시에서 보여주는 것처럼 최승호의 시선은 결코 인간의 시계(視界)를 벗어나지 않는다. 그러나 그는 인간의 눈으로 포착할 수 있는 광경을 지극히 정밀하고 선명하게 재현한다. 이 시에서 인상적인 것은 "해일처럼 굽이치는 백색의 산들"과 "굴뚝새"의 극단적인 대조이다. 휘몰아치는 눈보라와 짧은 날개를 파닥이는 굴뚝새는 사실적인 묘사의 대상이지만 그 대조적 관계로 인해 많은 비유적 의미를 발생한다. 이 시가 발표된 1980년대 한국의 상황 속에서 그것은 폭력적 권력과 약한 민중의 대비로 읽히기도 하지만, 그런 사회적 맥락을 배제하더라도 자연의 광대한 힘과 생명의 부단한 몸짓을 그려낸 시로 볼 수 있다. 사신의

---

12 김우창, 「관찰과 시—최승호 씨의 시에 부쳐」, 『대설주의보』, 민음사, 1983, 131쪽.

13 최승호, 「대설주의보」, 『대설주의보』, 민음사, 1983, 95쪽.

의도를 절제한 채 치밀한 관찰로 일관함으로써 더욱 풍부한 의미를 발생시킬 수 있음을 보여주는 시이다.

에몬즈나 최승호가 행한 관찰의 시는 시인 자신이나 인간 중심적인 관점의 협소함을 넘어설 수 있게 한다. 이들이 행하는 인간세계에 대한 비판적 안목은 그 중심에서 벗어난 채 객관적인 관찰을 행함으로써 가능한 것이다.

에몬즈는 인간의 자기중심적인 좁은 시야가 오만과 탐욕을 일으키고 결국 생태계의 오염을 야기한 것으로 본다. "사람들은, 아주 탐욕스런 행위를 하며, 과도한 정교함에 빠져 / 지성이 우주에 어떤 일을 자행할 수 있는지를 보여주었다. / 뿌옇게 끓고 있는 호수, 지하의 유독성 조수, 어스름 같은 / 대기의 쓰레기, 구름 같지 않은 구름: 건잡을 수 없는 우리 삶에 / 제동을 걸 수 있을까(man, in motion how avaricious, has by the exaggeration of his / refinement shown what intelligence can commit in the universe: / bleak scald of lakes, underground poisonous tides, air litter / like a dusk, clouds not like the clouds: can we give our wild / life a break)"[14]에서 그는 인간에 의한 자연 파괴를 직접적으로 비판한다. "탐욕"과 "과도한 정교함"은 근대 물질문명과 이성의 대표적 특성으로서 제어하기 힘들 정도의 기세로 생태계를 오염시켜 왔다. 시인은 호수, 조수, 대기, 구름 등 생태계의 대표적인 구성물들이 인공적인 장치에 의해 심각하게 훼손되었음을 지적한다. 근대적 이성의 "과도한 정교함"은 인간의 편협한 시야와 지나친 욕망을 반영하여 우주 전체의 조화와 균형을 깨뜨리는 행

14 A. R. Ammons, *Collected Poems*, Op.cit., pp.330~331.

위를 초래한다. 에몬즈가 장시 「쓰레기(Garbage)」에서 쓰레기 더미를 현대의 사원으로, 그리고 쓰레기 트럭 운전사를 대제사장으로 그린 것은 정도(正導)에서 벗어나("losing the trail") 멸망으로 치닫고 있는 현대 사회에 대한 통렬한 풍자이며 경고이다.[15] 인간 중심적인 시각에서 벗어나 생태계 전체의 조화와 균형을 생각할 때 쓰레기 문제는 심각한 재앙으로 인식되기 때문이다. 인간중심적 시각에서 벗어나 생태계 전체를 바라보면 목전의 편리와 욕망에 이끌려 간과하는 생태 파괴의 심각성을 뚜렷하게 감지할 수 있다.

최승호의 날카로운 관찰력이 도시문명을 향할 때 역시 인간의 욕망을 반영하는 부패의 현장에 대한 통렬한 비판이 작동한다. 카메라의 렌즈처럼 냉정하고 정교한 시신으로 시인이 포착하는 욕망의 후미는 지극히 그로테스크하다.

> 관광객들이 잔잔한 호수를 건너갈 때
>
> 水夫는 시체를 건지려
> 호수 밑바닥으로 내려가
> 호수 밑바닥에 소리 없이 점점 불어나는
> 배때기가 뚱뚱해진 쓰레기들의 엄청난 무덤을,
> 버려진 태아와 애벌레와
> 더러는 고양이도 개도 반죽된

15 김원중, 「순환, 재순환 그리고 재창조—『쓰레기』에 나타난 A. R. 에몬즈의 생태시학」, 『영어영문학』 49, 한국영어영문학회, 255쪽

개흙투성이 흙탕물 속에
신발짝, 깨진 플라스틱 통, 비닐 조각 따위를 먹고 배때기가
뚱뚱해진 쓰레기들의 엄청난 무덤을,
갈수록 시체처럼 몸집이 불어나는 무덤을
본다 폐수의 毒에 중독된 채
창자가 곪아가는 우울한 쇠우렁이를
물 가에 발생했던 文明이
처리되지 않은 뒷구멍의 온갖 배설물과 함께
곪아가는 증거를

—「물 위에 물 아래」 부분[16]

이 시의 시선은 호수 위와 아래를 대조하여 꿰뚫어보는 인식의 날카로움을 반영한다. 시인은 "관광객들이 잔잔한 호수를 건너"가는 표피적 현상의 후면에서 온갖 욕망의 적나라한 증거를 포착한다. 빙산의 표면과 후면처럼 대조적인 시행의 배치는 매끈한 문명의 표피 뒤에서 심각한 후유증을 나타내는 부패의 징후를 간파하려는 비판적 시선을 드러낸다. 이 시에서도 '쓰레기'는 인간 욕망의 지표로 작용한다. 관광객들이 보여주는 수평적 시선과 달리 '수부'의 시선은 문명의 바닥을 향해 끝없이 침잠한다. 이 '수부'의 시선은 문명의 종말을 투시하고 경고하려 하는 시인의 시선과 상통한다.

에몬즈와 최승호의 시에서 관찰은 인간 중심적인 시선과 사유의 경

16 최승호, 「물 위에 물 아래」, 앞의 책, 29쪽.

계를 넘어서 생태계 전체를 객관적으로 파악하는 방법이 된다. 철저한 관찰에 요청되는 거리두기가 주관적인 시선의 틈입을 배제한다. 그들은 인간을 포함한 생태계의 전체적인 현상을 냉철하게 직시함으로써 생태계 오염을 초래한 인간의 물질적 욕망을 분명하게 감지한다. 이들의 시에서 관찰은 인간 중심적 시선을 넘어서 자연의 원리와 현상을 근본적으로 파악하기 위한 방법이라 할 수 있다.

에몬즈는 자신의 섬세한 관찰력과 자연과학에 대한 풍부한 지식을 활용하여 현 생태계가 직면한 위기를 실감나게 제시한다. 「코르선 후미(Corsons Inlet)」에는 '엔트로피(entropy)', '이벤트(event)', '혼돈(chaos)' 같은 과학 용어가 등장한다. 엔트로피는 사용 가능한 에너지가 손실되면 사용 불가능한 에너지는 증가한다는 열역학 제 2법칙이다. 가용 에너지가 불가용 에너지로 전환하면 지구 자원은 언젠가 고갈될 것이다. 같은 시에서 에몬즈는 비상을 위해 모인 수천마리 제비의 무리에서 질서 뿐 아니라 무질서도 존재하는 것을 보고 이러한 현상이 '혼돈'이 아닌 '사건'이 되는 것을 본다. 이러한 현상을 하나의 '사건'이며 '과정'으로 보는 것은 화이트헤드의 과정철학에서 '과정(Process)'과 '됨(becoming)'을 실체로 파악하는 것과 같다. 에몬즈는 존재를 과정으로 파악하고 자연의 원리를 끊임없는 변화로 파악한다는 점에서 뉴턴적 고전물리학이 아닌 현대물리학의 새로운 비전을 보여준다.[17] 그의 시에 나타나는 시각적 지각 능력 또한 주체의 시선이 강조되는 모더니즘적인 시선과 달리 포스트모더니즘적인 경향에 가깝다. 시인은 행동적 검안사처럼 독자들의 주의를

17 양재용, 「A. R. 에몬즈 시의 과학적 비전」, 『현대영미시연구』 10-2, 한국현대영미시학회, 2004, 89쪽 참조.

새롭고 보다 중요한 양식에 노출시킴으로써 "환경을 변화시키거나 입력시킨다." 더불어 시각적 시인이나 전문적 시력 치료사들은 "더 나은, 더 깊은, 더 진실한" 지각을 기르려는 목적을 공유한다.[18]

최승호의 시에서 관찰의 시선은 물질문명과 자연의 실상을 보다 정확하게 파악할 수 있게 한다. 그의 냉철하고 비판적인 시각은 물질문명의 비판에 있어 각별하게 부각되지만, 자연을 무조건적인 선(善)으로 보지도 않는다. "사람이 하늘보다 / 어질게 느껴지는 때가 있다 // 원두막에서 비를 피하던 / 농부들을 벼락이 때리는 순간이다"(「사람이 하늘보다」) 같은 시에서 자연은 때로 인간보다도 더 광폭한 힘을 드러낸다. 주관적 관점을 배제한 채 철저한 관찰을 행하는 가운데 문명과 자연의 실상을 파악할 수 있는 것이다. 사물의 표층에서 시작되어 그 이면을 꿰뚫는 시인의 시선은 매우 예리하다. 인간 중심적 시선을 벗어남으로써 그는 물질문명의 후미에서 멸망의 징후를 읽고 자연의 거대한 힘을 포착하기도 한다.

에몬즈와 최승호의 중요한 시적 방법론인 관찰은 근대 과학의 방법론과는 구분된다. 근대과학의 기능적이고 인간 중심적인 입장과 달리 이들이 행하는 관찰은 협소한 인간적 관점을 넘어서려는 자각을 반영한다. 근대과학이 과도한 물질문명을 배태한 것과 대조적으로 이들은 물질문명의 폐해를 비판적으로 포착한다. 자연을 타자로 파악하는 근대적 시선에서 벗어나 이들은 자연과 인간세계를 균등하게 바라본다. 이들은 자연에 대한 무조건적인 찬사로 일관하는 낭만주의적인 시나

18 Steven P. Schnider, "Flex your eyes", *A. R. Ammons and the Poetics of Widening Scope*, London and Toronto : Associated University Presses, p.73.

자연을 절대적인 생명의 근원으로 파악하는 많은 생태시들과 달리 자연에 대해서도 균형 잡힌 시선을 보여준다. 이들의 시에서 자연은 절대선도 아니고 불변의 생태적 기반도 아니다. 이들은 자연과 인간의 역학에 주목한다. 자연은 인간에게 영향을 주기도 하지만 인간으로부터 많은 영향을 받으며 크게 훼손되기도 한다. 물질의 순환과 변화에 대한 냉철한 이성적 인식을 바탕으로 이들은 물질문명이 초래하는 생태계 파괴의 위험성에 대해 근본적인 비판을 행한다. 이는 현상에 대한 단순한 관찰 이상으로 전체에 대한 포괄적인 통찰로 인해 가능한 것이다.

3. 노자의 도와 근원적 생태의식

에몬즈와 최승호의 시가 사물에 대한 정밀한 관찰에 그치지 않고 전체적인 통찰에 이르는 데는 노장사상과 같은 자연에 대한 근본적인 사유가 작용한다. 물론 이들의 시는 노장사상을 직접적으로 인용하기보다는 풍부한 문학적 비유를 통해 보여준다. 그렇지만 이들의 시와 노장사상은 자연에 대한 이해에 있어 간과하기 어려운 깊은 관련성을 내포한다. 특히 자연의 근원적 원리에 대한 체계적인 해석을 행하고 이에 부합하는 인간의 생존 방식을 제시했던 노자의 사상은 이들의 심층생태학적 사유와 상통하는 바가 크다.

자연의 현상과 원리에 각별한 관심을 가졌던 에몬즈가 자연의 근원적 움직임에 대해 거론한 노자의 사상에 크게 이끌린 것은 자연스러워 보인다. 에몬즈는 여러 인터뷰와 편지에서 자신이 노자의 책을 항상 가까이 두고 여러 번 읽었다는 점을 밝히고 있다.[19] 과학에 대한 전문적 지식 외에 노자의 사상에 대한 심취는 그의 시에 나타나는 자연에 대한 폭넓은 이해의 바탕을 이룬다. 그가 행한 관찰의 시선과 마찬가지로 노자는 인간 중심적인 시선을 벗어나 자연을 이해할 수 있게 한다. 노자는 자연의 '도'와 어긋나지 않는 삶의 방식을 제시한다. 그것은 자연이라는 거대한 전체의 일부로서의 인간을 받아들임으로 해서 가능하다. 노자의 자연관에서는 중심이나 주변, 강자와 약자의 구분이 없이 모두가 전체가 이루는 조화와 균형이 강조된다. "우주의 어떤 곳을 건드리든지 / 모든 곳을 건드리는 셈이다(touch the universe anywhere you touch it / everywhere)"[20]라는 에몬즈의 생각은 자연의 유기적 관련성을 중시한 노자의 사상과 상통한다.

> 나는 풀보다도 천한 것이 무엇이냐고 말했다:
>
> 　아, 아래에,
>
> 　말라서 타버린 이끼의 땅껍질:
>
> 　나는 그것을 자세히 보았다
>
> 그리고 이것이 내 서식지가 될 수 있다고 말했다: 그러나

19　김원중, 「생태문학과 동양사상 — 또 다른 "오리엔탈리즘"인가?」, 『미국학논집』 36, 한국아메리카학회, 2004, 69쪽 참조.

20　A. R. Ammons, *Sphere : The Form of a Motion*, New York : Norton, 1974, p.72.

그 안에 안식하며 나는
발견했다
    갈색의 외부 아래에
    지성이 없는 녹색의 메카니즘
비속에서 부활을 기다리며: 나는 일어났다

그리고 우주에 천한 것은 아무 것도 없다고 말하면서 달렸다:
나는 거지를 발견했다:
그는 다리가 잘려있었다: 아무도
그를 주목하지 않았다: 모두들 그를 지나쳤다:
    나는 안식하면서 그의 삶을 발견했다:
거기, 사랑이 큰 충격처럼 그의 몸을 흔들었다:
나는 말했다
    사방을 다 찾아보았지만
    우주에서
    비천한 어떤 것도 보지 못했다:

나는 위아래로 변형되며 휘돌았다,
크기와 모양과 장소의 변형:
갑작스런 점이 계속 나왔다,
이끼, 거지, 씨앗, 이, 솔방울, 자아, 웅장한
존재!

I said what is more lowly than the grass:
    ah, underneath,
    a ground-crust of dry-burnt moss:
    I looked at it closely
and said this can be my habitat: but
nestling in I
found
    below the brown exterior
    green mechanisms beyond intellect
awaiting resurrection in rain: so I got up

and ran saying there is nothing lowly in the universe:
I found a beggar:
he had stumps for legs: nobody was paying
him any attention: everybody went on by:
    I nestled in and found his life:
there, love shook his body like a devastation:
I said
    though I have looked everywhere
    I can found nothing lowly
    in the universe:

I whirled through transfigurations up and down,

transfigurations of size and shape and place:

at one sudden point came still,

moss, begger, weed, tick, pine, self, magnificent

with being![21]

인간중심주의를 벗어날 때 강자와 약자, 귀한 것과 천한 것의 경계는 사라져버린다. "풀보다도 천한 것"이 서식지가 될 수 있다는 시인의 생각은, "근본으로 돌아가는 것이 도의 움직임이요, 유약함이 도의 작용이다"[22]라고 했던 노자의 '도'를 연상시킨다. 가장 낮은 곳에 놓인 가장 유약한 사물이 서식의 바탕을 이루는 것을 발견한 시인은 자연에서 어떤 것도 천하다고 할 수 없다는 확신을 얻는다. 이끼, 거지, 잡초, 진드기 등 온갖 하잘 것 없는 존재들과 몸을 바꾸는 시인의 상상은 자연의 모든 구성물이 생명 공동체를 이루고 있다는 사실을 웅변한다.

최승호의 시에서도 인간 중심적인 시선을 벗어나 귀천 없이 온갖 생명이 자유자재로 어울려 있는 자연의 형상을 종종 만날 수 있다. "무슨 막풀들이 자라 키를 넘더니 / 훤한 밤길 달맞이꽃 피었네. / 내것 아니어도 좋은 꽃들이 / 또 제것 아닌 달빛 두르고 / 피어 있는 달밤, / 공터가 큰 거울 되어 향기 흘리며 움직인다"[23]에서 '막풀'은 사람들이 이름붙인 것처럼 '천한 풀'이 아니라 강한 생명력을 가지고 자족적인 삶을 누리는 빛나는 생명체로 그려진다. 시인은 자연을 구성하는 생명체들

21 A. R. Ammons, *Collected Poems*, Op.cit., pp.141~142.

22 『老子』 第四十章, "反者道之動, 弱者道之用".

23 최승호, 『세속도시의 즐거움』, 세계사, 1990, 106쪽.

이 '내것'이니 '제것'이니 하는 인간적인 소유의 개념 없이 혼연히 어울리는 모습을 주목한다. 텅 빈 채 모든 생명을 품어내는 '공터'는 노자의 '도'에 대한 탁월한 비유이다. 에몬즈와 최승호는 풍부한 비유로 자연의 원리를 드러내는 노자의 사상에 더욱 구체적인 감각과 실체를 부여한다.

두 시인 모두 물질문명의 범람을 위기로 파악하고 이에 대해 냉정한 비판을 행하는 것도 노자의 사상과 무관하지 않다. 노자의 사상에서 가득 참을 경계하고 비어있는 상태를 긍정하는 이유는 차면 넘치는 만물의 이치처럼 욕망이 과하면 반드시 파멸에 이른다는 통찰에서 기인한다. 사심과 욕망을 줄여야 사회가 안정되고 생명을 유지할 수 있다는 생각은 노장 사상의 기조를 이룬다. 노자가 지혜를 포기하고 영리함을 버릴 것을 주장한 이유는 문화와 도덕의 가치를 무시했기 때문이라기보다는 절제와 조화의 미덕을 강조하기 위함이다.[24] 이미 수천 년 전에 노자가 경고했던 문명과 욕망의 위험성은 이미 포화상태를 넘어서고 있다. 에몬즈와 최승호는 노장적인 자연의 이해를 바탕으로 현 문명의 문제를 투시한다.

대자연과의 관계 속에서 현재의 삶을 돌아볼 때 그 문제점은 확연하게 나타난다. "우리는 자연적이다: 자연은, 그러나 // 우리가 아니다, 우리를 낳았다: 우리는 비록, 비록, / 고차원의 보다 정교한 질서에서 떨어져나와 자연적이지 않지만(but we are natural: nature, not // we, gave rise to us: we are not, though, though, / natural, divorced from higher, finer configurations)"[25]

---

24 이혜원, 「욕망의 원리와 무위자연의 도」, 『생명의 거미줄』, 소명출판, 2007, 180쪽.

25 A. R. Ammons, *Garbage*, New York : Norton, 1993, p.21.

에서 에몬즈는 오늘날의 삶이 자연의 본래적 질서에서 멀어져 자연스러움을 잃고 있음을 지적한다. "고차원의 보다 정교한 질서"란 자연 본유의 운영 원리를 말한다. 비어있는 듯 고요하게 생명을 보유하던 자연의 질서가 인간의 탐욕으로 인해 훼손되고 혼란스러워졌다. '쓰레기'는 인간의 과도한 욕망을 드러내는 가시적인 지표이다. 시인은 대작 「쓰레기(Garbage)」에서 인간의 탐욕이 초래한 자연 파괴의 실상을 파노라마적으로 제시하고 지향해야할 궁극적 삶의 자세를 제시한다. "정글의 법칙은 우리가 그토록 / 많이 배워온 것: 그러나 어떤 이는 // 삶의 목적이 다른 사람을 섬기거나 지배하는 것이라 하고, 또는 / 음악을 만드는 것이라 하고, 어떤 이는 살아있는 것이 // 죽은 것과 같다고 한다, 그러나 나는 말하려 한다 / 삶의 목적은 언제나 그렇진 않더라도 // 혹은 이따금씩은 그렇지 않더라도 여전히 살아남는 것이라고(it is the law of the jungle we have learned so / much from: but some would say the purpose of // living is to serve others or rule them, or to / write music, and some would say that being alive // is like being dead, but I would say that the / purpose though it might not always or but // seldom come through is still being alive)".[26] 약육강식의 정글의 법칙이나 이타적인 삶, 고차원적인 예술, 삶과 죽음의 동일성을 거론하는 철학 등 인간이 추구하는 삶의 목적은 다양하다. 그렇지만 에몬즈는 그 모든 것에 선행하는 궁극적인 삶의 목적이 "여전히 살아남는 것"이라고 단언한다. 이는 가장 단순하고 일차적인 삶의 이유이지만 맹목적인 욕망으로 인해 잃어버리고 있는 것이기도 하다. 이러한 삶의 근본석

26 Ibid., p.59.

인 목적을 되살리기 위해 에몬즈는 다음과 같이 인간적 욕망이 가리키는 것과 다른 방향을 제안한다. "나는 좁은 질서들, 제한된 긴장을 본다, 그러나 / 쉬운 승리에 이르지 않을 것이다: / 여전히 느슨하고 넓은 힘이 작동하다 : / 나는 질서가 무질서를 광범위하게 장악하도록 / 할 것이다, 범위를 / 넓히고, 그러나 내가 장악할 수 없는 / 최종적 전망이 없는, / 내가 완전히 알 수 없는, / 범위의 자유를 즐기며, / 새로운 걸음이 새로운 걸음이 되는 내일을(I see narrow orders, limited tightness, but will / not run to that easy victory: / still around the looser, wider forces work: / I will try / to fasten into order enlarging grasps of disorder, widening / scope, but enjoying the freedom that / Scope eludes my grasp, that there is no finality of vision, / that I have perceived nothing completely, / that tomorrow a new walk is a new walk)"[27]에서 에몬즈는 좁고 단단하게 한정된 인간적 욕망과 달리 더 느슨하고 거대한 자연의 질서에 따르려는 자신의 삶의 자세를 밝힌다. '산책'은 이러한 삶의 자세와 일치하는 실천의 방식이다. 고요하고 느긋한 삶의 자세는 조급하게 아우성치며 달려가는 인간적 욕망을 제어하며 "여전히 살아남는" 방식이 될 수 있다. 이는 "고요함은 조급함을 누르고, 찬 것은 더운 것을 이긴다. 청정(清淨)해야 천하가 바르게 된다"[28]는 노자의 말처럼 과속과 과열로 치닫는 문명을 경계하고 자연과 인간세계를 지속 가능하게 하는 지혜이다.

에몬즈와 최승호의 시에 나타나는 자연의 형상은 노자의 '도'와 매우 흡사하다. 이들은 모두 자연의 전체적인 운용의 원리를 탐구하는 가운

27 A. R. Ammons, *Collected Poems*, Op.cit., p.151.

28 『老子』 第四十五章, "静勝躁, 寒勝熱, 清浄為天下正".

데 유사한 통찰에 이른 것으로 보인다. 자연은 모든 생명을 관장하는 무궁한 근원이라는 인식에 있어 이들의 사유는 일치한다. 에몬즈가 "궁극적인 텅빈 중심(the final vacant core)"[29]고 하고, 최승호가 "빈 듯하면서도 공터는 / 늘 무엇인가로 가득차 있다"[30]고 한 '공터'는, 노자가 "도는 텅 비었지만, 이를 활용해도 차지 않으며, 깊고 깊어서 만물의 근본 같다"[31]고 한 자연의 근원과 상통한다. 그들은 자신은 비어있는 채로 만물을 양육하는 자연의 원리를 직관적으로 간파했던 것이다.

도는 텅 빈 채 고요한 상태이지만 도가 발생시킨 만물은 끝없는 운동의 상태에 있다. "도는 언제나 아무 활동도 하는 바가 없지만 또한 안 하는 바가 없다"[32]는 말은 도가 스스로는 움직이지 않는 것처럼 보이지만 만물이 움직이도록 만드는 것을 뜻한다. '무위'의 도가 궁극적인 자연의 원리이고 직관을 통해서 파악할 수 있는 것이라면 '무불위'의 도는 끊임없이 변화하고 순환하는 만물의 현상에 가깝다. 에몬즈와 최승호의 시는 도의 거시적 작용 속에서 만물이 변환하는 양태를 매우 실감나게 보여준다.

에몬즈의 시에서 '바람'은 자연의 유구한 변전을 드러내는 중요한 상징이다. "수백만 사건들의 요인으로서, / 유일한 변수로서의 바람은, / 사구 위에 두 개의 같은 순간을 / 남기지 않는다(wind alone as a variable, / as a factor in millions of events, / leaves no two moments / on the dunes the same)"[33]

---

29 Ibid., p.347.

30 최승호, 『고슴도치의 마을』, 문학과지성사, 1985, 96쪽.

31 『老子』 第四章, "道, 沖而用之, 或不盈, 淵兮似万物之宗".

32 『老子』 第三十七章, "道常無為, 而無不為".

33 A. R. Ammons, *Collected Poems*, Op.cit., p.153.

에서 형용되는 것처럼 바람은 단 한 번도 같은 순간을 남기지 않는 변화 그 자체이다. 바람의 움직임은 '무질서의 질서'라고 할 수 있을 정도로 끝없는 변화를 동력으로 한다. 에몬즈가 자연의 무한한 변화를 주시한 이유는 "안정은 / 변화를 통해 / 연속성이 복잡하게 작용하는 것(The reassurance is / that through change / continuities sinuously work)"이고 이러한 연속성이 "주변의 / 의미로 가득 찬 / 발전의 가능성(possibility / with meaningful development / of circumstance)"[34]이 될 수 있다고 생각했기 때문이다. 여기서의 '안정'이란 고정된 상태라기보다는 끊임없는 변화 속에서 생명의 항상성을 유지할 수 있는 상태이다. "여전히 살아남는 것"이라는 삶의 목적에 부합하기 위해서는 변화를 통한 연속성을 추구해야 한다. "만약 변화가 멈춘다면, 보유의 메커니즘은 / 조화를 상실할 것이다 : 흐름이 우리에게 알려주는 것은 / 우리의 잠정적인 지탱 방법인 것이다(if change stopped, the mechanisms of / holding would lose their tune : current informs us, / is the means of our temporary stay)"[35]에서 보다 분명한 생각을 읽을 수 있다. 바람의 예측할 수 없는 움직임은 일관된 질서가 아닌 우연적이면서도 열려있는 자연의 더 큰 질서에 부합하는 방식을 보여준다.

최승호의 시에서 끊임없이 변화하는 자연의 원리는 '물', '눈사람', '재' 등의 이미지를 통해 선명하게 재현된다.

> 눈사람이 녹는다는 것은
> 눈사람이 불탄다는 것,

---

34 Ibid., p.153.

35 Ibid., pp.334~335.

불탄다는 것은

눈사람이 재로 돌아가고 있다는 것.

재가 물이다

하얀 재

더 희어질 수 없는 재가 물이다[36]

위의 시 「눈사람의 길」은 "눈사람이 녹는다"는 현상 속에서 자연의 변화가 가져오는 다양한 의미들을 생성해내고 있다. 눈사람이 녹는 것은 열이 작용하는 현상이기 때문에 "눈사람이 불탄다"는 상상을 가능하게 한다. 눈사람이 녹는 것을 불타는 것과 동일시하면 눈사람이 녹은 물은 재와 같은 의미를 지니게 된다. 그렇다면 눈사람이 남긴 맑은 물은 더 이상 희어질 수 없는 재라고 할 수 있다. '재'가 환기하는 죽음의 이미지는 눈사람이 녹은 '물'의 이미지와 결합하면서 삶과 죽음이 교차하고 순환하는 양상을 절묘하게 표현한다. 눈사람이 남긴 하얀 재는 흑과 백, 생과 사의 경계를 지우며 자연의 순환과 생명의 원리를 증명한다.

두 시인이 선취한 노장적인 자연의 이해는 생명의 궁극적 원리와 관련됨으로써 생태의식의 결정적인 방향을 제시할 수 있다. 이들은 생태계 보존을 외치는 어떠한 주의주장보다 실감나게 자연의 궁극적 질서와 변화의 양상을 그려낸다. 다양한 비유와 감각적 묘사를 통해 자연

36 최승호, 『눈사람』, 세계사, 1996, 27쪽.

의 원리와 작용을 감지할 수 있게 한다. 비어있으면서 생명을 양육하고 끊임없이 움직이며 생성을 거듭하는 자연의 질서는, 가득차서 넘치고 죽음을 향해 치닫는 인간의 물질적 욕망을 근본적으로 비판하고 반성할 수 있게 한다. 이들의 시는 생태계 훼손의 현상을 단순히 비판하는 데서 그치지 않고 그것이 왜 문제인지, 그리고 삶의 목적과 회복해야 할 자연의 본래 모습이 어떤 것인지를 제시함으로써 생태의식에 의미 있는 비전을 제공한다.

4. 자연의 형상과 언어의 수용

생태시에 대한 부정적 견해들은 대개 그것이 내포하는 주장의 단조로움과 표현력의 한계에 대한 거부감에서 기인한다. 많은 생태시들이 생태 파괴의 위험성을 경고하는 당위적 명제를 반복하고 계몽문학적인 주장을 펼치는 데 그치기 때문이다. 생태시가 계몽문학을 넘어서는 감응과 설득력을 지니기 위해서는 생태문제를 근본적으로 조망할 수 있는 사상과 그것에 실감을 부여하는 미학의 통일이 이루어져야 한다. 에몬즈와 최승호의 시가 생태시의 비전에 기여하는 바는 단지 깊이 있는 생태의식을 제시하는 데서 그치는 것이 아니라 다른 생태시들과 확연히 구분되는 미학적 차별성에 있다.

이들의 시가 인간중심주의에서 탈피해 있음은 객관적인 시선과 함께 건조한 서술의 방식에 나타난다. 낭만주의시의 경우 자연을 다루더라도 인간적인 시선과 감정의 범람이 심한 것에 비해 이들의 시에서는 감정적인 표현을 찾아보기 힘들다. 이들은 자연에 대한 찬탄이나 도취보다 치밀한 관찰과 투철한 통찰을 행하기 때문이다. 에몬즈가 『테이프』에서 "오늘 나는 한 편의 / 길고 / 깡마른 시를 / 쓰기로 했다(today I / decided to write / a long / thin poem)"고 할 때의 "깡마른 시"나 「쓰레기」에서 "나는 왜 // 나의 가장 지루한 시를 쓰려고 하고 있는가(why should I // be trying to write my flattest poem)"라고 할 때의 "지루한 시"는 감정적인 시들과 구별되는 자신만의 분명한 스타일을 의미한다. 최승호의 차갑고 즉물적인 시들도 감정적인 시들과 정반대의 위치에서 새로운 미학의 가능성을 보여준다.

이들은 기존의 시 형식에 구애받지 않는 자유로운 표현방식을 통해 적극적으로 자신들의 생태의식을 반영한다. 에몬즈는 종종 들쑥날쑥한 시행을 구사하여 자연에 내재하는 '무질서의 질서'를 가시적으로 표현한다.

오늘 아침 나는 또 걸었다
사구를 지나서 바다를 향해,
부서지는 파도를 따라
    오른쪽으로 돌아
                힐빗은 깁을 들고
                또 돌아

육지의 후미를 따라:

찌는 듯 무더운데, 바다에서 바람은 끝없이 높게 불어,
모래를 날리며 부서지고,
태양이 잠시 빠져나오다가
조금 뒤에는

계속 흐려 있다:

발걸음은 자유롭게 걸어들어간다, 일정한 형태의,
생각의
수직으로
똑바른 선, 직육면체, 상자, 묶음에서 벗어나
풍경의
색채와 명암, 솟아오름, 흐르는 듯한 곡선과 혼합물 속으로

I went for a walk over the dunes again this morning
to the sea,
then turned right along
the surf
rounded a naked headland
and returned

along the inlet shore:

it was muggy sunny, the wind from the sea steady and high,
crisp in the running sand,
some breakthroughs of sun
but after a bit

continuous overcast:

the walk liberating, I was released from forms,
from the perpendiculars,
straight lines, blocks, boxes, binds
of thought
into the hues, shadings, rises, flowing bends and blends
of sight:[37]

이 시에서 매우 불규칙하게 이어지는 시행은 시인의 발걸음이 향하는 해안의 불규칙한 곡선을 연상시킨다. 대부분의 시들이 가지런하게 정렬하는 시행의 왼쪽 형태를 흐트러트림으로써 그는 기존시의 형식에서 자유로운 자신의 시 정신을 드러낸다. 그것은 단순히 질서의 파괴라기보다는 그가 목격한 자연의 선을 모방한 새로운 미학이라 할 수

37 A. R. Ammons, *Collected Poems*, Op.cit., pp.147~148.

있다. 그는 단단하게 고정된 '생각'의 표현이 아니라 변화무쌍한 자연의 형상을 닮은 시를 추구한다. 그의 시에서 자주 쓰이는 콜론은 '대화'와 균형을 이루며 침묵을 조밀하게 보존하도록 하며 거부의 순간을 포함하는 자연의 과정을 이해하여 형상의 뿌리를 발견하고 새로운 소리를 들을 수 있게 한다.[38] 에몬즈는 시어뿐 아니라 시의 형태와 부호를 활용하여 자연의 형상과 이미지를 재현하려 한다. 그의 시에서는 마침표를 찾아보기 힘들고 대문자도 별로 쓰이지 않는다. 너무 형식적으로 보이고 자신을 완전히 단절하게 되며 민주적이지 않은 대문자나, 한 문장을 전체 시의 조직들과 단절시키는 마침표를 싫어하기 때문이다. 같은 이유로 그는 작고 눈에 띄지 않는 것들을 부각시키는 소문자와, 평등함과 일관성이 있는 콜론을 좋아한다.[39] 그가 즐겨 사용하는 부호들이나 시의 형태 모두가 인간중심적인 시선을 벗어나 자연의 전체적인 양상을 섬세하게 살피려는 그의 시 정신과 결부되어 있는 것이다.

최승호는 초기시에서 주로 군더더기 없는 간결한 진술로 자연과 문명에 대한 즉물적인 관찰을 행하다, 점차 사유의 흐름에 어울리는 자유로운 형식을 추구해가고 있다. 「이것은 죽음의 목록이 아니다」라는 시는 형식에 있어 매우 파격적이고 흥미로운 예이다. "수달 멧돼지 오소리 너구리"로 시작하여 동강 유역에 서식하는 763개 동식물의 이름을 빠짐없이 적어놓은 이 시는 기존의 시에서 전혀 볼 수 없었던 새로운 시도로 신선한 충격을 가한다. 대개 시인의 주관적 시선에 의해 선택

38 Richard Howard, "The Spent Seer Consigns Order to the Vehicle of Change", *Modern Critical Views : A. R. Ammons*, Chelsea house publishers, 1986, p.44.

39 A. R. Ammons, Edited by. ZofiaBurr, *A. R. Ammons SET IN MOTION*, The University of Michigan Press, 1996, p.54.

되어 묘사의 대상이 되었던 동식물의 이름이 이 시에서는 어떤 선별과 정도 없이 동등하게 기재된다. 동등한 생태 구성원으로서 존재하는 이 동식물들의 목록은 그 자체로, "동강을 보호하자"는 어떤 구호보다도 강력하게, 존재의 당위성을 드러낸다. 전혀 시적이지 않게 단순 나열된 동식물의 이름이 시가 되는 이유는 "이것은 죽음의 목록이 아니다"라는 선언적 명제와의 충돌에서 기인한다. 당당하게 살아있고 눈앞에 현시되는 생명들의 이름이 무분별한 개발의 논리에 의해 곧 죽음의 목록으로 변할 수도 있다는 현실의 맥락이 이 단순한 명부를 놀라운 시로 만든다.

에몬즈와 최승호의 개방적이고 자유로운 사유는 그들의 시에 언어의 활기와 웃음을 부여한다. 에몬즈는 시가 일종의 '유희(entertaining play)'[40] 라고 하며 가식 없는 표현들로 웃음을 유발한다. 에몬즈의 생태학적 원천에 끝없는 신용을 만들어 온 것은 그의 위트이다. 적어도 이 점에 있어서 그는 놀랍다.[41] "나의 / 시는 벼룩으로 가득 차 있어 개들도 // 자려 하지 않고 쥐도 뒤적거리지 않는 밀짚자루이다 : 나는 추상적이고 부정확한 / 가금의 모이이다(my / poetry is strawbags full of fleas the dogs won't // sleep on or rats rummage: I am the abstract inexact's / chickenfeed)"[42]에서처럼 인간과 자연 사이의 우열이나 귀천을 따지지 않는 개방적 사유가 웃음을 일으킨다. 웃음은 관점이 교차하는 지점에서 발생하기 때문이

---

40 A. R. Ammons, *Tape for the Turn of the Year*, Ithaca, NY : Cornell UP, 1965. Reprinted by Norton, 1972, p.178.

41 Willard Spiegelman, "Myths of Concretion, Myths' of Abstraction : the case of A. R. Ammons", *Critical Essays on A. R. Ammons*, New York : G.K. Hall, 1997, p.347.

42 A. R. Ammons, *Garbage*, Op.cit., pp.103~104.

다. 인간중심적인 시선에서 벗어나 다른 입장에서 바라볼 때 고정된 사유가 뒤틀리며 해방감을 가져오고 웃음을 유발하는 것이다. "유머의 기능이 사물을 다르게 볼 수 있도록 하는 것이라면, 에몬즈는 그 자신과 독자들이 다른 관점으로 시를 보도록 하기 위해 유머를 발휘한다."[43] 그의 시에 나타나는 유머는 인간의 고정된 시선에서 벗어난 자유롭고 개방적인 정신에서 기인한다.

최승호는 지나치게 감정적이거나 도덕적인 기존의 시에 반발하여 재미있는 시를 쓰려고 하고 흔하지 않은 유머감각을 보여준다. 초기에는 현실에 대한 냉소와 비판을 예리하게 설파하는 블랙유머를 구사하였고 최근에는 우화 속에서 광활한 해학의 땅을 개척하고 있다.[44]

> 월식처럼, 일식처럼, 까마귀가 눈을 다 처먹어버렸습니다. 장님들만 돌아다닙니다. 소경들도 돌아다니고 맹인들도 나돌아다니지만 눈을 먹어버린 까마귀에 대해서는 아무도 생각을 안 합니다. 색안경을 쓰고 멋진 지팡이 구할 궁리들은 하면서도 까마귀에 대해서는 아예 묻지조차 않고 대화조차 안 합니다.
>
> ―「까마귀」 부분[45]

우화의 단순성을 살린 이 시에서 인간의 어리석음은 더욱 확연하게 부각된다. 바르게 볼 수 있는 눈을 잃어버린 사람들은 정말 중요한 것

43 Steven P. Schnider, "Persistences", *A. R. Ammons and the Poetics of Widening Scope*, London and Toronto : Associated University Presses, 1994, p.153.

44 이혜원, 「발 없는 새의 길」, 『작가세계』, 2002 여름, 57쪽.

45 최승호, 『여백』, 솔출판사, 1997, 73쪽.

이 무엇인지를 망각하고 여전히 물질적 욕망에 빠져있는 현대인들을 가리킨다. "색안경"과 "멋진 지팡이"는 그들이 의존하는 편견과 허위의식을 의미한다. 이 시에서는 자신들이 처한 위기의 원인에 대해서는 아무 관심도 없이 여전히 헛된 욕망에 빠져있는 사람들의 모습이 비웃음을 유발한다. 인간세계에 대한 거리두기로 인해 웃음이 발생하고 있다.

에몬즈와 최승호는 인간중심적 시선에서 벗어나 자연친화적인 시선을 취함으로써 기존의 시들과 확연하게 구분되는 개성을 표출할 수 있었다. 궁극적으로 자연의 상태에 가까운 시를 지향한다는 점에서도 이들은 유사한 경향을 보인다. 이들이 생각하는 자연의 언어는 '침묵' 또는 '여백'에 가까운 상태이다.

빈 공간들은
합칠 수 있는
침묵에
자리를
마련해준다:

과장된 언어는
빛나는
자작나무 옆에서
밤새도록
차가운 물에
기대어

있을 수

없다:

empty places

make room

for

silence to

gather:

high-falutin

language does not

rest on the

cold water

all night

by

the luminous

birches:[46]

나는 아무런 주장도 하지 않는다. 주장이 텅 비어 없기 때문에 자유롭게 시를 쓸 수가 있고 다양하게 시가 나타날 수 있다. 아무런 주장이 없는 경우 시론으로 인한 시의 이론적 결함이나 모순은 없게 된다.

---

46 A. R. Ammons, *Tape for the Turn of the Year*, Op.cit., p.131.

여백의 시학이란 씌어진 적도 없고 씌어진 것도 없는 텅 빈 여백을 말한다. 그 여백은 말로 채워지지 않으면서 다양한 말들을 이미 품고 있다. 말들이 불어나면 여백은 넓어진다.

—「詩論에 대하여—나가르주나의 말과도 같이」 전문[47]

위의 시들에서는 모두 인간적 언어와 자연적 언어에 대한 비교의 관점이 드러난다. 에몬즈는 침묵의 언어가 자연의 언어이며 '과장된 언어'로는 그것에 도달할 수 없음을 말한다. 침묵의 언어는 '과장된' 인간 언어의 한계를 받아들이고 그것에서 벗어나 자연의 흐름과 함께 할 때 가능하다. 그는 구체적인 자연에서 일어나는 '사건'과 그것의 '과정'에 동참함으로써 인간 언어의 한계를 극복할 수 있다고 보았다.

최승호는 주장이 가득한 인간 언어의 부자유스러움과 불완전함을 지적하며 여백의 시학을 제안한다. 텅 비어 있으면 자유롭고 주장이 없으면 모순도 생기지 않는다는 것이다. 그는 자연의 상태와 같은 천의무봉의 글쓰기를 지향한다. 자연의 근원과 같이 텅 비어 있는 침묵 상태는 아직 태어나지 않은 무수한 말들을 품고 있다. 자연이 그러한 것처럼 침묵의 언어도 무한한 생명의 언어를 배태한다. "저에게 자기 부정과 자기 갱신의 힘이 얼마나 남아 있는지 모르겠습니다만, 저 또한 하나의 침묵에서 솟구치는 파도, 허무를 모르는 파도, 끝없이 생동하는 거친 파도와 같은 작품을 쓰고 싶습니다"[48]라는 말에서 알 수 있듯 시인은 침묵에서 갱신의 힘을 끌어 올리기를 거듭하는 자연과 같은 시

47 최승호, 앞의 책, 64쪽.

48 최승호, 「수상소감」, 『미당문학상 수상작품집』, 중앙M&B, 2003, 13쪽

를 쓰고 싶어 한다.

에몬즈와 최승호는 생태시의 미학적 가능성을 확장한 시인으로서도 유사하다. 두 시인 모두 인간중심적인 시선을 벗어나 자연의 입장에 다가감으로써 기존 시와 차별되는 개성을 발휘한다. 낭만주의적인 자연시의 감정적인 접근이나 계몽적인 생태시의 이념적 접근이 인간중심적인 관점에 한정되어 자연을 그리는 것과 달리, 이들의 시는 자연의 현상과 입장에 근접하여 새로운 미감과 표현의 영역을 열어놓는다. 인간중심적인 시선을 벗어난 이들의 자유롭고 개방적인 사유는 해방감과 웃음을 유발하기도 한다. 이들은 생태시가 빠지기 쉬운 계몽의 차원과는 정반대로 인간 언어의 한계를 자각하고 자연의 언어가 내포한 가능성을 탐색하며 새로운 시의 가능성을 열어놓는다.

5. 결론–생태시의 비전과 방법의 혁신

생태시는 생태 위기에 대한 자각과 극복을 도모하는 시로서 전 세계적으로 공유하는 보편적 가치에 대한 문제 제기를 내포한다. 서로 다른 나라의 생태시를 비교함으로써 다양한 생태의식을 접하는 가운데 보편적으로 공유할 수 있는 생태적 가치와 미학을 발견할 수 있기 때문에 비교문학적 접근이 효과적인 분야이다. 이 글에서는 그동안 비교연구가 이루어지지 않았지만 많은 유사성을 내포하는 에몬즈와 최승호의 시가 생태시의 새로운 비전과 방법론에 시사하는 바를 고찰해보았다.

에몬즈와 최승호의 시에서는 정밀한 관찰의 방법이 작용한다. 극미와 극대의 세계를 넘나드는 에몬즈의 과학적 방법론은 자연의 독자적인 운동과 미감을 감지할 수 있게 한다. 최승호는 날카로운 관찰로 자연과 문명의 내밀한 속성을 정확하게 포착한다. 이들은 근대과학의 인간 중심적인 시선과 달리 인간과 자연에 대한 개방적이고 균형 잡힌 시선으로 자연과 인간의 역학을 파악하고 생태계 파괴의 위험성을 근본적으로 비판한다.

이들의 시가 보여주는 자연의 근원적인 원리에 대한 이해는 노자의 사상과 유사하다. 이들의 시는 무궁한 근원으로서의 자연을 직관하고 그 안에서 만물이 변환하는 양태를 미학적으로 재현한다. 무위자연의 자족적인 움직임은 과도한 욕망으로 인해 파멸로 치닫는 문명을 근본적으로 반성할 수 있게 하고 삶의 목적과 회복해야할 자연의 본래 모습에 대한 비전을 제시한다.

에몬즈와 최승호의 시는 생태의식뿐 아니라 표현의 미학에 있어서도 자연 친화적이다. 이들의 시는 기존 시의 틀에서 벗어나 자유로운 사유에 부합되는 새로운 형식을 구현한다. 또한 인간 중심적인 시선에서 벗어난 개방적 사유로 해방감과 웃음을 유발한다. 이들은 침묵 속에서 끊임없이 생성되는 자연의 언어를 지향함으로써 과장되고 공허한 인간 언어의 한계를 극복하려 한다.

이상에서 살펴본 바와 같이 에몬즈와 최승호의 생태시는 답보상태에 빠지기 쉬운 생태시의 문제의식과 방법론에 시사하는 바가 크다. 생태시는 전 지구적으로 공유하는 보편적 가치를 추구하면서도 계몽적 차원의 주장을 반복함으로써 의식과 미학의 진전을 이루기 어려웠다. 생태시가 계몽주의적 단계에서 진일보하기 위해서는 다양한 방법론을 적용하여 그 주장의 타당성과 설득력을 높일 필요가 있다. 에몬즈와 최승호의 시는 과학적 방법론과 철학적 근거, 미학적 실험 등 다방면에서 새로운 방식을 통해 생태시의 가능성을 확장한다. 이들의 시는 과학의 방법론을 통해 객관적인 관점과 설득력을 확보한다. 이들은 인간 중심적인 시선에서 벗어나는 객관적인 거리를 통해 생태시가 빠지기 쉬운 계몽주의와 감상주의의 함정에서 벗어난다.

이들의 시는 또한 생태계 현실을 파악하고 비판하는 데서 그치지 않고 자연의 근원을 통찰하고 인간 삶의 방향을 제시하는 보다 거시적인 통찰을 비전을 행한다. 이들의 시에서 자연에 대한 과학적 이해와 철학적 사유는 분리되지 않고 하나의 지점을 향해 열려있다. 이들은 자연에 대한 동서고금의 지식과 지혜를 통합하여 오늘날의 생태문제를 근본적으로 사유할 수 있는 근거를 확보한다. 이를 통해 생태계의 미래에 대한 비전은 자연에 대한 깊이 있는 이해에서 비롯된다는 것을 확인할 수 있다.

'생태'와 '시'의 조화에 있어서도 이들의 시는 참조할 만한 지점을 마련해준다. 이들의 시에서 투철한 생태의식과 미학적 개성은 통합을 이루며 상승작용을 한다. 자연의 근원에 대한 이해와 그것에 근접하려는 미학적 지향은 다양하고 개성적인 표현을 가능하게 한다. 미학적 향유 없이는 어떠한 생태시의 비전도 체감할 수 없다는 점에서 이들의 시가 보여주는 근본적 생태의식과 개성적 미학의 조화는 생태시의 방향에 중요한 지침이 된다.

제3부
서정의 원천과 자연의 미학

인간과 자연의 미적 조화

유치환 · 신석정 · 박목월의 시

서정시에서 자연은 흔하게 호출되고 친밀하게 다루어지는 대상이다. 자연은 감정을 빗대거나 토로하는 주된 소재이다. 이는 자연이 오랫동안 삶의 기반이었고 호응할만한 정서적 특질을 지니고 있기 때문일 것이다. 도시가 삶의 중심이 된 최근 수십 년을 제외한다면 서정시에서 자연 소재가 차지하는 비중은 절대적이라 할 수 있다. 우리 현대시 100여 년의 역사에서도 자연은 오랫동안 시의 친숙한 소재로 자리 잡고 있었다. 감정의 객관적 상관물로서, 또는 사유의 근원으로서 자연은 서정시의 필요조건을 이루어왔다.

자연이 단순히 소재 차원에 머물지 않고 삶의 태도나 사고방식과 깊숙이 결부되어 있는 경우도 있다. 유치환, 신석정, 박목월의 시에서 자연은 사유와 미학의 근원으로 자리 잡고 있다. 이들의 시에서 자연은 인간의 삶과 대비되는 이상적인 공간으로 나타난다. 유치환은 이상적 자연과 유한한 인간 삶의 대비를 의식하며 치열하게 번민했던 시인이다. 그의 시에서 사유의 무게중심은 늘 인간 삶에 놓여있으며 자연과의 절대적 거리를 초극하고자 하는 강렬한 의지는 멈추지 않는다. 신석정 시에서 자연에 대한 동경과 현실에 대한 관심은 절묘한 균형을 유지한다. 그는 이상적 자연을 좇으면서도 현실에서 발을 떼지 않는 자세를 줄곧 유지한다. 박목월 시에서 자연은 현실을 벗어나 안주하고 싶은 이상향에 가깝다. 그는 자연의 영원성과 단순성에서 삶과 미학의 궁극적 지향점을 발견한다. 이들의 시에서 현실적 삶과 자연은 어떤 관계를 형성하고 있는지, 자연에 대한 사유와 미학적 특질은 각각 어떠한지를 보다 구체적으로 살펴보도록 한다.

1. 유치환─생명의 절대성과 인간의 유한성 사이의 고뇌

유치환은 1939년 첫 시집 『청마시초』를 내놓으며 주목받기 시작했다. 새로운 서정시의 모색이 활발했던 1930년대가 저물어가던 이 시기는, 시문학파의 내밀한 언어기교나 모더니즘시의 서구 취향 모두 신선함을 상실한 상태여서 새로운 경향이 요청되던 때이다. 유치환의 출현이 돋보인 것은, 그의 시가 계급주의 시의 이념적 경직성이나 순수 서정시의 기교주의와 구분되는 독특한 입지를 확보하고 있기 때문이다. 그의 시는 삶에 대한 치열한 고투와 심각한 회의를 토로하면서도 직접적인 현실 비판이나 정치적 이념과는 거리를 두고 있다. 기교보다 내용에 무게가 실리면서도 일제의 검열을 피해갈 수 있었던 것은 역사성이나 사회성을 배제한 채 보편적인 삶의 문제를 다루고 있기 때문이다. 생명의 절대적 가치와 유한한 인간 운명 사이의 극복할 수 없는 간극에서 발생한 그의 고뇌는 전례 없이 격렬하고 비장한 어조로 인해 강렬한 색채를 띤다.

> 이것은 소리 없는 아우성
> 저 푸른 海原을 향하여 흔드는
> 영원한 노스탤지어의 손수건
> 순정은 물결같이 바람에 나부끼고
> 오로지 맑고 곧은 이념의 푯대 끝에
> 애수는 백로처럼 날개를 퍼다.
> 아아 누구던가
> 이렇게 슬프고도 애달픈 마음을
> 맨 처음 공중에 달 줄을 안 그는.
>
> —「깃발」 전문

초기 대표작으로 잘 알려져 있는 이 시에는 유치환 시의 두 축을 이루는 강렬한 생의 의지와 짙은 낭만성이 혼효되어 있다. '푸른 해원'과도 같은 생명의 원류에 도달하고자 하는 열망과 유한한 존재로서 주어진 운명을 감내해야 하는 처지가 '영원한 노스탤지어의 손수건'으로 압축된다. 추상적 개념과 구체적인 이미지가 절묘하게 조화를 이루는 그의 시는 관념을 형상화하는 데 있어 남다르다. 그의 시는 무한한 시원의 세계를 지향하는 형이상학적 열정과 그것을 지상의 조건 위에서 실천하려는 의지와 현실적 한계로 인해 흔들리는 비애로 가득하다. 이념의 푯대 끝에서 푸른 해원을 향해 나부끼는 깃발은 시인 자신의 정신적 표상이라 할만하다. 실현 불가능한 이상과 예리한 자의식으로 인해 낭만성의 과잉은 불가피해진다. '슬프고도 애달픈 마음'은 그의 시를 지배한 주조이며, 종종 격렬한 어조를 동반한 파토스적 열정으로 드러난다.

'순정'은 유치환의 낭만성을 집약하고 있다. 순수하고 이상적인 삶과 사랑을 꿈꾼 시인은 늘 현실적 한계로 인해 극심한 고통을 마주해야 했다. 영원에 도달하려는 형이상학적 열정으로 가득 찬 시인이 감내해야 한 현실은 최소한의 영토마저 잃고 거친 만주벌판을 전전하는 실향민의 처지였다. 만주 방랑시절의 산물인 두 번째 시집 『생명의 서』(1947)에 실린 「바위」, 「생명의 서」, 「절명지」, 「광야에 와서」, 「首」 등의 시에서 격렬한 비애감이 압도적인 것은 이상과 현실 사이의 참담한 거리에서 연유한다. 이 때의 시에 자주 등장하는 '광야'나 '사막'은 극한의 상황에 이른 절망과 자학의 공간이다. "그 열렬한 고독 가운데 / 옷자락을 나부끼고 호올로 서면 / 운명처럼 반드시 '나'와 대면케 될지니 / 하여 '나'란 나의 생명이란 / 그 원시의 본연한 자태를 다시 배우지 못하거든 / 차라리 나는 어느 사구에 悔恨 없는 백골을 쪼이리라"(「생명의 서 一章」)에서처럼 시인은 고독의 극한에서 자아와 생명의 본질을 탐구하려는 극기와 견인의 자세를 보인다. 죽음에 이르도록 인간으로서 추구해야할 가치는 생의 궁극적 원리를 깨닫는 것임을 각인한다. 유한하고 유약한 인간으로서의 번민과 절대적 세계에 도달하려는 집념 사이에서 그토록 격렬하게 부침했던 시인을 찾기는 어렵다. "내 죽으면 한 개 바위가 되리라 / 아예 愛憐에 물들지 않고 / 喜怒에 움직이지 않고 / 비와 바람에 깎이는 대로 / 億年 비정의 緘默에 / 안으로 안으로만 채찍질 하여 / 드디어 생명도 망각하고 / 흐르는 구름 / 머언 遠雷 / 꿈꾸어도 노래하지 않고 / 두쪽으로 깨뜨려져도 / 소리하지 않는 바위가 되리라"(「바위」)는 다짐은 어쩌면 평생 동안 다스리기 힘들었던 인간적 고뇌와 애련에 대한 고백이라고도 할 수 있다. 시인 자신도 좀처럼 일치하지 않는 자신의 복잡한 자아를 의식하고 스스로 연민을 보이기도 한다. 그러나 강인한 의지와 끝 모를 갈등의 긴장과 반복 속에서 그의 시는 창백한 관념이나 과도한 감정에 일방적으로 함몰되지 않고 개성을 발산할 수 있었다.

유치환 시의 주조음을 이루는 것은 비애나 고독과 대면하여 의지를 나시는 인간적인 면모이지만, 때때로 지극히 평온하고 서정적인 풍경이 그려지기도 한다. 인간이 개입되지 않은 자연을 묘사할 때 그러하다. 「早春」이나 「春信」 같은 편안하고 아름다운 서정시들은 자연이 이루는 자족적인 풍경을 재현한다. 자연은 생명의 본질을 전신으로 구현하는 이상적인 실체로서 인간의 유한성과 대조를 이룬다. 「小鳥」에서는 한 마리 작은 새가 능히 신의 은총을 전하는 것에 비해 수없이 많은 시로도 인간의 사연을 제대로 적지 못하는 시인으로서의 자괴감이 드러난다. 「수선화」에서는 '몇 떨기 가난한 꽃'이 예약하는 '우주의 큰 뜻'을 간파한다. 자연의 생명은 고요한 가운데 온전하게 자신을 실현하는 것에 비해 인간 세상은 수란하고 덧없다. 적요한 자연은 고독한 인간과 달리 스스로 충만하다. 유한하고 유성하기 이를 데 없는 시인은 자연과 거리를 가질 수밖에 없다. 자연 가운데 유일하게 '바람'은 친밀한 관계를 형성한다. "바람과 나는 同氣, 우주의 가장 묵은 一門의 후예로서 세계의 어디메도 안주할 곳을 갖지 못한 영원한 표박인, 쉼없이 뉘우치고 탄식하고 회의하고 헤매야 하는 운명”(「바람」)에서처럼 자족하지 못하고 늘 방황하는 운명을 공감한다. 안정된 삶을 자신의 것으로 받아들이지 않고 방랑을 자처함으로써 그는 번민과 회의가 가져다주는 삶에 대한 진지한 사색을 지속할 수 있었다. 그의 시에 유난히 ‘바람’이 많이 등장하는 것은 정주를 거부했던 삶의 태도와 일치한다. 자연을 노래한 시들이 아름다운 소품에 그치는 것에 비해 인생을 논하는 시들이 거칠지만 강렬한 인상을 남기는 것은 유치환 시의 본령이 삶의 철학과 맞닿아 있기 때문이다.

> 목놓아 터뜨리고 싶은 통곡을 견디고
> 내 여기 한 개 돌로 눈감고 앉았노니
> 千年을 차거운 살결 아래 더욱
> 아련한 핏줄 흐르는 숨결을 보라
>
> —「石窟庵大佛」 부분

석굴암대불은 오묘한 미소를 머금고 있지만, 시인이 발견한 것은 천년 세월을 생명의 의지로 견디며 삼켜온 통곡이다. 이처럼 대상의 내면 깊숙이 시인 자신의 격정을 투사하는 것은 유치환 시 특유의 방식이다. 차갑고 무거운 돌덩이에도 숨을 불어넣을 정도로 시인의 열정은 뜨겁다. 그 열정의 가열참과 긴박감 때문에 그의 시는 육성을 그대로 실어낸 듯한 속도감과 진실성을 보인다.

절규와도 같은 고백적 어조는 그의 시에 대한 평가를 양분한다. 그의 시에서 압도적인 직접적 진술의 방식이 삶에 대한 태도와 일치하며 우리시에서 흔치 않은 남성적 웅지를 보여준다는 옹호와 '생경하고 소박한 무기교의 기교'(김동리)라는 비판이 엇갈리는 것이다. 지극히 섬세하고 서정적인 시가 없지 않은 것으로 보아 시인은 기교를 몰랐다기보다 회피했던 것으로 보인다. 말을 다듬고 꾸며 쓰기 어려울 정도로 내면에서 솟구치는 열정과 의지가 강렬했던 것이다. 그에게 시는 언어미학이기 전에 삶에 대한 통찰이고 세상에 대한 발언이다. 그는 평생 벗어날 수 없었던 인간적 번민과 허무주의를 자신의 시를 통해 드러냈다. 시를 잘 빚어야 할 예술품보다는 삶의 철학을 담는 그릇으로 삼았다는 점에서 그는 문사(文士)의 전통을 계승한 시인이라 할 수 있다. 그의 시에 한자나 관념어가 넘쳐 비시적으로 보이는 점도 이와 같은 맥락에서 이해할 수 있다. "시의 현대적 기법 내지 현대성이라는 척도로 재기에는 너무나 당당하고 줄기찬 것이 청마의 시다"(김종길)라고 하는 것은 그의 시가 현대성으로 가늠하기에 적절치 않은 범주에 놓여 있음을 의미한다. 그는 시에 사유와 명상의 철학적 깊이를 부여하려 하였다. 이는 철학적인 시의 전통이 미약한 우리 현대시사에서 흔치 않은 경우에 해당한다. 그의 성공적인 시들은 관념에 구체적인 형상을 부여하여 뚜렷한 상징에 도달한다. 이상을 향한 간절한 동경을 그린 「깃발」이나 인간적 번뇌로부터 초월하고자 하는 의지를 보여주는 「바위」가 그러한 예이다. 그는 인간이면 누구나 부딪히게 되는 번뇌나 허무를 필생의 화두로 삼아 치열하게 탐구하였다. 성공한 경우 그것은 우리 현대시가 경험하지 못했던 장쾌한 사유의 미학을 이루었고 실패한 경우 그것은 감상적이고 사변적인 진술과 크게 다르지 않았다. 시인이기에 앞서 고뇌에 찬 인간으로서 발언하기를 서슴지 않았던 그는 삶과 분리될 수 없는 시의 운명을 가열하게 밀고나간 '생철학의 시인'이라 할 수 있다.

2. 신석정–강호가도의 계승과 역사적 의지의 실현

지금까지 신석정에게는 '전원시인' 또는 '목가시인'이라는 대명사가 부여됐을 뿐 아니라 '지조'와 '의지'의 시인이라는 상반된 견해가 공존해왔다. 초기시에 주목할 경우 앞의 명칭이, 이후의 시를 중시할 경우 뒤의 평가가 우세하게 된다. 첫 시집 『촛불』(1939)에서 마지막 시집 『대바람소리』(1970)까지 적지 않은 변화를 보인 것은 사실이나, 변화 못지않게 중요한 것은 그의 시를 지속적으로 관통하는 서정성과 사상의 조화라 할 수 있다.

첫 시집 『촛불』의 풍부한 서정과 독특한 어조는 그가 '목가시인'이라는 별칭을 얻게 된 결정적인 동기를 이룬다. 대부분의 시들이 '어머니'를 부르는 어린 화자의 천진한 동경과 친근한 어조를 그려낸 목가이다. 단순 소박한 그의 시풍은 함께 활동했던 '시문학파'의 기교적인 면모와도 구분되는 것이다. 김영랑, 박용철, 정지용 등 시문학파의 다른 시인들이 대개 정밀하게 조작된 언어미학을 추구했던 것에 비해 신석정의 시는 다듬지 않은 풍부한 서정성과 핍진한 어조가 특징적이다. 어머니와 함께 '그 먼 나라'에 이르려하는 어린 화자의 간절한 염원이 반복적으로 그려지면서 이상세계를 향한 강한 동경이 부각된다. 정신적 지향점이 뚜렷한 것은 언어의 조탁에만 몰입했던 시문학파의 전반적인 경향과 변별되는 점이다. 천진한 동심을 통해 시인이 그리고자 한 것은 이상과 현실 사이의 거리이다. "어두운 하늘을 제쳐보고 싶듯 / 나는 오늘밤 먼 세계가 그리워"(「촐촐한 밤」)에서처럼 그가 가고자 하는 곳은 '먼 세계'이며 그가 처한 현실은 '어두운' 밤이다. 일제 치하의 어두운 현실을 암시하면서도 어린 화자의 순진한 어조를 빌리는 독특한 전략으로 그는 당시의 혹독한 검열을 피해갈 수 있었다. 해방 이후의 시집에서 더 이상 어린 화자의 어조를 찾기 어려운 점이 이러한 가정을 뒷받침한다.

두 번째 시집 『슬픈 목가』(1947)에서 자연은 막연한 동경의 대상으로 머물지 않고 현실의 차원으로 들어온다. "푸른 산처럼 든든하게 지구를 디디고 사는 것이 얼마나 기쁜 일이냐 // 뼈에 저리도록 '생활'은 슬퍼도 좋다 / 저문 들길에 서서 푸른 별을 바라보자"(「들길에 서서」)에서처럼 이상을 지향하되 현실에 굳건히 발딛고 서려는 의지를 엿볼 수 있다. 첫 시집에 비해 한결 성숙한 어조이며 현실에 뿌리를 내리려는 진지하고 결연한 자세라 할 수 있다.

나와
하늘과
하늘 아래 푸른 산 뿐이로다

꽃 한 송이 피워낼 지구도 없고

새 한 마리 울어줄 지구도 없고
노루새끼 한 마리 뛰어다닐 지구도 없다

나와
밤과
무수한 별뿐이로다

밀리고 흐르는 게 밤뿐이요
흘러도 흘러도 검은 밤뿐이로다
내 마음 둘 곳은 어느 밤하늘 별이드뇨

—「슬픈 構圖」 전문

이 시기의 대표작인 「슬픈 구도」에는 부정적 현실과 대면한 자신의 처지에 대한 절박한 인식과 통렬한 비탄이 드러나 있다. '꽃'이나 '새'나 '노루새끼' 같은 풍족한 자연의 구성물이 부재하는 어둡고 적막한 현실을 직시하며 자신의 처지를 '슬픈 구도'로서 각인하는 화자의 태도가 두드러진다. 이상세계에 대한 상상에서 부정적 현실로 무게중심이 옮겨왔음을 감지할 수 있다. 비록 쓰라린 현실일지언정 거기에 발 딛고 살아야한다는 자세가 분명하다. 이 시에서의 '산'을 비롯하여 '나무'나 '푸른 대'의 수직적 이미지는 현실에 뿌리를 내린 채 이상을 지향하는 시인의 정서적 등가물이라 할 수 있다.

세 번째 시집 『빙하』(1956)와 네 번째 시집 『산의 서곡』(1967)에서 현실에 대한 발언은 더욱 강화된다. 직설적이고 구체적인 진술로 역사를 회고하고 현실을 비판한다. 궁핍의 체험이나 전쟁 중의 생활고 등이 절실하게 표현된다. 미학적 견제력을 상실한 실패한 시들이 적지 않은 반면 삶에 대한 포괄적 관심이 미학적으로 견제된 시의 경우 자연스럽게 의미의 확산을 이룬다. 1960년대에 이르러 그는 "현실의 내부 깊이 파들어가서 새로운 현실을 구성하는 데 시의 의의는 있을 것이다"라는 적극적인 참여시론을 펼치며 준열한 역사의식과 과감한 현실 비판을 행한다. 그러나 미적인 고려 없이 성급한 관념을 노출하며 시로서 실패하는 경우가 많다. 이와 정반대로 서정성이 농후하지만 일상의 묘사에 머무는 소품들도 있어 현실인식과 서정성이 유리된 채 조화를 이루지 못하고 있다.

마지막 시집인 『대바람 소리』(1970)에 이르러 현실인식과 서정성은 다시금 화합하면서 성숙한 경지를 보여준다. 자연에 대한 객관적인 묘사가 현실에 대한 암시와 긴밀하게 결합하는 고도의 미학적 견제력이 되살아난다.

그 어느 날
눈 언덕 아래
돋아 오르는 싹이 보이더니
파아란 싹이 역력히 보이더니,
삽시간에

눈은 간 데 없고
누우런 水仙花가 피더니

무더기로 피어 그 벌판을 덮더니,

끝내
水仙花는
네 얼굴보다 커다랗게
달려오고 있었다.

그렇게 봄은 오는 것이었다.

—「水仙花가 피더니」 부분

눈이 천지를 덮은 겨울로부터 수선화가 피어나는 봄에 이르는 계절의 변화가 긴박감 있게 그려지는 이 시는 어둠의 세월을 지나 희망을 맞이하려는 역사적 의지를 미학적으로 실현해 보인다. 자연의 순리처럼 불변하는 역사의 법칙에 대한 신념이 자연과 인간사에 대한 원숙한 시선과 맞닿아 있다. 역사의식과 서정성의 조화는 그의 시가 도달한 궁극적인 지점이다. 후기 명편 「대바람 소리」에서는 대나무에 대한 사실적 묘사에 충실하면서도 평생 동안 '지조'를 지켜온 자신의 인생관을 자연스럽게 겹쳐놓고 있다.

그의 시에서 자연은 고난의 인간사를 위로하며 올바른 삶의 지표를 제시하는 안식의 거처이다. 자연은 늘 현실의 반대편에 자리하는 이상적인 공간이다. 그런데 그의 시에서 궁극적으로 보여주는 것은 자연과의 완전한 동화와 세속으로부터 초탈한 경지를 지향하는 노장적 태도라기보다 인간 중심의 세계 속에서 천도의 이상을 실천하려는 유가적 태도에 가깝다. 그의 시는 인간에 대한 관심과 자연에 대한 경외심을 미적으로 조화시킨 강호가도(江湖歌道)의 유가적 전통을 현대적으로 계승하고 있다. 그의 시는 자연의 이상과 현실에 대한 관심을 미적으로 조화시키며 인간적 가치와 도덕적 신념을 지속적으로 추구해갔다. 그런 면에서 그의 시와 노장적 사유의 친연성을 강조해왔던 기존의 견해는 재고될 필요가 있다.

역사와 현실에 대한 관심과 미학적 고려 사이에서 줄곧 조화의 가능성을 견지해온 신석정의 시는 참여시와 순수시로 양분되어온 우리 현대시에서 독특한 입지에 있다. 그의 시는 함께 활동했던 시문학파의 기교주의와도 구분되고 참여시의 편내용주의와도 거리가 멀다. 은둔한 신비처럼 고향을 지키며 불의에 대해서는 준엄하게 항거했던 실제 삶처럼 그의 시는 안빈낙도의 멋과 지사적 품격을 갖추고 있다. 그의 시는 새로운 언어 표현이나 근대적 인간에 대한 탐구로 들끓었던 현대시의 중심에 서 있었던 것은 아니지만, 현실과 거리를 둔 채로, 그렇기 때문에 더욱 예리하게 현실과 이상의 간극을 체감하며 도덕적 결의를 확고히 한다. 시와 삶을 일치시키려 했을 뿐 아니라 인간과 자연의 미적인 조화를 도모했다는 점에서 그의 시는 여러모로 동양적 시가 전통에 가깝다. 정신적 열도나 의지의 강도에 있어 그의 시는 한용운 · 이육사를 잇는 '지조의 시인' 대열에 놓일 수 있을 것이다. 어떤 유파에도 포섭시키기 어려운 독특한 경향과 태도에 있어서도 그러하다. 그의 시는 도덕적 이상을 미적으로 수용하는 데 성공했던 보기 드문 경우에 해당한다.

3. 박목월－자연의 발견과 단순성의 미학

박목월은 1939년 『문장』지 7월호에 「길처럼」, 「그것은 年輪이다」가 1회 추천되고 12월호에 「산그늘」이 2회 추천되었으며 1940년 『문장』지에 「가을 어스름」, 「年輪」이 3회 추천됨으로써 추천을 완료하고 등단하였다. 추천인인 정지용은 "北에는 素月이 있었거니, 南에 朴木月이가 날만하다"며 박목월의 詩才를 높이 평가했다. 박목월은 등단 후 같은 『문장』지 출신의 시인 조지훈, 박두진과 교류하다 해방 이듬해인 1946년 삼인 공동시집 『청록집』을 간행한다. 『산도화』는 『청록집』 이후 10년 만에 내놓은 첫 개인시집이다.

『산도화』 이후의 시세계는 자연에서 나와 좀 더 일상으로 다가가는 특징을 보인다. 『난 · 기타』(1959)에서는 일상의 편린들에서 섬세한 서정성을 구현하며 『경상도 가랑잎』(1968)에서는 고향으로의 회귀와 삶에 대한 달관의 태도를 보여준다. 후기시를 대표하는 『사력질』(1973)에서는 유한한 삶의 비극성을 간결하게 표출한다. 그의 시는 크게 보면 자연에서 출발하여 일상을 거쳐 사물의 핵심을 향하는 과정을 드러낸다. 여기서는 자연에 대한 사유가 집중적으로 드러나는 초기시를 살펴볼 것이다.

『산도화』는 박목월의 첫 시집으로 1955년 영웅출판사에서 출간되었다. 박목월의 초기시를 집대성하는 시집으로 『청록집』에 수록된 시들과 그 이후에 쓴 시들이 망라되어 있다. 36편의 시가 수록되어 있고 조지훈, 박두진, 황금찬 시인의 발문이 붙어 있다. 시집 제목에 대해 시인은 "산도화의 그 가난하면서도 차고 맑은 기품을 나는 좋아했다"고 하여 산도화의 이미지가 자신의 시 정신을 함축하고 있음을 시사한다.

이 시집에는 박목월 초기시의 자연관이 함축되어 있다. 그의 초기시에서 자연은 그림과 같은 간명한 구도와 청정한 아름다움을 드러낸다. 거의 한 폭의 동양화 속 무릉도원의 이미지에 가깝다. 이러한 자연은 세속과 거리가 먼 자족적인 공간이라 할 수 있다. 시인에게 자연은 존재의 근원적인 거점으로 자리한다. 그의 시에서 자연은 인간이 배제되어 있거나 인간이 자연의 일부분으로 자리 잡고 있는 탈속적인 공간이다. 자연은 현실의 반대편에 있는 이상향으로서 상상 속에 존재하는 것이다.

자연이 주가 되어 있는 공간에서 인간은 자연과 더불어 소박하고 고요하게 살아간다. 이 시집에서 묘사되는 자연 속 인간의 삶은 "밭을 갈아 콩을 심고 / 밭을 갈아 콩을 심고 / 꾸륵꾸륵 비둘기야 // 白楊 잘라 집을 지어 / 초가삼간 집을 지어 / 꾸륵꾸륵 비둘기야"(「밭을 갈아」)에서처럼 지극히 단순하다. 인간은 기본적인 의식주를 해결하며 자연과 벗하여 살아간다. "산이 날 에워싸고 / 씨나 뿌리며 살아라 한다 / 밭이나 갈며 살아라 한다 // 어느 짧은 山자락에 집을 모아 / 아들 낳고 딸을 낳고"(「산이 날 에워싸고」)에 드러나듯 자연의 소리는 부질없는 세속의 잡사에 휩쓸리지 않고 살고자 하는 시인 자신의 내면의 소리이기도 하다.

박목월은 복잡한 현실의 대척점에서 이상적 자연을 발견했고, 자연의 단순하면서도 심오한 가치를 표현하기 위해 간결하고 절제된 형식미를 구사한다. "흰달빛 / 紫霞門 // 달안개 / 물소리 // 大雄殿 / 대보살 // 바람소리 / 솔소리"(「佛國寺」)에서 보여주듯 서술어나 수식어를 배제하고 체언만으로 쓴 시도 있다. 시인은 자신이 자연에서 발견한 단순하면서도 조화로운 삶의 이치를 그대로 시의 형식에 적용한다. 군더더기 없이 간결한 형태와 조화로운 율감을 형상화한다.

이 시집에서 박목월은 전통적인 민요의 율조를 새롭게 계승하려는 시도를 한다. 전통 율격인 네마디율과 세마디율을 적절히 변주하면서 다양한 형식을 선보인다. 박목월은 특히 세마디율을 분행(分行)하여 변형시키는 데 능란하다. 분행으로 생겨나는 행의 끝에 가능하면 독립체언을 배열하여 절제와 여운을 더하는 방식으로 특유의 리듬을 형성한다. "山은 / 九江山 / 보랏빛 石山 // 山桃花 / 두어송이"(「山桃花 1」) 등 많은 시에서 독립체언으로 이어지는 세마디율의 변형은 선명한 이미지를 부각시키며 시상을 강화한다. 리듬과 의미의 조화와 개성적 표출은 박목월 시가 이룬 중요한 미학적 성과이다.

『산도화』에서 압축적인 묘사의 활용은 전체와 부분의 조화를 효과적으로 드러낸다. 「靑노루」에서 청노루의 눈동자는 극소의 세계 속에 극대의 세계인 자연의 전모를 압축하고 있다. 이는 부분과 전체의 유기적인 교융이라는 동양적 자연관과 상통한다. 「閏四月」에서 "산지기 외딴집 눈 먼 처녀"가 "문설주에 귀 대이고 엿듣고 있"는 모습은 자연이라는 세계의 중심과 부분으로서 거기에 참여하는 인간의 관계를 보여준다. 「나그네」에서 "구름에 달 가듯이 / 가는 나그네"는 자연의 무상한 움직임을 재현하는 부분적 존재이다. 박목월 시에서 압축적인 묘사는 자연과 인간의 조화와 교융의 관계를 미학적으로 재현한다.

박목월은 일제 말 암흑기에 이어 해방 직후와 한국전쟁의 혼란기를 겪고 나서 『산도화』를 간행하였다. 이 시집에서는 고난과 격변의 시대상을 찾아보기 힘들다. 평화롭고 자족적인 자연만이 펼쳐진다. 시인은 문학이 정치의 도구가 되었던 험난한 시대를 거쳐 오면서 그와 전혀 다른 문학을 꿈꾸었다. 급변하는 현실과 대조되는 자연의 영원성에서 삶에 대한 근원적인 질문을 구하려 한 것이다. 오래되고 근원적인 세계인 자연과 전통의 가치를 인식하고 단순성의 미학으로 그것을 형상화한다. 전통 율격을 창조적으로 계승하고 절제와 압축의 형식미로 자연의 원리를 드러낸다.

박목월은 김소월과 정지용의 뒤를 이어받아 해방 이후 우리 서정시의 맥을 계승한다. 김소월을 잇는 전통 율조와 정지용을 잇는 이미지 구성법을 조화시켜 완미한 서정시의 세계를 구축한다. 박목월은 자아와 세계가 교융하는 서정시 본연의 동일성의 시학과 전통의 미학적 수립에 있어 확고한 위치를 차지한다. 해방 이후 우리 시사에서 그의 영향을 따지기는 쉽지 않다. 가늠하기 힘들 정도로 광범위한 영향을 끼쳤기 때문이다. 박목월의 『산도화』는 자연과 인간의 관계를 그리는 서정시의 전통에서 빼놓을 수 없는 전범을 이룬다.

松花가루 날리는
외딴 봉우리

閏四月 해 길다
꾀꼬리 울면

산지기 외딴집

눈먼 처녀사

문설주에

엿듣네

—「閏四月」 전문

이 시는 절제미가 두드러지는 박목월 초기시 중에서도 간결한 형식을 보여준다. 2행 1연 형식의 4연으로 이루어져 있다. 전형적인 전경후정(前景後情)의 구성이며 감정을 절제한 객관적인 묘사로 일관한다. 제목처럼 '윤사월'의 어느 날 펼쳐지는 풍경을 카메라의 시선으로 담아낸 것이다.

'윤사월'은 시에서 의미심장한 시간적 배경을 이룬다. 윤사월은 윤달이 들어있는 음력 4월을 뜻하는데 양력으로는 대개 6월 중순에서 하순에 해당한다. 하지와 근접한 계절이니 해가 가장 길 때라고 할 수 있다. 봄의 끝자락이고 여름의 초입에 해당하는 계절이어서 만물이 번성하는 시기이다. 이 시의 묘사 대상은 '송화가루'와 '꾀꼬리'와 '눈먼 처녀'인데 그 어울림이 절묘하다. 윤사월 무렵에는 풍매화인 소나무에서 송홧가루가 날리고 꾀꼬리들이 유난스럽게 울어댄다. 자연의 곳곳에서 번식기를 맞은 생명체들이 부산하게 움직인다. 이곳에 함께 있는 처녀의 처지는 미묘하다. 처녀 역시 자연으로 치면 '송화가루'나 '꾀꼬리'와 마찬가지의 단계에 있다. 처녀가 바깥의 수선스러운 동정에 마음이 동하여 엿듣는 것도 그 때문이다. 그러나 '송화가루'나 '꾀꼬리'에게는 자연스러운 일이 '눈먼 처녀'에게는 거리가 있어 보인다. '눈먼 처녀'는 '산지기 외딴집'에 살아 산속 깊이 있으니 마땅히 짝을 찾을 방도가 묘원하다. '눈먼'이라는 결핍의 조건이 '처녀'의 기대를 방해하는 셈이다.

'눈먼 처녀'의 위치와 태도는 이러한 처지를 잘 보여준다. 그녀는 '산지기 외딴집'의 '문설주'에서 엿듣고 있다. 이 집의 문설주는 자연이라는 외계와 집이라는 내부공간의 경계에 해당한다. '눈먼' 처지로 유폐에 가까운 생활을 해야 하는 이 '처녀'는 외계로 나아가지 못하고 다만 호기심이 충만하여 엿듣고 있는 것이다. 다르게 보자면 처녀가 사는 이 '외딴집'은 마을에서 멀리 떨어진 외부 공간이다. '처녀'로서 짝을 찾을 수 있는 가능성이 희박하다. 어느 경우이거나 그녀는 경계인으로서 자신이 이를 수 없는 공간을 꿈꾸며 '엿듣는' 처지에 놓여있는 것이다. 볼 수는 없지만 들을 수 있는 상태라는 것도 '눈먼'과 '처녀' 사이의 거리와 부합한다.

그런데 이 시의 카메라적 시선은 바로 이 소외된 처녀를 클로즈업하고 있다. 원경에서 근경으로 옮겨오다가 처녀의 행동을 포착하기 위해 멈추어 선다. 1연의 송화가루 날리는 장면 한 컷, 2연의 꾀꼬리 우는 장면 한 컷 식으로 점차 근경으로 옮겨오다가 3연은 처녀의 위치, 4연은 처녀의 움직임으로 점점 다가온다. 리듬의 변화도 이러한 시선의 흐름과 조응한다. 1연은 7/5, 2연과 3연은 6/5, 마지막 연은 4/3으로 음절수가 점차 줄어든다. (이 시가 『청록집』에 실렸을 때는 마지막 연이 "문설주에 귀 대이고 / 엿듣고 있다"였는데 『산도화』에서 "문설주에 / 엿듣네"로 고친 것은 리듬을 더 간결하게 하기 위한 의도로 파악된다.) 원경에서 근경으로 올수록 점차 호기심과 긴장감이 고조되는 정서적 흐름과 일치한다. 다른 연들과 확연하게 구분되는 마지막 연의 짧은 호흡은 처녀의 행동에 시선을 집중하게 한다. 박목월 시에서 리듬과 의미의 조합이 얼마나 긴밀하지를 다시 한 번 확인할 수 있다.

박목월 시에서 인간은 자족적인 자연에서 약간 배리되어 있다. 이 시의 '눈먼 처녀'의 위치가 대표적이다. 이러한 상황이 박목월 시 특유의 애상감을 자아낸다. 시인은 불완전한 존재로서 벗어날 수 없는 비애를 감각적인 이미지와 운율로 펼쳐보인다. 이 시에서 송화가루와 꾀꼬리의 노란빛과 눈먼 처녀의 검은 시야는 처연한 대비를 이룬다. 그렇지만 처녀는 살아있는 청각으로 간절하게 바깥세상에 귀를 기울인다. 이처럼 박목월의 시는 자연과 인간이, 인간과 인간이 애써 이루는 조화의 아름다움을 섬세하게 포착해낸다.

서정시와 자연

신용목 · 길상호 · 손택수 · 문태준의 시

1. 고요하게 비어있는 서정시의 원천

자연은 오랫동안 서정시의 친숙한 소재로 작용해왔고 지금도 역시 그러하다. 새천년이 시작된 이후에도 여전히 자연 소재의 서정시들이 왕성하게 생산되는 현상에 대해 일각에서는 비판적인 목소리를 드러내기도 한다. 그런 시들은 이미 자연으로부터 멀어진 현실을 담아내기에 역부족이고 낭만적인 감흥을 드러내는 데 불과하다는 것이다. 자연에 의탁한 채 안이한 감상에 머물거나 상투적인 비유를 양산해내는 시들의 경우 이런 비판을 받는 것은 마땅하다. 그러나 자연 소재의 모든 시들이 이런 비판에 함께 묶여서는 안 될 것이다. 자연은 여전히 삶의 중요한 공간이며 현실에 대한 비판적 대안이 될 수 있기 때문이다.

역으로 자연과 상당히 멀어진 현재에도 서정시와 자연은 왜 그토록 유별난 친연성을 유지하는가에 주목할 필요도 있다. 세계의 자아화라고 일컫듯이 서정시는 통일되고 조화된 개인의 내면적 체험을 근거로 한다. 서정시는 짧은 형식 속에 세계와 자아가 합일된 순간의 체험을 응축해왔다. 세계와 자아의 갈등에서 발생하는 긴장감을 추진력으로 삼아 진행되는 다른 장르에 비해 서정시에서는 조화와 합일의 정서가 두드러진다. 다른 장르에서 자연 자체가 소재나 대상이 되는 일이 드문 것에 비해 서정시에서는 자연을 마주한 인간의 정서가 중심에 놓일 때가 많다. 들판의 꽃 한 송이, 하늘의 구름 한 점이 무수히 많은 서정시들을 탄생시킨 이유는 자연과 대면한 한 순간의 일체감이 곧 서정시의 핵심인 '영원한 현재'를 이루기 때문이다.

인간은 자연과의 고요하고 정밀한 교감 가운데, 쉴러가 말할 것처럼, 말없는 창조적 생명, 그 움직임의 고요한 자유, 그것 스스로의 법칙과 내적인 필연성과 자신과의 일체감을 얻을 수 있다. 자연(自然)은 글자 그대로 스스로 있는 상태를 보여주며, 고요한 가운데 자연의 상태를 대면한 인간은 자신 또한 자연의 일부로서 그러한 상태를 보유하고 있음을 깨닫게 된다. 자신이 내적인 필연성을 지닌 창조적 생명이라는 인식은 인간이 지닌 행복감과 자존심의 근원이다. 그것은 또한 함께 자연을 이루는 다른 생명에 대한 자각과 존중을 가능케 한다. 산업화 이후 자발성을 지닌 창조적 생명으로서 자신과 타자를 인식하는 것은 어려운 일이 되었다. 단지 필요에 의해 선택된 부품 같은 존재로서 자신의 전체성을 상실하고 열등감과 불안에 시달린다. 화폐를 단위로 모든 것이 산술적인 계산의 대상이 되는 현대사회에서 기존의 가치는 상대적이고 도구적인 값으로 환산된다. 이런 세계에서 자연과 삶의 전체성에 대한 감각을 유지하는 것은 불가능한 일이다. 인간은 자연에서 느꼈던 행복감이나 경외감을 잃어버리고 인공적인 물질의 세계에서 점점 단자화되며 결핍감에서 헤어나지 못한다.

오늘날의 현실에서 서정시는 자연에서 점점 멀어지는 전체성의 기억과 감각을 복원해낸다. 자연이 이미 생활의 공간에서 분리된 상태에서 서정시에서 그려지는 자연은 현실의 반영이 아닌 그것이 상실된 현실의 실상을 역으로 비춰 보이는 역할을 한다. 고요하게 비어있는 채로 사물을 담아내는 자연은, 넘치는 물질과 화폐 속에서 소외된 인간의 처지를 돌아보게 한다. 넘칠수록 갈급하게 만드는 소비의 체계와 달리 비어있는 채로 자족하는 자연의 생리는 잃어버린 충족감을 반추할 수 있게 한다.

여전히 서정시를 쓰는 젊은 시인들에게 자연은 어떤 의미일까라는 의문에서 이 글은 출발한다. 여기서 살펴보려는 신용목, 길상호, 손택수, 문태준 등은 도시 태생의 시인들이 아니어서 자연친화적인 삶에 대해 비교적 익숙한 편이다. 그러나 이들 역시 현재는 도시적 삶을 살아가고 있다. 이들이 보편적인 삶의 조건이 된 도시 저편의 자연을 여전히 시의 원천으로 삼고 있는 이유는 무엇일까, 그들의 시에서 자연은 어떤 형상으로 드러나는가를 살펴보도록 하자.

2. 소멸의 시간에 새기는 존재의 흔적

신용목의 『바람의 백만번째 어금니』(2007)에는 바람, 햇빛, 물, 새 등 자연물이 시의 기본 요소로서 자주 등장한다. 그런데 그의 시에서 자연은 편안하고 자족적인 세계에 머물지 않는다. 그의 시에서 가장 빈번하게 등장하는 '바람'은 끊임없이 움직이는 변화의 동력 그 자체이다. 시인은 특히 무정형의 바람에 '어금니'라는 색다른 이미지를 결합하여 기존의 관념에서 탈피한다.

공중의 검은 과녁, 중심은 어디에나 열려 있다

둥지를 휘감아도는 회오리
고독이 뿔처럼 여물었으니

하늘을 향한 단 한 번의 일격을 노리는 것
새들이 급소를 찾아 빙빙 돈다

환한 공중의, 캄캄한 숨통을 보여다오! 바람의 어금니를 지나
그곳을 가격할 수 있다면

일생을 사지 잘린 뿔처럼
나아가는 데 바쳐도 좋아라,

그러니 죽음이여

운명을 방생하라

—「새들의 페루」 부분

"새의 둥지에는 지붕이 없다"는 첫 구절에서 이미 암시하듯, 이 시는 죽는 순간까지 안주하지 못하는 모든 존재의 고독한 운명을 이야기한다. 지붕 없는 미완의 집에서 폭우에 젖으면서도 고요히 성장해가는 새들처럼 생명은 고독 속에 깃든다. 그리고 운명의 마지막 극점 역시 고독의 한 가운데 있다. 바람의 어금니는 고독이 뿔처럼 여물어 있는 하늘의 급소이다. 지극한 고독 속에서 생명의 처음과 끝을 주관하는 하늘은 곧 자연 그 자체이기도 하다. 그렇다면 바람은 무수히 변전하는 자연의 전령이리라.

신용목의 시는 자연을 무조건적인 관용의 이미지로 그리지 않는다. "밤의 입천장에 박힌 잔이빨들, 뾰족하다"(「별」), "별빛마다 피가 묻어 있었다"(「새들이 지나갔는지 마당이 어지러웠다」), "다 지난 흔적을 물고 놓지 않는 갯벌!"(「강화도, 석양」) 등 자연은 단단하게 새겨진 기억의 흔적을 내포하고 있다. 이 때 자연에 새겨진 흔적이란 모든 생명이 갖는 쓰라린 원죄 같은 것이다. 시인은 생명이 나고 죽는 전 과정을 고독 가운데 이루어지는 처절한 격투로 본다. 그의 시에서 자연은 종종 생명의 신비를 내포한 "적막의 장엄"(「틈」)의 광경으로 그려진다.

삶이란 죽음을 향해가는 과정이라는 존재론적 인식으로 인해 그의 시에는 늘 묵직한 비장미가 깃든다. 그에게는 자연현상조차 소멸의 작용으로 인식된다. 가령 비 내리는 광경을 보며 "구름의 장례식"을 연상하는 식이다. "어떠한 흙도 나를 받아주지 않을 것이므로 너에게 젖어 빈 나루를 떠도는, 바람은 구름의 공동묘지인가 하늘에 발을 찍으며 // 검은 우산을 받쳐든 나는 그리움의 하객이어다 / 상주의 두건 빌린 어린 곡비였다"(「구름의 장례식」)에서처럼 그는 장엄하게 내리는 비에서 구름의 종말을 보며 가없는 그리움에 목을 놓는다. "비가 내린다, / 목숨의 감옥에서 그리움이 긁어내리는 허공의 손톱자국"(「붉은 얼굴로 국수를 말다」)에서 비는 소멸의 순간까지 안타깝게 지속되는 그리움의 흔적으로 그려진다.

그의 시는 소멸을 향해가는 광대무변한 시간의 작용을 상상하는 데 있어 각별하다. "허공을 쳐 연못을 판 塔의 골짜기 / 나는 바람의 백만 번째 어금니에 물려 있다 천년의 꼬리로 휘어지고 천년의 날개로 무너진다"(「바람의 백만번째 어금니」)에서 바람은 허공의 골짜기를 휘감는 시간의 작용이다. 화자는 바람의 백만 번째 어금니에 물려있는 자신의 유한한 삶을 직감한다. 그의 시에서 자주 볼 수 있는 '허공'이나 '허기'는 존재의 유한성에 대한 뚜렷한 자각을 반영한다.

그렇지만 시인은 소멸의 결과보다는 그 과정에 보다 천착한다. 그의 시에 무수히 새겨지는 기억의 흔적이나 진한 그리움과 슬픔의 정서들이 그 증거이다. "어떤 기다림이 예까지 번져와 // 세월의 반죽을 불게 하나요 하루 낮을 다 살면 캄캄한 돌덩이로 돌아가고 말 / 허기를 짚고, 어머니 // 어느 가지를 꺾어 저 끓는 솥을 저을까요"(「붉은 솥」)에서처럼 "캄캄한 돌덩이"로 돌아갈 운명이지만 끝없이 기다리며 현생의 끓는 솥을 젓는 것이 삶이다. 모든 운명은 소멸하지만, 살아서 몸부림친 만큼, 그리워한 만큼, 상처 같은 기억의 흔적을 남긴다. '시간의 갈비뼈'니

'바람의 어금니'니 하는 시인 특유의 비유는 무한히 변전하는 시간 속에 각인된 존재의 기억을 각성시킨다. 그의 시에서 삶은 허공과 같은 자연의 지면에 새겨진 그리움과 비애의 흔적이다.

3. 불완전한 생의 강한 추동력

길상호 시집 『모르는 척』(2007)에서도 상처와 통증이 곳곳에 스며있다. 시인은 존재 탄생의 순간부터 새거지는 상처의 흔적에 주목한다. "흰 꽃잎 떨어진 자리 / 탯줄을 끊고 난 흉터가 / 사과에게도 있다"(「향기로운 배꼽」)에서 사과가 그런 것처럼 모든 존재는 탯줄을 끊고 나온 흔적을 내포하고 있다고 본다. 그리고 더 나아가 흉터보다 더 오래된 모체의 기억을 떠올린다. "탯줄을 자르기 전 / 어미를 먹고 자라던 기억이 / 나에게도 있다"(「어미를 먹은 기억」)고 할 때 나는 모체를 양분으로 삼아 생겨난 하나의 생명체일 뿐이다. "썩은 내 풍기는 저 무덤 속에서 / 새파랗게 싹은 잘도 자랐다"는 단언과 병렬되면서, 한 존재의 탄생은 다른 존재의 죽음을 딛고 일어서는 과정이라는 비장한 각성으로 연결된다.

이 시인의 인간적인 시선은 자연에서 차고 넘치는 생명력을 발견하는 것이 아니라 힘섭세 한 생명이 다른 생명으로 전화하는 자리를 눈여겨본다. "떨어진 열매의 자리, 그 빈 자리가 남은 열매를 키우는 힘"(「열매 떨어진 자리」)과 같은 전언은 그의 시 곳곳에서 찾아볼 수 있다. 상처와 희생 없이 생겨난 생명은 없다. "죽음에서 일어나 하품하는 봄 / 나비는 눈물의 기억으로 / 올라온 꽃대마다 / 울긋불긋 꽃을 만들 것이다"(「눈꽃에 앉은 나비를 보라」)라고 할 때 시인은 모든 생명의 눈물겨운 연대를 직시한다. 그것은 단지 심정적인 차원의 것이 아니라 명징한 관찰의 산물이다. 차가운 겨울 빈 꽃대를 적시던 나비 같은 눈송이가 없었다면 새 봄의 꽃이 어찌 피어날 것이며 꽃대 위에서 펄럭이는 나비의 힘겨운 날갯짓이 없다면 다가올 봄의 꽃을 또 어찌 기약할 수 있을까. 모든 생명 현상은 저마다 사력을 다하는 몸짓으로 이루어지는 것이다. 꽃이나 나비와 같은 연약한 생명의 힘겨운 몸짓을 지켜볼 때 시인의 눈길은 더욱 처연하다. "저 뜨거운 불 속으로 몸을 던지는 / 나방의 날갯짓, 때로는 절망이 / 근육을 움직이는 가장 큰 힘이니 / 오늘은 또 어디서 불빛 찾을까"(「나방의 날개」)의 나방처럼 모든 연약한 생명의 몸짓은 무모하고 필사적이다. 그들을 이끄는 것은 종국에는 절망을 향할지언정 저지할 수 없는 강한 본능이다. 시인은 움직이는 사물의 처음과 끝을 면밀하게 주시한다. 「탁족(濯足)은 뜨거워라」에서는 검룡소에 발을 담그며 푸른 물의 움직임을 성찰한다. 한강에서 시작된 수 천리 길을 꿈틀거리며 지나왔을 푸른 물에서 그는 용이 되기 위해 천 년을 꿈틀거리는 이무기를 상상한다. 승천을 향한 '불완전의 생'의 욕망이 그토록 먼 길을 이끌었으리라. 시인은 불완전함이 생을 추동시킨다는 아이러니를 자신의 운명으로 받아들인다. "저것이 이제 걸어야 할 / 나의 길이 될 것임을, / 끝내 검용 되어 날지 못하더라도 / 푸른 비늘 하나씩 뜯으며 / 부딪혀야 할 세월이 될 것임을" 다짐한다.

삶이란 유한하고 불완전한 존재로서 다만 끝끝내 부딪쳐야 할 시간이라는 생각으로 인해 시인은 묵묵하게 저의 길을 가는 물의 흐름에서 그 방향을 찾는다. 침묵은 자연에서 엿보는 최고의 어법이다. "입술의 헛된 말도 남은 찻물에 소독하고 / 다시 한번 먼 강 바라보는 일"(「차 한 잔」)로서 침묵한 채로 움직이고 합쳐지는 강물의 움직임을 배우려한다. 그러나 시인은 침묵하는 가운데 스스로 움직이고 변화하는 자연에 쉽게 동화되지는 못한다. 「안개에게 물린 자국이 없다」에서는 온몸이 입으로 이루어진 거대한 안개의 입에 대한 흥미로운 상상이 등장한다. 축축한 안개의 입 속에서 "사람의 껍데기를 다 벗고 / 온전한 짐승이 될 것 같았다"던 시인은 "하얀 혀로 쓰윽 핥아보더니" "꽤액 꽤액 구역질을 하면서 / 순식간에 사라지고 없었다"는 경험에 그치고 만다. 안개가 느꼈을 이물감은 역으로 자연의 침묵에 완전히 동화되지 못하는 시인 자신의 것이기도 하다.

「심해, 그리고 호수」에서 보여주는 심해 체험도 자연의 절대적인 경계에 대한 경외감을 드러낸다. 무인 잠수함을 타고 빙점 밑으로 내려갔을 때 바다는 "삼투압을 허용치 않는 삶과 죽음의 경계"로 그를 배척한다. "생명이 온전하게 호수에 들기 위해서는 한 점의 뼈까지 다 녹여야 했다"는 처절한 진실을 확인한 채 그는 바다 밖으로 나오고 만다. 이 시는 조셉 콘라드의 소설 「어둠의 핵」과 흡사하게 미지의 자연이 주는 공포를 인상 깊게 그려낸다. 무시무시한 침묵 가운데 삶과 죽음의 냉혹한 경계를 들이대는 자연에서 인간의 왜소한 존재를 확인하게 된다.

자연에 내재한 침묵의 깊이에 비할 때 인간의 언어는 얼마나 경박한 것인가. 「바다에는 썩은 물고기가 산다」에서 시인은 오염된 인간의 언어를 신랄하게 비판한다. 이 시는 "언어는 물고기다 / 썩으면 지독한 비린내를 풍긴다"는 명료한 비유에서 출발한다. 부레를 너무 부풀려 헤엄을 칠 수 없을 정도의 어떤 물고기는 과도한 수사로 본말이 전도된 언어일 것이다. 언어의 물고기들 중에는 심지어 동족을 잡아먹고 사는 것들도 있다. 이들 중 가장 흥미로운 부류는 "詩라는 것 쓰는 놈"이다. 시인은 "시라는 게 썩은 물고기 살점을 받아먹으며 만들어낸 것이라 기우뚱 바로 서기 힘들다"고 하여 시의 언어 역시 심각하게 오염되어 있다는 인식을 드러낸다.

길상호의 시에서 생명은 연약하고 불완전한 연대로 이루어져 있으며 자연은 절대적인 침묵 가운데 생멸을 관장한다. 시인은 유한한 생명으로서 자신의 미약함을 인정하지만 상처와 절망을 안은 채 살아가는 그 동력 자체에서 생의 의미를 찾는다. 자신이 몸담고 있는 삶과 자신이 사용하는 언어에 대해 시인은 부정과 불신을 드러내기도 하지만 한계를 직시하는 솔직함과 치열한 탐색에서 끝없이 움직여가는 강력한 추동력을 얻는다. "바람이 나를 노래하네 / 속을 다 비우고서도 / 땅에 발 대고 있던 날들 / 얻을 수 없던 / 그 소리, / 난간에 목을 매고서야 / 내 몸에서 울리네"(「風磬소리」)에서처럼 자신을 온전히 비워 자연과 넘나드는 소리의 경지는 곧 그의 시가 가닿으려는 지점일 것이다.

4. 소통을 지향하는 환한 숨길

손택수의 『목련 전차』(2006)에서는 자연에 대한 관찰과 교감이 보다 편안한 시선을 획득하고 있다. 신용목이나 길상호의 시에서 볼 수 있는 불안하고 긴장된 감각보다 동화와 소통에 이르는 친밀감이 한결 강조된다. 그의 시를 통해 볼 때 인간은 자연으로부터 멀어진 지가 그리 오래지 않기 때문에 별로 어렵지 않게 합일의 상태에 이를 수 있다. 그의 시에 등장하는 할머니들은 여전히 자연과 교신하고 있는 증인들이다. 「별빛보호지구」에서는 "계단식 논밭 땅을 갈며 / 하늘에 이르는 법을 익힌 사람들"이 나오고 「달과 토성의 파종법」에서는 "설씨 문중 대대로 내려온 농법대로" "별들의 신호를 알아듣고 씨를 뿌"리는 할머니를 만날 수 있다. 「구름의 가계」에서 상할머니는 "빛나는 통증으로 하늘과 이어져 있"어서 뼈마디가 저린 날마다 비를 내린다. 이들은 모두 농경시대의 습속을 내포한 이들로 자연과 밀착한 채 살아가고 있다. 농경과 상관없는 오늘날의 일상에서도 자연은 문득 그 본질을 현시한다. 「放心」은 한낮 대청마루에 한가롭게 누워있다가 "스윽, 제비 한 마리가, 집을 관통"하는 장면을 목격하게 되는 특별한 체험을 그리고 있다. 제비의 하얀 아랫배가 낮바닥을 스칠듯 지나가버린 순간을 시인은 "집이 잠시 어안이 벙벙 / 그야말로 무방비로 / 앞뒤로 뻥 / 뚫려버린 순간"이라고 표현한다. 이 때 제비 한 마리가 그에게 준 충격은 자연의 알몸과 직면하는 데서 온다. 중요한 것은 온 우주가 뻥 뚫려 일체를 이룬 듯한 합일의 경험이다.

화엄은 피부호흡을 하는구나
들숨 날숨 온몸이 폐가 되어
환하게 뚫려 있구나

그날 밤 누군가 똑똑 창문 두드리는 소리에
잠을 털고 일어나 문을 열어젖혔다

창문 앞 물오른 나무들이
손가락에 침을 묻혀
첫날밤을 염탐하듯 하늘에
뚫어놓은 구멍,
별들이 환한 박하향을 내고 있었다

—「화엄 일박」 부분

시인은 환하게 뚫려서 소통할 수 있는 개방된 상태를 중시한다. "화엄이란 구멍이 많다"는 발견은 생명이 깃들고 소통하는 통로에 대한 예리한 직관의 산물이다. 작은 구멍에는 미물들이 옮겨 다니고 큰 구멍으로는 더 큰 생명들이 호흡한다. 심지어 하늘의 별들은 나무들이 침 묻혀 뚫어놓은 구멍이라는 상상까지 가능하다. 구멍은 숨길이고 서로에게 넘나들려는 애틋한 몸짓이다. 화엄은 전 우주가 환하게 뚫리는 시원한 개방의 상태이리다. 작은 생명들이 행하는 부지런한 소통의 몸짓이 그 첫걸음이고 만물의 넘나듦이 지극해질 때 비로소 장엄하게 열리는 합일의 경지일 것이다.

시인은 마음을 놓은 채 자연에 동화될 때 문득 가까워지는 그 순간을 한껏 포착한다. "빗물에 말갛게 씻긴 석남사 길이 백리 밖 나를 한 숨에 흡, 빨아들이는 날이 있다"(「심호흡」)에서처럼 자연의 숨결 속으로 한없이 빨려들어가 정화되는 체험을 보여준다. 그에게 자연은 마음을 열어 놓고 있을 때 얼마든지 손쉽게 다가오는 세계이다. 「제비에게 세를 주다」에서는 자신의 허름한 적산가옥에 둥지를 튼 제비 내외를 소개한다. "관리 한번 제대로 해주지 못하고 / 방을 빼지나 않을까 전전긍긍 / 방세 대신 꼬박꼬박 챙겨주는 / 새울음소리를 염치없이 받아쓰고 있는" 처지를 이야기할 때 자연과 인간은 구별되지 않는다. 자연을 인간화하고 친밀감을 강조하는 그의 시에서 자연과 인간의 거리는 한껏 축소된다. 그의 시에서는 자연이 인간의 생존을 위해 일조하는 광경을 쉽게 목격할 수 있다. 「벚나무 실업률」에서는 노점상들의 생계를 위해 꽃을 틔우는 벚나무들이 등장한다. 물론 본말을 전도시킨 언롱이지만, 자연에 대한 시인의 절대적인 신뢰와 친밀감을 엿볼 수 있다.

손택수 시는 자연이 인간의 생계와 미감의 절대적인 터전이었던 농경시대의 기억에서 그리 멀지 않다. 마음을 열고 볼 때 자연은 언제든지 다가오고 아낌없이 베푸는 포용력 있는 생명의 원천으로 그려진다. 그의 기억에서 선명한 할머니의 농경이 자연과 공생하는 삶의 비결을 증명하기 때문이다. 그는 젊은 시인으로서는 드물게 자연과의 소통에서 얻을 수 있는 편안하고 풍요로운 감성을 확신하며, 마음을 열어 우수와 화합할 수 있는 길을 모색한다. 그의 시에서 그려지는 자연은 건강하고 정감이 넘쳐 친밀한 접근을 가능케 한다는 점에서도 믿음직스러움을 더한다.

5. 낮게, 천천히 지나가는 길

문태준 역시 자연친화적인 감성이 두드러진 시인이다. 『그늘의 발달』(2008)에서 시인은 자연에 더욱 침잠한 채 고요하고 아늑한 감성을 드러낸다. 손택수의 시에서 인간적인 관점이 앞서는 것에 비해 문태준의 시에서는 자연이 중심에 놓인다. 관조적인 시선으로 포착한 자연의 내밀한 현상 그 자체를 즐겨 묘사한다.

새는 날아오네
산수유 열매 붉은 둘레에

새는 오늘도 날아와 앉네
덩그러니
붉은 밥 한 그릇만 있는 추운 식탁에

고두밥을 먹느냐

목을 자주 뒤쪽으로 젖히는 새는

—「새」 전문

이 시의 새는 그토록 많은 시인들이 그렸던 상징으로서의 새와 또 다르게 소박하기 그지없는 새이다. 이 새는 한 줌 목숨을 부지하기 위해 산수유 열매를 찾아드는 작은 생명이다. 주목할 것은 이 새를 바라보는 눈길이다. “새는 날아오네”에서 “새는 오늘도 날아와 앉네”로 겹쳐지는 진술은 이 한 마리 새를 향한 지속적이고 집중된 시선을 보여준다. 시인은 산수유 열매를 먹기 위해 날아오는 새를 여러 날 동안 유심히 바라본다. 목을 자꾸 뒤쪽으로 젖히는 모습에서 힘겹게 고두밥을 먹는 모습을 연상하기도 한다. 오직 새 한 마리의 작은 몸짓을 묘사한 단조롭고 조촐한 시를 통해 무겁고 거창한 의미를 배제한 소박한 삶의 실상이 펼쳐진다.

문태준의 시에서 인간 중심의 시선은 쉽게 전도된다. “욕조의 물이 빠지며 줄어들듯 / 중심은 나로부터 코스모스에게 / 서서히 넘어간다 / 나는 주변 / 코스모스는 중심”(「흔들리다」)이라고 할 때 인간 / 자연, 중심 / 주변의 이분법은 어느새 와해된다. 흔들리고 변화하는 삶의 기미를 섬세하고 유연하게 바라볼 때 인간 중심의 고정된 관념은 사라진다. 중심에 대한 고착이 없는 상태에서 인간은 자연의 부분으로서 한없이 안락한 가운데 보호된다는 행복감에 젖는다. “밥 생각 없이 종일 배부르다 // 나를 처음으로 쓰다듬는다 // 오늘은 사람도 하늘이 기르는 식물이다”(「봄볕」)에서 ‘나’는 광합성을 하는 식물처럼 봄볕에 취해 밥 생각 없이도 배가 불러있다. 볕 좋은 날 하늘이 기르는 식물처럼 안온한 보호 속에 놓인 듯한 포만감은 오랫동안 잃어버렸던 자연의 감각이기도 하다. 시인은 마치 아까운 시간을 베어 먹듯이 애틋하게 그 포만감을 그려낸다. “호박꽃 속을 한결같이 맴도는 호박벌처럼 // 젖을 빨다 유두를 문 채 선잠 든 아가처럼 // 나오지 아니하고 그 통통한 살내 속에 있고 싶은”(「사랑」) 충만감은 오랫동안 멀어져 있던 도취와 몰입의 감각이기도 하다.

언제부터인지 우리 시는 혼동과 불안을 내포하지 않으면 해이하다는 편견에 사로잡혀 있다. 자연에 대한 도취나 동화는 현실에서의 도피라는 비판을 피하지 못한다. 이 역시 지나친 강박관념이나 도식적인 사유의 작용이 아닐까라는 반성이 가능하다. 자연에서는 한 소리가 다른 소리를 쓸어내거나 지워버리는 일이 없다는 사실에 시인은 주목한다. 그리고 "혼동이라는 / 그 말에 / 큰 오해가 있음을 알았다 / 혼동이라는 / 그 말로 / 나를 너무 내세웠다"(「혼동」)고 돌아본다. 혼동을 가장 진지한 사유인양, 가장 절실한 행동인양 여겼던 것이다. 이러한 사유의 결과인지 그의 시는 긴장보다는 여유를, 혼동보다는 조화의 상태를 지향한다.

> 내 걸음 가다 멎는 곳 당신 얼굴 들썽들썽해
> 천천히 오직 천천히
> 당신의 집과 마당을 다 둘러 나왔소
>
> 습한 곳에 바쳐질 조촐한 나의 목숨
> 나의 서정(抒情)
>
> ―「두꺼비에 빗댐―詩」 전문

그가 쓰고자 하는 시는 그리움의 대상을 향해 거듭거듭 새겨지는 서정이다. '들썩들썩'과 '글썽글썽'을 동시에 연상시키는 특이한 의태어 '들썽들썽'은 그의 시가 부재하는 대상을 향해 눈물을 머금은 채 끝없이 움직여갈 것임을 예상케 한다. '당신'이 없는 당신의 집과 마당을 천천히 둘러 나오는 행위는 결과와 상관없이 간절한 마음의 표현이다. 무엇을 바라서가 아니라 다만 그리워하며 그것을 되새기는 무위의 삶에 그의 시는 바쳐진다. 그는 습한 곳만을 골라 느리게 내딛는 두꺼비의 걸음걸이에 자신의 시를 빗댄다. "천천히 오직 천천히" 가는 것을 이 속도전의 시대에 맞서는 서정의 길로 선택한다. "헐거워지는 일로 하루를 살았다"(「물끄러미」), "손수레를 오늘은 일 없는 내가 / 끌고 가보았다"(「손수레인 나를」), "늙은 아버지는 참 이상한 상속을 하지 / 상속의 끝이 폐원이라니"(「나와 아버지의 폐원(廢園)」) 등 그의 시에서 쉽게 만날 수 있는 헐겁고 텅 빈 광경이 그의 서정이 향하는 궁극적 지점이다.

조촐하고 소박한 데로만 끌리는 시인의 내심은 실상 자연과 일체를 이루려 한다. "바람의 이 일을 / 나도 하고자"(「바람의 일」), "아무도 없는 빈 들판에 나는 이르렀네"(「극빈 3-저 들판에」), "나의 꿈은 근심 없이 햇빛의 바닥을 기어가요"(「엎드린 개처럼」)라고 할 때 시인은 무위자연의 상태를 지향하는 것으로 보인다. 욕망으로 들끓는 세계의 바닥에서 그는 가장 낮게, 그리고 느리게 지나가는 삶의 방식을 제안하고 있다.

6. 현실의 대안으로서의 자연

최근 젊은 시인들이 자연을 대면하는 방식은 크게 두 가지로 나누어 볼 수 있다. 불가사의한 자연의 깊이에서 존재의 유한성과 상흔을 역으로 비추어보기도 하고, 자연의 일부로서의 인간을 자각하며 합일과 조화의 정서를 발현하기도 한다. 신용목과 길상호가 앞의 경우에 해당하고 손택수와 문태준이 뒤의 경우에 가깝다. 물론 이들 각각이 보여주는 경험과 미의식은 더욱 다양한 프리즘을 형성하고 있다. 중요한 것은 이들이 여전히 자연에서 시의 원천적 질료를 발견하여 현실에 대한 대안으로서 제시하고 있다는 것이다.

이들이 자연과 만날 때는 고요한 가운데 마음을 열어놓는 상태가 된다. 소란스러운 현실 속에서 고요하게 자신을 가라앉히지 않으면 자연은 만나기 어렵다. 고요함은 현대인들이 어느새 감당하기 힘들어진 마음의 원래 상태이다. 그것은 자신과 세계를 있는 그대로 바라볼 수 있게 한다. 마음을 고요하게 비워 사물의 움직임을 바로 보는 것은 시작(詩作)의 기본 방법이기도 하다. 이 시인들은 정밀한 집중력으로 사물의 변화를 파악하고 자신의 위치를 가늠할 수 있는 서정시의 기본적인 방식에 충실하다.

또한 마음을 열어 자연과 만나면서 이들은 현실보다 더 큰 삶의 근원을 마주하게 된다. 인간의 인식이란 매우 한정적이어서 일상의 범주를 좀처럼 넘어서기 어렵다. 일상에 충실한 것이 시의 또 다른 미덕일 수도 있으나 그것만으로는 황폐해질 대로 황폐해진 현실에서 벗어날 방법을 찾을 수 없다. 근원적인 의식의 전환이 없이 이 답답하고 강력한 현실의 감옥을 벗어나기는 어려워 보인다. 시야를 넓혀 현실의 바깥을 바라보며 우리가 잃은 것, 혹은 다가가야 할 새로운 것들을 만날 필요가 있다.

자연은 인간이 만들어온 조악한 인공낙원의 저편에서 아직도 미지의 너른 품을 펼치고 있다. 자연의 두려운 깊이와 광활한 넓이에서 경외감을 느끼며 자신의 한계를 자각함으로써 인간은 현 상황을 타개할 예지를 얻을 수 있다. 무한한 자연에서 자신의 유한성을 깨달을 때 인간은 자신과 다를 바 없는 타자와 유약한 생명에 대한 연민과 그리움을 느끼게 된다. 그것이 도구적 관계에서 벗어난 충만한 연대를 가능케 한다. 고요히 비어서 만물을 생장시키는 자연의 운행법에서, 괴멸로 향하고 있는 욕망의 고리를 끊어내고, 본래의 생체리듬을 회복하는 법을 배워야 한다. 자연의 생리를 발견하고 그것과 일치된 자신의 본성을 감지해가는 과정은 세계 속에 자신의 중심을 세우고 변화시켜나갈 수 있는 첫걸음이기도 하다. 젊은 시인들의 서정은 자연이 여전히 시와 삶의 원천임을 확인하게 한다.

견자(見者)의 시학

김명리 · 김혜수 · 조정인 · 송수권의 시

동서양을 막론하고 시인은 '보는' 능력이 각별한 자들로 인식되어 왔다. 동양의 관물론(觀物論)은 사물에 대한 관점과 각성의 방법을 담고 있다. 사물을 어떻게 바라보고 거기에서 무엇을 얻어내느냐에 따라 시의 경지가 결정된다. 서양의 유명한 '견자(見者)'의 개념 역시 남다르게 볼 줄 아는 시인의 특별한 능력을 지칭한 것이다.

시인들은 대체 어떤 방식으로 사물을 보기에 보통사람들과 다른 능력을 가진 것으로 인식되는 것일까? 다만 얼마나 자세히 잘 보느냐의 측면에서 보자면 그들의 눈은 현미경이나 망원경, 또는 카메라 렌즈 같은 과학적인 눈의 정밀도를 따라갈 수 없다. 그러나 시인의 눈은 그런 기계적인 눈으로 포착할 수 없는 세계를 담아낸다. 그것은 육안(肉眼)의 시계(視界)를 넘어서는 심안(心眼)의 영역이다. 권호문의 「관물당기(觀物堂記)」에 의하면, 눈으로 보는 것은 마음으로 보는 것만 못하고, 마음으로 보는 것은 이(理)로 보는 것만 못하다고 한다. 세상의 이치를 환히 밝혀볼 수 있는 눈이야말로 시인들이 가질 수 있는 특별한 눈인 것이다.

그렇다면 세상 이치를 훤히 꿰뚫는 밝은 눈을 어떻게 얻어지는 것일까? 이와 같은 특별한 능력은 외부 세계와 상관없이 따로 작동하는 것이 아니라 밝고 투명한 육안에서 시작된다. 각별한 투시력을 지닌 시인들은 무엇보다 사물에 대한 뛰어난 관찰자들이다. 그들은 육안에 부딪치는 무수한 사물에 대해 늘 예민한 시선을 유지한다. 물론 이것은 남다른 통찰력을 위한 필요조건일 뿐이다. 그들은 남들이 의식하지 못하는 평범한 사물에서도 남다른 의미를 발견해낸다. 사물을 새롭게 인지하기 위해서는 그것과 처음 접할 때의 긴장된 시선이 필요하다. 우리는 늘 가까이 있고 반복되는 일상에 대해서는 전혀 특별한 느낌을 갖지 못한다. 사물이 각별한 의미를 갖게 하는 '낯설게 하기'의 과정은 시적인 순간에 필수적이다. 시인의 심안은 육안과 함께 늘 깨어있어서 사물에 대한 자동적 인식을 극복하고 새롭게 각성한다. 또한 그들의 예지와 통찰력을 관장하는 심안은 모든 사물의 궁극적 이치를 포착하는 데까지 나간다. 좋은 시가 탄생하는 장면에는 늘 현상의 차원을 넘어서는 본연의 이치에 대한 발견이 자리한다.

봄과 관련된 시에서 역설적으로 죽음에 관한 사유가 많이 드러나는 데에서 역시 시인들의 독특한 관물(觀物)의 방식을 확인할 수 있다. 그들의 시에서 봄은 삶과 죽음이 맞붙어 있는 경계의 시간이다.

김명리의 「이 화창한 봄날」(『문학사상』, 2004.3)은 봄의 한가운데서 생과 사의 순환적 작용과 적멸의 지점을 엿보고 있다.

> 봄날엔 어느 봉분 할 것 없이 씀바귀 꽃 핀다
>
> 이승과 저승의 잘 꿰맨 봉합선이

금세라도 째질 듯 샛노랗게 타오른다

산의 능선마다 휘황하다 저 물집!
생의 저쪽이 버들개지 물관부 속인 듯 퉁탕거린다

우수 지나는 빗소리에
소나무 때죽나무 한데 얼크러지고
핏자국 같은 새순들 대지의 아랫입술에 꿰매지고

봄하늘이 기우뚱 펼쳐 든 만세력
한 생이 구름문양 뿐인 낡은 책갈피에서
슬픔의 생몰일시란 아득히 지워지고 없다

봄밤엔 어느 봉분 할 것 없이 씀바귀 꽃 진다
좀씀바귀 밀선(密腺) 따라 달빛 흐르고
길의 앞날이 함박눈처럼 몰려오고

나는 그대가 꾼 길고 긴 꿈
머지않아 우리들 생의 캄캄한 후미(後尾)도
한 때의 반짝이는 박새 울음으로 흩어질 것이다

—김명리, 「이 화창한 봄날」 전문

이 시는 우선 화창한 봄날의 현상적 묘사와 비유의 생생함만으로도 흥미롭게 읽힌다. 봄날의 봉분이란 그 선명한 역설적 결합으로 인해 다층적 의미를 형성한다. 봉분에 피어나는 꽃은 '이승과 저승의 잘 꿰맨 봉합선'을 들썩거리며 그 경계를 각성시킨다. 둥근 봉분을 더욱 부풀리듯 끌어올리는 풀꽃의 이미지는 죽음을 뚫고 솟아오르는 생명에 대한 거칠 것 없는 상징이다. 이 시에서 생명의 솟구치는 활력의 묘사는 매우 인상적이다. 풀꽃이 가득 피어난 봉분은 터질 듯 부풀어 오른 생명의 '물집'이다. 이승과 저승의 봉합선을 뜯어내며 솟아오르는 생명력은 "버들개지 물관부 속인 듯 통탕거린다". 보일러 배관에서 나는 요란한 소리처럼 생명의 강렬한 에너지가 표출되는 대목이다. 이 시에서 봄의 생명력은 풍부한 물의 이미지로 인해 더욱 강조된다. 봄의 기운을 한껏 돋우는 '우수 지나는 빗소리'에 대지는 부풀어 오른다.

시의 전반부에서 봄날의 넘치는 생명력을 표출하는 데 집중되었던 것에 비해 후반부에서는 생과 사를 포함한 존재의 비의에 접근해간다. 죽은 대지를 뚫고 나오는 새순들처럼 생명은 돌고 돌아 천세, 만세 유전해왔다. 자연은 무심하게 순환할 뿐 유한한 존재의 범주를 넘어서있다. 우리는 다만 한순간 나고 지는 풀꽃처럼 유구한 만세력의 한 장을 장식하고 말 것이다. 자연의 순환적 질서는 생몰의 슬픔이라는 인간적인 영역을 벗어나는 것이다. 봄꽃이 피었다 지는 것처럼 무수히 반복되는 작용일 뿐이다. 시인이 '화창한 봄날' 발견한 것은 발산하는 생명에 그치지 않는다. 그것은 죽음을 뚫고 나오는 생명과 마찬가지로 죽음으로 돌아가는 생명의 순환 작용이다. 시인은 "봄날엔 어느 봉분 할 것 없이 씀바귀 꽃 핀다"는 구절과 "봄빔엔 어느 봉분 할 것 없이 씀바귀 꽃 진다"는 구절을 잇대어 생멸의 근원적 이치를 제시한다. 김소월의 「산유화」에서 그렇듯이 이 시에서도 자연은 저 혼자의 자족적인 공간에서 열리고 닫힌다. 이 시의 마지막 부분은 너무도 무심한 이 우주적 공간에서 유한한 인간이 느끼는 허무감을 드러낸다. 한 순간의 꿈 같은 일생을 지나고 나면 "머지않아 우리들 생의 캄캄한 후미(後尾)도 / 한 때의 반짝이는 박새 울음으로 흩어질 것이다". 박새 울음의 여린 메아리처럼 개체는 소멸하여 광활한 자연 속으로 귀속된다. 이 시에서는 광대무변한 자연의 순환적 질서와 그 안에서 명멸하는 개별적 존재들을 중층의 구조로서 드러내 보인다. 화창한 봄날의 현상적 아름다움과 함께 그 이면의 불변하는 순환의 원리를 함축하고 있다.

김혜수의 「야유회」(『시와세계』, 2004 봄호)에서도 무덤과 봄이라는 역설적인 장면이 자리잡고 있다. 이 시에 나오는 무덤은 왕릉이어서 자연과 대비되는 인간의 허무한 생이 보다 강조된다.

> 나무 끝에서 초록이 터지구요
> 햇살은 왕릉으로 야유회 가자 칭얼대구요
> 끗수 좋은 봄날
> 폐비의 무덤을 깔고 화투 패나 돌리구요
> 한 왕조 무너지듯
> 소풍 나온 아이들의 이인 삼각
> 어긋난 박자 위로 곤두박히구요
> 무덤 자락 밟고 일어서려 용을 쓰는
> 다족류 벌레들이 쓰는 야사(野史)를 읽는 중이구요
> 하나도 둘도 되지 못하는 저 다리
> 내 것인 줄 알고 당신 다리를 훔쳤던 죄

한 박자 어긋나서 나뒹굴며
사약 한 사발 들이키던
나도 창궐한 왕조의 폐비구요
흑싸리 껍질 같은
곤두박힌 다리 같은
몰락한 왕조 위로 꽃가루 날리구요

—김혜수, 「야유회」 전문

봄이면 흔히 체험하는 왕릉의 야유회 풍경이 그려지고 있는 시이다. 초록빛 잔디가 깔리고 꽃가루가 날리는 평화로운 봄날, 순진무구한 아이들이 뛰노는 전형적인 왕릉의 광경이다. 그러나 시인은 자못 삐딱한 시선으로 이곳을 바라보고 있다. 나무 끝에서 초록이 터지는 봄날에도 몰락한 왕조 위로는 꽃가루만 하염없이 날릴 뿐이다. 한때 창궐했던 왕조의 무덤은 위엄을 상실하고 뭇사람들이 깔고 앉아 화투판이나 벌이는 퇴락한 장소가 되어 있다. 왕조의 위엄은 "무덤 자락 밟고 일어서려 용을 쓰는 / 다족류 벌레들이 쓰는 야사(野史)"에서 더욱 신랄한 풍자와 조롱의 대상이 된다.

이 시에서는 인간 삶의 모든 박자가 어긋난 것으로 그려진다. 이인삼각으로 놀다 곤두박질치는 아이들이나 한 박자 어긋나 사약 받고 나뒹군던 폐비나 흑싸리 껍질 같은 화투판이나 모두 어긋나고 삐거덕거리는 인생의 상징이다. 봄날이고 야유회라는 이 시의 배경은 오히려 쓸쓸하고 착잡한 정서를 강조한다.

'~구요'로 반복되는 화자의 어조는 분명한 거리감을 지닌 채 다소 냉소적으로 사실을 전달하고 있다. 거리를 두고 바라볼 때 삶은 무르익은 왕조나 화투판이나 놀이의 중심에서는 느낄 수 없는 불협화음으로 가득하다. 이 시에서는 창궐하는 봄기운에 대비되어 삐거덕거리다 곤두박질칠 수밖에 없는 불완전한 삶에 대한 조롱과 자조가 깃들어 있다. 이 시를 어긋나는 삶의 박자에 거짓 위안이 되는 야유회에 대한 야유로 읽는 것은 지나친 것일까?

조정인의 「아름다운 염」(『현대시학』, 2004.3)에서는 죽은 나무의 묘사를 통해 강렬한 죽음의 이미지를 산출하고 있다. 이 시의 배경 역시 봄이지만 이 시에서의 봄은 죽음을 수식할 뿐이다.

> 저 꽃밧줄 둘러쳐진 현장에
> 접근하기 쉽지 않다
> 경계가 사뭇 삼엄하기마저 하다
> 언젠가는 하늘 푸른빛에 목을 매리라.
> 나무는 스스로 교수를 택한 것일까
> 발 밑 의자를 치워버릴 때의
> 일탈의 극,
> 살아 관계들에 내주던
> 기억의 틈새로 터져 나온 능소화
> 넌출넌출 따라나선 상여꽃
> 주검의 악력(握力)이 제 형해를 거머쥔
> 발 아래는 무한 허공
> 오래 부검도 없이 방치된 사체, 아랫도리에서

해마다 죽음의 붉은 수사가 자라나
목밑까지 찬찬히 염을 해 주곤 해서

—「아름다운 염」 전문

이 시는 죽은 나무를 보며 "나무는 스스로 교수를 택한 것일까"라고 상상해보는 데서 출발한다. 이는 물론 지극히 인간적인 발상이다. 이러한 발상으로 인해 죽은 나무를 둘러싼 범상한 풍경은 전혀 다른 느낌과 의미로 다가오게 된다. 죽은 나무 둘레의 꽃들은 살인 사건 현장에 둘러치는 밧줄로 비유되고 나무를 감싸고 있는 능소화나 상여꽃은 '아름다운 염'이라 할만하다. 나무가 스스로 죽음을 택한 이유도 매우 인간적으로 추정된다. "언젠가는 하늘 푸른빛에 목을 매리라"는 지극히 유미적인 자살의 동기와 죽음의 희열이 극적으로 그려진다.

비유의 타당성을 따지기에 앞서 발상의 기이함을 음미해볼만한 시이다. 죽은 지 오래되어 형해만 앙상한 나무와 그것을 감싸고 있는 붉은 꽃의 선연한 대비에서 시인은 죽음 자체의 존재감을 느끼고 그것을 인간적으로 형상화한 것이다. 죽음과 삶이 한데 뒤엉켜있는 자연의 현상에서 시인은 가장 아름다운 죽음의 이미지를 포착한다. 죽음에 대한 이런 색다른 시선은 삶과 죽음의 의미를 역동적으로 산출한다. 죽은 나무를 치장하기 위해 꽃이 피어나는 것처럼, 죽음은 늘 삶의 결과로서만 작동하는 것이 아니라 어쩌면 삶의 동기일 수도 있다는 것이다.

송수권의 「아내의 맨발 · 3 — 갑골문(甲骨文)」(『애지』, 2004 봄)에서는 바다거북의 뒷발과 아내의 발바닥을 병렬적으로 묘사하며 죽음의 애잔한 풍경을 그리고 있다.

뜨거운 모래밭 구덩을 뒷발로 파며
몇 개의 알을 낳아 다시 모래로 덮은 후
바다로 내려가다 죽은 거북을 본 일이 있다.
몸체는 뒤집히고 짧은 앞 발바닥은 꺾여
뒷다리의 두 발바닥이 하늘을 향해 누워 있었다.

유난히 긴 두 발바닥이 슬퍼보였다

언제 깨어날지도 모르는 마취실을 향해
한밤 중 병실마다 불꺼진 사막을 지나
침대 차는 굴러간다
얼굴엔 하얀 마스크를 쓰고 두 눈은 감긴 채
시트 밖으로 흘러나온 맨발

아내의 발바닥에도 그때 본 갑골문자들이
수두룩하였다.

—「아내의 맨발 · 3—갑골문(甲骨文)」 전문

담담하고 평명한 어조로 인해 더욱 비애를 불러일으키는 시이다. 알을 낳고 바다로 가는 도중 죽은 거북과 마취실을 향해 들어가는 아내의 모습이 사실적으로 그려진다. 모성의 의무에 평생을 바친 바다거북과 아내의 삶이 자연스럽게 오버랩 된다. 죽음에 대한 즉물적 묘사는 그것의 내포를 더욱 선연하게 부각시킨다. 몸체는 뒤집히고 발바닥이 드러난 거북의 무기력한 모습은 죽음 앞에 무방비로 노출된 연약한 생명의 종말을 드러낸다. 마취실을 향하는 아내의 운명에 대한 불안한 예감은 '불꺼진 사막'으로 비유되는 병실의 묘사에서 단적으로 드러난다. 모래밭에서 종말을 맞은 바다거북처럼 아내도 사막 같은 인생을 지나왔다. 데드마스크 같은 하얀 마스크와 하얀 시트에 덮인 아내의 육체에 대한 사실적 묘사 역시 무표정한 죽음의 그림자를 강하게 암시한다.

이 시의 압권은 역시 두 번째와 네 번째 연을 형성하는 짤막한 두 마디의 진술이다. "유난히 긴 두 발바닥이 슬퍼보였다"로 서술되는 거북의 발은 오히려 아내의 발을 연상시키고 "아내의 발바닥에도 그때 본 갑골문자들이 / 수두룩하였다"는 진술은 오히려 거북의 발을 연상시키면서 두 개의 삶은 섬세하게 겹처진다. 시인의 심안에서는 어미거북과 아내의 발이 겹쳐지면서 애환이 깃든 생의 지도, 갑골문자와도 같은 주름이 선명하게 각인된다.

시인들은 늘 새롭게 보는 사람들이다. 누구나 무심코 지나가는 현상 속에서 그들은 존재의 본질을 통찰한다. 자동적인 시선을 벗어나 '낯설게 하기'를 끊임없이 실천한다. 이는 사물에 대한 강한 호기심과 애착으로 인해 가능한 것이다. 기존의 앎을 거부하고 다시 보고 다시 묻는 깨어있는 정신이 시를 갱신시킨다. 그들은 끊임없이 경계를 넘나들며 새롭게 질문하는 견자들이다.

김달진 시의 서정성

1. 서정시의 함의

시인으로서 김달진은 소극적인 모습을 보여준다. 해방 전에 '시원'이나 '시인부락'의 동인으로 활동했고 1940년 첫 시집 『청시』를 간행한 것을 제외하면 이렇다 할 활동을 찾아보기 힘들다. 적은 양이긴 하나 꾸준히 시 창작을 하였지만 발표를 한다거나 시집을 내는 일에는 무심했던 것 같다. 그 자신은 시인으로서보다 선사나 번역가로서 살아갔던 것으로 보인다. 문단의 주류에서 벗어나 독자적으로 견지해간 그의 시세계는 당대 시의 유행과 무관하여 역설적으로 자신만의 독특한 경지를 확보하게 된다. 사후 정리된 그의 시들은 시기 별로 커다란 차이가 없이 유사한 경향을 반복하고 있어 시인의 일관된 시의식을 엿보게 한다. 그 정서나 형식에 있어 김달진의 시는 '전형적인' 서정시에 가깝다. 그의 시는 철저하게 개인 내면의 정서에 치중하며 간결하고 절제된 외양을 보인다.

그것이 암묵적이건 또는 드러낸 것이건 간에 전통적 서정시 이론의 근본적인 전제는 서정시란 본질적으로 '자기 발언'이라는 관념이다. 이는 서정시가 본질적으로 시인 자신의 개인적 발화이며 표현적 발화라는 뜻이다.[1] 서정시에서는 외적 세계와 대응하여 개인 주체가 드러내는 정서적 반응이 결정적으로 작용한다. 에밀 슈타이거는 『시학의 근본개념』에서 서정시의 본질이라 할 만한 요소들을 제시하는데, 정리하자면 다음과 같다. 서정시는 영혼의 깊이 속에 기반을 둔 정조의 표출로 이루어지며 개인에게 고유하게 내재하는 개성적인 세계를 그린다. 서정시는 대개 자신만의 외로운 시간 속에 깃든 고요함 속에서 내면의 고독한 세계를 그린다. 그런데 아주 각별한 순간 서정시는 자아의식이 소멸하고 모든 존재물이 융화된 회감의 상태를 지향한다. 감흥이 중시되는 서정시는 언어의 논리성이나 문법성을 초월하며, 순간적인 정조의 표출로 이루어지기 때문에 대체로 길이가 짧고 음악성이 강하게 나타난다. 서정시는 무목적의 시이며 현실적으로는 아무 것도 행할 수가 없다.[2]

이와 같은 기준으로 볼 때 김달진의 시는 서정시의 본질에 매우 가깝다. 그의 시는 현실의 영역에서 멀리 떨어진 채 서정적 주체의 고독한 내면을 응시하는 데 바쳐진다. 서정적 주체의 내면세계는 지극히 내밀하지만 자아의 경계가 희미해지는 순간 우주적 차원으로 비약하면서 놀라운 회감의 상태를 표출하기도 한다. 순간의 단상에 집중된 그의

---

1 디이터 람핑, 장영태 역, 『서정시 이론과 역사』, 문학과지성사, 1994, 98쪽.

2 에밀 슈타이거, 이유영 · 오현일 역, 『시학의 근본 개념』, 삼중당, 1978, 17~127쪽 참조.

시에서 정감은 짧게 응축되어 간결한 형식에 담긴다.

김달진 시의 서정성을 보다 구체적으로 살펴보고 그것이 현재의 시점에서 갖는 의미를 찾아보도록 한다. 시기별 차이가 크지 않기 때문에 전체 시의 특성을 통합적으로 살펴본다.

2. 관조적 거리와 주관의 확장

주관성은 서정시의 중핵을 차지하는 요소이다. 서정적 주체가 외부세계를 포용하거나 역으로 자아를 외계로 투영하면서 양자가 동일시되는 것은 서정시 고유의 양상이라고 할 수 있다. 세계와 자아의 갈등이 동력을 이루는 서사나 극 양식과 달리 서정시에서는 극단적 주관화로 인해 양자가 합일된다. 서정시에서 세계와 자아의 거리감은 쉽게 무화된다. 서정시에서 주체의 내면은 인식과 정서의 중심축을 차지한다. 전형적인 서정시일수록 주체의 내면이 전면에 드러나며 강한 주관성을 보인다.

김달진의 시는 주관성이 강하게 드러나는 전형적인 서정시라 할 수 있다. 그의 시는 철저하게 시인 자신의 주관적인 관점에 의해 서술된다. 대부분의 시들이 시인이 단독으로 대면하는 세계에 대한 반응을 그리고 있다. 그의 시는 지극히 정밀(靜謐)한 상태에서 시인이 직관적으로 포착하는 세계와 자아의 교응을 보여준다. 대상과 주체 사이에 어떤 방해물도 끼어들지 않은 채 시인의 주관이 온전하게 작동한다.

시적 정황이 대개 산책이나 명상의 시간에 해당된다는 점도 이와 무관하지 않을 것이다. 고요하게 침잠한 채 주체의 의식이 능동적으로 작동할 수 있는 순간이기 때문이다.

나직한 하늘만 바라보이는 깊은 숲 그늘에
황혼과 함께 반쯤 시들은 꽃 한 가지 놓여 있다

어제 내가 꺾어 들고 입맞추다가
싸늘한 촉감에 울듯 터져버린 꽃—

네 오늘도 찾아왔나니

아무런 세상 사람의 발자취도 없는
여기는 남 모르는 나의 작은 散步路다.

—「散步路」[3] 전문

이 시는 김달진 시에서 가장 흔하게 만날 수 있는 정황을 보여준다. 그의 시에는 사회적 현실이 소거된 순수하게 개인적인 공간이 주를 이룬다. 시인은 "아무런 세상 사람의 발자취도 없는" 혼자만의 공간에서 독자적으로 외계와 접촉한다. '산보로'에서 그가 발견한 '꽃 한 가지'는 시인의 주관과 만나는 순간 각별한 존재가 된다. 남모르는 '산보로'를 혼자 걷는 시인이나 그가 마주한 꽃은 우발적이고 개인적인 시간의 영역에

3 『김달진 시 전집』, 문학동네, 1997, 16쪽.(이후 시 인용은 이 책에 의거함)

놓인다. 이는 미미하기 그지없는 순간에 불과하지만 다른 무엇으로도 대체할 수 없는 독존적인 시간이기도 하다. 산책로에서 발견한 꽃 한 송이와 순수하게 대면하면서 발생하는 이 순간의 정조는 서정시만의 고유한 특질이라고 할 수 있다. 이렇듯 주관적인 정조가 그 자체로 인정받을 수 있는 것도 서정시의 경우에나 가능한 일이다. 주체와 대상이 완전한 몰입의 순간 형성하는 독자적인 존재의 표상을 중시하기 때문이다.

김달진의 시에서는 존재 그 자체가 순수하게 발현되는 양상이 선명하게 그려지는 편이다. 대상에 대한 관조와 주관적 정서가 전면에 드러나기 때문이다. 그의 시에서는 주체와 대상이 복잡하게 얽히며 변화하는 사건이 발생하지 않는다. "천천히 비탈져 나린 넓은 산둘레 / 새 베는 두어 사람 있고 / 허연 새꽃 우에 저문 가을 바람 바라보며 / 나 혼자 그 밑으로 돌아 나온다"(「金華路上」)라는 간결한 시를 보더라도, 주체의 시선은 끝까지 관조적인 거리를 유지하고 있다. "새 베는 두어 사람"은 "새꽃 우에 저문 가을 바람"과 마찬가지로 주체의 시선이 머무는 대상에 불과하다. 그들은 저물어가는 가을 풍경의 한 자락을 이루고 있을 뿐이다. 주체는 그들은 멀찍이 바라보며 "혼자 그 밑으로 돌아나온다". 그의 관심은 타인이 아니라, 외계에 닿고 있는 자신의 존재와 시선 그 자체에 있다. 자신을 고립된 존재로 자각하기 때문에 그의 주관과 정조는 더욱 돌올하다. 그의 시에는 "나는 하나 惑星 안의 孤兒라. / 집집마다 꼭꼭 닫힌 문 앞을 지나, / 눈보라 어둠 속을 / 두 손길 호호 불며 걸어가노라"(「시간」) 같은 고립감과 유폐의식이 자주 나타난다. 이처럼 외계와 자신을 철저하게 분리함으로써 그의 주관과 정조는 더욱 독자적이고 자율적인 서정성을 획득한다.

3. 고독과 비애의 정서

시적 주체의 감응이 고조되어 나타나는 서정적 순간은 대개 고독하게 자신을 마주하는 정적 가운데 발생한다. 김달진 시의 전편을 흐르는 주조음은 고독한 내면의 정서이다. 그의 시에는 근원적인 고독과 마주한 자의 비애가 깃들어 있다. "어느 성좌의 낮별이 떨어지는가? / 바다처럼 깊어가는 나의 고독은…… // 하도 크고 답답한 설음이매 / 씁쓸한 커피잔에 서리는 한숨"(「자연 조직체」)에서처럼 시인의 고독은 전 존재를 압도하는 절대적인 것이다. 그의 시에서 고독은 종종 절제되지 않은 채 발산되기도 한다. 고독을 표출할 때 가장 솔직하게 드러나는 내면의 고백을 통해 오랫동안 그가 시를 놓지 않았던 동기를 엿볼 수도 있다. "시의 힘은 당초의 모호한 충동의 어두운 힘 이외의 다른 것이 아니다. 그리고 이것은 소박한 단계에서는 감상에 의하여 유지되는 수가 많다"[4]는 말을 빌리자면, 그는 내면에서 솟구치는 깊은 고독을 나타내는 통로로 시를 쓴 것으로 보인다. 때로 감상의 상태에 머물기도 할 정도로 고독은 그의 시에서 가장 절실한 내면의 풍경에 해당한다.

고독 가운데 세계를 대면했던 시인은 그것을 만물의 고유한 상태로 인지한다. "밝은 햇별 눈부시게 흐르는 / 오월의 들길은 어딘가 슬프다. // 오가는 이 아무도 없고 / 어디서 개구리 한 마리 운다"(「들길」)라는 쌀박한 시에도 고독과 비애가 스며있다. 눈부시게 빛나는 햇볕조차,

4 김우창, 「어둠으로부터 시작하여—시의 근원」, 『김우창전집』 3(시인의 보석), 민음사, 1993, 12쪽

생명력이 가득한 오월의 들길조차, 근원적인 고독과 무관하지 않다. 빛과 함께 어둠을, 생명과 함께 죽음을 인지하기 때문이다. 뒷부분의 공허한 울림을 형성하는 정경의 묘사로 이는 충분히 뒷받침된다.

너는 언제 꽃 향기 피는 나무 그늘과 찬 이슬과 이끼 냄새와
호수와 하늘의 별을 잊고 사나
작은 遊戱 속에 깊은 슬픔이 깃든다느니
여윈 조동아리로 유리벽을 쪼아라 쪼아라

항아리 물 밖에 꿈만 호흡하고 사는 금붕어
해가 新綠을 새어 창경을 쏘았다
금붕어는 빨간 꼬리를 떤다
금붕어는 혼자다.

—「금붕어」 부분

고독 시편 중에서는 정서의 객관화가 잘 이루어지고 있는 시이다. 어항을 세계로 삼아 헤엄치고 있는 금붕어는 시인의 자의식을 대변한다. 어항을 벗어나지 못하면서도 어항 밖의 꿈을 호흡하는 금붕어는 현실 너머의 근원을 지향하는 시인 자신의 모습과 흡사하다. 어항의 유리벽에 부딪히는 금붕어의 비애처럼 시인이 처한 현실의 처지는 고독하고 처연하기 그지없다. "금붕어는 혼자다"라는 구절의 쓸쓸한 여운처럼, 시인은 홀로 고독과 대면한 자의 비애를 통감한다.

그러나 그는 고독에서 벗어나려 애쓰기보다 자발적으로 머물고자

한다. "그는 나에게 밤 올빼미의 눈물을 주었다 / 그는 나에게 땅속의 두더지의 遁迹을 주었다 / 그는 나에게 다람쥐와 고슴도치의 비겁도 주었다"(「고독」)에서처럼 고독으로 인해 비애와 은일에 빠지게 되었지만 아직까지 얻지 못한 무엇인가가 있다고 생각하기 때문이다. "삼림 속의 이름 없는 어린 꽃의 '미'와 '향기'와 '힘'을 배우지 못했기 때문에 / 나는 아직 그를 놓지 못하고 껴안고 있다"는 진술로 보아, 시인은 고독을 통해 세계와 내밀하게 소통하며 그 근원적인 아름다움과 생명력을 감촉하려 한다. 뿐만 아니라 "영원의 거울 앞에 / 내 모습 바라보며, / 나는 하얗게 살자. / 하얗게 살자"(「고독에 돌아와」)는 다짐으로 보아 시인은 고독에서 영원을 발견하고 있다. 고독은 현실 저 너머에서 보다 근원적인 세계를 접하려 했던 시인에게 발견의 통로가 된다.

4. 조화와 합일의 상상

고독에 깊이 침잠하면서 시인이 부단히 발견하고자 했던 세계는 어떤 것인가. 서정시에서 고독이 본질적인 상면을 형성하긴 하나 그것을 넘어서 황홀한 발견에 도달하는 것은 흔치 않은 일이다. 시인은 다행스럽게도 많은 고독의 시간들 사이사이에서 놀랍도록 빛나는 발견의 순간을 만나고 있다. 「샘물」, 「벌레」, 「씬냉이꽃」 등 김달진의 명편들은 고도의 관조와 집중 속에서 주체와 세계가 완전하게 동화되는 합일의 상태를 보여준다.

고인 물 밑
해금 속에
꼬물거리는 빨간
실낱 같은 벌레를 들여다보며
머리 위
등뒤의
나를 바라보는 어떤 큰 눈을 생각하다가
나는 그만
그 실낱 같은 빨간 벌레가 되다.

—「벌레」 전문

그의 시에서 모든 발견은 고요한 가운데 집중해서 들여다보는 행위를 통해 이루어진다. 아무도 관심을 기울이지 않는 미미하기 그지없는 장소나 사물에 대한 정밀한 관조가 뜻밖의 발견을 이끈다. 이 시에서는 '해금'과 '벌레'를 통해 우주의 유기적인 질서를 통찰하게 된다. 실낱 같은 벌레를 들여다보던 시인은 그와 마찬가지로 자신을 들여다보고 있을 더 커다란 존재를 의식하게 된다. 유기적인 사유에서 소우주와 대우주는 유기적인 전체로서 상호작용하는 것으로 인식된다. 각각의 부분이 자족적인 생명의 과정을 형성할뿐더러 전체가 유기적으로 상호 소통하는 거대한 생명의 장을 상상할 수 있다. 주체와 세계의 융화에 도달하는 서정시는 유기론적 사유와 상통하는 면이 있다.[5] 시인은 극미와 극대의 세계를 하나로 통찰하는 역동적인 상상을 통해 모든 생명의 유기적 연관과 고유한 존엄성을 발견하게 된다. 절대자 앞의 인간이 미약하긴 하나 무시되어서는 안 되는 것처럼 전체의 유기적 요소로서 소중하지 않은 존재는 없다.

극미와 극대의 세계를 오갈 때 시인의 상상력은 활달하고 비약적이다. 그는 개별 존재와 전체 우주에 차별을 두지 않는다. "아침에 일어나 보니 / 지난밤 목련꽃 세 송이 중 / 한 송이 떨어졌다. / 이 우주 한 모퉁이에 / 꽃 한 송이 줄었구나"(「목련꽃」)에서 꽃 한 송이는 우주의 중요한 부분으로서 인식된다. 그늘 밑의 조그만 들꽃을 보며 "이 우주 / 여기에 / 시금 / 씬냉이꽃이 피고 / 나비 날온다"(「씬냉이꽃」) 할 때 작은 꽃은 하나의 우주와 맞먹는다. 이는 서정시에서 가능한 비약적 상상력이 최대로 확장된 경우라 할 수 있다. 김달진의 시에서는 '우주'니 '지구'니 하는 비시적인 시어가 매우 시적으로 작동한다.

> 숲 속의 샘물을 들여다본다
> 물 속에 하늘이 있고 흰 구름이 떠가고 바람이 지나가고
> 조그마한 샘물은 바다같이 넓어진다

5 유기론의 제유적 사유에 의하면 시는 자연에 개재된 원칙들의 표상이 된다. 그래서 시 창조의 궁극은 우주와 협력하여 화육에 참여함으로써 천인합일의 도를 체득하고 서로 화합하여 함께 변화하여서 똑같은 창조를 드러내는 것이다. 그래서 유기론의 문학 전통은 생명적 형식으로서의 문학작품을 생각할 때마다 언제나 그 근원에까지 거슬러 올라가서 본래의 근원을 찾으며, 그 뒤에 천명에 의해 분배받는 본성을 언급한다.(구모룡, 「시적시학 · 유기론 · 제유의 수사학」, 『서정시의 본질과 근대성 비판』, 다운샘, 1999, 232~233쪽)

나는 조그마한 샘물을 들여다보며

동그란 地球의 섬 우에 앉았다.

—「샘물」 전문

숲 속의 샘물을 들여다보는 지극히 정적인 행위가 "동그란 지구의 섬 우에 앉았다"로 비약하는 사이에는 서정시 특유의 회감과 융화가 일어나고 있다. 시인의 적극적인 상상 속에서 주체와 대상의 극적인 합일이 이루어지면서 조그만 샘물이 우주가 되는 놀라운 변화가 자연스럽게 받아들여진다. 소박하고 핍진한 시인의 정서가 타인에게도 감흥을 일으키며 확산되는 각별한 경우이다. 극미의 세계와 극대의 세계를 순간적으로 결합하는 우주적 상상력은 김달진의 시가 도달한 득의의 영역이라 할 만하다.

5. 단순성의 미학

길이가 짧고 단순한 형태를 띠는 김달진의 시는 전형적인 서정시의 외양에 가깝다. 서정시의 길이가 짧은 것은 순간적인 정조의 표출로 이루어지기 때문이다. 순간에 집중된 주관적 정서를 담아내기 위해 필요로 하는 시행은 그리 길지 않다. 순간적 영감과 발견을 생생하게 전달하기 위해서는 오히려 집약된 몇 줄이 효과적일 수 있다.

서정시의 형식이 갖는 또 다른 특징은 음악성이 두드러지는 것이다. 서정시의 리듬은 의미 이전에 정서를 감응시키는 율동의 언어로 표출된다. 음악성이 강한 서정시들은 형태가 단순한 편이고 반복적인 구조나 어휘를 자주 사용한다. 그런데 김달진의 시는 얼핏 보면 단순한 형태를 띠기 때문에 음악적인 시와 흡사해 보이나 리듬감이 살아 있는 시라고 하기는 힘들다. 그의 시에서는 오히려 시각적 이미지가 두드러진다.

유월의 꿈이 빛나는 작은 뜰을
이제 미풍이 지나간 뒤
감나무 가지가 흔들리우고
살찐 暗綠色 잎새 속으로
보이는 열매는 아직 푸르다.

—「扉詩」 전문

이미지즘시를 연상시키는 이 시에서는 섬세한 촉각적 이미지와 함께 색채의 대비가 돋보인다. 시상은 유월의 작은 뜰에서 받은 순간적 인상에 집중되어 있다. 미풍이 흔들고 가는 가지의 움직임, 짙은 잎새 사이로 보이는 푸른 열매를 포착하는 시선의 예리함이 주목할 만하다. 단조롭게 절제된 시행들은 이 시가 그려내는 선명한 시각적 이미지를 각인시킨다. 시각적 인상을 능가하는 언어의 음악성은 찾아보기 힘들다. 예의 관조적인 집중의 방식이 음악성보다는 시각적 인상을 창출하고 있는 것이다.

하얀 양산을 받쳐 든 두셋 시악씨가
흰 나비떼처럼 날개를 치며 지나간 뒤
뱀 꼬리가 날카로이 빛났다
바람인 듯 풀잎이 흔들렸다.

산모랑 구비진 한길 그늘에
칠월의 한낮은 白金 바다보다 아름다웁다.

—「칠월의 산길」 전문

이 시에서도 시각적 이미지를 중심으로 칠월 산길의 인상을 선연하게 재현하고 있다. 흰 색의 반복적인 이미지로 눈부시게 빛나는 양태를 감각적으로 그리고 있다. '시악씨'들의 '하얀 양산'이 스치며 지나간 뒤 뱀 꼬리가 호응하듯 빛나고 '구비진 한 길'의 형상이 이어지면서 구비 치며 빛나는 산길의 전체적인 조화가 완성된다. "뱀 꼬리가 날카로이 빛났다", "바람인 듯 풀잎이 흔들렸다" 등 순간의 인상을 포착하는 시인의 감각은 뛰어나다. 그는 정밀한 관조에서 놀라운 집중력을 보여준다. 그는 혼자만의 고요한 시간에 섬광처럼 스치는 생의 아름다움과 진실을, 그 순간에 충실하게 재현해 보인다. 간결한 시행은 순간의 인상을 선연하게 전달하는 방식이다.

그는 고도로 압축된 시각적 인상에 의거하여 황홀한 감흥의 순간을 되살린다. 그것은 선적 각성의 순간처럼 명백하게 포착된다. 주체의 관조적 시선에 포착된 대상이 열어 보이는 정밀한, 혹은 우주적인 장면을 선명한 이미지로 그려냄으로써 인상 깊게 각인시킨다. 예리한 투시력과 선적 직관이 살아있는 간결한 감각적 이미지들은 김달진 시의 서정성이 빛나는 미적 성과이다.

6. 김달진 시의 현재적 의미

김달진의 시는 주체의 정밀한 관조 속에 드러나는 근원적인 고독에 침잠하거나 주체가 우주적 차원으로 확장되는 비약적 상상을 그리기도 한다. 또한 서정적 순간을 감각적으로 포착하는 데 뛰어난 그의 시는 서정시 고유의 정서와 미학에 충실하다. 철저하게 현실과 거리를 둔 채 일관성 있게 지켜진 이러한 원칙들은 고답적이거나 초월적인 미감으로 비칠 수도 있다. 그러나 그의 시에서 굳건하게 지켜지고 있는 서정시 고유의 특성들은 전통적인 서정시에서 멀어진 오늘날의 우리 시에 역으로 새로운 의미를 던져준다.

그의 모든 시가 성공적인 것은 아니지만 몇 편은 서정시가 도달할 수 있는 최고의 수준을 보여준다. 그의 명편들은 서정시가 주관과 감흥의 산물에 불과한 것이 아니라 인격과 정신의 결합이라는 점을 다시금 확인하게 한다. 세상과 단절되어 절대적 고독을 마수한 채 시인은 주체가 세계와 일치되는 우주적 합일의 순간을 발견한다. 이는 물신의 지배하에 인간의 존엄성이 극도로 훼손되고 있는 오늘날의 상황과는 대조적인 양상이다. 최근의 시들에서 자주 볼 수 있는 분열적 자아는, 물질적 가치와 급변하는 환경으로 인해 점점 혼란스러워지는 상황을 절실하게 반영하는 것이긴 하나, 자기 방기의 논리로 빠져들 수밖에 없는 결정적인 약점을 지닌다. 인간은 환경의 영향을 받지 않을 수 없지만 또한 환경을 창출하는 주체이기도 하다. 환경의 억압에 일방적으로 이끌리는 피동적인 자세에 머물지 않고 자유롭고 독자적인 존재로서 자신을 발현할 수 있다. 서정시의 주관성과 광대한 상상력의 진폭은 이성과 물질의 지배를 과감하게 벗어날 수 있는 힘을 지닌다. 김달진의 우주적 상상력이 보여주는 자유롭고 활달한 정신은 오늘날의 시들이 얼마나 위축돼 있는지를 되비춘다. 그의 시는 또한 전체가 부분을 압도하지 않고 조화를 이룰 수 있는 가능성을 보여준다. 그의 시에서는 극미와 극대의 세계가 호존하고 부분과 전체가 소통한다. 근본적으로 서정시에서 주체와 세계는 갈등하기보다는 호응하는 관계이다. 정밀한 관조와 집중 속에서 세계를 감응하는 김달진의 시에서는 상생과 합일의 지혜를 발견할 수 있다.

기억과 감각의 생기

김종길의 시

김종길은 1947년 등단하여 시력(詩歷)만도 65년이 넘는 시인이다. 과작의 시인으로 알려져 있지만 창작활동을 멈추어본 적이 없고 80대 중반에도 『그것들』(2011)이라는 새 시집을 내놓은 현역시인이다. 시인일 뿐만 아니라 시 비평가로서도 활동을 지속해왔으니 그 일생은 시와 떼어놓고 생각하기 힘들다. 우리 시사는 몇 안 되는 뛰어난 시인-비평가를 기억하고 있는데 김종길은 그 중 빼놓을 수 없는 한 사람이다. 그는 우리 비평과 문학교육에서 막대한 비중을 차지하는 신비평의 이론과 실제를 소개하고 실천한 비평가로 정평이 나 있다. 치밀하고 확고하기로 유명한 그의 시 분석은 시 비평의 모범적 사례를 이룬다. 시의 현대성에 대한 추구를 넘어서 한국의 전통과 현실에 뿌리를 둔 진정성을 찾고자 한 그의 시정신은 비평에서 그 뼈대를 얻고 창작을 통해 피와 살을 넣어 일관되게 실천되어 왔다. '염결성의 시학'으로 일컬어지는 군더더기 없이 절제된 형식과 고고한 정신의 세계에 대한 시인의 지향성은 확고하다. 서구 이미지즘 이전에 이미 동양시학에 깊이 자리 잡고 있었던 정경

교융(靜境交融)이나 감물언지(感物言志) 같은 기법을 인지하고 있었기에 동서양 시학의 융합을 설파하고 자신의 시에서 그것을 실현하고자 했다. 영남의 유서 깊은 선비 집안에서 태어나 한학의 전통에 익숙한 한편 서구 현대문학을 전공한 특유의 이력은 동양과 서양, 고전과 현대를 아우르는 문학의 가능성을 추구하게 한 원동력이다.

수십 년 동안 시를 쓰는 경우 시세계의 변모가 두드러진 시인들이 있는 반면 그다지 변화가 없는 시인들도 있다. 김종길 시인의 경우는 후자에 해당한다. 등단 무렵의 시부터 지금까지 균형과 절제의 미학, 이미지와 정신의 조화를 추구하는 경향은 여일하다. 그에게는 사상의 형해로 앙상한 시나 무의미한 언술로 공허한 시 모두 경계의 대상이 된다. 그는 정신적 지향을 담보하면서도 구체적인 감각이 소거되지 않은 시를 추구한다. 거창한 사상보다는 생활세계의 실감에서 우러나오는 소박한 진실을 알뜰하게 되살리는 경향도 변함없다. 미수(米壽)를 바라보는 생애는 겹겹이 기억의 지층을 이루고 있는 시의 보고(寶庫)이다.

새벽에 일어나 TV를 켰더니,
뮌헨에서 이제 막 막을 올린
옥토버 페스트의 한 장면이 펼쳐진다.

큼직하고 묵직한 맥주잔들을
한 아름씩 안고 나르는 아가씨들
그것들을 받아 마시는 젊은 사내들.

내가 집사람과 함께
베네치아에서 기차로 티롤계곡을 거쳐
뮌헨에 간 것은 1985년 6월 초, 지금으로부터 27년 전

그때 우리도 '맥주공원'에서 그 큼직한 유리잔으로
맥주도 마셔보았지만, 지금도 잊히잖는
'식물원', '호프 가르텐', 그리고 '엥글리쉬 가르텐'

그리고 무엇보다도 거기서 기차로 가본,
잔물결치던 '쉬타른베르거호(湖)'의 물빛이며
멀리시 흰 눈을 이고 있던 알프스 연봉(連峰)!

—「옥토버 페스트」 전문

이 시는 텔레비전을 통해 보이는 '옥토버 페스트'의 장면에서 자연스럽게 과거의 체험을 떠올리는 과정을 담고 있다. 독일의 옥토버 페스트는 브라질의 리우축제, 일본의 사포로눈축제와 함께 세계 3대 축제로 불리는 유명한 축제이다. 해마다 전세계인들이 모이는 행사이니 텔레비전 보도에서 빠질 리 없다. 첫 번째 연은 지극히 일상적인 순간, 즉 텔레비전을 켜고 거기에서 한 장면이 흘러나오는 것을 그대로 묘사하고 있다. 이는 일상이 시로 들어오는 순간이다. 두 번째 연에서는 텔레비전 속의 장면 속으로 빠져들어 간다. 묘사되고 있는 것은 옥토버 페스트의 상징이라고 할 만한 익숙한 장면이다. 사람들로 가득한 홀에서 맥주잔이 분주히 오가는 광경이 그것이다. 화면에 고정되어 있던 화자

의 시선은 세 번째 연에서 갑자기 추억 속으로 빠져든다. 마치 영화의 화면중첩 기법처럼 현재와 과거의 시간이 매끄럽게 교차한다. 화자의 '기억의 눈'은 자신이 체험했던 27년 전의 축제 현장으로 부지런히 넘어간다. 그리고 그때 가보았던 인상적인 맥주집들이 주마등처럼 스쳐간다. 매우 빠르게 넘어가던 추억의 장면들은 마지막 연에서 절정을 이루며 멈춰 선다. 축제도 축제지만 그때 보았던 '쉬타른베르거호'의 물빛과 알프스 연봉의 장엄함을 떠올리며 벅찬 감정에 젖어든 것이다. 이 시는 텔레비전의 한 장면에서 시작되어 기억 속에 각인되어 있는 장관을 떠올리기까지의 과정을 속도감 있게 펼쳐 보인다. 시각적 이미지가 주도적이지만 맥주의 시원한 맛과 호수의 물빛과 눈 덮인 알프스 연봉의 장쾌한 느낌이 연결되는 묘미도 각별하다. "알프스 연봉(連峰)!"에 대한 감탄으로 급격하게 끝을 맺는 시인의 의식 중에는 「고고(孤高)」에서와 같이 정신성의 극한 상징에 대한 절대적 경의가 내재한다.

텔레비전 화면의 한 장면에 지나지 않을 수도 있는 광경이 이토록 경탄을 일으키는 이유는 그것이 체험의 직접성과 긴밀하게 연결되어 있기 때문이다. 화면을 바라보고 있을 때의 단순한 신체 활동과 달리 기억은 의식의 민활한 작용을 이끌어낸다. 기억에 의해 이끌려나오는 과거의 장소는 과거 시간의 단편적인 조합이 아니라 하나의 응집된 세계를 이룬다. 그러니까 김종길 시인에게 옥토버 페스트의 기억은 필연적으로 알프스 연봉의 장관으로 이어지게 되어있고 이는 시인의 정신적 지향점과 조응하는 것이다. 이처럼 기억은 단지 되돌려진 시간에 그치는 것이 아니라 직접적인 삶의 느낌에 가깝다. 그것이 생생한 만큼 삶의 감각 또한 생생하다. 텔레비전 화면의 한 장면으로부터 촉발되어 한 눈에 잡힐 듯 뚜렷한 알프스 연봉의 기억에 이르는 동안 시인은 어떤 순간보다도 감각적이고 정서적으로 살아있는 생의 느낌 속에 있는 것이다. 이럴 경우 과거는 충만한 현실성을 이루는 살아있는 시간이 된다.

과거의 시간이건 현재의 시간이건 시인에게 중요한 것은 감관을 움직이고 정서를 일으키는 충만한 삶의 느낌이다. 그것은 위의 시에서처럼 일상의 한 순간 우연히 포착되기도 하고 반복되는 일과 속에서 확인되기도 한다. 「'키 웨스트'」에서 그러한 삶의 느낌은 '키 웨스트'라는 동네 커피점에 갈 때마다 일어난다. 궁금증 많은 시인답게 그는 수유리 4·19묘지 안쪽 동네에 자리 잡은 커피점의 이름이 "미국에서도 가장 이국 정취가 풍기는 지명!"인 것을 의아해한다. "서울에서도 끝자락에 있다고? 이느 유명한 미국시인의 시의 제목에 나오는 지명이라고?" 스스로 질문해보며 온갖 생각을 해보지만 주인에게 그 연유를 묻지는 않는다. 시인에게는 그 답을 찾아보는 과정 자체가 더 의미 있기 때문이다. 아마도 이곳을 지날 때마다 시인은 똑같은 질문을 반복하며 새로운 답을 찾아보려 할 것이다. 자신이 대상에 대해 가지고 있는 관심이나 느낌의 정도만큼 대상은 충만한 삶의 감각을 제공한다. 아무 것도 궁금해 하지 않는다면, 무엇에도 찬탄하지 않는다면, 그 삶은 감각적 생기를 잃고 무채색의 거대한 심연 속에 빠지고 말 것이다.

풍부한 기억의 보고 외에 시인에게 풍부한 삶의 감각을 부여하는 것은 자연의 끝없는 변화이다. 자연은 그에게 늘 원초적인 삶의 감각을 환기시킨다. 오래 전의 시인 「성탄제」에서 선명하게 압축해내고 있는 것처럼 "산수유 붉은 알알이 / 아직도 내 혈액 속에 녹아 흐르는 까닭"인지 자연은 그에게 직접적인 생의 감각에 가깝다.

입추(立秋)가 지난지는 한참되었지만
내 뜰에서 가을을 느낄 수 없었던 것은,
잔디와 나무들이 푸르기만 했기 때문이다.

그중에서도 가장 큰 감나무는
무시로 땡감만 떨어뜨릴 뿐
검푸른 잎사귀가 어떻게나 무성했던지,

감이 얼마나 달렸나 하고 쳐다보아도
도무지 보이질 않더니, 오늘 아침엔
동쪽 가지 끝에 노란 빛을 띤 놈이

두어 개 앙증맞게 달려 있질 않는가!
그것들을 보는 순간, 아 가을이구나,
또 한 해가 기울기 시작하는구나 하고

반가운 건지, 서글픈 건지,
대중할 수 없는 야릇한 느낌에,
한참 넋을 잃고 바라보는 먼 하늘 끝.

―「가을」 전문

이 시에서 그려지는 것은 조촐하기 그지없는 가을 뜰의 장면이다. 집안에 놓여있어, 더구나 푸른색 일색이어서 변화를 느낄 수 없었던 뜰에서 발견한 작은 변화에도 시인은 무심하지 않다. 첫 번째 연에서 푸른색으로 펼쳐지고, 두 번째 연에서 검푸른 색으로 심화된 색채의 변이로 인해 세 번째 연의 '노란 빛'은 더욱 선명한 대조를 이룬다. "동쪽 가지 끝에 노란 빛을 띤 놈"은 돋아나는 해나 달처럼 새로운 생명의 이미지로 가득한데, 이는 아이러니하게도 "한 해가 기울기 시작하는" 변화의 상징이기도 하다. "반가운 건지, 서글픈 건지, / 대중할 수 없는 야릇한 느낌"이 일어날 만도 하다. 자연은 저의 생리대로 반복과 순환의 질서를 거듭하지만 인간과의 관계는 그리 단순하지 않다. 자연은 계절의 변화에 맞게 감나무의 잎사귀를 더욱 검푸르게, 그 열매는 노랗게 익게 하는데, 인간인 화자에게 이는 또 한 해가 저물어가는 신호이기도 하다. 한 해 한 해를 구획하고 계절의 흐름끼지 계산적으로 따져보는 것은 인간의 오랜 습속이다. 이는 자연의 거대한 힘을 예견하고 안녕을 도모하려는 의지에서 비롯된 것이다. 덕분에 인간은 그 어떤 피조물보다도 눈부신 문명의 성장을 이루었다. 그렇지만 자연의 거대한 질서와 위력은 인간의 의지나 지력을 넘어선다. 삶과 죽음이라는 궁극의 지점은 결국 자연의 영역이라 할 수 있다.

「태풍」에서는 우리나라를 덮친 태풍에 대한 안타까운 심정이 강하게 표출된다. "볼라벤, 덴빈, 산바, 하나하나 이름은 / 옆집 강아지들처럼 귀여웠지만, / 어느 하나 앙칼지지 않은 것이 없었다"며 태풍의 이름과 실제 양상을 감각적으로 대비해놓은 대목이 흥미롭다. 태풍의 이름이 옆집 강아지들처럼 귀여운 것은 그것이 조금이라도 약하기를 바라는 사람들의 마음을 대변한 것일 뿐 태풍의 본성과는 거리가 멀다. 삶의 터전을 망가뜨리고 심지어 인명을 앗아가기도 하는 태풍이 인간의 입장에서는 원망스럽기 그지없지만 태풍으로서는 저의 생리대로 움직인 것일 뿐이다. 자연은 어찌할 수 없는 인간의 한계와 운명을 깨닫게 하는 절대적인 힘이다.

「가을」에서 화자가 "먼 하늘 끝"을 한참 넋을 놓고 바라보는 것은 자연이 움직이는 거대한 시간의 수레바퀴 앞에서 무력할 수밖에 없는 인간의 처지에 시선이 미쳤기 때문이다. 인간이 할 수 있는 일과 할 수 없는 일의 간극은 뚜렷하지만, 인간의 지각의 범위는 인간의 한계를 벗어난다. 인간의 지각은 자신의 능력 밖의 일에까지 미치며 자신의 운명을 움직여가는 거대한 힘의 존재를 감지한다. 삶과 죽음이라는, 인간 의지 바깥의 존재론에 관한 무수한 사유들이 그 증거이다.

「또 하나의 삶」에서 시인은 자신의 전 생애를 돌아보며, 너무 일찍 세상을 떴던 가까운 가족, 은사, 친구들이 자신의 애틋한 추억 속에서 "또 하나의 삶을 살고 있는지도 모른다"고 생각해본다. 단명한 삶은 어찌할 수 없는 운명이지만 누군가의 기억 속에서 반추되며 "또 하나의 삶"이 될 수도 있다는 것이다. 누군가의 기억에 애틋한 감정을 불러일으키며 생생하게 되살아나는 삶이라면 그것은 살아있는 자의 생존에 의해 지속되는 "또 하나의 삶"이 아닐까?

"우리가 해후하는 위대하고 아름답고 뜻 깊은 것은 밖으로부터 기억될 필요가 없다. 말하자면 뒤져서 잡아낼 필요가 없는 것이다. 당초부터 그것은 우리의 가장 깊은 자아 속에 쌓아 들어가고 그것과 하나가 되고 우리 가운데 보다 나은 새 자아를 만들어내고 우리 속에 창조적 힘으로 살아 있게 되어야 한다"는 괴테의 말처럼 기억은 이미 지나가 버린 시간의 흔적이 아니라 살아있는 자의 현재를 추동해가는 창조적인 힘이다. 시의 축복은 바로 이러한 창조적 시간을 견인할 수 있는 기억의 깊이에 닻을 내리고 언제든 빛나는 생의 기미를 포착할 수 있다는 데 있다. 능숙한 어부처럼 시인은 충만한 기억의 호수에서 삶의 감각이 살아 움직이는 순간들을 빈틈없이 낚아 올린다.

자연의 글씨체

김신용의 시

김신용은 등단 이후 지금까지 사반세기 동안 중단 없이 시를 써왔으며 최근 더욱 활발한 창작활동을 펼치고 있다. 그동안 내놓은 여섯 권의 시집은 평탄치 않았던 시인의 생애를 반영하며 주목할 만한 개성을 드러낸다. 『버려진 사람들』(1988)과 『개같은 날들의 기록』(1990)은 비천한 삶의 체험과 강렬한 육체성의 분출로 우리 시사에서 유례를 찾기 힘든 새로운 면모를 펼쳐 보인다. 『몽유 속을 걷다』(1997), 『환상통』(2005), 『도장골시편』(2007), 『바자울에 기대다』(2011)에서는 체험의 직접성이 줄어드는 대신 서정성과 자연에 대한 통찰이 강화된다. 도시의 한복판에서 밑바닥 삶을 전전하던 시기와 자연 속으로 거처를 옮겨 살게 된 시기의 차이가 크다. 자연은 삶의 상처와 고통을 인간 사이의 차별적 문제를 넘어서는 보편적인 생명의 현상으로 받아들이게 한다. 자연과 함께하며 삶에 대한 시인의 통찰력은 큰 폭으로 확대된다.

김신용 시집 『잉어』(2013)는 자연에서 생활하면서 쓴 이전 시들과 유사하면서도 미묘한 차이를 드러낸다. 이전 시들에서 자연 현상과 개인의 상처가 중첩되면서 고통의 기억으로서의 삶의 의미를 강화하던 것에 비해 이번 시집에서는 개인적 상념이 소거된 자연 현상에 대한 투명한 시선과 감각이 두드러진다. 자신의 체험을 포함해 삶의 고통과 상처의 흔적이 어른거리던 자연에서 인간적인 자취가 지워지고 자연 그 자체의 양태에 시상이 집중된다. 기억과 감상이 투사되던 자연의 이미지가 독자적인 감식의 대상이 된다. 시인은 자연과 자신의 거리를 뚜렷하게 인식하면서 자연 자체의 메시지를 파악하려고 애쓴다.

> 저 물의 만년필,
> 오늘, 무슨 글을 쓴 것 같은데 도무지 읽을 수가 없다
> 몸속의 푸른 피로
> 무슨 글자를 쓴 것 같은데 읽을 수가 없다
> 지느러미를 흔들며 물에 푸른 글씨가 쓰이는, 만년필
> 저 글은, 잉어가 되어보지 않고서는 읽을 수 없는 것이겠지만
> 잉어처럼 물속에 살지 않고서는 해독할 수 없는 것이겠지만
> 그러나 잉어는, 오늘도 무슨 글자를 쓴다
> 캘리그래피 같은, 그 변형된 글씨체로 무슨 글자를 쓴다
>
> —「잉어」 부분

시인은 잉어의 움직임을 잉어가 물에 쓰는 글씨라고 상상한다. 잉어의 몸이 만년필이 되어 몸속의 푸른 피로 글씨를 쓴다는 청신한 상상은 대상에 대한 고도의 몰입에 의해 가능하다. 자세히 들여다본 잉어는 "골똘히 생각에 잠긴 사람의 얼굴을 닮"았고 무엇인가를 쓰기 위해 부지런

히 몸을 움직이고 있는 듯하다. 알아보기 힘들지만 글씨를 쓰고 있는 것만 같은 잉어의 몸짓에서 시인은 독특한 서체를 연상한다. 이 글씨체가 "잉어가 되어보지 않고서는 읽을 수 없는 것"이라고 생각하던 시인은 꿈속에서 "가슴에 가만히 손만 얹으면, 해독할 수 있는 글자"라는 잉어의 속삭임을 듣는다. 잉어의 글씨체를 해독하고 싶어 하는 간절한 마음이 얻은 내면의 대답인 것이다. 잉어의 몸짓을 골똘히 바라보며 그 뜻을 알고자 하는 내면의 움직임이 선연하게 드러나는 시이다.

글씨체란 고도로 섬세한 지각의 대상이다. 글씨체에는 글의 의미뿐 아니라 필체의 개성까지가 복합적으로 작용한다. 글씨체를 통해 글쓴이의 특성과 습관, 심리 상태까지 짐작할 수 있는 것은 그 때문이다. 글씨체를 들여다본다는 것은 상대의 생각과 성격, 기분까지 낱낱이 알고 싶다는 심사를 반영한다. 이 시집에서 시인이 종종 자연물의 글씨체를 떠올리는 것은 자연의 가장 내밀한 습속까지 파악하고 싶기 때문이다.

> 붓의 끝처럼 생긴, 꽃봉오리
> 꽃봉오리가 열리면서, 마치 날염이듯 흘림체의 꽃잎 번져나는 붓꽃
> 그 붓과 꽃을 보며, 꽃이 붓이 되는 때를
> 붓이 꽃이 되는 때를, 상상해본다
> 저렇게 공중에 선연한 흘림체가 되기 위해서는
> 나도 새처럼 뼛속까지 비워야 하는 걸까?
>
> —「붓꽃」 부분

> 죽어서 비로소 흔들리지 않는, 생을 사는 자의

얼굴에 각인된, 直印 같은
저 벽조목—.
내면을 견고하게 하는 것은 비명이 아니라, 제 조용한
침묵이라는 것을, 알게 해주는 나무

—「벽조목」 부분

끊어야지 하면서도 끝내 끊지 못하는 것, 희망 같은 것
마치 일생 동안 오직 생선뼈만 그려온, 화가의 화폭 위에
그 생선뼈들로 가득한, 아라베스크 같은, 무수한 변주와 변형의, 그 기하학적 구도의 선 같은
그런 삿가시 문양을 떠올려 놓은 것 같은, 대숲이지만

—「뼈꽃」 부분

시인은 갖가지 자연물의 형상이나 움직임을 골똘히 바라보며 각양각색의 글씨체를 연상한다. 붓꽃의 모양새와 유연한 움직임에서는 "선연한 흘림체"를 발견하고 벽조목의 선명한 무늬에서는 "직인(直印) 같은" 존재의 직접성을 목도한다. 눈 내린 대숲에서는 "기하학적 구도의 선"들이 펼치는 '희망'의 "무수한 변주와 변형"을 떠올린다. 그 형태는 제각각이지만 하나같이 온몸으로 행하는 필생의 몸짓을 보여준다. 자연의 글씨체는 무수히 반복되거나 존재를 송두리째 바친 것이어서, 단호하고 선명하다. 자연의 글씨체는 자신을 온선히 비워야만 도달할 수 있는 경지를 보여준다. 붓꽃의 흘림체는 힘이 전혀 들어가지 않은 듯 유연함의 극치를 이루며, 벽조목의 무늬는 비명을 삼켜 침묵으로 음각

한 견인의 산물이다. 시인이 '뼈꽃'으로 명명한 대숲의 수묵화는 희망과 절망의 무수한 반복이 점묘한 기하학적 구도를 이루고 있다. 자연의 운동은 무수한 연습과 정신의 수련을 거쳐야하는 서도(書道)와 흡사하고 자연의 글씨체는 그 과정을 완수하면서 얻어지는 천의무봉의 경지에 가깝다.

자연을 바라보는 시인의 유정한 시선에는 무엇 하나 예사롭지 않다. 가령 흙 속을 파고드는 뿌리가 붓이라면 흙은 거대한 종이라고 할 수 있다. "그 땅의 흙 속에서, 소나무의 뿌리는 소나무의 자서전을 쓰지만 / 풀의 뿌리는, 풀의 회고록을 쓰지만 // 그 모든 글들이 기실 땅의 저작(著作)인 것을, 글의 뼈대가 되는 줄거리인 것을"(「벼리」)이라고 하는 것도 그 때문이다. 나무와 풀의 뿌리들이 온갖 난관을 헤치며 뻗어나가는 장면을 떠올리며 시인은 땅 속에서 거대한 저술이 행해지는 과정을 상상한다. 나무와 풀이 온몸으로 새긴 글씨들은 또한 땅이 온몸으로 엮어낸 한편의 글이기도 하다. 필생의 작업이며 전모를 드러내야 한다는 점에서 이들의 흔적은 자서전이나 회고록의 성격과 상통한다고 볼 수 있다.

자연물 고유의 형상이나 운동에서 글이나 글씨, 그림과 같은 문화적 산물을 연상하는 것은 자연에서 시인 자신이 추구하는 미와 정신의 극치를 발견할 수 있기 때문이다. 무언가를 찾으려는 이에게 자연은 '스스로 그러한 상태' 이상의 유정한 의미들을 전달한다. 자연에 다가서려는 간절한 마음은 자연의 온갖 형상과 현상에서 무수한 기호와 의미를 읽는다.

자연의 고유한 미학과 정신에 매혹된 시인은 이전의 어떤 시기보다

잘 보려는 노력을 배가한다. 이번 시집에서 시인의 견자(見者)로서의 면모가 두드러지는 것은 그 때문이다. 잘 보는 비결 중 첫 번째는 자세히 보는 것이다. 세밀한 관찰은 무심히 바라볼 때와는 다른 발견의 순간을 열어준다. 시인이 대상을 바라보는 기본적인 시선은 오래도록 자세히 바라보는 것이다. 「돋보기안경」에서는 자연의 한 장면을 통해 이러한 자세히 보기에 대한 흥미로운 비유를 행하고 있다. 나무들 사이로 달이 뜬 풍경에서 시인은 "나무들이 돋보기안경을 쓰고 있다"는 상황을 연상한다. 묵묵히 서서 달빛이 비치는 작은 풀과 꽃들을 바라보고 있는 나무에, 돋보기안경을 쓰고 "눈에 잘 보이지도 않는, 꼬물거리는 생의 주해들을 점자처럼 더듬"는 노안의 자신을 중첩시킨다. 돋보기안경은 "점점 더 작아지는 사물의 의미를 더 크게 보려는" 노력의 산물이다. 젊은 시절 먼 것을 보지 못했던 근시안은 어느새 세세한 사물의 의미를 놓쳐버리는 노안으로 변하였다. 돋보기안경은 흐릿한 초점 속에서 사물을 재해석하고 "새롭게 의미의 거푸집을 짓는" 상상의 변주를 일으키기도 한다. 중요한 것은 사물을 자세히 바라보며 그 의미를 찾아보려 하는 의식의 작용이다.

잘 보는 비결 중 두 번째는 사물의 표면 너머 그 심층까지 꿰뚫어보는 방식이다. 이런 투시적 시선에는 사물의 표층뿐 아니라 그 내면까지 파고드는 예리한 분석력과 연상의 능력이 요청된다. 이번 시집에서는 이러한 투시적 시선이 크게 작용하면서 유난히 '뼈'의 이미지가 많이 등장한다. "저 나뭇잎 아래, 물고기의 뼈"(「나뭇잎 아래, 물고기의 뼈」), "속이 비어 있어 더욱 부드럽고 유연한, 그 푸르고 곧은 등뼈"(「대숲 앞에서」), "몸에 번개의 전류가 휘감길 때, 잎 다 버리고 오로지 뼈만 남긴 /

강골처럼 보이게 하는, 나무"(「벽조목」) 등에서는 엽맥이나 나무의 기둥에서 동물의 뼈를 연상한다. "오늘처럼, 앙상히 뼈만 남은 새가 창가에 날아와 울고 있는 날"(「뻐꾸기 둥지」), "뼈의 휠체어에 앉아 노후(老後)의 노을에 젖어보는 것 // 살 한 점 없이 접시 위에 누워 있는, 두 개의 생선뼈"(「황금 연못」) 등에서는 동물의 뼈를 보면서 삶의 애환을 떠올린다. 생명의 최후에 남는 뼈의 흔적을 통해 삶의 본질적 의미에 대한 성찰을 행한다.

잘 보는 비결 중에는 다르게 보는 방식도 있다. 상식과 다르게, 또는 완전히 뒤집어서 거꾸로 보게 되면 전혀 새로운 의미를 찾을 수 있다. "그 죽은 세포들의 무덤이 바로, 피부의 각질 / 그러므로 각질은 무덤이 아니라 죽은 세포들이 피부 바깥으로 / 피워 올린 꽃 같은 것, 자신의 죽음으로 확 꽃 피어 / 어두워진 세계를 밝히는, 꽃 같은 것"(「각질에 대하여」)에서는 각질은 "죽은 세포들의 무덤"이라는 통념이 역전되어 "어두워진 세계를 밝히는 꽃"으로 인식된다. 단순한 탈각 현상을 넘어 그것이 피부 전체에 행하는 작용을 주시했기 때문이다. "어찌 보면 맨살이 부끄러워 서둘러 잠옷이라도 걸친 것 같지만 / 아무렇게나 흰 천을 찢어 상처에 붕대라도 감은 것 같지만 / (누구는 맨살에 허연 곰팡이라도 핀 것처럼 쳐다보기도 하지만) / 세상에, 시설이라니! 감의 살결에 내린 눈이라니!"(「겹눈」)에서는 곶감 표면의 하얀 분에 대한 서로 다른 시선을 병치시키고 있다. 붕대 같기도 하고 곰팡이 같기도 한 이것에서 흰 눈을 연상하는 순간 '시설(柿雪)'이라는 이 "아름다운 형용(形容)"은 마음 가득 서설(瑞雪) 같은 설렘을 일으킨다. 사물은 그것을 바라보는 시선과 명명에 따라 전혀 다른 의미를 드러내는 것이다.

이렇듯 잘 보는 방법을 다양하게 동원하여 시인은 자연을 새롭게 바라보는 획기적인 시선을 마련한다. 그에게 자연은 더 이상 자신의 내면을 투영할 수 있는 대리물이나 인간의 삶을 은유하는 보조적인 대상이 아니다. 자연은 다른 무엇보다 흥미로운 관찰의 대상이며 깊고 아름다운 삶의 필체를 확보한 예술가이기도 하다.

이제 시인은 자연을 실감나게 표현하기 위해 오히려 인간을 비유의 매개로 동원하기도 한다. 그의 시는 자연을 미물로 보는 인간 중심적 시선과 거리가 멀다. 오히려 그의 시에서 자연은 대개의 인간보다 더 고귀하고 뛰어난 품성을 드러낸다. 그는 사유를 인간만이 지니는 고유한 능력으로 규정하는 통념을 넘어선다. 실버들은 "곧 미끄러질 듯 구부정한 자세로, 그러나 더 깊이 생각하는 사람처럼 서 있다"(「실버들」)거나 "마치 외투 위에 외투를 껴입은 듯, 질문을 껴입고 뚱뚱해진 양파"(「양파」)라고 할 때처럼 자연은 한량없는 사색의 자세와 무한한 질문을 내포하는 존재로 묘사된다. 자연은 인간이 포기한 질문을 지속하고 인간이 감당하기 힘들어하는 견인의 자세를 유지한다. "너는 세계의 부피를 겹겹이 껴입은 듯 걸어왔다. 무거운 짐을 지고 비계(飛階)를 오르듯 걸어왔다"(「자라, 서시」)는 자라, "작고 귀여운 하프 모양을 하고 있지만 / 깊은 산중의 은자(隱者) 같았을 해마"(「해마에 대하여」), "그러나 와선(蛙禪) 같은 보폭들은, 아무 일 없다는 듯 느릿느릿 기어가고 있다"(「바퀴」)의 개구리 등은 모두 범상치 않은 구도의 자세를 보여준다. 어떤 망설임이나 의심 없이 묵묵히 저미다의 길을 가는 이들에게서 시인은 비범한 삶의 경지를 발견한다.

인간 중심적인 시선을 벗어나 바라볼 때 자연은 인간적 척도로 가늠하기 힘든 지각의 대상이 된다. 특히 시간에 있어 자연은 인간의 기준을 훌쩍 초월한다.

수천 년 전에는 강물이 흐르고, 초원의 밀 경작지가 펼쳐져 있던 곳, 지금은 푸른 숲과 강과

한때 번성했던 마을의 집들은 사라지고

木碑 같은, 사람이 살았던 표식 같은 나무 기둥들만 꽂혀 있는, 모래언덕의 무덤들만 남아 있는 곳

—「꽃의 타클라마칸」 부분

돌 위에 돌이 얹혀 그렇게 서로를 마모하는, 저 원형의 회전

그렇게 제 몸을 닳아가면서 여직 순한 눈망울을 멀뚱대고 있구나.

사람 떠난 빈집에 무거운 돌덩이처럼 버려졌어도

어처구니를 간직하고 있는, 저 맷돌은

—「맷돌을 위하여」 부분

百潭은, 백 개의 못이라는 뜻

바위에 백 개의 못이 패이도록 얼마만큼의 물이 흘렀는지 모르지만

손에 곡괭이 한 번 쥔 적 없는 물의 흐름을 보는 일은, 언제나 난감하여서

—「백담에서」 부분

흔히 자연과 인간사의 비교는 무상감을 일으키지만, 김신용의 시에서 유구한 자연은 경탄의 대상이 된다. 인간 중심의 시선에서 벗어나

자연을 그 자체로 받아들이기 때문이다. 「꽃의 타클라마칸」에서는 나무가, 「맷돌을 위하여」에서는 돌이, 「백담에서」에서는 물이 관조의 대상이다. 모두가 인간과는 비교할 수 없이 오랜 시간의 흔적을 간직하고 있다. 「꽃의 타클라마칸」에서는 목비(木碑)만이 유일하게 사람이 살았던 표식이 되어준다. 타클라마칸 사막의 "살아 천 년 죽어 천 년 쓰러져 천 년을 견딘다는 나무들의 숲"은 지난한 인고의 시간을 떠올리게 한다. 「맷돌을 위하여」의 맷돌도 사람이 떠난 빈집에서 여전히 온전한 모양으로 변함없는 자연의 시간을 간직하고 있다. 흔히 '어처구니가 없다'라는 부정형으로 표현되는 어처구니를 이 맷돌은 간직하고 있다. 제자리를 지키기 힘든 인간사에 비해 제 몸을 닳아가면서도 본디 모습을 간직하고 있는 맷돌의 시간이 감성적으로 그려진다. 물의 유연하면서도 유구한 흐름은 더욱 놀랍다. 백담 계곡의 물은 "손에 곡괭이 한 번 쥔 적 없"이도 바위에 백 개의 못을 파놓았다. 한없이 부드러우면서도 강인한 물의 힘이 일으킨 이적이다. 시인은 인간의 척도 너머에서 묵묵히 자신의 시간을 지켜온 자연의 흔적을 유심한 눈길로 살핀다. 인간 중심의 시선에 갇히면 즉물적인 느낌밖에 받을 수 없는 자연의 양태에서 경이로운 시간의 궤적을 발견한다.

시인은 유구한 시간의 자취뿐 아니라 순간적인 생의 율동에서도 종종 자연의 경이를 포착한다. "발레처럼, 날렵하게 솟구쳐 올라 발뒤꿈치를 든 웃음을 베어 물며 / 딱! / 무릎을 치게 하는, 그 한순간의 / 생의 율동"(「돌고래 춤」)을 보여주는 돌고래의 몸짓 같은 것에 시인은 아낌없는 찬사를 보낸다. 텅 빈 듯한 공간에서 솟아오르는 생명의 도약에 놀라 흥분을 감추지 않는다. 공허에 잠식되지 않는 생명의 끊임없는 율동에 도취한다. 오염된 하천에서도 놀라운 정화의 능력을 보여주는 미나리와 같은 생명에서 자연의 초탈한 경지를 접하고 경탄한다. "이 세계에 대해 어떤 기대도 하지 않는, 그런 / 자기 방기로 이루어진 삶 같으면서도, 매혹적인 / 절망이라는 보수 하나, 얻지 않는 / 저 미나리"(「미나리는, 웃는다」)는 예사롭지 않은 품격을 드러낸다. 자신을 다 내던진 듯하면서도 절망의 그림자조차 보이지 않고 "장바닥에 앉아 맛있게 국밥을 먹는 것처럼, 웃는다"는 미나리는 바로 시인이 꿈꾸는 인격의 드높은 경지를 실현해보이고 있다. 지난날 거칠고 고된 삶의 상처를 처절한 예술혼으로 승화시켰던 시인은 이제 "매혹적인 절망이라는 보수"도 바라지 않는 순연한 정신을 추구한다. 인간보다 더 오래고 질기게 삶의 고통을 감내하면서도 본연의 생명력과 천성을 잃지 않는 자연의 생리에서 닮고 싶은 미덕을 발견한다. '웃음'은 시인이 새롭게 주목하는 삶의 덕목이다. 고난에 대한 인내도 어렵지만 그 과정에서 웃음을 보일 수 있는 경지는 놀라운 것이다. 오염된 물속에서 웃음 짓는 미나리가 그러하고, 겨울 언 밭의 고통을 견디고 "파는, 환하게 웃는다 / 파안(破顔)" 할 때의 파가 그러하다. "올해는 제멋대로 자라도록 내버려 두었더니, 토마토 가지들, 신났다"(「토마토 키우기」)라거나 "물만 주면 근심 걱정 하나 없는 얼굴로 무럭무럭 자란다"(「콩나물처럼, 콩나물 뿌리처럼」)라고 할 때도 자연의 해맑고 거침없는 생명력은 특별한 관심의 대상이 된다. 시인은 자연에서 생명을 향한 절대적인 지향과 절망 없는 정신의 순연함을 발견한다.

오래도록 비애와 상처의 미학을 구축해왔던 김신용의 시는 이제 자연에서 찾아낸 새로운 정신과 미학으로 인해 또 다른 변화의 조짐을 보이고 있다. 추측컨대 그는 한동안 "아릿하지만 정겹고 따뜻한 그런 풍경이 스며 나오"(「멸치」)는 시를 쓸 것이다. "어떻게 하면 깍두기를 소리 내지 않고 씹을 수 있을까?"(「깍두기」)를 고민할 정도로 세심하게 미약한 존재에 대한 연민과 관계에 대한 사유를 심화할 것이다. "교환가치가 없는 것은 아무 쓸모가 없는, 잉여가 되는 시대에 / 대체 시란, 어떤 것이어야 할까?"(「앵두」)라는 현실적 맥락의 질문과 함께 자연의 글씨체에서 끊임없이 전해지는 삶의 깊은 의미를 탐문하며 시의 긴장을 견인해 나갈 것이다. 자연의 율동을 간파하는 시선만큼이나 섬세하고 풍부해지고 있는 언어감각이 앞으로의 시에 대한 기대를 배가한다.

자본의 시간과 자연의 시간

정끝별의 시

시에서 상상력의 진폭과 시간에 관한 사유의 자유로움은 비례한다. 비약과 압축에 유리한 시의 형식은 다른 어떤 장르보다도 시간에 대한 상상의 자유를 포용한다. 시에 드러나는 시간의 양상은 한 시인의 사유 공간의 전모와 일치한다 할 수 있을 정도로 밀착되어 있다. 정끝별의 신작시는 시인 특유의 다양한 관심과 탄력적인 상상력을 보여준다. 돌출한 개성이어야 주목받는 시대에 정끝별 시인처럼 다양한 소재와 어법, 균형 잡힌 시선과 고른 호흡을 지닌 경우는 오히려 가려지기 쉽다. 한편 한편이 빼어나더라도 강렬한 개성으로 합치되기가 어렵기 때문이다. 그녀의 시는 우리 현대시사의 여러 지류들이 섞인 듯 다채롭기 그지없다. 정갈한 서정시나 내밀한 성찰의 시, 예리한 현실 비판의 시들이 저마다의 음색을 드러낸다. 당연히 그녀의 시에는 다양한 시간의 층위가 공존한다. 지극히 현실적인 시간이 있는가 하면 현실에서 동떨어진 초월적인 시간도 있다. 순환적인 동양의 시간관과 선형적인 서양의 시간관이 혼재한다. 시의 촉수에 닿는 무엇이든 끌어당기는 유연하고 다양한 관심이 이질적인 시간의 차원을 한자리에 펼쳐놓는다. 그녀의 시에는 현실을 지배하는 근대적 시간과 그 너머의 탈근대적 시간이 천연덕스럽게 병치된다. 물질에 전유되는 자본의 시간과 자족적인 자연의 시간이 함께 한다. 현실 감각과 성찰적 사유, 자유로운 상상력이 두루 작동하기 때문이다.

현재 우리가 절대적인 것으로 받아들이는 선형적 시간은 기실 자본주의적 근대의 산물이다. 근대적 시간은 생산의 효율을 극대화하기 위한 자본주의적 통제 체제로서 유용하다. 합리적으로 분절된 시간은 오랫동안 자연의 리듬에 맞추어져 있던 인간의 생체 리듬까지도 조절할 수 있게 된다. 자본의 시간은 보다 많은 물질의 생산과 소비를 창출할 수 있도록 인간의 자율성까지도 통제하는 위압적 제도이다. 자본의 시간이 보장하는 견고한 생산의 틀과 그와 견고하게 맞물려 있는 소비의 메커니즘은 물질성의 전면적 지배가 이루어지고 있는 현대사회의 견인차이다.

정끝별 시인은 자본주의의 압도적 지배하에 있는 자신의 일상을 냉철하게 파악한다. 시인은 자본주의적 소비의 속성을 함축하고 있는 '카트'의 상징성에 주목한다. 「마트 카트」, 「사과나무 카트」는 카트와 일상적 삶의 긴밀한 연관성을 포착하고 있다. 카트는 어느덧 우리의 일상 깊숙이 자리잡고 있는 편리한 도구이다. 대형 마트에 가면 의당히 카트를 꺼내고 그 안에 물건을 가득 채우는 과정이 뒤따른다.

마트에서 나를 맞이하는 건 카트다

첩첩이 숨어있던 내면의 목록은

동전투입구에 100원짜리를 넣어
카트 하나를 끌어내는 순간 해방된다
그때부터 나를 끌고 가는 건 카트의 너트다
카트는 거대한 철재 내면을 품고 있다

―「마트 카트」 부분

현대인이라면 누구나 경험하는 이 친숙한 과정에 대해 시인은 날카로운 자의식을 발동시킨다. 카트를 끌어내는 순간 해방되는 "첩첩히 숨어 있던 내면의 목록"은 누구의 것일까? 카트는 끌어내진 순간부터 자율적으로 움직이기 시작한다. 카트를 밀며 자동적으로 물건을 쓸어 담는 행위에 대해 시인은 의문을 제기한다. 자신이 카트를 끌고 가는 것이 아니라 카트가 자신을 끌고 가는 것 같은 아이러니에 직면한다. "내면은 언제나 지상의 맨 위층 / 전자제품코너에서부터 발견"되어 마트의 구조에 따라 정렬한다. 일찍이 호르크하이머와 아도르노는 『계몽의 변증법』에서 소비자의 욕구는 문화산업에 의해 사전 결정된 것으로 보고 이러한 문화산업의 기만을 소비자의 자발적인 욕구인 것처럼 설득하려는 것을 비판한 바 있다. 대형마트의 효율적 구조와 자동적인 소비 시스템은 대량소비를 위해 엄밀하게 계산된 메커니즘이다. 소비자의 욕구는 대량소비를 행하도록 무의식적으로 조절된다. "내면은 채울수록 기울수록 가속도가 붙는다 / 첫 내면이 기억나지 않는다"는 고백은 자신도 알 수 없는 충동에 의해 물건을 담게 되는 소비의 경험을 보여준다. "카트의 바퀴들이 몰려들어 / 내면의 목록을 완성하는 건 / 계산대의 바코드다 카트의 루트다 / +와 +와 +로 일방통행 되는 / 내면으로 향하는 비상구다"라는 마지막 구절에서는 보다 분명하게 소비 충동의 원인을 분석한다. 경쟁적인 대량 소비를 유도하는 것은 바코드나 카트와 같은 소비 시스템의 표지들이다. "내면으로 향하는 비상구"를 찾듯 소비를 갈구하는 것은 채워지지 않는 욕망에 기인한다. 하버마스는 현대인에게 있어 소비 욕구의 지속적인 상승이 인간의 자기소외를 일으키는 이와 같은 현상을 '소외의식의 빈곤'이라고 지칭한다. 자율적인 선택에 의한 것이라기보다 교묘히 조절된 소비 행위이기 때문에 충족되지 못하고 자극되기만 하는 것이다. 더 많은 소비를 향한 일방통행의 과정에서 인간은 소비의 주체가 되지 못하고 소외된다. 마트의 카트라는 지극히 일상적인 사물에서 시인은 이와 같은 자본주의적 소외 현상의 핵심을 발견한다.

「사과나무 카트」에서는 카트에서 시작되어 카트에서 마감되는 현대적 삶을 풍자한다. "태초에 말씀이 있었으니 / 종말에는 카트가 있을 거예요"라는 맹랑한 패러디로 출발하는 이 시는 카트가 대변하는 편의성과 물질성에 대한 묵시록적 전망을 행한다. "카트에서 자라나고 / 카트에서 늙어가고 있"다고 할 수 있을 정도로 현대적 삶에서 카트의 쓰임은 절대적이다. 카트는 쇼핑에만 사용되지 않는다. 갓 태어난 아기가 카트에 담겨 옮겨지고 병원의 환자나 시신도 카트에 실린다. 생로병사의 모든 인생행로에 카트가 끼어든다. 카트로 옮겨지는 인간에게서는 존엄성이 사라지고 물질성이 극대화된다.

카트는 중량을 분산시키고 쉽게 이동시키는 도구이다. 카트는 보다 많은 물질을 보다 편하게 옮길 수 있게 한다. "아빠아빠기이뻬리면네게카트를주세요! / 넘어지지 않는 카트를 / 미끄러지지 않는 카트를 / 세상에서 제일 크고 튼튼한 카트를"에서는 현대사회가 강건한 물질적 욕망에 기반을 두고 있음을 드러낸다. 자신의 욕망에 충실한 이 시의 화자는 직설적인 어조로, "채울 수만 있다면 세상 한 자락에서도 / 끌고 갈 수만 있다면 세상 끝자락까지도 / 한 그루의 사과나무를 담고 갈 거예요 난 / 그리고 카트가 비는 어느 날이 오면 / 빈 카트를 타고 ET처럼 지구를 떠날 거예요 / 아빠아빠왜내카트를버리셨어요? 슬퍼하며"라고 말한다. 이 시의 제목은 명백하게, "내일 지구의 종말이 온다 해도 오늘 한 그루의 사과나무를 심겠다"는 스피노자의 패러디이다. 사과나무를 '심는' 전근대적, 자연적 삶과 그것을 카트에 '담고 가는' 근대적이고 물질적인 삶의 대비가 선명하다. "카트가 비는 어느 날"이 곧 지구의 종말을 의미할 정도로 우리의 삶은 카트와 밀착되어 있다. 카트에 중독된 화자는 급기야 "내일 지구의 종말이 온다면 아빠 나는 / 지금 당장 한 대의 카트를 훔칠 거예요!"라고 선언한다. 현대의 삶은 인간 고유의 존엄성과 도덕적 결단을 잃고 자본주의적 편의성과 물질성에 지배되고 있다. 시인은 현대적 삶의 면면에 자리잡은 카트의 생태학에서 경박한 자본주의적 일상과 그 종말을 예감한다.

정끝별의 시 중에는 이런 현실 비판적인 시와 함께 지극히 서정적인 시들이 자리하고 있다. 이런 시들에는 자본주의적 일상과 선형의 근대적 시간과 다른 자연의 시간이 작동한다. 자본의 시간에 침윤된 현실을 그릴 때 냉소와 풍자로 일관하던 태도가 자연의 시간을 대할 때는 다감하기 그지없다.

> 꽃핀 자두가지 사이
>
> 목을 뺀 새 두 마리

꽃만 보네 흰 꽃자리
금세 흰 눈 앉을 텐데

가지를 사이에 두고
꽃만 보며 SeeSaw SeeSaw

한눈 한번 팔아주면
한 세상이 기우뚱한 텐데

—「그게 천년」 부분

진형적인 화조도(花鳥圖)를 연상시키는 이 시는 꽃가지 하나와 새 두 마리의 조화로 담백한 아름다움을 창출하고 있다. 우리 서정시에서 익숙한 2행 1연의 단조로운 구조도 시의 정조에 조응한다. 새 두 마리가 꽃가지를 사이에 두고 개화의 순간만을 응시하는 정적이면서도 긴장된 장면이 연출된다. 시소(SeeSaw)를 타듯 꽃가지 양쪽에 자리한 두 마리 새는 개화의 순간을 향해 절묘한 균형을 이루고 있다. 그 팽팽한 긴장감, 영원인 듯 아득한 그 순간을 시인은 '천 년'으로 느낀다. 계량화되지 않은 주관의 영역에서 순간은 영원과 일치할 수 있는 무한대의 시간이다. 시인은 개화라는 자연의 작용에서, 선적 깨달음과도 같은 이 오묘한 '직통'의 시간을 재현하고 있다.

「춘분 시나」에서는 우리에게 보다 익숙한 순환적인 자연의 시간을 그려낸다. 사계의 변화와 생멸의 순환과정은 유구한 자연의 리듬이다. 자연의 시계는 지칠 줄 모르고 변화와 반복을 지속해왔다. 자연의 일부이기도 한 인간에게도 이 리듬은 낯설지 않다.

> 고삐 풀린 망아지가 달려간다 너도 달려간다 봄이라잖니!
>
> 나를 빠져나와 달려가는 바보야, 바다를 빠져나온 강이 처음 바다로 달려가잖니, 새도 처음 둥지로 달려가잖니!
>
> 박차고 달려가기만 하는 철부지야, 아침 해는 하루도 빠짐없이 잠망경처럼 불쑥불쑥 되돌아오잖니, 들뜬 뿌리도 씨앗을 터트리기 위해 여린 꽃대를 밀고 또 밀고 있잖니, 이 철부지야!
>
> —「춘분 지나」 부분

이 시는 경쾌한 리듬과 발랄한 어조로 봄의 약동하는 생명력을 펼쳐 보인다. 춘분은 어두웠던 겨울을 지나 봄이 완연해지는 경계의 지점이다. 하루가 다르게 무르익는 봄의 기운은 '고삐 풀린 망아지'의 생동감을 연상시킨다. 만물이 원래의 자리로 돌아와 다시 생장하는 봄처럼 화자는 자신에게서 달아나려는 '너'가 돌아오기를 고대한다. 이 사랑노래가 봄노래인 연유는 재생의 동력으로 가득한 봄의 이미지와 상관된다. "날 이기고도 넌 울며 달려가고 네게 지고도 난 이렇게 웃고 서 있잖니"에서 실연당한 화자는 오히려 여유 있어 보인다. "바다를 빠져나온 강이 처음 바다로 달려가"고 "새도 처음 둥지로 달려가"는 봄이기 때문이다. 자연의 리듬처럼 사랑도 원래의 자리로 향할 것을 믿기 때문이다. 천방지축인 어린 애인을 달래듯 어르듯 다감한 어조는 "달려가는 강물에 저리 순한 이랑을 불러내는" 바람처럼 유연하다. 자연의 리듬을 닮아 있다.

현실과 자연에서 포착한 이렇듯 이질적인 두 시간이 한 자리에 놓일 수도 있을까? 「누가 오길래?」에서 전혀 어울릴 것 같지 않은 이 두 겹의 시간은 스스럼없이 엉켜있다. 이 시의 주인공은 "온 가족의 손때가 배인 쥐색 / 삼인용 인조가죽 소파 하나"이고 공간은 "읍내로 꺾여나는 비포장 외길 가 / (…중략…) / 나무 밑"이다. 자본의 시간에서 도태된 낡은 소파가 자연의 시간 속에 버려져 있다. 낡은 소파는 가족들과 함께 했던 기억으로 가득하다. "콩잎 살랑대는 콩밭을 바라보던 눈으로 / 개줄을 끌고 다니는 흰둥이를 바라보고 있다 / 묵묵히 익어가는 고추밭을 바라보던 눈으로 / 벗집 수북한 손수레를 밀고 가는 할아버지를 / 뒤따르는 할머니의 등 굽은 입김을 바라보고 있다 / 두렁을 휘감는 호박 넌출을 바라보던 눈으로 / 빈 가지들이 품고 있는 빈 까치집을 / 외길이 시작되는 슬레이트 처마를 / 외길이 끝나는 국도의 살얼음을 바라보고 있다"에서처럼 소파는 자연과 인간의 삶을 가감 없이 바라본다. 소파의 눈에 비친 자연과 인간은 유구한 생성과 소멸의 시간 속에 놓여있다. 파노라마 같은 영상 속에서 봄, 여름, 가을, 겨울도 지나간다. "콩잎 살랑대는 콩밭"에서 시작된 시선은 "국도의 살얼음"에서 멈춘다. 자연도 나고 죽는 것이다. 이제는 버려진 소파가 그리 외롭지 않아 보인다.

> 바람이 구름이 저물녘이 잠시 앉았다 갔다
> 몇 차례 더 눈보라가 들이닥치고 나면

올 봄 초록 속으로 깃들일 수 있으리라

—「누가 오길래?」 부분

이처럼 쓸쓸하면서도 따뜻한 장면은 자연과 물질의 조화에서 창출된다. 소파가 자연을 앉히고 자연이 소파를 품는다. 자연의 시간이 자본의 세계에서 소외된 물질을 자신의 품으로 끌어당긴다. 저 소파 초록과 더불어 혼곤히 잠들 것이다.

시인은 특유의 다양한 시선과 어조로 우리의 삶에 공존하는 자본주의적 현실의 시간과 자연의 순환적 시간을 담아낸다. 자본의 시간이 지배하는 편의성과 물질적 욕망에 대한 반성적 성찰을 행하고 자연의 시간에 내포된 생명력과 순환의 원리를 확인한다. 더욱 주목할 만한 것은 그 두 가지 시간의 조화와 공생의 가능성이다. 버려진 소파가 자연 속에 깃드는 장면으로 조촐하게 그려진 이 공존의 풍경이 앞으로도 지속적인 관심사가 되었으면 한다. 자본의 시간과 자연의 시간을 매개하는 역동하는 상상력과 투명한 예지를 기다린다.

나무의 자세, 혹은 기다림의 미학

이정화의 시

시에서 나무만큼 친숙하고 보편적인 소재는 드물다. 가까이서 쉽게 접할 수 있을 뿐 아니라 그 형상이나 생태가 시심을 일으키기에 적합하기 때문이다. 수직으로 생장하는 나무와 직립의 인간은 그 형상부터가 유사하다. 또한 출생, 갈등, 고통, 시련, 극복과 성장의 과정을 거치는 나무의 생태는 흔히 인간의 자아실현 과정과 동일시된다. 융 같은 심리학자가 나무의 이미지와 인간의 정신적 에너지를 관련시킨 것도 무리가 아니다. 융은 나무를 전체성의 상징으로 보고 인간의 분열된 마음을 하나로 통일할 수 있는 정신 현상의 핵이며 원동력이라 하였다. 곧 나무는 본연의 자아에 대한 상징이라 할 수 있다.

이정화 시인의 첫 시집 『침묵의 자세』(2009)에는 나무의 이미지가 유난히 많이 나타난다. 그만큼 이 시집에는 자아의 본성에 대한 성찰과 삶의 자세에 대한 사색이 주를 이룬다.

무언가 하고 싶은 말이 있다는 것인가

깎아 지른 바위 틈 사이로 더듬더듬 뿌리 내려놓으며
모로 누운 해송 한 그루
망망함 쪽으로 목 길게 빼고 있다

—「望洋亭」 부분

서시에 해당하는 이 시의 해송은 "무언가 하고 싶은 말이 있"는 듯한 형상을 하고 있다. 깎아지른 바위틈에서 생장하는 해송의 간절한 몸짓에서 '하고 싶은 말'을 떠올리는 것은 바로 시인 자신이다. 대상에 이입된 시인의 감정은 "모로 누운 해송 한 그루"의 안쓰러운 자세에 무감하지 못하고 시심을 일으킨다. "망망함"을 향해 한없는 기다림의 자세로 고정된 해송은 시인 자신의 삶을 연상시키는 것이기도 하다. 시인 역시 망망한 어떤 기다림으로 인해 '시'라는 노역을 감수하며 있는 것이다. 망망한 대양과 해송 한 그루의 대비가 그러하듯이, 시인이 바라보고 있는 세계는 망연하지만 그 눈길은 간절하기 그지없다.

시인의 말이 향하는 간절한 대상이 '당신'이라는 구체성을 띨 때는 연시에 가까워진다. "사랑의 맹세는 잔혹하다 / 혹한도 비켜나간 저 애절한 / 마음의 자리"(「종결어미」), "물 첩첩 산 첩첩 / 아득한 그대 / 마음이 마음을 따라 나서다 / 마음에 받혀 소란합니다"(「짝사랑」) 등 핍진한 사랑의 고백들은 가장 예리한 마음의 작용들을 드러낸다. 짐작할 수 있는 바와 같이 그녀의 시에서 사랑은 대개 결핍과 상처의 근원으로 작동한다. 늘 일방적인 연모와 기다림만이 있을 뿐이다. 중요한 것은 기다림의 결과보다 기다림 그 자체이다. 「고도를 기다리며」에서 고도가 삶 자체인 것처럼 이정화의 시에서 사랑도 기다림이라는 삶의 자세를 확인하게 하는 계기일 뿐이다. 시인은 영원히 결핍일 수밖에 없는 사랑의 속성을 꿰뚫고 있으며 그것을 기다림이라는 삶의 태도로 승화시키려 한다. 사랑이 불가능한 것이기에 더욱 간절하듯 삶은 지난한 것이어서 인내할만한 것이리라. "등짝을 후려치는 눈물 같은 시간들을 내려다보며 / 폭풍의 곶을 희망봉이라 이름 지었던 사람을 생각하지 / 내가 너에게 희망이 될 수 있을까"(「가령」)에서처럼 절망이 클수록 희망의 봉우리도 높다. 사랑이라는 이름 앞에서 자꾸만 연기(延期)되는 '너'와 '나'의 관계처럼 희망에서 유예되는 삶이 오히려 희망을 기다리게 한다.

이렇듯 미묘하고 간절한 마음의 작용이 아니라면 시를 쓰고자 하는 마음 또한 없을 것이다. 시인은 마음이 일으키는 천변만화의 흔적을 좇는다. "오래 생각하고 오래 잡고 있던 일들이 / 오랫동안 나를 괴롭혔던 것처럼 / 오래 머물렀던 그 자리에 / 유난히 깊고 선명한 새의 발자국"(「눈 내린 다음날」)에서 시인의 눈길이 머무는 것도 바로 어지러운 새의 발자국처럼 갈피 없던 자신의 마음의 족적이다. 새의 발자국이 곧 그 삶을 이루듯 마음의 흐름이 시를 낳고 길을 만든다. 시인 자신도 "밤새 뒤척이던 눈발들 간결하게 그어놓은 한 획 / 지도에 없는 길이 시작되는 곳이다"라고 하여 어지러운 생각들이 헛된 수고에 그치지 않고 새로운 길의 출발이 될 수 있음을 확신한다. 마음의 작용을 중시하는 시인은 유심론자처럼 만유의 중심에 마음을 놓는다. "저리게 담가둔 어둠 속에서 빛으로 날아오는 // 이것은 기다림의 한 형식에 관한 이야기이다 / 날마다 떠나고 날마다 돌아옴으로써 / 스스로 빛을 내는 행성, / 돌아오지 않는 것들은 모두 내 안에 있다"(「어느 행성에 관한 기록」)는 고백에는 마음에 관한 범우주적 상상력이 작동하고 있다. 돌아오지 않는 것들, 이루어지지 않은 간절한 바람들이 내걸린 듯 별빛은 반짝인다. 이루어지지 않은 희망은, 이루어지지 않음으로써 기다림의 형식으로 지속된다는 심오한 역설을 만날 수 있다. 역시 중요한 것은 기다림의 지속성과 그 자세이다.

출렁
말 고르다 몸 한번 추스르고
빤히 나를 쳐다보는
온 몸이 눈인 바다
저 눈깔
하고 싶은 말도 듣고 싶은 말도
모두 다 네 몫이라고
눈으로 들려주는 서슬 퍼런 소리의 빛깔
철렁
내 안에 말씀의 파도가 인다
눈이 번쩍 뜨인다

—「안목의 바다」 부분

이정화의 시에서 물의 이미지, 특히 바다는 담대한 형상으로 인해 경이와 각성을 일으키는데 이 시의 바다 역시 그러하다. '안목'은 강원도 강릉시에 있는 해변마을이라고 하는데, 그 특이한 이름 때문에 더욱 견성의 계기를 이룬다. "온 몸이 눈인 바다"와 대면한 시인은 마음의 눈이 번쩍 뜨이는 경험을 하게 된다. 이때 바다가 일으킨 생각은 다름 아니라 "모두

네 몫"이라는 자각이다. 이처럼 시인은 세상만사가 자신에게 달려있다는 의지적 삶의 자세를 가다듬는다. "절절 끓어 넘치든 / 꽁꽁 얼어붙어 버리든 / 맹렬하게 투신하자"(「생을 대하는 공손한 자세」)는 다짐을 거듭한다. "만산이며 만물인 나"가 삶의 중심이라는 유심론적 사유로 견인의 자세를 견지한다. 그녀의 시에서 삶에 대한 의지적 태도와 도덕적 염결성이 두드러진 것은 그 때문이다. 바로 이것이 현실의 압도적인 힘과 미약한 인간의 처지를 수세적으로 방관하는 것이 대세인 요즘의 시들과 변별되는 지점이기도 하다. 그녀의 시는 체념과 한탄의 나긋한 감성에 도취하기보다는 자성과 인고의 굳은 의지를 견지하려는 태도가 돋보인다.

개화기 장미는 하루 중 자정 무렵부터 한 두시 사이에
가장 진한 향기를 품는다는데
어둡고 춥고 쓸쓸한 시간을 홀로 견디어 내느라
독해진다는 것인데
그 향기
아찔하게 당신에게 파고든다는 것인데

좀 더 독해져야 할까 봐요

—「장미로 쓰는 편지」 전문

그녀의 시에서는 장미의 향기조차 견인의 상징으로 인식된다. "어둡고 춥고 쓸쓸한 시간"에 가장 진한 향기를 품는다는 장미는 온전히 고립되어 내면에 침잠함으로써 자아의 본성을 발현하는 인격과 흡사하다. 자신에게 몰입하여 그 바닥에 이름으로써 내면의 빛을 발산하고, 그로 인해 타인인 '당신'에게까지 다가갈 수 있다는 것이다. "좀 더 독해져야 할까 봐요"라는 진솔한 다짐은 견인의 자세를 통해 자아의 숙성에 이르고자 하는 의지를 보여준다.

한자리에 붙박여 사는 '나무'는 인고의 삶과 의지적 태도의 표본이라 할 만하다. 견인의 삶을 다짐하는 시인의 시선이 유난히 나무에 집중되는 것은 그 때문이다. 인내하는 삶의 고통에 무심하지 않은 시인은 침묵하는 나무에게서 감춰진 말들을 발견한다.

> 다시 또 출렁이는 신생의 바람 앞에
> 모질게 닫혀있던 물꼬 터진 듯
> 거침없이 흐르는 소리로
> 하늘을 밀어 올리고 있는
> 나무들의 잎, 입
>
> —「나무들의 입」 부분

> 단도직입의 彼岸
> 오늘은 또 무얼 쓰는지
> 미루나무가지 끝이 뾰족이 섰다
>
> —「겨울에 쓰는 자서전」 부분

나무들이 말을 한다면 그것은 입처럼 솟아나온 잎을 통해서일 거다. 시인은 새잎이 돋아나는 봄의 나무에서, 잎조차 지닐 수 없는 겨울 동안 침묵했던 나무들이 꺼내놓는 무수한 말들을 본다. "성난 나무의 잎들은 나무가 가장 하고 싶었던 말은 아닐까"(「눈물」)라는 발상도 이와 유사하다. 나무들이 한사코 잎을 밀어 올리는 것은 한 번도 태어난 곳을 떠난 적이 없는 자신에게서 벗어나고 싶은 비상의 욕구가 아닐까라는 상상도 한다. 인내해야 하는 삶이기에 그 욕망은 더욱 강하다. 시인은 자꾸만 내면에 가득할 것 같은 나무의 말을 떠올린다. 잎을 잃은 겨울나무라면 글이라도 쓸 것이다. 「겨울에 쓰는 자서전」에서는 겨울 나뭇가지가 허공에 써놓은 깊은 사연을 들여다본다. "어떤 화려한 은유로도 / 무성한 수사로도 / 풀어내지 못한 속내"는 시인 자신의 것이기도 하다. 하고 싶은 말이 많은 시인이기에 나무가 품고 있는 많은 말들을 들추어낼 수 있는 것이다.

나무의 갖가지 형상들은 인간사와 흡사하다. "가지치기를 막 끝낸 가로수들에게서는 / 결연한 냄새가 난다"(「아버지」)에서 가지치기 한 나무는 "팔 다리 다 쳐내고 맨 몸으로 다시 일어서려는 아버지"를 연상시킨다. "큰물이 막 지나간 방죽위에 / (…중략…) / 머리채를 휘어잡힌 채 / 질질 끌려가고 있"(「버드나무 여자」)는 버드나무는 난폭한 남자에게 휘둘리는 여자로 비유된다. "켜켜이 날리는 시간의 기억들을 긁으며 / 무수히 데인"(「산벚나무에 기대다」) 산벚나무는 소복 입은 여인과 동일시된다. 모두가 힘겹고 고통스러운 삶을 견디며 서 있다. 그러한 나무의 형상을 보며 시인은 "살아야겠다"는 의지를 다진다. 수농적으로 자신의 삶을 감내하면서도 강인한 생명력을 유지하는 나무는 외유내강의 인격과 흡사하다. 한자리에 붙박여 있으면서도 오래 지속되는 나무의 생명력은 노련한 인생을 연상시킨다.

나라고 왜 할 말이 없었겠는가
멀리 갈수록 길게 휘어져 뿌리 쪽으로
흔들리는 가지의 끝은
내가 하고 싶은 말의 전부이자 마지막

까치발 하고 목 길게 빼고 있는
저 어린 것들도 스스로에게
묻고 또 물어야 한다
발가락에 걸린 수렁이 발등을 덮을 때까지

—「우포늪 왕버들 白書」 부분

우포늪의 노장 '왕버들'의 육성을 빌린 이 시는 진구렁 속에서 다져진 삶의 경륜을 이야기한다. 왕버들이 뿌리내린 곳은 우포늪의 끝없는 수렁이다. "잘못 디딘 발을 빼내 / 고개 넘어 어디 찰진 흙을 만나 / 상하고 쓰린 뿌리 편히 디밀고 싶었다"는 바람은 결코 이루어질 수 없는 것이었다. "진구렁 속의 몸보다 / 끝 간 데 없이 뻗치는 / 마음으로 사는 것이라 여"기며 지내다 보니 "우황산 그늘은 나도 모르게 / 한 뼘씩 낮아지고 / 떠나지 않고도 먼 곳이 잘 보"이게 되었다 한다. 견딜 수 없는 삶이란 없고 모든 게 마음먹기 달렸다는 유심론이 드러나는 장면이다. 늪의 진구렁이 평생의 양식이 되어 '왕버들'로 자라게 했고 이제는 만사를 굽어볼 수 있는 혜안을 얻게 된 것이다. 우포늪의 백전노장 왕버들은 할 말이 많다. 그러나 최후의 한 마디는 "멀리 갈수록 길게 휘어져 뿌리 쪽으로 흔들리는 가지의 끝"이 말해준다. 자신이 발 딛고 있는 곳이 삶의 처음이자 끝이라는 것이다. 노인의 혜안으로 왕버들은 어린 나무들에게 말한다. 지금 그곳에서 벗어날 수 없으니 스스로에게 묻고 또 물으며 자신을 가다듬어야 한다고.

이정화 시에서 나무의 이미지는 삶에 대한 의지적 태도와 유심론적 사유를 대변한다. 생을 견인의 시간으로 간주하는 시인은 오래된 것의 가치를 인정한다. "묵은 편지 같고 / 시뜻한 생각의 갈피 같은 / 오래된 반성이 / 묵은지 한 쌈보다 덜 익었다 / 다시 묻었다"(「묵은지」)고 할 때 자신을 한없이 가라앉히고 삭여내려는 굳은 의지를 엿볼 수 있다. '삭임'은 오랜 시간의 작용으로 형질 변환을 가져오는 방식이다. 생의 우여곡절들은 무수한 고비와 결락의 순간들을 아우르면서 진행된다. 삭임은 그 모든 과정들이 포함된 삶의 다면성을 함축한다. 삶이 삭임과 같이 모순의 순간들이 통합된 과정이라는 것을 아는 시인은 현상의 단면 너머를 직시한다. 가령 "한껏 벌린 입에서 튀어나오는 괴성과 과장된 박수 소리는 / 더 큰 슬픔을 불러오는 지극한 기쁨이라고 일러 주겠다"(「당신이 웃을 때」)고 한다. 큰 웃음 끝에 눈물이 고이는 생리 현상도 어쩌면 기쁨과 슬픔이 삼투하는 삶의 원리와 유사한 것이리라. "침묵의 음계를 짚어나가는 동안 / 소리의 무늬가 비명을 지르며 제 몸에 / 불도장을 찍은 흔적"(「음악들」)에서 침묵과 비명은 서로를 투영하는 관계이다. 시인은 깊은 침묵 속에 새겨진 뜨거운 비명을 간파한다. 그토록 무겁게 가라앉기까지 가득했을 소리들을 떠올린다. 비명을 가둔 침묵 속에서 지극한 인고의 시간들을 발견한다.

고장 난 라디오에서 북북거리는 수파수처럼
태양의 모서리에 걸려 소란한

하고 싶은 말이 해야 하는 말은 아니다
해야만 하는 말이 해도 되는 말은 아니다
마지막 말의 자세로 쓰러져
때가 되면 일어나 더 큰 바람을 맞이하는
침묵은 내가 가장 늦게 배운 언어이다
꼭 하고 싶었던 말이다

—「침묵의 자세」 부분

침묵의 가치를 알고 묵묵하게 실천하려는 시인의 자세는 나무의 그것과 유사하다. "하고 싶은 말"도 걸러내고 "해야만 하는 말"도 고르며 "해도 되는 말"을 고심하는 모습은 묵언수행을 연상시킬 정도로 금욕적이다. 고래로 침묵은 신성한 견인의 과정과 상통하는 것으로 인식되어 왔다. "나는 소리가 요란한 / 내 낡은 구두를 생각하고 있었다 / 구하는 것을 얻기 위해 언제 한번 / 제대로 견딘 적 있는지 진정으로 엎드린 적 있는지"(「동전과 새 구두」)에서 소란한 구두 소리는 함묵하며 견인하는 자세와 상반되는 것이다. 소란한 움직임보다 고요한 인내가 "때가 되면 일어나 더 큰 바람에 맞서는" 힘이 된다. 침묵은 언어의 시작이며 끝이다. 침묵을 다짐하는 시인은 언어의 한계와 대결하려는 의지로 충만하다.

침묵이 최고의 음악이고 삭인 것이 최고의 음식인 까닭은 무한한 변전의 계기들을 함축하고 있기 때문이다. 튀어오르는 강한 소리와 생명력을 내장하고 있어서이다. 일견 정적으로 보이는 이정화의 시에서도 종종 역동적인 삶의 모습을 만나볼 수 있다. 그녀의 시에는 나무 이미지를 비롯한 식물적 이미지가 우세하지만 가끔씩 생동하는 동물적 이미지가 출현한다.

가젤의 눈알을 파먹고 있는 독수리
독수리 주위를 노리고 있는 하이에나
온몸을 파 먹히면서도
여전히 버둥거리고 있는 가젤의 다리

누가 세렝게티의 평원을 달리고 있는가!

―「세렝게티로 간다」 부분

〈동물의 왕국〉이 시대를 초월한 최고의 드라마인 까닭은 약육강식의 엄혹한 생존의 세계를 가장 사실적으로 보여주기 때문이다. 오로지 먹고 먹힘으로 증명되는 삶과 죽음의 강렬한 대비는 어떤 수사로도 대신할 수 없는 비장미를 내포한다. "목숨이 절박한 것은 아직 살아있기 때문이다"(「멀리 가는 새」)라는 말처럼 생명은 모든 존재의 근거이자 이유이다. 시인은 동물이나 인간의 삶에서 목도하게 되는 생존을 향한 처절한 몸부림에서 존재의 명백한 증거를 확인한다.

저마다의 힘겨운 목숨을 안고 살아가는 존재들에 대해 시인은 안쓰러움을 느낀다. "더디게 나가는 / 다년생의 뿌리를 붙잡고 / 울다가 웃다가 혼절했을 생두씨"(「생두씨」)를 내할 때도 무심하지 못하다. "살아 끼울 수도 던져 버릴 수도 없는 / 엇박자의 리듬 속에서 / 굽이굽이 바닥을 쳐왔을 내 생의 굽"(「굽」)과 같은 굴곡을 발견하기 때문이다. 자신을 포함한 모든 유한한 존재들에게서 삶의 힘겨운 무게를 느낀다. 측은지심은 어진 마음의 발로이고 이는 타자와 공생하는 데 있어 긴요한 자질이다. 견인의 자세로 삶의 고통을 통과해온 시인은 타자와의 공존을 꿈꾼다. "가도 가도 너른 풀밭 혼자 돌아 왔어요 / 이제는 어느 것도 따라가지 않아요 / 혼자 돌아와야 하는 길은 가지 않아요"(「같이 가실래요?)라고 다짐한다. "헛된 꿈이라 하더라도 / 오래 꾸고 오래 걷다보면 / 가는 실눈을 뜨고도 깊은 꿈을 꿀 수 있겠지요"라고 기대한다. 오랫동안 먼 길을 혼자 걸어온 시인은 함께 꿈꾸며 걷는 길을 가려 한다. 시인에게 시는 깊은 꿈과도 같다. 팍팍한 삶에서 실눈 뜨고 걸으면서도 놓을 수 없는 희망이다.

> 애면글면 젖은 씨알 같은 시 잊어버리고
> 도화만발한 시의 세상 시의 나라
> 서왕모나 되었으면
> 아이들 커서 짠한 사랑노래 한 수
> 나를 위해 불러 주었으면
> 마지막 구절을
> 일생이 온 몸으로 쓴 한 편의 시였다고 적어
> 젖은 몸 바싹 말려주었으면

—「비, 經!」 부분

"일생이 온 몸으로 쓴 한 편의 시"가 되는 것은 모든 시인들의 희망일 것이다. '詩家'도 '詩士'도 아닌 '詩人'인 까닭은, 다른 어떤 일보다 삶과 일치되는 시의 속성에 기인한다. 물론 언어의 세공에 골몰하는 시인도 있고 사상의 설파에 역점을 두는 시인도 있다. 그러나 이정화 시인은 실제의 삶과 보다 밀착되는 시를 지향한다. "시인의 캐리커쳐가 두 눈을 부릅뜨고 쏘아보며 아아 짐승이냐 사람이냐 오늘도 우는 것이다"(「김수영 전집 제1권」)에서도 각성한 시인으로서 살고자 하는 자의식을 엿볼 수 있다. 김수영은 시가 삶이 되고 삶이 시가 되는 온몸의 시학을 실천했던 시인이다. 익숙히 알려진 김수영의 캐리커쳐는 무엇하나 쉽게 용납하지 않을 듯한 날카로운 안광으로 시인의 자세를 일깨운다.

'짐승'과 '사람'의 차이는 무엇일까? 상상할 수 있는 자유에 있지 않을까? 시는 상상할 수 있는 자유의 극대치이다. 그것은 유한한 존재로서의 자아를 자각하면서도 그 너머를 바라볼 수 있게 한다. 김수영의 말을 빌리자면 "시에 있어서의 모험이란 말은 세계의 개진(開陣), 하이데거가 말한 '대지(大地)의 은폐'의 반대되는 말이다." 시의 모험은 실현 불가능한 사랑이나 끝을 알 수 없는 기다림 같이 무모한 것이다. 그런데 그것은 믿는 만큼 드러나고 힘쓰는 만큼 열린다. 대양을 향해 뻗어 있는 해송의 몸짓 같은 간절함이 지속적인 시의 동력이 되리라 본다. 견고한 의지로 인고의 시간을 지내온 그간의 삶의 내력이 시적 상상의 모험으로 역동할 것이다.

제4부
소통과 교감의 언어

변두리 풍경의 시적 가치

이기인 · 김수우 · 김충규의 시

우리시에서 변두리 풍경이 주변적인 것, 지엽적인 것에서 벗어나 비판과 저항의 역량을 보였던 것은 1970~80년대의 잠깐 동안이 아니었나 싶다. 변두리 풍경은 어느새 시의 가장자리로 다시 밀려나 있다. 자본주의의 가속도 속에서 중심과 주변의 차별은 더욱 심화되고, 시에서도 주변부의 삶은 관심 밖으로 벗어나고 있다. 부가 성공의 척도가 되고 부유한 자들이 삶의 중심을 차지하게 되면서 주변부는 가난과 소외의 공간이 된다. 부가 삶의 중심을 차지한 세계에서 가난은 오직 열등의 표식에 지나지 않는가?

네그리는 『혁명의 시간』에서 전혀 다른 답변을 행한다. 가난한 사람은 고통으로 구성된 어떤 존재가 아니라 존재의 가장자리에 놓여있음으로 오히려 '장차 올 것'에 의미를 부여하는 유일한 힘을 나타내는 주체성을 갖는다고 본다. 부는 언제나 '양(量)'이 표시된 것일 뿐, 인간적이고 도덕적이고 종교적인 척도는 궁핍하고 바보 같고 불행한 자들이 열어놓는 새로운 가능성에 있다는 것이다. 헐벗은 몸으로 세상에 던져진 어린 아기에게 무궁한 미래가 열려 있듯이 가난한 자들에게는 모든 질서와 한계에 맞설 수 있는 특이한 가능성이 주어진다고 한다.

네그리가 부와 권력의 부패를 막을 빛과 소금을 발견한 가난한 주변부의 풍경에서 우리 시인들은 무엇을 보고 있을까? 고적하기 그지없는 변두리의 풍경을 유심히 훑어보는 그들의 눈길을 따라가 보기로 한다.

> 아연히 놀란 꽃들이 서 있는 벼랑에서 듣는 초록 종소리
> 붉은 땅의 뺨에서 흘러나오는 돌멩이 떼구루루
> 저 밑으로 굴러떨어지지 않으려고 칡넝쿨을 붙들고 있다
> 물동이에 빛을 담아서 옮기는 아이들처럼 새마을 쪽으로 기어오르는 개미떼들
> 여적 벼랑 그루터기에 점자처럼 새까맣게 달라붙어 있다
> 기울어진 삶의 중심을 잡자고 호흡처럼 발자국을 깨우고 있다
> 광대뼈가 툭 튀어나온 지게를 비스듬히 벗어놓은 노인이
> 비스듬히 고애(高崖)의 삶으로 태어나 뿔처럼 벼랑의 바람을 가르며
> 무명의 수많은 풀을 베고서 하얀 피를 핥은 적이 있는 낫으로
> 벼랑에서 팔다리가 부러진 나뭇가지를 조용히 줍는다
> 팔다리가 아픈 나뭇가지여. 이제 벼랑을 놓아라.
> 축축하게 젖은 뒷모습이 벼랑 아래쪽으로 오줌을 길게 흘린다
> 벼랑을 줄줄 흘러가는 길을 구불구불 구렁이처럼 따라간다
> 떼구루루 굴러간 세간들이 저 멀리 누렁이 소똥처럼 앉아 있다
> 나뭇가지 끝 그늘이 팔랑팔랑 혼자 놀다 벼랑 아래로 떨어진다
> 햇빛을 붙잡은 씨앗이 떼구루루 굴러간다

노랗고 붉고 하얀 목소리를 가진 씨앗들이 뻐끔뻐끔 터진다

양떼처럼 나른한 바람이 벼랑 끝 창문을 열어놓는다

—이기인, 「고애(高崖)」(『현대문학』, 2009년 3월호)

이 시는 제목처럼 '높다란 벼랑'가의 풍경을 그리고 있다. 높은 벼랑이라고는 하나 천혜의 경관을 이루는 기암절벽과는 거리가 멀고, 개발의 파고가 아직 닿지 않은 변두리 지역에 흔히 있을 법한 풍경이다. 관심 밖으로 밀려난 장소가 으레 그렇듯이 이곳의 주민은 꽃이나 돌멩이, 개미떼, 햇빛, 바람, 씨앗 등의 자연물이다. 지게꾼 노인이나 버려진 세간들도 이들과 별 차이 없이 어울린다. 모두가 중심에서 벗어난 보잘것없는 주변적 존재들이기 때문이다.

전반부에서는 벼랑에서 떨어지지 않으려는 안간힘을 그리고 있다. 꽃들과 돌멩이, 칡넝쿨, 개미떼들 모두 벼랑 끝에 가까스로 매달려 애를 쓴다. 땅마저 '붉은 뺨'을 하고 힘겹게 중심을 잡고 있다. 개미떼들의 움직임은 벼랑 끝 주민들의 욕망을 가장 적극적으로 펼쳐 보인다. 벼랑 '그루터기'에 점자처럼 붙어있는 개미떼는 중심과 주변을 가르는 날카로운 경계에서 주변으로 밀려나지 않으려는 지난한 몸짓을 행한다. 필사적으로 벼랑을 기어오르는 개미떼는 삶의 단애(斷崖)에 매달려 있는 인간의 삶을 연상시킨다. 너나없이 중심을 향하는 삶은 '벼랑 끝'을 절대적 단절로 파악한다. '기울어진 삶'은 위태롭기에 한시라도 빨리 벗어나야 한다.

지게꾼 노인이 등장하는 중간부터는 벼랑의 삶에 대한 인식에 변화가 생긴다. 여기서 주목할 것은 지게와 노인과 낫이 서로 겹쳐지는 장면들이다. "광대뼈가 툭 튀어나온 것"은 지게인가, 노인인가? "비스듬

히 고애의 삶으로 태어나 뿔처럼 벼랑의 바람을 가르며 무명의 수많은 풀을 베"는 것은 노인인가, 낫인가? 지게와 노인, 그리고 노인과 낫은 "고애의 삶"을 공유한다. 노인은 자신의 삶과 다를 바 없는 "무명의 수많은 풀"을 베었던 낫으로 "팔다리가 부러진 나뭇가지를 조용히 줍는다". 안간힘을 쓰며 벼랑에 매달려 있던 풀이나 부러져 누워있는 나뭇가지는 다르지 않다. 모두가 벼랑 끝이라는 주변부의 삶에 불과하다. "팔다리가 아픈 나뭇가지여. 이제 벼랑을 놓아라"는 전언은 그러니까 노인 자신을 포함한 벼랑가의 주민 모두에게 해당한다. 벼랑을 오르려 안간힘을 쓰는 삶보다 벼랑에서 놓여나는 또 다른 삶을 돌아볼 필요가 있다. 노인이 오줌을 "길게 흘린다"고 표현한 것은 벼랑 위와 아래가 단절된 것이 아니라 길처럼 이어져 있음을 강조한다.

시의 끝부분은 벼랑 아래의 풍경에 집중된다. 버려진 세간이 자리를 잡고 있고, 나뭇가지의 그늘들도 스며들어 있다. "햇빛을 붙잡은 씨앗"들은 어디론가 굴러가 싹을 틔울 것이다. 벼랑 밑에도 햇빛이 비치고 바람이 드나든다.

늘 단절의 상징으로 동원되었던 벼랑에 대한 세밀한 관찰과 남다른 시선을 통해 이 시는 새로운 의미를 발견한다. 벼랑이 삶의 끝이 아니라 새로운 삶의 시작일 수 있음을, 벼랑의 위와 아래가 길처럼 연결되어 있음을 알게 한다. 한사코 벼랑 위로 기어올라 중심에 닿고자 하는 움직임에 역행하여 벼랑 아래에도 또 다른 삶이 있음을 각성시킨다.

거대한 등들이 너울거립니다

포장마차 붉은 천막
국물과 소주잔을 놓고 앉은 영혼이 펄럭댑니다
자정 넘도록
혼불처럼 울렁이는 깊은 산마루들

오래된 사랑은 늘어난 빚돈만큼 아득하고
처음 꾸는 꿈은 수취인 불명만큼 서러워

문득문득 오래된 것들이 처음처럼 돌아오는 바람 속
거대한 등을 가진, 꽃잎만한 아비들

하늘 끝에서도 잘 보이는 홍등(紅燈)입니다
먼데서 바라볼수록 살아, 깜박이는 한 송이 산나리

아침이면
우주를 전파상처럼 운영하기 위해 온몸으로 울어야 할
유난히 붉은, 주전자 같은 등들이

너울거립니다

—김수우, 「붉은 겨울」 전문(『시인세계』, 2009 봄호)

이기인의 시가 벼랑의 풍경을 근접 촬영하듯이 묘사해놓았다면 김수우의 시는 겨울 포장마차를 멀리서 포착하는 시선을 보여준다. 포장마차 역시 변두리 삶을 대변하는 풍경이다. 이기인의 시가 벼랑의 위아래 풍경을 촘촘한 시행으로 엮어낸 것에 비해 김수우는 너울거리고 풀럭대는 포장마차의 모습처럼 끊겼다 이어지기를 반복하는 불규칙한 시행을 구사한다.

포장마차의 너울대는 붉은 천막과 그 안에 앉아있는 사람들의 풀럭대는 영혼, 그리고 혼불처럼 울렁이는 깊은 산마루들은 모두 고정되지 못하고 흔들리는 불안한 모습이다. 견고하고 흔들림 없는 중심과 달리 주변부의 삶은 끊임없이 유동하고 변전한다. 누추한 포장마차에 들어앉은 사람들은 무거운 가난을 짊어진 무력한 '아비들'이다. 그들은 아득한 사랑의 기억과 기약 없는 꿈을 되새기며 밤새 포장마차를 밝히고, 아침이 되면 "우주를 전파상처럼 운영하기 위한" 보잘 것 없는 노동을 이어갈 것이다. 루소에 의하면 가난하기 때문에 노동하는 것이 아니라 노동하는 사람만이 가난하다. 노동은 가난을 벗어날 수 있는 수단이 아니라 가난의 변함없는 조건이다. 사람은 자신도 면하지 못할 것으로 생각되는 남의 불행 밖에는 동정하지 않기 때문에 가난하고 불쌍한 사람만이 다른 불쌍한 사람과 함께 할 수 있다. 서로 등을 붙이고 앉아 있는 "꽃잎만한 아비들"과 그들을 감싼 채 맞붙어 있는 포장마차의 풍경은 변두리적 삶의 눈물겨운 연대를 보여준다.

홍등의 이미지로 함축된 가난한 삶의 이토록 따뜻하고 낭만적인 풍경은 그러한 삶에 대한 시인의 긍정적 시선에서 기인한다. "꽃잎"이나 "한 송이 산나리" 같은 식물성으로 그려지는 가난한 사람들과 포장마차의 모습은, 김승옥이 소설 「역사(力士)」에서 포장마차 속 풍경을 한없이 맑고 깨끗해 보인다고 했던 것을 연상시킨다. 중심의 삶으로 진입하기 위해 비인간적인 규율을 고수하는 양옥집 사람들의 위선적인 태도와 대조적으로 가난한 사람들이 함께 하는 포장마차에는 순수하고 역동적인 기운이 넘치기 때문이다. 겨울 포장마차의 붉은 빛이 대변하는 가난의 빛깔은 변두리 삶의 서러우면서도 따뜻한 정서와 일치한다.

사소한 것들이 일렁거리는 물의 寺院,
지치고 병든 마음들을 풀어놓으면
생기를 얻어 지느러미를 흔들며 노는 곳,
붉던 눈동자가 맑아지는 곳,

수면 밑바닥에서 부글부글 거품으로 올라오는
고요를 낚는 기분으로 내가 물가에 앉아있고
몽유의 나날에 시달려 시간의 회초리에
퍼렇게 멍든 등짝을 내보이고 앉아있고

(…중략…)

물의 寺院에 와서
지치고 병든 물고기를 방생하는
내 손에 서너리가 달라붙어 피를 뻰다
피 몇 방울 물의 寺院에 번져
오래전 방생했던,

이제는 물의 寺院이 버거워하는 큰 물고기가 쏜살같이 달려온다
뼈가 생겨난
저 육식의 아가리가
한때 내 속에 살던 것인가

—김충규, 「물의 寺院」(『시와정신』, 2009 봄호)

"사소한 것들이 일렁거리는 물의 사원"도 주변적 삶이 머물법한 안식의 장소이다. 과연 이곳에는 "지치고 병든 마음", "몽유의 나날에 시달려" 온 혼곤한 정신이 찾아든다. 다른 시들보다 시인의 육성이 강하게 느껴지는 이 시는 삶에 대한 반성적 시선을 담고 있다. 왕성한 생명력으로 만물을 품어 기르는 물에 시인은 자신의 마음을 비추어 본다. 한 때 "내 마음들에는 왜 뼈가 없는가"라며 "불끈 솟구쳐 흔들리지 않게 하는 그런 뼈"를 꿈꾸었던 시인은 "뼈가 생겨난 저 육식의 아가리"가 달려오자 두려워한다. 흔들리지 않는 중심과 강력한 힘을 갖춘 존재를 낯설어한다. "몽유의 나날에 시달려 시간의 회초리에 퍼렇게 멍든 등짝"을 맞아주던 물의 사원도 탐욕스러운 큰 물고기의 등장을 부담스러워한다. 큰 물고기가 물의 중심을 차지하게 되면 그곳에 깃들어 쉬어가던 지치고 병든 물고기들이 위협받기 때문이다. 물의 사원은 자연의 질서와 마음의 생태학의 은유이다. 중심에 과도하게 집중된 삶이나 욕망이 과잉된 마음은 전체의 삶을 위협한다.

이 시대 몇몇 시에서 그려 보이는 변두리 삶은 과거의 경우처럼 강력한 비판이나 끈끈한 연대의 힘을 발휘하기에는 어려운, 개별적이고 관조적인 시선을 반영한다. 그러나 그들의 고요한 눈길은 삶의 다양성을

포착하고 주변적 삶의 긍정적 면모를 통찰한다. 이는 견고하기 그지없는 자본 중심의 편협한 질서에 균열을 일으키며 새로운 삶의 가치를 제시하는 대안적 사유의 작은 출발점이 될 수 있다.

마음의 빛과 그늘

김혜순 · 김영승 · 이대흠의 시

서정시에서 상상력이나 비유가 유난히 활발하게 쓰이는 것은 세계와 자아의 내적인 통일성을 기반으로 하는 장르적 특성에 기인하는 바가 클 것이다. '시적 현현'의 순간은 어렵지 않게 내면과 외계, 과거와 현재, 정신과 물질의 역동적인 결합을 허락한다. 이성이나 객관적 기준을 넘어서는 감흥과 동화의 순간이 시에는 있다. 시인의 고양된 정념 속에서 안과 밖, 기억과 현실, 주관과 객관의 경계가 무화되면서 일체를 이룬다. 경계가 사라지는 이 지점에서 가장 시적인 상상력과 비유가 돌출한다.

시인의 '마음'은 이러한 경계를 허물며 시적 세계를 구성하는 근본 동력이다. '마음'이라고 할 때의 불확실하고 추상적인 상태와 시적 상상력의 진폭은 상통한다. 명료하게 설명하기 어렵지만 분명히 감지할 수 있는 마음처럼 상상력은 의식의 움직임을 드러낸다. 마음이 볼 수 없으나 전달되는 것처럼 서정적 주체의 상상력도 공감을 얻을 수 있다. 시에서 가장 유별난 영역은 이와 같이 극단의 주관이 보편적 공감과 합치되는 지점일 것이다. 공감에 도달하지 못한 마음은 감상에 빠지기 쉽고 마음을 드러내지 않는 시는 감동을 전달하기 어렵다. 마음을 표현하는 방식이나 태도는 시의 성패와 개성을 구분 짓는 관건이다.

김혜순의 시는 감정을 다루는 데 있어서도 상상의 자유를 십분 발휘한다. '슬픔'은 가장 다루기 힘든 감정이다. 감정에 충실하면 감상으로 흐르기 십상이고 절제에 주력하면 절실하기 어렵다. 「내 안의 소금 원피스」에서 시인이 심각한 슬픔을 어떻게 다루는지 살펴보도록 하자.

어제는 네 번 몸에서 소금 결정이 떨어졌다
이 현상이 시작될 즈음엔
하루에 열 번씩이더니 이제 조금 줄었다
슬픔을 참으면 몸에서 소금이 난다
소름 끼칠 정도로 슬픈 표정
일평생 바다의 격렬한 타격에 강타당한 외로운 섬
저 짐승의 눈빛
소금은 바다의 혀가 내 몸속에 지은 건축의 그림자다

(…중략…)

소금, 미친년 다녀가면 신발 앞에 뿌렸다
소금, 누가 내 고꾸라진 그림자를 가루 내어 가로등 아래 뿌렸다
소금, 내 몸속에서 유전하는 바다의 건축
소금, 우리는 부둥켜안고 서로의

몸속에서 바다를 채집하려 했다

소금, 우리는 서로의 바다를 헤엄치고 싶은 척

벗은 옷에 혀를 대고 간을 보았다

손아귀를 빠져나가는 한웅큼 소금

소금, 내 안의 빛

빛, 내 밖의 소금

소금과 빛, 나의 슬픔과 당신의 슬픔

—김혜순, 「내 안의 소금 원피스」 부분(『현대문학』, 2009.6)

"슬픔을 참으면 몸에서 소금이 난다"는 공감할만한 상상이다. 이는 '슬픔-눈물-염분'으로 이어지는 자연스러운 연상에서 기인한다. 바슐라르 식으로 말하자면 소금은 슬픔의 결정체이다. 그것은 눈물에서 물을 제거하고 남은 최후의 흔적이며 날카롭게 살아있는 "짐승의 눈빛"이다. 이와 같이 물질적 상상력, 몸의 상상력과 결합하면서 '마음'의 표현은 주관에서 벗어나 객관화되고 정신과 물질이 합일된 상태에 도달한다. 슬픔의 정도를 드러내는 것은 과잉된 감정이 아니라 비유적 형상이다. "어제는 네 번 몸에서 소금 결정이 떨어졌다"는 것은 네 번 울었다는 것보다 훨씬 심각한 정도의 슬픔을 의미한다. 격렬한 슬픔의 끝에 '소금 결정'은 꽃처럼 솟아오른다.

소금과 관련된 많은 기억과 감정들은 시인의 내면에서 소용돌이치며 하나의 이미지를 이룬다. 격렬한 슬픔과 간절한 교감의 기대가 그 안에 있다. 소금은 슬픔 속에서 늘 찾아온 빛이다. 슬픔을 공유함으로써 '당신'과 '나'는 하나가 될 수도 있다. 슬픔은 삶의 다른 이름이기도 하다. 슬픔에 둘러싸여 헤어날 길 없는 자신의 몸을 시인은 "슬픔의 건축"에 비유한다. 슬픔의 결정들로 쓰리게 반짝이는 몸은 "소금으로 재단한 삼베 원피스 한 벌"을 떠올리게 한다. 슬픔으로 가득한 삶을 그리면서도 시인은 감상에 젖지 않고 하나의 명료한 이미지를 직조해낸다. 마음과 몸, 상상과 현실을 결합시키는 절묘한 비유를 산출한다.

시에서 적확한 비유는 표현하기 힘든 경계 지점을 확연하게 드러내는 방식이 될 수 있다. 김영승은 '가위'의 쇠구슬로 육체와 정신의 접점을 비유한다. 책상에 놓인 가위가 접점을 축으로 한없이 빙글빙글 돌아가는 현상에 착안한 것이다. 축이 없다면 두 개로 분리되어 쓸모가 없을 가위가 그것으로 인해 제대로 기능할 수 있다. 시인은 육체와 정신에도 그와 같은 접점이 있다고 생각한다. 그리고 "내가 만약 그렇게 / 간단히 分離될 수 있는 存在라면 / 나는 그 축을 / 접점을 갈망해야 한다 / 애원해야 한다 / 泣訴해야 한다 / 死鬪해야 한다"고 강조한다. 두 날이 온전해야 쓸 수 있는 가위처럼 육체와 정신이 제대로 결합되어 있어야 진정 살아있다고 할 수 있기 때문이다.

> 가위는 녹슬어도
> 그 축은
> 접점은
>
> 나는 늙어 가고
> 눈은 안 보이나

가위의 한 날은 땅에 꽂고
또 다른 한 날은
나의 시소

내가 그 칼날과
손잡이에서

시소를 탄다네

내 정신은
내 영혼은

천국에서
지옥으로

지옥에서
천국으로

―김영승, 「가위」 부분(『세계의문학』, 2009 여름호)

"살아야겠다는 正當한 / action"은 '칼날과 손잡이에서 시소타기'로 비유된다. 접점을 중심으로 교차되는 가위처럼 정신과 영혼이 천국과 지옥을 오르내리는 정황을 상상한다. 접점이 없다면 오르내림의 혼란도 없겠지만 어떤 움직임도 불가능한 죽음의 상태가 될 것이다.

육체와 정신을 이어주는 접점이 있으며 그것이 '영혼의 정념'을 내포하고 있다는 생각은 데카르트를 연상시킨다. 데카르트는 『정념론』에서 모든 생명체는 살아있는 '정신'을 갖는데 이는 심장이 온몸으로 혈액을 운반하는 운동의 일종이고, 인간에게는 이와 또 다르게 '영혼'이 존재한다고 하였다. 데카르트가 영혼이 깃든 장소로 지목한 것은 바로 '송과선'이다. 송과선은 두뇌의 가장 안쪽에 들어있으며 왼쪽과 오른쪽이 나누어져 있지 않은 기관이니 영혼의 거처로 삼기에 적절했을 것이다. 이곳이야말로 물질성으로서의 육체와 정신성으로서의 영혼의 결합이 가능한 곳이다. 인간의 정념은 행복과 불행을 결정짓기 때문에 이를 다스리는 지혜가 긴요하다. 데카르트는 육체에 얽매이지 않는 순수한 영혼만이 혼란스런 정념을 제어할 수 있다고 보았다.

가위의 양날을 육체와 정신으로 본다면 그 접점은 데카르트의 송과선과 흡사하게 양자를 조절하는 영혼의 영역이라고 할 수 있지 않을까. "가위 두 날의 접점이여 // 그 축이여 // 半球여 // 北極星이여"에서 그것은 급기야 북극성에 비유된다. 그것은 '나'라는 소우주가 회전의 축으로 삼는 중심이기 때문이다.

물론 정신과 육체를 분리시키는 데카르트식의 이원론은 이후의 철학에서 내내 극복의 대상이 된다. 그러나 데카르트식의 생각에는 기계적인 인간 이해가 결여하고 있는 의지와 정념의 근원에 대한 질문이 내포되어 있다. 이는 과학과는 다른 인간 이해가 가능한 시적 탐구의 대상이 될 만하다. 시인은 천국과 지옥을 오르내리는 정신의 굴곡을 가위의 움직이는 날에 비유하고 그 접점에서 자아가 분리되지 않도록 중심을 잡아주는 축을 떠올린다. 시에서는 이와 같이 증명할 수 없지만 공감할 수 있는 생각을 표현할 수 있다. 그리고 '정신'보다는 '마음'의 차원에서 가능한 정서적 동의를 이끌어낸다.

시의 주관성이 가장 선명하게 드러나는 경우는 풍경을 그릴 때이다. 시에서 풍경은 그것을 바라보는 마음의 등가물일 때가 많다. 이대흠의 「涯月에서」는 마음과 풍경의 어울림을 절묘하게 보여주는 시이다.

당신의 발길이 끊어지면서부터 달의 빛나지 않는 부분을 오래 보는 버릇이 생겼습니다 무른 마음은 초름한 꽃만 보아도 시려옵니다 마음 그림자 같은 달의 표면에는 얼마나 많은 그리움의 발자국이 있을까요

파도는 제 몸의 마려움을 밀어내며 먼 곳에서 왔습니다 항구에는 지친 배들이 서로의 몸을 빌려 울어댑니다 살 그리운 몸은 불 단 노래기처럼 안으로만 파고듭니다

아무리 날카로운 불빛도 물에 발을 들여 놓으면 초가집 모서리처럼 순해집니다 먼 곳에서 온 달빛이 물을 만나 문자가 됩니다 가장 깊이 기록되는 달의 문장을 어둠에 눅은 나는 읽을 수 없습니다

달의 난간에 마음을 두고 오늘도 마음 밖을 다니는 발걸음만 분주합니다

—이대흠, 「涯月에서」 전문(『현대시학』, 2009.6)

이 시는 전형적인 연시의 양식을 드러낸다. '당신'을 향한 고백을 '~습니다'체의 부드러운 어조에 담고 있다. 감정을 직접적으로 드러낸 경

우는 없고 자연 현상에 빗댄 비유적인 표현이 풍부하다. 시의 모든 풍경은 '당신'의 발길이 끊어진 정황과 긴밀하게 관련된다.

"달의 빛나지 않는 부분"은 당신의 부재로 어두워진 화자의 마음을 반영하다. "무른 마음"과 "초름한 꽃"은 어감에서부터 화자의 여린 마음과 쓰린 상처의 대비를 표출한다. 화자의 마음에 남은 상처의 흔적은 멍든 듯한 "달의 표면"과도 부합한다. 예부터 정념의 표현에 동원되었던 '달'의 이미지는 이 시에서도 실연으로 인한 상처와 그리움을 드러내는 데 긴요하게 쓰이고 있다.

이 시에서 바다와 달빛이 어우러진 '애월(涯月)'의 밤풍경은 화자의 내면 정조와 절묘하게 조응한다. 제 몸을 밀어내며 바닷가까지 와 닿는 파도나 부딪치는 배들 모두 "살 그리운 몸"의 안간힘을 드러내는 것으로 인식된다. "불 단 노래기처럼 안으로만 파고"드는 화자 자신의 마음과 풍경이 합일된 광경이다.

'달'과 '물'의 이미지가 합쳐지는 장면에서 정서는 더욱 증폭된다. 물위에 비친 달빛은 지명이자 시의 제목인 '애월(涯月)'의 의미와도 상통한다. 그리움으로 일렁이는 '물'과 거기에 새긴 '달'의 문장은 "가장 깊이 기록되는" 마음의 흔적일 것이다. 애월의 물결 깊이 파고드는 달빛의 필적을 '어둠'에 너무 눅어버린 '나'는 읽을 수 없다. "달의 난간에 마음을 두고" 하염없이 "마음 밖"을 좇고 있을 뿐이다. '나'의 마음은 한결같이 "당신의 발길"만을 기다리며 달의 그늘에 머물러 있는 것이다. 그리움이라는 전통 연시의 기본 정서를 충실히 계승하고 있는 시이다. 감정의 노출을 적절히 제어해야 한다는 '애이불비(哀而不悲)'의 원칙도 철저히 지키고 있다. 마음은 직접적으로 드러낼 때보다 비유적으로 표현할 때 오히려 선명해진다는 사실도 확인할 수 있다. 그리고 그 순간 시는 특유의 미적 성취에 이르게 된다.

시는 문학 중에서도 '마음'과 가장 친근한 장르이다. '마음'이라는 말의 정서적 친밀감과 '시'의 주정적 특성은 상통한다. 자아와 세계, 정신과 물질, 내면과 풍경을 합일시키는 시적 상상력과 비유는 마음을 구체적인 삶의 증거들로 구현한다. 앞의 시들은 슬픔이나 혼란, 그리움 같은 정서가 우리의 삶에 얼마나 깊이 연루되어 있는가, 그러면서도 얼마나 낯설게 표현될 수 있는가를 보여준다. 시적 현현의 순간 느닷없고 매혹적인 비유는 감추어졌던 마음을 삶의 표면으로 이끈다. 마음과 언어의 접점에 송과선이 있다면 그것은 바로 시일 것이다.

소통과 웃음의 열린 공간

오탁번 · 박의상의 시

오탁번 시인의 『우리동네』(2010)와 박의상 시인의 『아니, 내가 지금 무슨 말을 한 거지? 나, 참,』(2010)이 동시에 같은 출판사에서 출간되었다. 두 시인은 공통점이 많다. 우선 1943년 출생으로 동갑이다. 박의상 시인이 1964년 『서울신문』 신춘문예로, 오탁번 시인이 1967년 『중앙일보』 신춘문예로 등단했으니 비슷한 시기에 문단에 나왔다. 두 시인 모두 '현대시' 동인으로 활동했었다. '현대시' 동인은 언어예술로서의 시의 가능성을 적극적으로 탐색한 1960년대 젊은 시인들의 모임이다. 1960년대 중반에 등단해 지금까지 쉬지 않고 시작 활동을 하고 있으니 두 시인 모두 시력(詩歷) 40년을 넘기고 있다. 시인으로서의 나이만으로도 불혹(不惑)을 넘어선 셈인데, 그래서인지 두 시인 모두 자유자재한 활날한 언어를 구사하며 웃음이 넘치는 시의 세계를 펼치고 있다. '웃음'은 우리시에서 그리 흔하지 않은 요소이다. 애잔한 정서나 심각한 이념이 우리 현대시의 주류를 이루어온 것은 그간의 역사적 사정과 무관하지 않다. 게다가 대부분의 시들이 젊은 시절에 쓴 것들이기에 삶에 대한 긴장과 비감이 우세한 측면도 있다. 수십 년간 왕성하게 활동하는 시인군(群)이 등장하기 시작한 것은 오래지 않은 일이다. 사람의 생각과 정서가 나이에 따라 달라지는 법이고, 또 끊임없는 변화를 추구하는 시작(詩作)의 속성으로 볼 때 이러한 시인들이 펼칠 시의 세계는 이전에 나타나지 않았던 새로운 면모들을 보여줄 수 있다는 점에서 관심의 대상이 된다.

두 시인의 시에서 두드러지게 나타나는 점은 자유롭고 여유로운 사유와 그로부터 발생하는 웃음이다. 일상의 매 순간이 시의 재료가 되고 사소한 장면들이 웃음을 유발한다. 긴장과 몰입의 순간에는 웃음을 만나기 힘들다. 대상과 거리를 두고 여유로운 시선으로 바라볼 때 웃음은 다가온다. 움베르토 에코의 『장미의 이름』에서 문제의 도서관장이 웃음에 관한 책을 그토록 금지했던 이유는, 웃음이 일순간에 권위와 질서를 흔들 수 있기 때문이다. 웃음은 고상함과 저급함, 아름다움과 추함 사이의 경계를 무너뜨린다. 웃음이 넘치는 두 시인의 시들은 그동안 보이지 않게 존재하던 시의 성역과 일상의 경계, 시적인 언어와 금기의 언어를 넘나든다. 40년 넘게 중단 없이 언어의 모험을 지속해온 이들은 시어와 일상어 사이에 놓인 거추장스러운 울타리를 손쉽게 뛰어넘는다. 시어의 경계를 넘나든다고는 하지만 이들의 시는 요즘 그 흔한 난해시와는 거리가 멀다. 젊은 시인들의 언어실험이 폐쇄적인 몰입의 상태로 인해 난독을 유발하기 쉬운 것에 비해 이들의 시는 난해함의 반대편에서 너무 쉽게 이해되어 당황스러울 정도로 긴장이 해체된 상태를 보여준다. 시는 압축되고 절제된 언어로 구성되어 있어 해석하기 어렵다는 통념과 무관하게 이들의 시는 무척 쉽고 자연스럽게 잘 읽힌다.

이 시인들이 선사하는 웃음이 때때로 날카로운 풍자를 내포하지만 대부분은 따뜻한 해학에 가깝다는 점도 유사하다. 이는 두 시인 모두 타인에 대한 관심과 배려, 소통의 욕망에 충실하다는 점과 관련된다. 어린아이 같은 천진한 시선과 욕망에 대한 진솔한 표현들이 이들의 시에 따뜻한 웃음을 부여한다. 이들은 부정적인 현실에 대한 관심보다는 영속하는 가치들에 대한 확인과 포용에 주력한다. 소통과 사랑 같이 평범하고 당연하지만 자꾸 사라져가는 근본적 가치를 되살려낸다. 잊혀져가는 것들 중에 소중한 가치를 새롭게 되새기고 살리는 것은 현대시사 중 과반의 시간을 몸소 통과해온 이들 세대가 할 만한 일일 것이다. 그런 면에서 볼 때 이들의 시집을 구성하는 독특한 표지나 인지 등도 눈여겨 볼만하다. 시집의 표지에서는 담백한 디자인 가운데 놓인 도장의 문양이 눈에 띈다. 도장은 서구식의 사인 문화에 밀려 사라져가는 것이지만, 예술의 경지에 이르는 전각의 아름다움을 쉽게 만날 수 있는 물건이다. 시집 뒷장에는 옛날식으로 인지가 붙어 있다. 그러고 보니 인지 붙인 책이 사라진 지도 꽤 오래 된 것 같다. 예전의 책에서 인지는 저자와 독자가 직접 만나는 작은 창구 같은 지점이었다. 저자의 손길이 스쳐간 인지에 독자의 손이 닿는다면 악수라도 하는 듯 보이지 않는 접촉이 이루어지는 셈이다. 전자북으로 대체할 수 없는 인간적인 체취가 종이책의 장점이라면 인지야말로 그 정수에 해당할 것이다. 그렇지만 '편리'를 추구하는 현대적 추세에 의해 인지는 역사의 뒤안길로 사라져버렸다. 그런 인지가 다시 붙은 시집에서 만나는 두 시인의 시는 현대의 삶에서 자꾸 사라지고 있는 소통과 배려, 사랑과 같은 따뜻하고 소중한 가치를 되살리고 있다.

오탁번 시인의 『우리동네』는 제목에서 우선 이문구의 소설을 연상시킨다. 이문구의 『우리동네』를 정점으로 우리 농촌문학은 쇠퇴의 길로 접어들어 이제는 거의 찾아보기 힘들 정도이다. 국민 대다수의 삶의 터전이 도시로 바뀌었기 때문이다. 오탁번 시인의 『우리동네』는 고향마을에 '원서헌'을 마련하여 기거하는 시인 자신의 체험을 그리고 있다. 따라서 이 시집에는 자연과 마을 사람들과 동네 친구들이 나타난다. 오래되고 정겨운 이웃들이다. 어느새 우리 곁에서 멀어져 있지만 언제나 정감을 일으키는 대상들이다. 물론 시인은 이문구 소설처럼 절박한 농촌의 현실을 드러내기보다 여유롭고 긍정적인 시선으로 그곳의 생활을 묘사한다. 시인에게 고향 마을은 자연과 인간의 아름답고 선한 본성이 살아있는 곳이다.

> 잣눈이 내린 겨울 아침, 쌀을 안치려고 부엌에 들어간 어머니는 불을 지피기 전에 꼭 부지깽이로 아궁이 이맛돌을 톡톡 때린다 그러면 다스운 아궁이 속에서 단잠을 잔 생쥐들이 쪼르르 달려 나와 살강 위로 달아난다
>
> 배고픈 까치들이 감나무 가지에 앉아 까치밥을 쪼아 먹는다 이 빠진 종지들이 달그락대는 살강에서는 생쥐들이 주걱에 붙은 밥풀을 냠냠 먹는다 햇좁쌀 같은 햇살이 오종종히 비치는 조붓한 우리 집 아침 두레반
>
> ―「두레반」 전문

시집을 여는 서시에 해당하는 이 시에서는 인간과 자연 사이의 배려와 조화가 따듯하게 그려진다. 이 시에서도 오탁번 시의 원형질에 해

당하는 어머니가 등장한다. 어머니는 불을 지피기 전에 아궁이를 톡톡 쳐서 생쥐들이 달아날 수 있도록 기척을 한다. 작고 약한 이웃을 위한 배려이다. 이러한 어머니의 존재가 시인에게 인간에 대한 근원적인 신뢰와 행복감을 부여했을 것이다. 예전 사람들에게 자연에 대해 배려는 삶의 바탕에 배어있었다. 감나무 가지마다 까치감을 남겨둔 것이나 나무꾼이 나무를 하기 전에 "도끼 들어가요"라고 소리친 것은 모두 자연에 대한 섬세한 배려를 보여준다. 위의 시에서는 한 식구처럼 함께 먹고 자는 자연과 인간의 공생 관계를 그려 보인다. 인간과 자연, 상하의 차별 없이 모두가 어울려 살아가는 이러한 관계를 '두레반' 공동체라 불러도 되겠다. 두레반 위의 식사처럼 공평하고 정다운 삶에 대한 시인의 지향은 그가 쓰는 시어에서도 그대로 드러난다. 위의 시는 소박하고 정겨운 순우리말로만 구성되어 있다. '잣눈', '부지깽이', '아궁이', '이맛돌', '살강', '두레반' 같은 말들은 안타깝게도 이미 사라져가는 말들이다. 작고 약한 이웃과 함께 했던 어머니의 사랑은 사라져가는 가치와 아름다움을 되살리고자 하는 시인의 노력으로 이어진다. 적은 식구든 많은 식구든 편안하게 앉을 수 있고 가끔씩 느닷없이 손님이 와도 끼어 앉아 함께 할 수 있었던 두레반은 사라지고 규격화된 서구식 식탁이 자리를 차지하고 있는 현실에서 잊혀 가는 여유와 배려의 가치를 되새겨보게 한다.

이 시집의 전체적 느낌이 온화하고 정겨운 것은 차별 없이 어울려 살아가는 공동체의 모습을 담고 있기 때문이다. 여기서는 자연과 인간, 나와 너, 노와 소, 심지어는 이승과 저승의 구분마저도 쉽게 무화된다. "자손들 출세하기만 빌던 / 할아버지 할머니들이 / 촉루가 된 세월 잊어버리고 / 이승의 가마솥에서 피어나는 / 송편 찌는 솔잎 냄새에 / 입맛을 쩝쩝 다신다 / 정말로는 자시지도 못하면서 / 뭘 그러시냐고 / 잠자리와 방아깨비들이 날아와서 / 버릇없는 돌쟁이 손자처럼 / 자꾸 간지럼 먹인다"(「추석」)에서는 인간과 자연이, 할아버지와 손자가, 이승과 저승이 한자리에서 어우러지는 장면을 만날 수 있다. 여기서는 서로 간에 아무런 경계나 갈등 없는 편안한 소통이 이루어진다. 시인이 살고 있는 '우리 동네' 사람들도 마찬가지이다. "'어떻게 지내냐?' 물으면 '그렇지, 뭐' 할 뿐 더 이상 말이 없다 이 말만 듣고는 무슨 뜻인지 종잡을 수 없다 허나 우리 동네에서는 이 말만 듣고도 엊저녁 밤농사가 신통했는지 안 했는지 고추농사 재미 봤는지 비료 값 농약 값 빼고 나면 말짱 헛농사 지었는지 훤하게 안다"(「그렇지, 뭐」)는 이 동네는 근대화의 물결 속에서 사라져가는 촌락 공동체의 삶을 보존하고 있다. '우리' 동네라는 유대감을 갖기 어려운 도시의 삶과 달리 이곳에서는 문지방과 울타리를 넘어 온갖 소식이 오가는 공동체적 삶이 잔존한다.

시집의 전면에 펼쳐지는 따듯한 웃음도 이러한 소박하고 안온한 삶의 방식에서 기인한다. 이 웃음은 생활 속에서 자연스럽게 발생한 것으로서 가볍고 유쾌하다. 이 웃음 중에는 성애와 관련된 것이 많은데, 이 또한 삶의 원형으로서의 본능적 욕망에 대한 진솔한 표현에 가깝다. 가령 「오줌」이라는 시에서는 오줌발로 추이되는 화자의 성장사가 익살스럽게 펼쳐진다. 오줌발로 표현되는 성적인 능력은 생명력의 상징과 동일시되고 멀게는 인류와 우주의 무궁한 시간과 연결된다. 「三代」에서는 보다 구체적으로 할아버지와 아들 그리고 손자로 이어지는 혈연의 유대에 작용하는 성적 욕망이 재미나게 그려진다. 시인은 성애와 생식이 건강하게 결합되어 있는 원초적인 삶의 모습을 구성지게 재현해내며 그로 인해 유쾌한 웃음을 유발한다.

오탁번 시의 웃음이 밝고 유쾌한 것은 시인이 어린아이 같은 천진한 시선을 유지하기 때문일 것이다. "무당새가 우편함에 둥지를 틀면 / 우체부 아저씨는 골치 아프지만 / 할아버지는 싱글벙글한다"(「봄편지」)의 할아버지가 바로 시인 자신이다. 자연과의 교감을 즐기며 호기심어린 시선을 잃지 않기 때문에 그의 시에는 참신하고 재미있는 비유들이 풍성하다.

> 저승의 잠에서 깬
> 무너미골 큰할머니가
> 할미꽃 한 송이
> 안테나 삼아
> 새싹 돋는 바깥 세상
> 엿듣고 있다
>
> —「봄」 부분

> –고비가 너보다 낫다!
> 감기 들까봐
> 솜털 모자 쓰고 나온 길 봐라
>
> 할아버지는
> 나보다

고비가 더 예쁜가보다

꽃샘바람 매운지

어떻게 알고

고비는 솜털 모자를 썼을까

―「고비」 부분

어린아이 같은 시선이란 대상과 흔연히 일치가 될 수 있어 인간 중심의, 주체 중심의 고정된 관점에서 벗어날 수 있게 한다. 중심에서 벗어난 유연한 사유는 자연으로부터, 타자로부터 무한한 상상의 자원을 발견하게 된다. 경계로부터 자유로워진 시인은 자연과 인간, 주체와 타자가 어우러지는 '우리 동네'의 풍부한 이야깃거리에 흠뻑 빠져있다. 그는 특히 사라져가는 아름다운 습속과 언어들을 되살리는 일에서 각별한 애착을 보인다. "죽었다가 되살아나는 比喩가 있다 / 그으름 빛 굴뚝새나 / 뱀눈나빗과의 굴뚝나비처럼"(「굴뚝」)에서처럼 사라져가는 말을 살리는 길은 그 말의 정조와 어감을 기억하며 새로운 비유로 살려내는 일일 것이다. 이는 시인에게 부여된 가장 가치 있는 소임이다. "시는 손놀림으로 / 재바르게 쓰는 게 아니다 / 내 영혼의 피를 찍어서 / 지우고 또 지우며 / 또박또박 쓰기로 한다"(「원고지」)는 견고한 의지로 시인은 우리말과 삶의 광맥을 지켜나가고 있다.

박의상 시인의 신작 시집 『아니, 내가 지금 무슨 말을 한 거지? 나, 참,』은 특이한 제목을 붙여 놓았다. 압축과 절제의 형식이라는 시를 모은 시집의 제목은 각별히 압축되어 있는 것이 보통인데, 이 시집의 제목은 상당히 길고 독백과 탄식으로 이루어져 있다. 또한 이 제목은 시집 안의 모든 시의 후렴과 같은 역할을 한다. 그렇다면 이런 후렴의 앞에 붙은 이 시집의 모든 시들은 시인이 무의식중에 중얼거린 '무슨 말'에 해당할 것이다. 해놓고 후회할 말을 아낌없이 쏟아놓는 것이 이 시집의 전략이다. 이는 압축과 절제라는 시의 오랜 규정에서 노골적으로 벗어나는 일이다. 그런 면에서 이 시집은 상당히 실험적이다. 그렇다면 이 실험의 의도는 무엇일까? 수없이 가다듬어 군더더기 없이 절제된 형식에 이르려하는 시의 일반적인 속성과 정반대로 전혀 제어되지 않은 말실수를 그대로 드러냄으로써 진실의 일면을 적나라하게 보여주기 위함이다. 프로이트가 포착한 바와 같이 무수한 실언과 농담에는 미처 감추지 못한 무의식이 담겨 있다. 의식을 뚫고 솟아나온 무의식은 다듬지 않은 원석처럼 깊숙한 심층의 심리를 투영한다. 시인은 자신의 일상적 체험과 인상들을 직설적인 어법과 호흡으로 표출함으로써 그 진면목을 드러내려 한다.

오탁번의 시가 농촌 생활을 바탕으로 하는 것에 비해 박의상의 시는 도시 생활을 배경으로 한다. 그래서인지 박의상의 시에는 차갑고 거친 도시의 삶과 정서가 자주 나타난다. "저기 세종로 쪽은 어느 함선들이냐 / 몇십 층 보험사, 증권사 / 간판과 유리창들 / 왜 번쩍거리고 으르렁거리고 / 태평로 앞 두 신문사는 어느 장수들이냐 / 깃발들과 깃발들 / 왜 자꾸 흔들고 으르렁거리고 / 아니 경찰들은 또 어느편 군사들이냐 / 호루라기 불어대며 / 왜 저렇게 으르렁거리는가"(「광화문」)에서처럼 도시의 삶이란 사본주의의 시장을 두고 빌이는 전쟁터를 방불케 한다. 모두가 더 큰 힘을 갖기 위해 양보 없이 각축전을 벌인다. 시인의 눈길은 이 무서운 자본주의의 전쟁터에서 형편없이 소외되고 소멸되어가는 약자들의 모습에 머문다. 「자본주의의 추위」에서 화자는 시금치 한 단을 1,000원에 사면서, 하루 종일 허리 굽혀 시금치를 캔 사람은 얼마나 벌었을까를 따져본다. "그 먼 섬 사람은 / 아아 추워! 아아 추워! / 아무 생각 없었을 것이다 / 시금치 빨간 뿌리같이 언 손 / 몇 번 호호 불기나 했을 것이다"라는 것이 자본주의적 삶의 진실이다. 실제 생산자는 자신의 노동에서 소외되어 있고 타인들이 이익을 독차지하는 모순적인 구조가 적나라하게 그려진다. 시인은 현재까지 인간의 삶이 얼마나 불안한 구조로 유지되어 왔는지를 자각하며 기초부터 다시 다져야한다는 점을 인식한다. "이탈리아 피사에 갔다가 알았다 / 탑이 저렇게 다 휘청거리도록 / 우리 수학은 불완전한 것 / 그것은 우리 인간은 / 훨씬 더 불완전하다는 것 / 그러니 그만 뛰고 / 그만 달려야 한다는 것 / 아가야, 아가야, 걸음마를 / 우리는 한참 더 해야 한다는 것"(「아가, 야!」)이다. 불완전한 구조를 안은 채 질주해온 인간의 삶이 얼마나 위태로운 것인지를 간파하고 걸음마부터 다시 해야 한다고 제안한다. 걸음마부터 다시 하며 천천히 나아갈 때 그동안 보이지 않던 섬사람도 보이고(「자본주의의 추위」), 바 옆자리에서 우는 여자도 보이고(「아직도 이렇게 속이 쓰린 시」), 가을 길 나무에서 찌찌찌찌(「삐, 삐, 삐, 삐」) 신호를 보내는 새도 보인다. 시인이 보기에 불완전하게 질주해온 인간의 삶이 잃어버렸던 가장 중요한 가치는 소통과 사랑이다.

가을 길 나무에서 새가 찌찌찌찌 한다

나는 잠시 멈춘다

저쪽 나무에서도 찌찌찌찌 한다

좋겠구나, 아,

그래 나도 신호를 보내자 삐삐삐삐

나 여기 있다, 아,

　　　　　　영미야, 아 들었니, 이

삐, 삐, 삐, 삐, 삐, 삐, 삐, 삐,

들었니, 이, 들었니, 이, 이, 이

—「삐, 삐, 삐, 삐,」 전문

이 시는 우리나라 최초의 서정시라고 전해지는 「황조가」의 21세기식 버전이라 할 만하다. 사랑과 소통의 욕구는 동물과 인간의 차이 없이 공통적인 본능이다. 이천년 전이나 지금이나 다를 바 없이 보편적인 서정의 정수이다. 이런 정서가 제대로 작동되기 위해서는 다소의 여유가 필요하다. 이 시는 행과 행 사이에 계속 휴지를 두어 여유 있는 호흡을 드러낸다. "나는 잠시 멈춘다"나 "영미야, 아 들었니, 이" 같이 좀 더 호흡을 가다듬을 필요가 있는 구절에서는 행을 후미로 밀어 호흡의 간격을 시각적으로 표현하고 있다. 질주하는 상태에서는 도저히 느낄 수 없고 잠시 멈추어 섰을 때 가능한 소통의 장면이 펼쳐진다. 잦은 쉼표와 감탄사는 소통을 감지할 때의 흥분상태를 실감나게 표출한다. 이러한 교감의 장면이야말로 다듬기 이전의 상태로 시인이 보여주고 싶어 하는 시적 순간이다. "최신 물리학은 우주가 / 아직도 팽창 중이라고 한다. / 우리 세상 어둠은 커지고, / 허공은 깊어지고, / 깜박거리는 저기 별들은? / 아아, 서로 멀어지는 중이라고 한다. / 우리가 다음에 무엇을 알겠니. / 다음에 무엇을 하겠니. / 지금이다, 한 번 더 입 맞추자, 우리, / 영미야, 으응? 으응? / 으으응?"(「지금 한 번 더!」)에서도 사랑과 소통의 욕망을 다소 과장해서 드러낸다. 팽창하는 우주 속에서, 각박한 자본주의의 그늘에서, 그래도 추구할 만한 가치는 서로간의 사랑과 소통이라는 것이다.

그의 시에서도 웃음을 일으키는 부분이 많은데, 그저 웃어넘기기 힘든 블랙 유머들이 유난히 눈에 띈다. 「부엉이」, 「하하하, 하하하」, 「웃음, 이라는 미학」, 「현대병원」 등의 시에서는 죽음과 관련된 삶의 아이러니를 씁쓸하고 허탈한 웃음에 담아낸다. "돼지를 잡을 때엔 먼저 먹인다. / 잔뜩 먹인다. / 그러면? 발버둥도 안 치고 / 웃으며 죽는다"(「하하하, 하하하」)고 할 때의 돼지나 한 치 앞을 모르는 채 살아가는 우리네 인생은 그리 다르지 않다. 죽음 앞에서는 권력도 무상하고 명예도 무상하다. "저 꽃병의 꽃이 / 고개를 세우고 한껏 웃고 있는 것은 / 알기 때문이다 / 자기가 지금 꽃밭에 있는 것이 / 아니라는 것을 / 이젠 어디 돌아갈 수 없다는 것도"(「웃음, 이라는 미학」)와 같은 통찰은 절묘하면서 처연하다. 팽창하는 우주와 불모의 자본주의와 다가오는 죽음과 같은 존재의 악조건 속에서 우리가 추구할 것은 좀 더 사랑하고 애써 소통하고 한껏 웃어보는 것이리라.

정약용은 늙음의 즐거움으로 붓 가는 대로 마음껏 쓰는 일을 들었다. 흥이 나면 곧장 뜻을 싣고, 뜻이 되면 당장 글로 옮기는 자유로운 집필이 나이가 들수록 편해진다는 얘기다. 두 시인의 여유롭고 웃음이 넘치는 시들에서, 긴장되고 날카로운 젊음의 시와 또 다른 시의 경지를 만날 수 있다. 흥과 뜻이 편안하게 어우러지면서 삶에 대한 포용력 있는 시선과 지속될 만한 가치를 펼쳐 보여준다.

순해진 귀와 해학적 인간미

오탁번의 시

오탁번 시인의 일곱 번째 시집 『손님』(2006)은 근래 보기 드물게 재미있는 시집이다. 시집 읽기가 암호 해독처럼 난해해지는 요즘 오랜만에 즐겁고 편안하게 읽은 시집이다. 일곱 번째 시집을 내기까지 시인은 다양하면서도 일관된 시세계를 견지해왔다. 그의 시는 서구적 지성과 동양적 지혜, 도시적 세련미와 향토적 소박성, 날카로운 현실인식과 순진무구한 동심, 맑은 눈물과 밝은 웃음, 서사적 구성과 서정적 미감, 감각적 이미지와 다채로운 리듬 사이의 넓은 진폭을 두루 포괄하면서도 언어미학으로서의 시의 위의를 추구하는 데 있어서는 변함이 없었다. 시인의 생애 자체도 무엇과 무엇 사이에서 분주하게 오가며 흘러왔다고 할 수 있다. "시인입네 하면, 너는 교수! 하고 / 교수입네 하면, 너는 시인!하고 / 작가인지 학자인지, 선비인지 개차반인지, / 충청도인지 강원도인지, 국문학인지 영문학인지! / 참여와 어용을 분간 못하는 얼간이들 틈에서 / 안돌이 지돌이 벼랑을 오르려 해도 / 진퇴양난 일락서산이다"(「안돌이 지돌이」)는 탄식 속에 그간의 고충이 잘 드러난다. 중요한 것은 "바위를 안고 간신히 돌아 벼랑을 오르는 일이나 / 바위에 등을 대고 가까스로 오르는 일이나 / 힘들고 어렵기는 다 그게 그거다"라는 사실을 인지하고 한걸음 한걸음 혼신의 힘으로 디뎌왔다는 점이다. 이순(耳順) 넘어 처음 펴내는 이번 시집에는 유난히 지나온 생애를 돌이켜보고 현재의 나이를 의식하는 시들이 많이 있다. "가는귀 먹어 / 오는 말 들리지 않는 / 아아 이순(耳順)의 아침"(「가는귀」)에서 고백하듯, 신체적 노화를 자각하며 '이순'의 의미를 담담하게 받아들인다. 나이에 맞게 귀가 순해진 시인은 이전보다 여유롭고 둥글게 세상을 본다. 현실에 대한 신랄한 풍자가 유발하는 차가운 웃음이 많았던 이전 시들에 비해 점점 너그럽고 따뜻한 웃음이 많아지고 있다. 몇 년 전부터 고향 마을로 삶의 터전을 옮긴 것도 이러한 변화와 무관하지 않은 듯하다. 그리움의 원천이었던 어머니의 땅, 고향에 안착한 후 그의 시에는 순박한 토속미와 여유로운 해학이 넘쳐난다. 언어에 대한 감각은 여전하여, 고르고 다듬어 편하면서도 고운 말들을 빚어내고 사전 속에서 잠자던 순우리말에 생명을 불어넣는 솜씨가 놀랍다. 순은(純銀)처럼 예리하게 빛나던 그의 언어들이 둥글게 닦이면서 보여주는 느낌이 새롭다. 노화가 감각의 퇴화로만 이어지는 것이 아니라 새로운 감각의 발견으로 이어질 수 있음을 알게 한다.

그의 시에서 만나게 되는 따뜻한 웃음은 귀가 순해지듯 부드러워진 시인의 감각과 자신의 노화를 물끄러미 바라볼 수 있는 여유에서 비롯되는 듯하다. 그는 누구보다도 치열하고 열정적인 젊음을 지났으므로 과거를 돌아볼 때마다 까마득한 시간의 격차를 느끼게 된다. "하숙비 없어서 떠돌던 부랑(浮浪)도 / 번민의 연옥(煉獄)도 있었느니라 / 사랑하는 사람 보고싶어 울던 / 불면의 밤도 있었느니라 / 밤새워 쓰고 찢는 파지(破紙)와 / 잉크 새는 만년필도 있었느니라 // 아내여 형언할 수 없는 이 적막(寂寞), / 세븐에잇으로 물들여 준 / 감쪽같은 머리칼로 / 그때 그 벼랑 다시 찾아보아도"(「타임머신」)에서처럼 지나간 시간을 되돌릴 수는 없다. 「블랙홀」에서는 친구의 부인을 어릴 때 보았던 친구 어머니로 착각하여 실수할 뻔한 경험이 재미나게 그려진다. 삶의 매순간이 이제는 젊음에서 멀어져있다는 사실을 깨닫게 한다. 부정할 수 없는 엄연한 사실 앞에서 그는 오히려 담담해진다. 오히려 서둘러 '비우기'를 시도할 정도로 세월을 앞서가려 한다. 몇 년 전 그는 연구실의 서가를 일찌감치 비우고 도서관에 책을 몽땅 기증했다. 그 때의 감회가 "보르헤스의 백과사전(百科辭典)도 / 이육사의 절정등반기(絶頂登攀記)도 / 윤동주의 간도전도(間島全圖)도 / 최명희의 혼해부학전서(魂解剖學全書)도 / 없다 // 나도 / 없다"(「연구실」)에 잘 드러난다. 그의 서가를 채웠던 값진 문학적 자취들이 눈앞에서 사라진 장면을 보며 그는 까마득한 적멸을 경험한다. 모든 것이 언젠가는 사라질 운명이고 '나' 또한 예외일 수 없다고 자각하게 된 것이다.

옛날다방에서
그냥커피를 마시는 토요일 오후

산자락 옹긋옹긋한 무덤들이
이승보다 더 포근하다

채반에서 첫잠 든 누에가
두잠 석잠 다 자고
섶에 올라 젖빛 고치를 짓듯

옛날다방에서 그냥커피 마시며
저승의 잠이나 푹 자고 싶다

—「그냥커피」 전문

어찌 보면 삶은 특별한 것이 아니고 "옛날다방에서 / 그냥커피를 마시는 토요일 오후"처럼 평범하기 이를 데 없다고 느낄 때 죽음조차도 범상하게 다가온다. 생사에 대한 이런 담담한 태도는 달관도 아니고 자학도 아니다. 그것은 자연의 순리에 가깝다. "채반에서 첫잠 든 누에가 / 두잠 석잠 다 자고 / 섶에 올라 젖빛 고치를 짓듯" 자신의 생리대로 움직이는 것일 뿐이다. 자연에서는 특별할 것이 없는 한 생애의 열고 닫음이 인간에게는 별스럽게 받아들여지는 것이다. 자연과 친화되면서 시인은 주어진 운명을 담담하게 감내하는 방법을 터득하게 된다.

고향의 거처에서 마주 대하는 '돌'에 대한 감회를 적고 있는 시를 보자. "태고의 적막을 가르며 달려온 돌, / 비 오면 비에 젖고 눈 오면 눈을 맞는 / 저 아무렇지도 않은 껌껌한 돌을 / 고즈넉이 바라보는 일은 쓸쓸하기만 한데 / 물을 주면 금세 파랗게 살아나는 이끼! / 검버섯 많은 내 몸에도 / 무심결에 이끼나 돋아나면 좋겠다"(「돌」)에서처럼 무심한 듯 품고 있는 천연의 자태를 시인은 닮고 싶어 한다. 태곳적부터의 적막을 지니고 있으면서도 아무렇지도 않은 듯 '껌껌한 돌'처럼 태연하게 주어진 시간을 감수하고 싶은 것이다.

자연과의 친화는 시인의 삶의 태도에 많은 변화를 가져온다. 그런데 그것은 전혀 새로운 세계가 아니라 잊고 있던 본연의 세계에 가깝다. 한 생애를 돌아보며 현재의 자신을 반성하는 시인은 "천등산 아래 옛 마을로 / 이제 돌아가야겠다 / 잘못 살아온 생애 이쯤 반납하고 / 돼지 똥 거름 냄새 이냥 풍기는 / 겨울 마늘밭의 추운 씨마늘로 / 이제 돌아가야겠다"(「마늘」)고 다짐한다. 그에게 귀향은 원래의 자리로 돌아가 건강한 본성을 회복하는 일이다. 회귀본능이 강해지면서 그의 시에서는 유년의 체험과 자연이 전경화된다.

시인은 유년의 순정한 기억을 형상화하는 데 능란하다. 최초의 기억들도 용이하게 재현한다. 서사적 구성으로 선명하게 그려지는 기억 속에서 그의 유년은 궁핍한 가운데서도 따뜻한 인간미로 각인되어 잊을 수 없는 풍경을 이룬다.

> 내가 하동지동 먹는 걸 보고
> 진외당숙모가 나에게 말했다
> –밥때 되면 만날 온나
>
> 아, 나는 이날 이때까지
> 이렇게 고운 목소리를 들어본 적이 없다
> 태어나서 젖을 못 먹고
> 밥조차 굶주리는 나의 유년은
> 진외가 집에서 풍겨오는 밥냄새를 맡으며

겨우 숨을 이어갔다

—「밥냄새 1」 부분

음식에 대한 감각으로 남아있는 유년의 기억이 얼마나 강렬한 것인지는 백석의 시가 일찍이 입증한 바 있다. 오탁번의 시에서 '밥냄새'는 끈끈한 생명력과 인간에 대한 신뢰의 바탕이 되는 감각이다. '하동지동' 밥을 먹는 어리고 유약한 그에게 진외당숙모가 베풀어준 고운 마음은 예순 살이 넘은 그에게 여전히 남아있는 따듯한 인간미의 표상이다. 그로 인해 어린 시절 궁핍의 경험이 그에게는 결핍과 상처가 아니라 온정과 믿음의 기억으로 자리 잡는다. "나는 손님과 겸상해서 / 흰밥을 냠냠 먹으며 / 흰 두루미 날아오는 세상 이야기를 / 사뭇 들을 테니까"(「손님 2」)에서도 친척 노인이 집에 들렀을 때 흰밥을 먹었던 특별한 기억이 그려진다. 타인에 대한 온정과 배려가 두터웠던 우리의 전통적인 습성을 확인해볼 수 있는 대목이다. 물질적으로는 궁핍했지만 정신적으로는 오히려 풍요로웠던 과거의 삶을 돌이켜볼 수 있다. 천진한 어린 화자의 육성을 통해 잊혀졌던 과거의 아름다운 기억들은 오롯이 되살아난다. 그것은 '밥냄새'처럼 원초적인 감각으로 다가오는 습성이다.

그의 유년을 풍요롭게 장식하는 체험은 풍속과 관련된 기억들이다. 「액(厄)막이 연(鳶)」, 「설날 아침의 화선지 한 장」 등의 시에서 시인는 잊혀져가는 옛 풍속을 세밀하게 재현한다. "액막이 연 하늘 높이 날아갔으니 / 구구단 받아쓰기 죄다 백점 맞고 / 키도 쑥쑥 자라서 / 올해는 보리고개 잘 넘어가면 좋겠다"(「액(厄)막이 연(鳶)」) 할 때 어린 화자의 육성을 통해 그 순정하고 간절한 바람이 그대로 전달된다. 시인은 우리의 전통과 풍속에 잠재되어 있는 긍정적이고 의욕적인 삶의 자세를 되살린다. 급속한 도시화로 인해 풍속이 해체되면서 삭막하고 비정한 세태가 자리 잡게 된 오늘날의 상황과는 대조적인 양상이다. 시인은 자신의 기억 속에 각인되어 있는 원초적 행복감과 신뢰를 재현하여 잊혀져왔던 정신적 가치를 환기시킨다.

자연은 도시화로 잊혀져가고 있는 또 다른 근원의 세계이다. 우리의 전통 속에서 자연은 인간과 분리되지 않는 공감과 동화의 대상이다. 시인이 그리는 자연이 지극히 인간화된 양상을 보이는 것도 그 친화의 정도를 반영한다.

> 새벽 별 이울기도 전에 잠이 깬
> 갓 육십 먹은 새 나라의 어린이가
> 몇 백 살 먹은 느티나무에게 아침인사를 한다
>
> –할아버지, 안녕히 주무셨어요?
> –오냐, 오냐
> 단풍 든 느티나무 잎이 막 떨어진다
>
> —「새 나라의 어린이」 부분

자연 앞에서 시인은 아주 쉽게 동심이 된다. 몇백 년 된 느티나무 앞에서 갓 육십의 시인이 '새나라의 어린이'가 되는 것은 그럴듯한 일이다. 시인 특유의 천진하고 분방한 상상이 태연스레 빚어낸 시이다. 이렇듯 인간적인 관점을 투사할 때 자연은 더없이 친숙하고 다감한 대상이 된다. 그의 인간적인 시선을 통해 모든 국토와 자연은 혈육처럼 끈끈한 관계로 다가온다. "대관령이 흰 수염 쓰다듬으며 / 굽은 허리를 펴고 / 동해(東海) 바다는 / 푸른 치마폭 펼쳐서 / 소나무 가지에서 떨어지는 / 눈송이들을 담고 있다"(「동해(東海) 설송(雪松)」)에서 대관령은 흰 수염의 노인으로, 동해 바다는 푸른 치마폭의 여인으로 인간화된다. 신비한 모성의 땅 제주도가 "조국의 맨끝에 자리한 / 큰 할망의 낙낙한 모래집"(「제주도」)를 연상시키고, 국토 극단의 작은 섬 독도가 "단군 할아버지가 / 흰 나룻 쓰다듬으며 / "독도야 독도야" / 맨 막내 손자 부르고 있네"(「독도(獨島)」)에서처럼 애틋한 막내 손자로 인식되는 것도 자연스럽다. 인간화된 자연은 친밀하고 온화하기 이를 데 없다.

근원의 세계에 대한 전적인 신뢰와 동경을 지니고 있는 시인에게 자연은 최고의 가치와 미적 대상이라 할 수 있다. "병풍에 그려진 산수화(山水畵)의 / 미적(美的) 거리(距離)나 가늠하며 / 시 쓴답시고 살던 나는 // 엄습해 오는 지리산 단풍 앞에 / 가뭇없이 / 죽다"(「지리산」)에서처럼 자연의 미에 비하면 인공의 미는 비교할 수 없이 초라한 것임을 인정한다. 「모과」에서는 "삼베 실꾸리만한 올통볼통한 모과가 / 이다지 앙증스런 꽃을 피우는 걸 몰랐다니! / 아아 나는 입때 까막눈이었고나" 하여 자연에 대한 무지를 실토한다. 자연의 이치와 아름다움에 무감한 것은 자신의 근본을 모르는 것처럼 부끄러운 일이다. 그에게 자연은 인간이 추구할 최고의 가치와 최상의 아름다움에 해당한다. 자연을 그릴 때 유난히 섬세 미려해지는 그의 시가 그것을 반증한다.

풀귀얄로

풀물 바른 듯

안개 낀 봄산

오요요 부르면

깡종깡종 뛰는

쌀강아지

산마루 안개를

홑이불 시치듯 호는

왕겨빛 햇귀

—「춘일(春日)」 전문

시인은 자연과 가장 잘 어울리는 말을 찾아내려 애쓴다. 사전의 깊숙한 구석구석에서 찾아낸 아름답고 사랑스런 순우리말들은 무심하게 스쳐지나왔던 자연의 인상을 새롭게 부각시킨다. 풍경이든 언어든 그것을 인식하는 자의 각성에 의해 전혀 달라질 수 있다. 시인은 자신이 발견한 아름답고 정겨운 자연을 묘사하기 위해 신선하면서도 온화한 우리말을 되살려낸다. 시인이 내민 뜻밖의 호명에 의해 거의 잊혀져가던 토속어들이 새로운 감각과 생명을 얻는다. 단순하면서도 생기 있는 리듬도 자연의 그것과 흡사하다. 리듬의 배려에 있어 시인의 감각은 각별한 것인데, 자연을 재현할 때 그것은 가장 단순하고 안정된다. 시인이 읽어낸 자연의 호흡이 그러하기 때문이다. 생명과 희망이 깃든 자연의 리듬은 편안하면서도 생기 있는 율감을 내포한다.

그의 시에서 만나게 되는 밝고 따듯한 웃음도 자연에 뿌리가 닿아있다. 그의 시에서 진한 웃음을 유발하는 것은 대개 성적인 표현과 관련된다. 그런데 음란하고 외설적인 느낌을 주기 쉬운 성적 표현들이 그의 시에서는 천진하고 유쾌하기 그지없다. 자연 상태에 가까운 건강한 성에서 비롯되는 웃음이기 때문이다.

> 가을 햇살 눈부신 솔버덩 아래 / 상석도 비석도 없는 / 쌍분 하나 / 잔디빛 브래지어이지 싶다
>
> —「쌍분(雙墳)」 부분

> 동동거리는 찌에 입질 한 번 안 오고 / 쾌친쾌친하는 낚시대 끝에 / 흘레하는 실잠자리 한 쌍 / 마디마디 눈부신 꼬리로 / ♡를 그린다
>
> —「흘레」 부분

> 우리들 사랑이 / 이고 가는 하늘은 / 고인돌마냥 캄캄할지라도 / 또륵또륵한 그대의 암쇠 아래 / 수쇠나 이냥 되고지고
>
> —「맷돌」 부분

> 여보, 우리도 카섹스 한 번 해 봐유 / —뭐여? / —경운기는 차 아니래유? / 사내는 경운기를 냅다 끌었다 / 계집이 엉덩방아를 찧었다
>
> —「방아타령」 부분

시인의 천진하면서도 분방한 시선은 어떤 형상이나 상황에서도 쉽게 성적인 표징들을 발견한다. 죽음의 공간인 쌍분에서 '잔디빛 브래지어'를 떠올리는 발상은 놀랍다. 시인은 다정하게 붙어있는 쌍분을 보며 백년해로 다 하고 죽은 후에도 여전히 사랑을 나누는 지아비와 지어미를 상상한다. "지어미는 브래지어 벗어놓고 / 갈대밭 물녘으로 뒷물하러 갔지 싶고 / 지아비는 단풍숲에 들어가 / 시원하게 소피보지 싶다"는 천연덕스러운 진술이 해학적이다. 「흘레」에서는 섬세하고 천진한 눈길로 자연의 성을 묘사한다. 자연의 형상과 원리에 대한 관심은 오탁번 시의 중요한 특징이다. 이 시에서는 실잠자리에 대한 치밀한 관찰을 통해 성애의 본질을 묘파하고 있다. 「맷돌」과 「방아타령」에서는 순박하고 토속적인 어투를 통해 건강한 성애의 장면을 표현하고 있다. 순수한 성애에 대한 꾸밈없는 표현은 자연스럽게 해학적 웃음과 인간미를 발산한다.

자연 상태에서 성은 유달리 감출 것도 드러낸 것도 없는 본연의 생리현상일 뿐이다. 고향마을의 친자연적인 공간에서 생활하고 있는 시인에게는 거처 자체가 자연적 성애와 환락의 현장이다. "내 소싯적 발기(勃起)처럼 / 꽃봉오리 터지는 / 봄날의 / 외설(猥褻) 한마당!"(「파 웨스트 러브호텔」)이 펼쳐지는 그의 집 마당이 곧 벌 나비들의 러브호텔이다. 원초적이고 순박한 삶 속에서 성은 은폐되지 않고 개방된다. 토속적인 삶에서 거침없는 육성의 대부분을 차지하는 것도 성과 관련된 말들이다. 한바탕 폭소를 일으키는 시 「폭설(「暴雪」)에서 시골 사람들의 육성을 담당한 마을 이장의 발언도 육담을 빼면 말이 되지 않는다. 엄청난 폭설이 내린 마을에 긴급한 상황을 알리는 이장의 마이크 소리는 "주민 여러분! 삽 들고 회관 앞으로 모이쇼잉! / 눈이 좆나게 내려부렀당께!"로 시작하여 이와 비슷한 육두문자로 반복되다가 종국에는 "주민 여러분! 워따, 귀신 곡하겠당께! / 인자 우리 동네, 몽땅 좆돼버렸쇼잉!"으로 끝이 난다. 말만큼이나 그는 걸직하고 기운찬 사내로 그려진다.

오탁번의 시에서 이렇듯 본성에 충실한 순박한 인물들은 매우 해학적이고 긍정적인 양상을 보인다. 그들에게는 아직 오염되지 않은 순수한 성품과 생명력이 깃들어 있다. 그들의 순정하면서도 능청스러운 웃음 속에 다름아닌 '시'가 내재해 있다. 시인이 살고 있는 고향마을의 집터인 원서헌 연못가에 삼층석탑을 모셔다 놓았더니 시집간 딸이 와서 어디서 난 탑이냐고 묻는다. "며칠 전 천둥번개가 치고 / 무지개가 솟더니 / 하늘에서 그냥 뚝 떨어졌다"(「탑(塔)」)는 시인의 허풍에 놀라는 딸에게, 마실 왔던 동네 이장은 한 술 더 떠서 "그럼, 우리 동네에서는 그런 일이 흔해"라고 한다. 이번에는 시인까지 놀라 "누가 시인이고 누가 농부인지! / 나, 원 참, 정말 모르겠네" 한다. 시인의 터무니없는 공상을 아무렇지도 않게 받아치는 농부는 대단한 시심(詩心)을 지니고 있는 듯하다.

순수하고 투명하여 유연하게 반응하는 마음이 시에 가깝다. 때 묻지 않은 순박한 사람들이나 어린아이들이야말로 본래의 시심을 지니고 있다고 할 수 있다. 흔히 시인의 중요한 자질로 어린아이와 같은 시선을 꼽는 것은 그 때문이다. 그들의 투명한 눈길은 대상의 본실을 간파하는 능력을 지닌다. 「시인(詩人)」의 주인공은 가을이 되면 푸른 감이 빨갛게 익는다는 엄마의 말을 받아, "엄마, 달님이 그새 빨갛게 익었어"라고 하는 아기 시인이다. 그런 마음들로 세상은 한층 밝아지고 따듯해진다.

시는 어두운 고뇌와 오랜 번민 속에서만 나오는 것이 아니라 세상을 향해 투명하게 열린 밝고 맑은 시선에서 생겨나기도 한다. 이순을 지나 귀가 순해진 시인은 어린아이 같은 천진한 눈으로 새로운 세계를 열어가고 있다. 그것은 근대화와 도시화로 인해 잊혀졌던 토속적이고 본능적인 세계이다. 그곳에서 그는 인간에 대한 신뢰와 생명의 환희, 밝고 따뜻한 웃음을 건져 올리고 있다. 혼자만의 내면에 고립된 신경증적인 시들이 증가하고 있는 이 시대에 해학과 인정이 넘치는 이런 시를 만날 수 있는 것은 적지 않은 즐거움이다.

둥근 밥상을 향한 꿈

이재무의 시

우리나라에서 급격히 진행된 도시화는 구성원들의 시간과 공간의 감각을 빠르게 변모시켰다. 불과 수십 년 사이에 인구의 절대 다수가 도시에 거주하게 되었고 도시 환경에 빠르게 적응해가고 있다. 시골에서는 직접적인 삶의 터전이어서 한순간도 떨어질 수 없었던 자연이 도시에서는 휴식의 순간에나 잠시 돌아볼 수 있는 특별한 공간이 되어가고 있다. 도시의 시간은 사계절의 순환을 체감하며 살아가는 시골과는 다른 생체리듬을 요구한다. 하루하루를 잘게 분절하여 기능적으로 활용해야 하기 때문에 늘 쫓기듯 급박한 생활이 이어진다.

도시에서만 나고 자란 사람들은 도시의 삶이 시골과 얼마나 다른지, 도시화 이전의 보편적인 생활방식에서 얼마나 멀어졌는지 알기 어렵다. 자연을 그리는 시들에서는 전통을 반복하는 안이하고 고답적인 정서를 발견하는 데서 그치기 쉽다. 이런 시대에 공감을 이끌어내는 자연의 시를 쓰기 위해서는 도시와 시골의 거리를 충분히 인지하고 구체적인 생의 감각을 드러내야 한다.

이재무는 농촌에서 나고 자랐으나 도시로 이주하여 살고 있는 시인이다. 많은 시인들이 도시로 이주한 후에는 도시의 삶을 그리는 데 주력하는 것에 비해 이재무 시인은 도시뿐 아니라 농촌을 배경으로 하는 시들을 꾸준히 써오고 있다. 그의 미감과 가치의 원천에는 '고향'이 이끄는 구심력이 유난히 강하게 작용한다. 가난하고 착한 가족과 고향 사람들은 마음을 의지할 수 있는 영원한 안식처이며 자연은 언제나 지혜의 보고이다. 시인은 자신에게 여전히 생생한 고향의 온기와 자연의 현상에서 도시화로 인해 소멸되어가는 감각과 가치를 일깨운다.

이재무 시에서 자연이 낭만적인 향수의 대상에 그치지 않고 현실적 응전력을 갖는 것은 도시적 삶과의 거리감각에 기인한다. 시인은 도시적 삶에 매몰되어 있지도 않고 자연에 묻혀 살지도 않는다. 도시에 살지만 자연의 생리에 익숙하기 때문에 도시의 병리를 쉽게 간파한다. 무엇이 달라졌고 문제인지를 분명하게 인식한다. 자연에서 묻혀 지냈으면 오히려 알기 어려웠을 자연의 가치를 드러낼 수 있다. 도시와 자연의 '사이'에 거하며 그 삶의 차이를 인지하고 대안을 찾을 수 있는 것이 이재무 시인의 독특한 입지이다. 도시인들에게는 완상의 대상에 그치기 쉬운 자연이 이재무 시인에게는 엄연한 삶의 거처로 인식된다. 생생히 살아 숨쉬는 추억 속에서, 또 고향의 현실 속에서 자연은 여전히 삶의 바탕으로 작동한다. 고향의 자연은 단지 도시 생활에 지친 영혼의 안식처에 머무는 것이 아니라 근본적인 성찰의 계기가 된다. 도시의 시간 속에서 잃어버린 시간들을 다시 꿈꾸게 한다.

고향의 자연을 통해 시인이 꿈꾸는 삶은 어떤 것인가? 초고속 승진을 꿈꾸는 도시인들의 가파른 꿈과는 전혀 다른 세계가 그의 시에서 펼쳐진다.

땀내 나는 가장을 벗고
헐렁한 건달로 갈아입는다

누워 부르던 노래들은
하늘로 올라가 별이 되었다
앉아 듣던 슬픔들은
기꺼이 생의 거름 되어주었고
엎드려 읽고 쓰던 말들은
나무와 꽃이 되었다

—「평상」 부분

'평상'이라는 그야말로 평범한 말이 이제는 사라져가면서 뿜어내는 예사롭지 않은 기운을 느낄 수 있는 시이다. 평상은 안채와 마당 사이를 이어주던 독특한 공간이다. 방과 방을 이어주는 마루의 개방성을 더욱 확장하여 집과 마당을 연결하는 부분이다. 평상에서는 인공과 자연이 바로 맞닿뜨리게 된다. 평상에 누우면 하늘의 별이 바로 쏟아져 들어올 수 있는 구조이기 때문이다. 평상은 집에서 가장 개방되어 있으면서도 편안한 장소이다. 누구든 앉거나 누워서 쉴 수 있으며 모두가 함께 할 수 있다. 이곳에서는 모두가 평등하다. 가장도 무거운 책무를 벗고 편히 쉴 수 있고 근엄한 아버지도 더러 농을 걸고 근심 잦은 어머니도 할짝 웃을 수 있다. 무엇보다 이곳에서는 인간과 자연이 함께 어울린다. "누워 부르던 노래들은 하늘로 올라가 별이 되"고 "엎드려 읽고 쓰던 말들은 나무와 꽃이" 된다. 인간 세상과 자연이 하나로 얽힌다. 고향의 삶이 충만하고 유쾌한 것만은 아니다. 가장은 땀내 나게 생활에 시달리고 아버지는 엄하게 가계를 규율하고 어머니는 근심이 잦다. 평상에서 앉아듣는 이야기들도 '슬픔'과 관련된 것들이다. 슬픔이란 인간사의 본질적인 속성이기 때문이다. '평상'이 긴요한 것은 그러한 슬픔과 근심과 책무를 잠시 내려놓거나 함께 할 수 있는 공간이기 때문이다. 평상에서는 주체와 타자, 인간과 자연의 분별이 흐려진다. 너나없이 낮아져 한자리에 섞인다. 그리하여 서로를 가장 잘 이해할 수 있는 상태가 되며 긴장이 해제되어 편안해진다. "졸음 고인 눈두덩 굴러 / 머리맡에 낙과처럼 떨어지던 / 저녁 종소리 우련하다"는 이 시의 마지막 장면은 현실의 피로에서 벗어나 꿈의 세계로 진입하는 편안한 안식의 순간을 보여준다. 고향의 평상은 현실과 꿈을 잇는 경계 지점이기도 한 것이다. 피로한 생활에서 벗어난 편안하고 한가로운 시간의 저장소인 것이다.

이 시의 평상은 시인이 꿈꾸는 둥글고 편안한 세상의 또 다른 변용이다. 사라져가는 특정 사물 혹은 언어에 대한 시인의 관심에는 독자적인 취향 이상의 의미가 깃들어 있다. 이 시의 평상과 비슷하게 '멍석'에 대한 애착도 각별하게 표현된 바 있다.

> 몸은 무너졌으나 더운밥에 국물 뜨겁던
> 여름날 우리들의 저녁식사여
> 냉수 사발에 발 담근 밤새 울음과
> 초저녁 별빛 몇 가닥도 건져 올려
> 겉절이와 함께 밥숟갈에 걸치어주고

트림 한 번으로도 낮 동안의 잘못
용서되던 반찬 없이 배불렀던 저녁식사여
모깃불 연기 사이로
달 속 계수나무며 은하수 토끼 한 마리
모두 정겹던 아, 옛날이여 흑백영화여
늦은 밤 홀로 먹는 저녁밥에 목이 막힐 때
마음의 허청 속 거미줄에 사지 묶인 채
추억과 함께 돌돌 말려진 너의 몸 꺼내
서울 천지에 펼치고 싶다
우리들의 둥그런 식사를 위해

—「멍석」 전문

멍석 역시 마당에 펼쳐지던 휴식의 공간이다. 둥근 멍석을 펼쳐놓고 함께 했던 "우리들의 저녁식사"는 시인이 간절히 소망하는 행복한 원체험이다. 뜨거운 국물에 더운밥을 말아 먹는 이 소박한 식사가 육체의 피로와 정신의 긴장을 일시에 해소시킬 정도로 충족감을 주는 것은 '함께' 먹는 '둥그런 식사'이기 때문이다. 피곤하고 지친 자들이 모여 격의 없이 함께 하는 식사를 통해 공동체가 주는 위안을 얻을 수 있는 것이다. 이 장면에서 중요한 것은 이들의 '둥그런 식사'에 "밤새 울음"과 "초저녁 별빛 몇 가닥" 같은 자연이나 "달 속 계수나무며 은하수 토끼 한 마리" 같은 원초적 상상이 스스럼없이 어울리고 있다는 것이다. 시인이 꿈꾸는 둥근 밥상의 공동체는 주체와 타자, 인간과 자연, 현실과 환상의 경계를 갖지 않는다. 여기에는 돌돌 말았다 펼치면 언제든지 공유할 수 있는 장소로 변모하는 '멍석'처럼 나누거나 정하지 않는 포용의 원리가 작동한다. 그러나 시인은, 멍석을 보기 힘들듯 둥그런 식사에서 멀어진 현실을 직시한다. 아니 차라리 "늦은 밤 홀로 먹는 저녁밥"의 설움이 둥근 밥상의 추억을 이끌어냈다고 하는 편이 정확할 것이다. 밤늦게 홀로 먹는 밥은 팍팍한 서울살이의 상징과도 같다.

이 시인에게 한 끼 식사의 장면은 삶의 전모를 함축하는 의미심장한 것이다. 그는 유난히 식사 장면에 민감하고 그것에서 삶의 질과 가치를 이끌어낸다. 음식과 공동체 문화가 풍성하게 드러나는 백석의 시와는 다르게 이재무의 시에서는 음식과 관련된 환경이나 분위기가 중시된다.

> 다 늦은 저녁 멍석 위 둥근 밥상
> 식구들 말없는, 분주한 수저질
> 뜨거운 우렁된장 속으로 겁 없이
> 뛰어드는 밤새 울음,
> 물김치 속으로 비계처럼 둥둥
> 별 몇 점 떠 있고 냉수 사발 속으로
> 아, 새까맣게 몰려오는 풀벌레 울음
>
> —「위대한 식사」 부분

이재무 시에서 '둥근 밥상' 위의 식사는 대개 소박하기 그지없는 먹거리들로 이루어진다. 그것이 '위대한 식사'로 인식되는 이유는 지친 몸과 마음들을 채워주며, 무엇보다 자연과 혼연일체를 이루기 때문이다. 자연 속에서의 식사는 우리에게 생명의 근원을 직접적으로 일깨워 준다. 우리의 음식에 자리 잡고 있는 자연의 친연성을 감지할 수 있게 한다. 음식이라는 생명의 끈에서 만나는 인간과 자연의 긴밀한 연대를 확인하게 한다. 이러한 식사를 시인이 늘 찬탄과 함께 떠올리는 것은 현재의 상황과 대조를 이루기 때문이다. 이 소사채갱(疏食菜羹)의 식사에서 중요한 것은 혼자가 아닌 공동체와 함께 한다는 의식이다. 가난하고 지친 가족들이나 이웃들과 함께, 뿐만 아니라 가까운 자연까지도 한데 어우러지는 식사는 화합과 위안의 분위기로 풍성하다. 이는 도시화 과정에서 급속도로 잃어가고 있는 삶의 풍경이다. 백석의 시에서 공동체의 삶과 음식의 묘사가 매우 구체적이고 흥성했던 것에 비해 이재무의 시에서는 음식의 묘사가 조촐한 대신 자연과의 어울림이 인상 깊게 표현된다. 이재무의 시는 공동체적 삶과 현실의 거리를 의식하며 식사 장면을 통해 그 차이를 가장 실감나게 드러낸다. 이 시인에게 중요한 것은 식사라는 가장 근본적인 삶이 공동체적인 어울림을 이루고 있는가 그렇지 않은가 하는 것이다. 가족이나 이웃, 자연과 더불어 하는 경우는 '위대한 식사'라는 찬사를 행하는 것에 비해 홀로 하는 식사는 더할 수 없이 허허로운 것으로 그려진다. 자연은 위대한 식사의 중요한 구성원이며 공동체적 삶의 바탕을 이룬다. 자연과 함께 하는 공동체적 삶에서 시인은 도시의 고립된 인간관계와 전혀 다른 원환(圓環)의 세계를 만난다. 약육강식과 승자독식으로 치닫는 도시적 삶의 수직적 생대와 달리 자연과 공동체적인 삶에서는 서로 어울리고 넘나드는 변화와 순환의 수평적 생태가 이루어진다.

계절의 순환은 자연의 수평적인 변화의 과정을 대표한다. 사계절이 뚜렷한 우리나라의 경우 끊임없이 변화하는 계절의 흐름은 자연의 순환 원리를 가시적으로 드러낸다.

차갑게 피 식을 때에야 서늘하게 알아채겠지

호통 치며 바투 잡아 마구 흔들어온

세상의 멱살 기실은 제 몸뚱이였음을

사정없이, 늙은 봄의 등짝 떠밀어

보낼 때의 서슬 푸른 여름이 그러했듯이

—「숫가을」 부분

자연의 변화는 고정되고 위계적인 질서와 상반되는 가변적이고 대등한 관계를 바탕으로 한다. 위의 시에서는 한 계절의 변화과정을 유기체적인 특징으로 묘사해 보여준다. '숫가을'이라는 조어는 가을의 탄생으로부터 소멸까지의 변모를 강조하기 위한 것이다. 탄생의 첫 장면은 "낡고 해진 초록 걸친, 늙고 지친 여름 곁에서" "솜털 보송보송한" 가을이 갓 태어난 아기처럼 해맑게 웃고 있는 것으로 그려진다. 늙고 지친 여름과 갓 태어난 가을의 극명한 대비는 삶과 죽음이라는 생명의 작용에 빗대어져 실감을 더한다. 기관지 천식을 앓듯 색색거리며 바람을 타는 유아기와 볼 살 여위듯 엽록소의 감소가 일어나는 성장기를 거쳐 장년에 이르면 온 천지가 단풍으로 물들게 하는 변화의 과정이 차례차례 비유된다. 그리고 소멸을 앞둔 단계를 상술하면서 모든 계절이 반복하는 생멸의 과정을 압축해낸다. 호통 치며 흔들어댄 것이 바로 자신의 몸뚱이였다는 아이러니는 생멸의 순환과정이 하나의 고리를 이루는 자연의 근본적인 원리에서 기인하는 것이다. 늙은 봄의 등짝을 떠밀어 보냈던 서슬 푸르렀던 여름을 가을이 밀어내고 다시 차가운 겨울이 그 자리를 차지하는 일련의 과정 속에서 절대적인 강자는 존재하지 않는다. 모두가 생멸의 순환적인 운동 속에서 끝없이 변화하며 위치를 바꾸는 것뿐이다. 이 시에서는 계절을 의인화함으로써 세상의 위계질서와는 달리 변화무쌍한 자연의 원리를 강조한다. 한껏 밀어낸 것이 바로 자기 자신이라는 깨달음을 통해 무상한 변화의 핵심을 포착한다.

자연에 대한 관찰은 도시의 삶과 대비되는 순환적인 시간의 질서를 감지할 수 있게 한다. 도시에서 시간은 기능적으로 분절되어 있고 선조적인 단계들로 이어진다. 이와 대조적으로 자연의 시간은 연속적인 흐름을 형성하며 순환적인 구조로 반복된다. 경쟁적이고 수직적인 도시의 삶과 달리 자연에서는 평형을 이루는 순환적인 삶의 질서가 지속된다. 다음 시에서는 자연적인 삶에서 이루어지는 조화와 공생의 관계를 보여준다.

> 가스와 기름불로 덥힌 난방
>
> 두껍게 껴입고도 마음 추워오는 날

부뚜막 온기 불쑥 그립다

쭈그려 앉은 엄니가 하염없이 넣어주는

잘 마른 나무줄기와 가지와 이파리 꾸역꾸역

받아 삼키던 아궁이의 깨끗한 식욕

밤새 차가워진 온돌의 몸을 데웠지

—「숫겨울」 부분

시인이 느끼는 추위는 마음의 상태에서 비롯된 것이기 때문에 편리하고 기능적인 난방으로 해소하기 힘든 것이다. 그가 그리워하는 '부뚜막 온기'는 자연과 인간이 직접적으로 만나서 발생시키는 것으로서 몸과 마음을 모두 덥힐 수 있다. 이 온기가 발생하는 과정에는 자연에서 얻어낸 땔감을 '엄니'가 아궁이에 넣어주고 다시 아궁이가 밤새 온돌의 몸을 데우는 선순환의 구조가 작동한다. 이재무의 시에서 '식욕'은 삶의 가장 바탕을 이루고 그것을 충족하는 과정이 삶의 질을 결정한다. 이 시에서는 아궁이에 불을 때는 과정을 아궁이의 입에 음식을 넣어주는 장면으로 묘사한다. 아기에게 음식을 주는 어머니처럼 아궁이를 채우는 어머니의 손길은 하염없고 헌신적이다. 그렇게 받은 것을 아궁이는 다시 온기로서 베푼다. 이 시에서 모든 관계는 순환적이다. "수평의 물을 수직으로 끌어올려 살았던 나무들"이 재로 남아 밭으로 가거나 연기로 날아올라 산으로 가서 다시 순환의 과정으로 접어들듯 자연의 모든 개체들은 순환적인 생멸의 작용을 거치며, 또한 서로가 맞물려서 관계를 형성한다. 경쟁과 위계에 의해 형성되는 수직적인 관계가 아닌 돌봄과 헌신의 생리로 순환되는 자연의 조화로운 관계에서 시인은 '온기'를 찾는다. 온기는 현대적인 삶에서 급격하게 잃어버리게 된 심신의 감각이다.

> 사발에 담긴 둥글고 따뜻한 밥 아니라
>
> 비닐 속에 든 각 진 찬밥이다
>
> 둘러앉아 도란도란 함께 먹는 밥 아니라
>
> 가축이 사료를 삼키듯
>
> 선 채로 혼자서 허겁지겁 먹는 밥이다
>
> —「길 위의 식사」 부분

고립된 적막한 삶에서는 온기를 찾기 힘들다. 이 시에서 묘사되는 "비닐 속에 든 각 진 찬밥"은 현대인의 각박한 생활에 대한 상징과도 같다. 온기라고는 찾아보기 힘들고 기능성만이 부각된 차가운 밥의 이미지는 시인이 염원하는 삶과는 정반대편에 놓인다. "둘러앉아 도란도란 함께 먹는 밥"이 공동체적인 화합의 장면을 이루는 것에 비해 "선 채로 혼자서 허겁지겁 먹는 밥"은 고립되고 불안한 개인주의의 그늘을 보여준다. '설움'과 '한기'로 가득한 이 이상한 식사는 이재무의 시에 자주 나타나는 식생활의 풍경 중에 가장 부정적인 사례에 해당한다. 현대인들에게 있어 결코 낯설지 않은 이러한 식사 장면은 그들의 삶의 방식과도 크게 다르지 않다. 저마다 쫓기듯 어딘가를 향하면서 허겁지겁 이어가는 시간들은 과연 무엇을 위한 것인가?

비늘 없고 지느러미 없는 물고기
장어와 미꾸라지는 더불어 살 줄 모른다

흐르는 물결 거스를 줄 모르고
저 홀로 이 구멍 저 구멍 파며 살다가

최후의 날 그물이나 뜰채에 건져 올려져
펄펄 끓는 탕 속, 달아오른 석쇠 위에서

흐물흐물 녹고
매운 연기 피우며 타들어가는 몸뚱이
주린 입과 파리 떼 불러들인다

—「비늘 없고 지느러미 없는 물고기」 전문

"비늘 없고 지느러미 없는 물고기"의 삶과 최후는 섬뜩하다. "더불어 살 줄 모"르고, "흐르는 물결 거스를 줄 모르고", "저 홀로 이 구멍 저 구멍 파며" 사는 모습은 현대인들의 삶과 크게 다르지 않아 보인다. 더불어 사는 방법을 잊어버린 채 제각기 주입된 욕망을 향해 고독하게 질주하다가 최후를 맞이하는 것은 현대인들의 생태이기도 하다. 그 무모한 욕망의 끝은 허무한 죽음이다. 그토록 몸부림치며 달려가지만 결국은 제자리걸음을 하며 아둔하게 돌아친 구멍에서 벗어나지 못하고 마는 것이다. 그러한 허망한 종말을 그려보지 못하고 욕망의 구멍에서 헤어나지 못하는 한 장어나 미꾸라지 같은 족속과 다를 바 없다.

시인은 현대인들이 빠져있는 획일적인 삶의 방식에 대해 비판과 회의를 드러낸다. 전근대적인 삶의 습속을 아직 기억하고 있는 그로서는 잃어버린 가치에 대한 미련과 애착이 크다. 공동체적인 삶의 방식과 정서는 그가 가장 되살리고 싶어 하는 가치이다. 함께 하는 삶의 온기와 정감은 비정하고 삭막한 현대 도시에서 더없이 절실해진다. 욕망을 향한 무조건적인 질주에 대해서도 반감이 크다. 비판적 지성이 중지되어 흐르는 물결을 거스를 줄 모르는 상태가 계속된다면 일방적인 욕망의 추구로 인한 파국은 걷잡을 수 없게 될 것이다. 모두가 한 방향으로 달려 나가기에 바쁜 현대의 삶에 대해 시인은 비판적 거리감각과 공동체적인 삶의 방식을 제안한다. 급속도로 사라지고 있는 공동체적인 삶과 순환적인 시간의 감각을 각성시킴으로써 '오래된 미래'의 가치를 되살린다.

‘오래된 미래’의 길을 찾는 열린 시선

고재종의 시

폴 고갱이 타히티에서 그린 그림 중에 〈우리는 어디에서 왔는가? 우리는 누구인가? 우리는 어디로 갈 것인가?〉라는 대작이 있다. 제목처럼 탄생부터 죽음까지 사람의 일생에 대한 근원적인 물음을 담고 있다. 자본과 문화의 꽃인 파리를 등지고 타히티의 원시림을 선택했던 고갱에게 이러한 존재론적인 질문은 더욱 각별했으리라. 한 시대의 보편적인 흐름을 거슬러서 살아가는 사람들에게는 그러한 삶에 대한 근본적인 고민이 뒤따를 수밖에 없다. 남다른 용기와 결단이 없다면, 모두가 한사코 벗어나려고 하는 과거의 시간으로 돌아가거나 머무르기는 쉽지 않다.

‘농촌 시인’으로 알려진 고재종 시인이 농촌에서 살아가는 것은, 물론 고갱이 그랬던 것 같은 과감한 결단의 결과는 아니다. 고재종 시인은 자신이 나고 자란 농촌에 그대로 남아있는 것뿐이다. 그럼에도 모두가 달리는 차에 올라타서 바라보는 지면이 한없이 뒤로 멀어지는 것처럼 모두가 농촌을 떠나 도시로 옮겨간 오늘날 기존의 삶을 고수하면서 느끼는 소외감은 남다를 것이다. 고재종 시인은 오랫동안 농촌 시인으로서 자신이 갖는 희소성을 의식한 듯 농촌의 사람들과 삶을 다채롭게 조명해왔다. 과거에는 보편적인 삶이었지만 지금은 특별해 보이는 농촌의 이야기들은 소재적 측면에서 드러내는 흥미도 적지 않았다. "끝내 삼천리나 꺼진 눈 멀겋게 뜨고 / 그 속에 그렁그렁 눈물 가득히 채우고 / 어서 빨리 저승사자나 오시라는 곡성댁"(「대숲 울음」), "웃돌 갖다 아랫돌 맞추는 / 남의 이자나 길러주는 인생 정규성씨"(「빈손」) 등의 사연은 마치 옛날이야기처럼 삶의 다양성을 증명하는 풍부한 사례로 읽혔다. 그에 비하면 『쪽빛 문장』(2004) 이후 그의 시들은 농촌 시인으로서의 면모에 국한되지 않고 삶에 관한 보편적인 질문들을 담고 있다. 그렇지만 요즘 시인으로서 흔치 않은 농민으로서의 삶을 고수하면서 생긴 질문이기에 남다른 울림을 갖는다. 고갱이 대도시 파리에서의 평범한 삶을 버리고 타히티에 살면서 현대문명과 대척점에 있는 원시성의 가치와 아름다움을 발견한 것처럼 시인은 농촌의 삶을 고수하면서 대도시의 삶 속에서는 발견하기 힘든 자신만의 시각을 얻는다. 모두가 가고 있는 방향에서 벗어나 있는 시인으로서는 '나는 누구이며, 지금 어디에 있는가?'라는 질문이 존재론적인 질문 이상으로 현실에 대한 반성과 예견이 될 수 있다.

> 메마른 길의 굴곡과 요철을 더듬거리며
> 나는 시방 어디에 있는지
> 나는 시방 누구인지, 더듬거리는데
> 어쩌면 줄지어선 가로수로 사라지는 소실점의

그 너머쯤이면 나는 과연 나 자신일까?
눈에 막힌 산중에서 막버스를 기다리는 노파가
품을 법한 희망 정도로나 길을 묻는
내게 적용할 수식어는 몇 개나 될까?
칠흑적막을 그어대는 단 몇 초의 성냥불로라도
걸어온 길의 이정을 모두 밝힐 수만 있다면
시간은 제 뚜벅 걸음을 멈추지 않으리.
사랑은 추억의 황홀을 굴리고
나는 쑥국새처럼 늙어가며 내 갈 길을 가리.

—「길 위의 연대기」 부분

이 시에는 "나는 시방 어디에 있는지?", "나는 시방 누구인지", "나는 과연 나 자신일까?"와 같이 자신에 대한 근원적인 질문이 가득하다. 삶의 전모를 돌아보며 구하는 이 질문은 흔히 그렇듯 길의 이미지와 결합하고 있다. "메마른", "굴곡", "요철" 등의 수식어를 동반하는 이 길은 순탄한 길과는 거리가 멀다. 황막하고 지난한 이 길은 끝없이 멀고 암울해 보인다. 시인은 "눈에 막힌 산중에서 막버스를 기다리는 노파"의 마음에 자신의 희망을 빗댄다. 오도 가도 못하는 암담한 상황을 벗어날 마지막 기회를 기다리는 마음은 얼마나 힘겨울 것인가. 성냥불 몇 개로 어둠을 밝히며 칠흑적막을 견디는 노파처럼 환한 추억 몇 편에 의지해 이 어두운 시간을 지나가야 할지도 모른다.

「목격」에서 "나는 무엇인가"라는 물음은 한낮에 목격한 어느 사내의 인상에서 촉발된다. 아찔하게 솟은 빌딩 숲 앞의 차도와 인도의 경계석에 앉아 길고양이를 어르고 있는 사내는 현실에 그리 잘 적응하여 살아가는 것 같아 보이지 않는다. 이는 "되지도 않는 몇 줄 쓰다가 창밖을 내다보며 / 생각지도 못한 생각들을 해보는 것도 잠시"인 '나'도 마찬가지이다. 지금 경계석에 아슬아슬하게 앉아있는 봉두난발의 사내는 필경 다음날쯤은 길 위에 누워버릴지도 모른다. "나보다 먼저 경계석에 앉아버린 사내의 은유"는 파란만장 끝에 텅 빈 결론에 이르는 인생의 과정을 요약해 보인다.

자신에 대한 근원적인 질문은 일상에서 벗어나 거리를 두고 삶을 돌아볼 때 생겨나는 것이다. 자신에게 밀착해 있을 때는 오히려 삶에 대한 전체적인 통찰을 하기 어렵다. 자신에게 거리를 두고 돌아볼 때 '나'는 누구이고 어디에 있는가라는 자각은 한결 뚜렷해진다. 이런 시선으로 볼 때 「길 위의 연대기」의 노파나 「목격」의 경계석에 있는 사내는 나와 전혀 상관없는 타자가 아니라 나와 다를 바 없이 힘겨운 인생길을 지나는 존재를 대변한다. 자신에 대한 회고에서 시간의 작용은 의미심장하다. 노파나 사내가 그런 것처럼 삶의 시간은 유한하다. 시인이 위태롭고 절박한 기분을 자주 토로하는 것은 이러한 의식에 기인한다.

이만큼에 서서 저만큼의 강을
묵묵히 바라보는 경우가 많아지는 건
예전에 어디선가 보았던 시간이 묵어
바로 목전의 강물이 된 것 같은 수상한 때,
황혼을 지피는 새들이 꼭
귀소를 서두르고 있다고는 생각지 않으며

약간은 처연하게 강 너머를 관찰하며
나는 서둘러 달려가야 할 집이건 무엇이건
없는 사람이 되기를 바라는 사람처럼
나에게서조차 잠시 물러나
저 무심한 강물이 물어대는
무언가 반박할 수 없는 질문들로부터,
아무리 사소한 질문일지라도 버지니아 울프처럼
수백만 페이지를 샅샅이 뒤지지 않을 수 없도록
자꾸만 절박해지는 이 황혼으로부터
방금 눈앞에 무엇이 지나갔지?
아니 나는 지금 어디에 있지? 하는데
저렇게 강물은 출렁거리고 강물과 함께
시간은 조각조각 깨져 일렁거리는 듯하는
목전의 이것도, 이 아닌 것도, 不淨觀일라나?

—「너무 늦은 질문이란 없는가」 전문

"나는 지금 어디에 있지?"라는 물음은 존재와 시간에 대한 질문을 함축하고 있다. 이런 질문이 이루어지는 것은 바쁜 일상의 한 가운데가 아니라 거리를 두고 자신을 바라볼 때이다. 이 시의 화자는 "나에게서조차 잠시 물러나"서 자신을 되돌아보고 있다. 이런 회고의 장소로 '강'보다 더 적합한 곳은 없을 것이다. 강은 '시간'과 자연스럽게 어울린다. 시간만큼 규정하기 어려운 개념도 없지만 그것이 갖는 '흐름'의 이미지 때문에 강은 흔히 시간의 비유로 쓰인다. 강이든 시간이든 그 안에서는 흐름을 느끼기 어렵지만 거리를 두고 볼 때는 흐름이 뚜렷하게 감지된다. 이 시에서도 화자는 "이만큼에 서서 저만큼의 강을 묵묵히 바라보는" 시선을 취하고 있다. 무심한 듯 유유히 흘러가는 강물과 함께 지난 세월의 기억들이 스쳐간다. 이 순간에 "나는 서둘러 달려가야 할 집이건 무엇이건 / 없는 사람이 되기를 바라는 사람"처럼 초연해져 자신의 위치를 새삼스럽게 돌아다본다. "서둘러 달려가야 할 집"을 향하는 습관적 행위에서 벗어나 버지니아 울프처럼 존재의 이유에 대한 날선 질문을 하며 "나는 지금 어디에 있지?"라는 자신에 대한 근본적인 성찰을 행한다. 이 시에서 흥미로운 것은 강물과 시간의 이미지가 '흐름'에만 국한되지 않고 "조각조각 깨져 일렁거리는" 파편처럼 표현되고 있다는 것이다. 버지니아 울프가 수백만 페이지를 샅샅이 뒤지며 존재의 의미를 찾으려 했던 것처럼, 강물의 출렁거리는 물결과 같이 무수한 시간의 갈피에서 자신을 발견하려는 마음의 표현이다. 인간의 몸이 더러운 것을 깨달아 탐욕을 없애는 부정관(不淨觀)의 수행처럼 그동안 지나왔던 굴곡진 시간을 통해서도 삶이라는 화두에 대한 답을 얻고자 하는 바람이 묻어난다. 제목처럼 "너무 늦은 질문이란 없"어서 물결의 조각처럼 반짝이는 생애의 모든 페이지가 존재에 대한 절박한 질문의 답을 내포하고 있다.

'나는 누구이며, 지금 어디에 있는가?'라는 시인의 고민이 절실하게 드러나고 있는 이 시는 전체가 하나의 문장으로 이루어져 있어 매우 유장한 호흡을 형성하며 주제의 깊이를 더욱 부각시킨다. 강물의 도도한 흐름처럼, 끊이지 않는 번뇌의 고리처럼 구절구절이 중단 없이 하나의 호흡으로 이어진다. 이 시뿐 아니라 길의 이미지를 통해 삶에 대한 근본적인 질문을 행하는 시들 대부분이 유장한 호흡을 통해 집요한 성찰의 과정을 드러낸다. 이 시인에게 중요한 것은 삶의 의미에 대한 선명한 해답이 아니라 지속적인 질문과 진지한 모색의 과정이라는 알 수 있다.

고재종 시에서 '나는 누구이며, 지금 어디에 있는가?'라는 질문은 존재론적인 차원에 그치지 않고 현실과 밀접하게 관련되어 있다. 이 질문에 대한 모색의 과정에서 낙관보다는 비관이 앞서고 확신보다는 불안을 자주 토로하는 것은 그 때문이다. 시인은 시대와 역행하는 듯 뒤떨어져 있는 농촌의 현실을 누구보다도 잘 알고 있다. 오늘날 농촌에서 살아간다는 것은 모두가 몰려가는 흐름에서 벗어나 꿋꿋하게 버틸 수 있는 남다른 고집이 요구된다. 이런 삶에는 일반적인 삶의 고충 위에 소외감과 불안이 더 얹힐 수밖에 없다.

「마지막 얼굴」에는 평생을 농사에 바쳐온 '그'가 현실의 변화 앞에서 직면하는 암담하고 절망적인 상황이 그려진다. "그가 고집하는 논밭 앞에, 그의 고집을 / 쏙 뽑아버릴 듯 고층 아파트가 들어선지 오래, / 수확 못해 썩어버린 배추처럼 거기 앉아서 / 그저 무엇을 기다린다는 것인가"(「마지막 얼굴」)에 나타나듯 평생을 고집스럽게 지켜온 논밭에까지 뜬금없이 고층 아파트가 들어서는 것이 오늘날의 실정이다. 자신의 고집이 힘없이 사라지는 현실을 망연자실 바라보는 '그'는 "수확 못해 썩어버린 배추"처럼 쓸모없이 버려진 존재로 비유된다. 평생 농사일로 새까맣고 주름 고랑 투성이가 된 그의 얼굴은 농촌의 '마지막 얼굴'이 될지도 모른다. "이제 그는 어떤 길도 선택할 수 없고 / 어떻게든 갈 수 있는 모든 길은 사라진지 오래다"에서 암시되는 농촌의 미래는 암담하고 절망적이다.

한사코 삶을 방해하며
삶을 부식시키는 힘들에 맞서
삶을 견뎌내는 길을 찾기라도 하겠다는 듯
토건업자와 제조업자, 화물차회사 사장들
그리고 정치꾼들의 협잡에 의해 뚫리는
무단한 길들처럼 단순해져서
오로지 그 길들의 통과로 오염된 나날과
한곳에 붙박이도록 저주받은 나무들 중의
한 그루가 된 절망으로 떨며
자기 자신을 찾고자 푸른 눈을 치뜨기도 하지만
길들이 그 자리에 그를 버려놓고
속도의 쾌감을 만끽하며 빠져나가는
그 은밀하고 계획적이고 교활한 길 뒤로
거대하고 신화적이고 영원한 길이 있으리라며
하늘로 고개를 쳐들지도 않으며
차라리 제 얼굴이 제 얼굴인지도 모르도록
거기 그 자리에 붙박인 채
그냥 그대로 서있는 나무 같은 사람이라면?

—「장자의 구부러진 나무 같은」 부분

「마지막 얼굴」의 '그'는 이 시의 '나무 같은 사람'처럼 이 시대의 쓸모에서 멀어진 채 자신의 고집을 지키며 살아간다. 장자는 구부러진 나무가 그 쓸모없음으로 인해 사람들의 손길을 피해 신목이 될 수 있었음을 간파하였다. 이 시의 나무도 보잘 것 없기 때문에 자본과 상품의 시장에 팔리지 않고 제자리에 붙박여 있다. 나무의 길은 자본주의나 시장의 길과는 대척점에 놓여 있다. 자본가들과 정치꾼들이 협잡하여 뚫은 길은 "은밀하고 계획적이고 교활한 길"이다. 그 길은 다른 길들의 가능성을 막고 모두를 속도의 쾌감으로 몰고 가며 심각한 오염을 초래한다. 이 길의 반대편에 "거대하고 신화적이며 영원한 길"이 있다. 지금으로서는 보잘 것 없는 나무만이 지키고 있는 것처럼 보이는 이 길은 자본주의의 위험한 길에서 빗겨나 있어 대안이 될 수 있다. "삶을 부식시키는 힘들에 맞서 / 삶을 견뎌내는 길"이 될 수 있다. 아직 이 보잘 것 없는 나무는 고독과 절망에 떨면서도 "자신이 찾고자 하는 푸른 눈"을 치뜨기도 한다. 나무의 '푸른 눈'은 "거대하고 신화적이며 영원한 길"로 이어지는 자신의 미래를 직시한다. 이 시 역시 호흡이 매우 긴데, 이는 현재의 불안과 고독을 견디며 멀리서 다가오는 새로운 미래를 꿈꾸는 나무의 집요한 의지와 부합한다.

장자의 나무가 그렇듯이 현실에서의 소외는 새로운 미래의 바탕이 될 수 있다. 차원을 달리 할 때 소용과 무용의 구분은 무의미해진다. 쓸모없는 것들이 새로운 삶의 터전이 되기도 하고 쓸모 있던 것들이 쉽게 버려지기도 한다. 「낡은 소파의 꿈」에서는 버려진 소파의 후일담을 통해 무용지용의 역설을 보여준다. 이 시에 등장하는 소파는 쓰레기 처리 비용도 아까워했을 주인에 의해 아파트 옆 단독주택 공터에 버려진다. 벤치도 없던 공터에 소파가 생기자 찾는 사람들이 생긴다. "노인들, 백수들, 수험준비생들이 / 대개는 혼자 와서 앉았다 가곤 한다." 고독하고 힘겨운 삶들이 조용히 혼자 와서 기대어 앉았다 간다. 소외된 자들이 버려진 소파에 의지해 잠시라도 쉬었다 가는 것이다. 이 시의 두 번째 장면에서는 버스정류장 앞에 버려진 소파가 등장한다. 이 소파에는 "중절모들이, 지팡이들이, 봉두난발들이" 앉는다. 한결같이 노쇠하고 초라한 행색들이다. 어딘가로 가고 싶어 하지만 마음뿐인 이들을 소파가 잠시 위로해준다. 이 시의 세 번째 장면은 낡은 소파가 맞이하는 밤 풍경이다. 한밤에 소파는 누군가의 침대나 주막이 된다. 쓸쓸하면서도 따듯한 장면이다. 낡은 소파의 꿈은 "자신을 침대로 삼은 이들이 / 혹여 내일이면 맨바닥으로 뒹굴지 않을 만큼이라도 / 삶의 존엄을 지켜주었으면 하는 것"이다. 소파의 무용지용은 갈 곳 없는 사람들이 최소한의 '삶의 존엄'을 지키는 데 일조한다.

세상의 모든 가치가 자본 주의나 효용성에 의해서만 결정된다면 얼마나 황막할까? 시인은 자본과 정치의 논리에 이끌려가는 현실을 간파하고 그러한 현실에서 소외된 삶에 큰 관심을 보인다. 현실의 논리에 붕괴되지 않을 '삶의 존엄'을 꿈꾼다. 현상의 이면에서 더 큰 진실을 발견하려 한다.

> 눈은 결코 구원을 받지 못한다
> 인간에 의해 이름을 빼앗긴 채
> 누구도 더는 우러러 보지 않는
> 지금 이 세계에서 동시다발적으로 일어나는 모든 일들을 볼 수 있는 그 어떤 우주를 보았다는 눈 먼 보르헤스의 흐느낌
> 그리고 그것을 이 세계에서 실명될 수 없었던 그의 절망 앞에서
> 지금 여기서, 눈으로 무엇을 본단 말인가
>
> —「어떤 눈」 부분

'견자(見者)'와 동일시될 정도로 시인에게 본다는 것은 중요한 의미를 갖는다. 이 때 본다는 것은 물론 사물을 현상 너머 본질을 꿰뚫어봐야 한다는 뜻이다. '인간' 이상의 '자연'을, '세계' 이상의 '우주'를 볼 수 있어야 육체적인 눈의 보잘 것 없는 시야를 넓힐 수 있을 것이다. 현상 너머의 본질을 보는 데 있어서는 장님이었던 보르헤스가 훨씬 탁월했다는 아이러니는 진정 제대로 본다는 것이 무엇인가를 되묻게 한다. "오랑캐가 오면 오랑캐를 비추고, 한족이 오면 한족을 비추고, 돼지가 오면 돼지를 비춘다는 거울의 눈"처럼 인간은 결국 자신이 볼 수 있는 것만을 볼 뿐이다. 유한한 인간의 시선으로는 현묘한 우주의 이치를 알기도 말하기도 어렵다. 다만 "나의 눈이란 얼마나 보잘것없는 것인가"라는 사실을 인정하면서 시선을 열어놓으려 애를 써야 할 것이다.

'나는 누구이며, 지금 어디에 있는가?'에 대한 시인의 끝없는 질문은 이러한 열린 시선을 반영한다. 그는 생의 마지막 순간까지 이 질문이 지속되어야 하리라 보고 답은 그 과정 중에 끝없이 변하리라는 것을 안다. 이러한 변화는 개인적 차원에 그치지 않고 인류의 미래와도 관련되는 것이며, 현실을 장악한 자본주의의 "은밀하고 계획적이고 교활한 길"의 불안하고 황막한 상황이 달라져야 한다고 본다. 지금은 아주 미약해 보이지만 그런 길 너머에 "거대하고 신화적이며 영원한 길"이 잠재해있고 구부러진 나무의 푸른 눈과 같은 미래의 꿈이 그것을 지킬 것이라 예견한다. 그가 소나무의 변함없이 푸른빛에 감탄하는 것은 그 때문이다. "소나무는 내가 자꾸 작란하여도 / 소나무는 아무것도 하지 않고 / 아무것도 하지 않는 것도 없이"(「소나무는 푸르다」) "지금 거기 그대로" 푸르다. 자연에 내재해있는 무용지용의 묘에서 효용론에 사로잡혀 있는 현실과 다른 길을 찾아볼 수 있을 것이다.

그의 길찾기는 '의미 있게 사는 법' 찾기와 다르지 않은데, 「별들이 숨을 쉰다면」에서 소설가 월러스를 통해 말하는 것은, 살아간다는 것은 사랑하다는 것, 즉 "우리가 무엇을 사랑했고 무엇을 사랑이라 하는지 / 묻고 대답하고 그 물음으로 다시 돌아가는" 과정이 곧 삶이라는 것이다. 삶에 대한 질문은 "사랑의 길"(「황혼에 대하여」)에 대한 질문이기도 하다. 사랑은 자연과 우주에 대한 거시적인 통찰 이상으로 삶에 대한 근본적인 질문을 내포한다. 존재의 본질에 대한 시인의 진지한 질문은 사랑에 대한 내밀한 성찰로 더욱 깊어질 수 있을 것이다.

고갱은 타히티에서의 남다른 삶을 통해 존재의 본질과 영원성에 대한 개성적 표현을 확립할 수 있었다. 당대의 보편적인 삶에서 벗어난다는 것은 넓은 시야를 확보할 수 있는 획기적인 계기가 된다. 그런 면에서 고재종 시인이 농촌의 삶에서 얻을 수 있는 시선의 폭은 기대할만하다. 농촌의 삶은 우리에게 이제 '오래된 미래'이다. 거기에는 오래된, 그러나 새로운 가능성과 대안이 잠재돼 있다. 자신과 인류가 걸어갈 길에 대한 시인의 질문은 근본적이고 집요한 것이어서 "의미 있게 사는 법"에 대한 진지한 모색에 있어 좋은 참조가 된다.

통속적이지 않은 통속

황학주의 시

'제대로 된' 연시라고 할 수 있는 황학주의 시들을 보면서 새삼 우리 시에서 연시를 만나기가 쉽지 않다는 사실을 확인한다. 물론 시집이라는 이름을 달고 놀라운 판매고를 올렸던 몇몇 경우는 거개가 연시로만 구성되어 있다. 그래서인지 연시는 좀 팔릴 수 있지만 시의 품격을 떨어트리는 부류로 도외시되어온 감도 있다. 악화가 양화를 구축하듯이 저질의 연시들이 좋은 연시들의 출현을 방해해온 듯하다. 서정시 최고의 절창들이 연시라는 점에서 안타까운 일이 아닐 수 없다.

연시를 만나기 힘든 보다 직접적인 이유는 좋은 연시를 쓰기가 쉽지 않다는 데 있을 것이다. 좋은 시는 강력한 감정의 자발적 발로라는 워즈워드의 교과서적인 정의로 볼 때 연시는 좋은 시가 될 수 있는 최적의 조건을 갖춘 셈이다. 그렇지만 '강력한 감정'은 좋은 시의 필요조건이긴 하지만 충분조건은 아니다. 감정의 노출이 시를 얼마나 우습게 만드는지를 아는 시인들에게 연시는 기피의 대상이 된다. 연시의 외양을 하고 있더라도 준엄한 자기 검열을 행하는 데 급급한 시들이 많다.

이래저래 가장 절실한 감정에 치열하게 몰입하는 연시다운 연시를 만나기 어려운 실정이다.

황학주는 근래 보기 드물게 감정과 감각이 살아있는 연시다운 연시를 보여준다. 연시를 가장 농밀하게 만드는 감각적 요소 특히 관능의 영역은 효과적으로 표현하기가 쉽지 않다. 관능적 묘사의 솜씨는 시의 질을 좌우한다. 아주 잘 다루지 못한다면 관능적 묘사는 저속해지기 쉽다. 그러나 관능을 배제하고 연시의 핵심에 도달하기는 힘들다. 제대로 된 연시를 쓰기 위해서는 관능을 다루되 능히, 절묘하게 다루는 고도의 기술이 필요하다. 황학주의 시를 통해 감각적인 연시 작성법을 살펴보도록 한다.

황학주의 시는 대부분 연시의 요소를 포함하고 있다. 아무 것도 아닐 수도 있고 모든 것일 수도 있는 '나'와 '당신' 사이의 내밀한 접촉이 시의 전반적 내용이다. 연시에서 감정은 어떻게 다루어질 수 있는가를 보자.

> 감정이 생긴 안개 속으로 차를 몰고 내려간다
> 시금치무침처럼 살짝 상한 시간이 길을 타고 있다
> 보물이라고 말한 봄눈이 내리던 바다
> 태풍 루사가 마지막 만난 도시가 보였다
>
> —「안개 속으로」 부분

> 강나루 장어에 간 것은 어느 해 늦은 시간이었다
> 마침 마지막 손님이었다

밤은 새가 푸드덕 날아 한순간 긴장이 되는 밤이고픈 눈치였다

—「얼결에 생각나는 눈에 가봤네」 부분

두 사람 사이의 미묘한 감정의 교류를 그리는 시들의 도입부이다. 감정은 감추듯 드러나고 드러나는 듯하지만 감추어진다. 가령 이런 식이다. "감정이 생겨 안개 속으로 차를 몰고 내려간다"와 "감정이 생긴 안개 속으로 차를 몰고 내려간다"를 비교해보자. 앞의 직설적인 표현에 비해 뒤의 시적인 표현은 다소 모호하지만 새로운 의미를 창출한다. 화자의 직접적인 감정이 배면으로 물러나면서 안개가 감정의 등가물로 전경화 된다. 화자의 감정은 고스란히 안개에 이입되며 내면의 토로 이상으로 선명한 이미지를 형성한다. "시금치무침처럼 살짝 상한 시간이 길을 타고 있다"는 비유도 흥미롭다. 시간이 길을 탈 수는 없는 법이니 "시간에 길을 타고 있다" 해야 할 것을 시적 허용의 한도 내에서 살짝 비틀어 놓았다. 앞의 행과 마찬가지로 행위의 주체가 뒤로 숨고 객관적 대상을 앞세워 호기심을 일으키고 시의 묘미를 더하는 방식이다. 자신의 감정에 겨워 안개 속으로 차를 몰고 가는 자에게 떠오르는 상념이란 "시금치무침처럼 살짝 상한 시간"에 해당하는 과거의 것일 터이다. 가는 길 내내 과거의 기억에 붙잡혀 있을 테니 "살짝 상한 시간이 길을 타고 있다"는 표현이 절묘하다. 과거의 기억 중에는 한 때의 아름다웠던 시간과 격렬했던 파국의 시간이 섞여 있을 것이다. "보물이라고 말한 봄눈이 내리던 바다"와 "태풍 루사가 마지막 만난 도시"는 화자의 기억에 내재하는 빛나는 시간과 치명적인 시련의 시기를 함축한다. 이 두 가지 단서에서 누구라도 떠올릴 지명 '강릉'을 굳이 감추고 있

는 것은 지명을 통해 일반화되는 정서를 피해 자신만의 특별한 시간과 감정을 고수하고자 함이다. "안개주의지역에서 강풍지역까지 / 이어진 터널로 나는 / 멈추지 못하고 간다"고 할 때의 공간 묘사는 지리적 사실과도 부합하지만 무엇보다도 화자의 심리 상태와 일치한다. 화자는 필사적으로 '당신'과 '나' 사이의 피치 못할 오해와 모호한 기류를 뚫어보고자 한다. 현재 그에게 가장 절박한 화두는 "당신은 무엇을 알고, 당신이 아닌 나는 무엇을 모르나" 하는 것이다. 당신은 알고 나는 모르고 하여 두 사람 사이에 오해를 빚은 비밀의 정체를 찾아 그는 "살짝 상한 시간"을 거슬러 안개와 강풍을 뚫으며 가고 있다. "안개를 채집한 적 있는 나는 / 스스로 배후가 뚫린 안개를 가장 사랑하였다"라는 마지막 구절은 그가 무엇을 바라는지를 암시한다. 한때 그는 안개 같은 모호한 감정을 그 자체로 즐기기도 하였지만 역시 스스로 배후가 뚫려 소통할 수 있는 상태를 원하는 것이다. '나'와 '당신' 사이의 소통의 실마리는 "무엇을 알고" 있는 당신에게 달려있을 것이다. 그러니 '나'로서는 당신이 "스스로 배후를 뚫"고 자신의 마음을 드러내기를 바랄 뿐이다. 이 시는 이처럼 단순한 듯 복잡한 두 사람 사이의 미묘한 갈등 관계를 자연 현상에 빗대어 섬세하고 세련되게 표현하고 있다.

「얼결에 생각나는 눈에 가봤네」에서는 연애의 감정이 시작되는 장면을 그리고 있다. 이 시에서도 "강나루 장어집에 간 것"을 "강나루 장어에 간 것"이라고 하여 낯설고 기이한 느낌을 준다. '장어집'이라고 하면 그냥 지나쳤을 '장어'가 확연하게 부각되는 셈이다. 강나루 장어집에서 '늦은 시간'에 호젓하게 마주 앉은 '두 사람'이 있으니 심상치 않은 상황 설정이다. "밤은 새가 푸드덕 날아 한순간 긴장이 되는 밤이고픈 눈치였다"에서 충분히 암시한다. 여기서도 '밤'을 교묘하게 의인화하여 한결 비밀스럽고 긴장된 정황을 그려낸다. 하고 많은 물고기 중에 '장어'를 두고 마주한 두 사람은 이야기에 몰입하기보다는 그 분위기에 취한다. "긴 이야기는 아니었지만 / 좀처럼 끝나지도 않는다는 게 인생의 묘미 / 부드러웠지만 그의 눈은 감정과 약간 겹치는 기분이었다"에서처럼 두 사람을 붙잡는 것은 이야기보다도 감정을 담은 눈빛이다. 이 시에는 "물고기 눈"과 "그의 눈"과 "인생이라는 눈"이 겹쳐진다. 그 모든 "눈의 육감은 예쁘고 이야기보다 재미있"다. "물고기 눈을 한 방울씩 떨어뜨리는" 것 같은 농밀한 밤에 "그의 눈"과 마주한 나에게 "인생이라는 눈은 알 수 없는 시간을 보채는 듯" 지나간다. 이상하리만치 환한 장어집에 주인도 보이지 않는 깊은 밤 오로지 마주앉은 두 사람만이 존재하는 듯한 장면이 연출된다. "술은 입으로 흘러들고 사랑은 눈으로 든다. 우리가 늙어서 죽기 전에 알아야 할 진실은 이것 뿐"이라는 예이츠의 시처럼 두 사람의 감정은 오직 눈빛으로만 전해진다. 물론 이 시에서 '사랑'이라는 단어는 전혀 등장하지 않는다. 다만 두 사람이 시간 가는 줄 모르고 눈의 육감을 주고받는 정황을 통해 그 감정의 농밀함이 표현되고 있다. 이러한 만남은 아무 것도 아닐 수도 있고 특별한 것일 수도 있다. 아마도 화자에게 이 기억은 특별한 것이었나 보다. 제목이 그것을 말해준다. 그는 "얼결에" 무엇에 이끌리듯 "생각나는 눈"에 가본다. 그의 마음 속 깊이서 잡아끄는 '눈'의 기억을 좇고 있는 것이다. 그러고 보니 이 시 전체는 과거형으로 쓰였다. 과거의 어느 한 순간 주고받았던 눈빛을 찾아서 되새겨본 마음의 족적인 것이다. 이제 "눈에 가봤다"는 황학주 식의 표현에 좀 익숙해지는 듯하다. 이렇게 쓰면

'눈'은 마치 움직이지 않는 장소인 듯 분명히 '거기' 존재한다. 과연 눈빛을 주고받았던 과거의 장소에서 기억은 고스란히 재생된다. 기억 속에 잔존하는 감정을 되살릴 때의 시간적 거리로 인해 원근법이 생기면서 매순간을 세밀화처럼 재현하는 기억의 접착성으로 인해 이 시는 절제되어 있으면서도 깊은 인상을 주는 만남의 장면을 제시한다.

황학주의 시가 연시의 정수를 내포하고 있다는 느낌은 그가 매우 세련되게 구사하는 관능적 묘사들에서 기인하는 바가 크다. 앞의 시도 장어집에서 두 사람이 주고받는 눈빛의 묘사만으로 농밀한 감정의 교류를 표현하고 있다. 「해안선」은 황학주의 시 중에서도 매우 감각적인 시이다.

> 낮달의 입술이
> 바다의 쇄골에 살짝
> 붙었다 떨어진 듯이
>
> 뱃고동 위에
> 떠 있다
>
> 깊숙이 손목을 집어넣고 줄을 튕기는
> 산호해변을 덮은 여름 기타 하나가
> 울어대다
> 노래하다
> 쇄골 밑이 점점점 어두워져 오다

—「해안선」 부분

시인의 눈을 거치면 바다 풍경조차 관능적으로 변한다. 뱃고동 위에 가깝게 떠 있는 낮달을 보며 시인은 바다의 쇄골에 붙었다 떨어진 입술을 연상한다. 입술 모양의 낮달이라면 필시 얇고 흐릿할 것이니 '살짝' 붙었다 떨어지는 것이 어울린다. 낮달이 붙었다 떨어진 쇄골이 "여름기타"의 것이라는 상상은 더욱 놀랍다. 파도가 울어대고 노래하는 여름바다 전체를 여름기타로 본 것이다. 기타에서 움푹 들어간 부분이 바로 쇄골에 해당한다. 온종일 울어대고 노래하고 쇄골 밑이 점점 어두워오는 여름기타의 상태는 건강하다고 보기 힘들다. 시의 뒷부분에서 "처방전"이니 "투약"이니 하는 말이 등장하는 것은 그 때문이다. 여름기타인 여름바다는 소멸의 시간이 다가오는 자신의 운명을 짐작하는 듯 "깊숙이 손목을 집어넣고 줄을 튕기"며 울어대다 노래하고, 미약하기 그지없는 낮달은 수줍은 듯 안쓰러운 듯 여름기타의 쇄골에 입술을 댄다. 무상한 자연의 움직임조차 유정한 시인에게는 각별하게 다가온다. 감각적인 시인의 촉수는 자연에서조차 저토록 내밀한 관능을 발견한다.

황학주의 시에서 사랑이나 애욕은 한순간의 기억에 그치는 것이 아니라 삶의 전모에 연루되는 결정적인 사건에 가깝다. 담담하고 절제된 표현에 비해 실제의 내용은 강렬하고 극적이다. 애욕은 가장 절실한 욕망의 증거이고 강력한 삶의 자장이다. 안개 속을 돌진하는 '나'(「안개 속으로」)나 장어집에서 마주했던 눈빛을 잊지 못하는 '나'(「얼결에 생각나는 눈에 가봤네」)의 특별한 감정도 거기에서 기인한다.

「가장 슬픈 나를」에서는 전 생애를 결정짓는 애욕과 그 파국의 과정이 펼쳐진다. 이 시에서는 "버스터미널 매장에서 옷까지 사 갈아입던

불꽃"이라는 한 마디로 한때 어머니를 휩쌌던 뜨거운 욕망을 함축한다. 다음 장면은 바로 "어머니는 어머니를 보고 있었다"로 불꽃이 사그라진 후의 시간을 보여준다. 서정주 시의 "이제는 돌아와 거울 앞에 선 누이"처럼 돌아온 어머니는 오직 자신의 시간을 반추하며 멈추어 있다. 어머니의 연애를 객관적으로 볼 때, "한 여자는 그 여자가 떠나버린 화를 당한 채 / 한 남자의 고향에서 오만 군데 / 병신이 되었다"는 진술이 가능하다. 그녀를 감쌌던 '불꽃'이 '화'를 부를 수밖에 없었던 욕망과 현실의 격렬한 충돌이 극적으로 그려진다.

이런 시들에서는 이야기성이 크게 강화된다. 열애의 장면을 집중적으로 그리던 이전의 연시들에 비해 과거의 사건을 새롭게 재현하면서 감정적 거리를 확보하고 많은 절제와 생략으로 다양한 해석의 공간을 창출한다. 독자들은 곳곳에 비어있는 의미의 공백을 채우려 다채로운 사건들을 상상하게 된다. 「안개 속으로」에서는 "감정이 생긴 안개"를 뚫고 "안개주의지역에서 강풍지역까지 이어진 터널"을 돌진하는 '나'의 연애사를 추적해보게 되고 「얼결에 생각나는 눈에 가봤네」에서는 늦은 밤까지 장어집에서 마주한 두 사람의 마음의 흔적을 그려보게 된다. 이 시의 뒷부분에서는 후일담처럼 다음 장면을 펼쳐 보인다. "다음날 종점 부근 맨 뒷자리에 두 사람만을 태운 시내버스가 달리고 있었다 다음에 봐 그런데 무슨 일이 있으려면 어떡해야 하지?"에서 그들이 나누는 감정의 친밀도를 짐작할 수 있다. 호기심과 긴장감이 넘나드는 장면을 넘어 서로의 삶에 연루되고 싶어 하는 감정이 진전이 느껴진다. 「해안선」에서는 시한부 생을 노래로 달래는 여름 기타와 그를 짝사랑하는 낮달의 사연을 연상하게 된다. 「가장 슬픈 나를」에서는 어머니의 연애로 파탄에 이른 가족사가 펼쳐진다. 사랑과 애욕에 휩싸인 삶들의 굴곡진 사연이 절제된 진술의 틈새로 무한히 전개된다. 시인에게 삶이란 만남과 애증으로 점철되는 끈질긴 인연의 고리인 것이다. 무수한 만남과 사랑에서 심상치 않은 삶의 애환을 엿보는 시인에게는 그 면면들이 영화처럼 다가온다. 「해변극장」에서 직접적으로 드러내듯이, 삶에서는 누구든 영화의 주인공들처럼 저마다의 배역에 최선을 다하는 것이고 모두가 그럴듯한 장면들을 만들어낼 수 있는 것이다.

신발이 맨발을 업고 뒤뚱뒤뚱 들어가는
솔숲 장면은 꼭 필요했던 것일까
이 영화 누가 만들었어?
세상에서는 질문으로만 상영되는 영화를
매번 의심하는 것처럼 하늘이 붉다

노숙하는 흰 갈매기 발자국이 여럿 찍혀있는
오늘의 엔딩 크레디트
용달차에 남의 개집을 싣고 온 옛날 이장도
알고 보면 좋은 영화라는 평이 있다

—「해변극장」 부분

이 시는 옴니버스 식의 편집으로 다양한 '인생극장'을 선보인다. 속닥거리거나 눈물짓는 사랑 이야기나 쫓기는 자의 이야기, 코미디나 삼류 에로물이 모두 등장한다. 시인의 '해변극장'은 필부필부들의 이야기를 담고 있다. 이 극장에는 유치한 눈물과 우스꽝스러운 사랑의 장면과 촌스러운 행동들이 넘친다. 이 모든 장면들을 통해 시인은 이렇게 말하는 듯하다; 인생이란 통속적인 영화와 크게 다를 바 없고 특별히 더 좋은 영화나 나쁜 영화가 있는 것도 아니다. 사람들의 행동에는 저마다의 절실한 이유가 있고 그것은 제각기 의미를 갖는다. 그러고 보니 그의 모든 시들은 통속적이기 그지없는 사랑과 애욕과 갈등과 실연과 슬픔을 그리고 있다. 이들은 가장 절실한 삶의 내용이기도 하다. 통속적인 것으로 치부될 수도 있는 이런 이야기들을 줄곧 그리는 것은 보편적이고 진솔한 삶의 핵심에 닿기 위함이다. 황학주의 시가 통속성이 강한 내용을 담고 있으면서도 통속적인 느낌을 주지 않는 것은 그것을 다루는 방식과 관련된다. 뻔한 내용을 뻔하지 않게 다루는 것이 통속성에서 벗어나는 비결이다. 그의 시는 전혀 설명적이지 않고 거리를 유지한 채 상황을 제시하기 때문에 감정적 균형을 유지한다. 통속성으로 미끄러지는 이야기들에서 거리두기가 이루어지지 않고 몰입과 과장이 과도해지는 것과 대조적이다. 설명적이거나 직설적인 어법을 피하고 특이한 비유와 중의적 표현을 많이 사용하는 것도 상황에 대한 호기심을 유발하고 다양한 해석의 여지를 마련해준다. "사랑의 표현으로는 납작해진 풀과 바다 위 두 개의 등대불이면 족하다"는 아치볼드 매클리쉬의 말처럼, 절제된 표현은 특히 연시에서 격조를 유지하는 데 필수적이다. 흔히 '애매함'으로 지적되는 황학주 특유의 시적 표현들도 주체와 대상, 혹은 인간과 자연의 차이를 무화시키면서 매혹적인 소통의 공간을 창출한다. 그의 시는 평범한 삶의 이야기를 감각적으로 다루는 프랑스 영화를 보는 듯한 느낌을 준다. 분위기와 보는 각도에 따라 하나의 이야기가 생산하는 정서는 전혀 달라질 수 있다.

연시가 줄어드는 시대에 그는 마치 모험을 즐기듯 다양한 연시들을 시도하고 있다. 무조건적인 난해시 지향이나 틀에 박힌 관념시의 범람으로 인해 본류를 잃어가고 있는 서정시의 뿌리를 지키고 있는 셈이다. 우리는 김소월, 한용운, 서정주 등으로 이어지는 격조 높은 연시의 전통을 지니고 있다. 인간의 정감을 노래하는 서정시의 본질로 미루어볼 때 연시의 자원은 무궁무진하다. 통속으로 빠지거나 감상으로 흐르지 않는 연시는 얼마든지 가능하다. 좋은 연시는 감정과 감각과 관념의 총화이며 삶에 대한 성찰의 정수를 내포한다. 좋은 연시는 인간다운 삶의 기본적 요건을 확인하게 하고 두려움 없이 그것을 실천하고 싶게 한다. 황학주의 시는 사랑과 욕망이 충일한 인간다운 삶에 대한 희망의 산물이다.

긍정의 힘

이은재의 시

1. 상처와 온기

이은재는 예순이 넘은 2012년에 등단했고 2014년 첫 시집 『나무의 유적』을 내놓으며 시인으로 새로운 행보를 시작했다. 평생을 출판인으로 살았던 그가 시인으로서 본격적인 인생 이모작을 시작한 것이다. 배양이 잘 된 모는 수월하게 잘 자라기 마련이어서, 풍부한 인생 경험을 바탕으로 하는 그의 시는 공감의 폭이 넓고 잘 읽힌다. 젊은 시인들이 실험의 열정에 빠지고 자기만의 개성을 분출하는 데 열중하는 것에 비해 그는 담담하게 인생을 회고하며 삶에 대한 통찰을 공유하는 데 무게를 싣는다. 그에게 있어 시는 무엇보다 '삶'을 담아내는 언어이다. 인생 역정에 있어 그는 누구보다 할 말이 많다. 고생은 남부럽지 않게 해보았고 많은 어려움을 극복하면서 뜻하는 일들을 이루어왔다. 그의 시에는 인생길에서 얻은 고난과 상처의 흔적들이 많이 눈에 띈다. 그런데 그의 시를 특별하게 하는 것은 상처의 흔적보다는 그것을 넘어서는 긍정의 힘이다. 시인들에게 상처받은 삶은 훈장 같은 것이어서 때로 과도하게 부풀려지거나 미화되기도 한다. 그런데 이은재 시인은 자신에게 별로 자비롭지 않았던 인생을 누구나 겪는 고난의 과정으로 여기고 담담하고 여유 있게 회고한다. 바로 이 지점에서 그의 시는 누구나 겪는 생로병사와 고해로서의 인생에 대한 폭넓은 공감대를 형성하게 된다.

봄맞이 하고 싶어 가슴 졸이지만
그늘 벽이 너무 높아
마음만 쉽게 드러나고 지워져요

가끔씩 눈꽃들 몰려와
빈 하늘 놓고 가지만
상처 없는 삶이 어딨어요

창가 목련 이야기를 듣는 사이
아지랑이 출렁거리는 하늘 연못

새들 둥그렇게 모여 앉아
서로 깃을 골라 주고 있어요

—「목련 2」 전문

그는 인간의 삶뿐 아니라 자연에도 상처가 상존하는 것으로 파악한다. 「구룡폭포」에서 그의 눈길이 최종적으로 머무는 곳은 "낙수를 받아주는 저 아픈 흔적", 즉 절벽을 뛰어내린 물살들을 받아주는 폭포의 깊은 웅덩이다. 위 시의 목련에게도 상처는 많다. 봄맞이 하고 싶은 간절한 마음은 그늘 벽에 지워지기 일쑤고 가끔씩 눈꽃들이라도 몰려오면 덩그러니 빈 하늘만 남게 되기도 한다. 그런데 이은재의 시는 상처를 토로하는 데서 그치지 않고 따듯한 위안의 풍경을 곁들인다. 위 시에서도 목련이 누군가와 함께 삶의 상처에 대한 이야기를 나누는 장면에 곁들여 아지랑이 출렁거리는 하늘 연못의 온기와 새들이 서로 깃을 골라주는 다정한 정경이 어우러지고 있다. 상처 없는 삶은 없지만 서로가 어울리고 의지하는 가운데 삶은 견딜만한 것이 된다.

불교에서는 생로병사를 모든 인간이 겪는 네 가지 괴로움이라고 한다. 이은재의 시에는 생로병사와 관련된 일화들이 많이 등장하여 삶의 근원적인 고통과 그에 대한 자세를 엿볼 수 있다.

먼저 '노(老)'에 대해 살펴보자. 사람에게서 가장 나이를 더디 먹는 것은 마음이라고 한다. 그만큼 누구나 늙기를 싫어하고 되도록 젊게 살고 싶은 욕망을 지니고 있다. 어쩔 수 없이 나이를 인정하게 되는 것은 대개 신체적인 변화와 관련될 때이다. 「갱년기」에서는 "내 가슴을 녹여 주던 / 나긋한 목소리 사라지고 / 어쩌다 "당신!" / 하고 부르면 / 걸걸한 목소리에 화들짝 놀라곤 했다"며 아내의 갱년기 증세를 통해 세월의 변화를 깨닫게 된 경험을 토로한다. 서글퍼질 수 있는 이 상황의 끝은 "봄 햇살 한 짐 져다가 / 아내의 가슴속을 밝혀 주고 싶다"는 따듯한 마음의 표현으로 훈훈하게 마무리된다. 「히야」에서는 "직장 따라

외지로 떠돌다 옷이나 갈아입으려고 / 집에 들르면 큰놈은 날더러 "히야"라 했다"는 경험을 꺼내놓는다. 바쁜 직장 생활 때문에 아버지 노릇을 제대로 못해 자식들이 아버지를 형으로 착각하는 사태에 이른 것이다. 그런데 이 시의 요지는 "삼십 년 세월 지나니, / 형 같은 아버지로 늙고 싶은 날이다"라는 마지막 구절에 있다. 착각이더라도 젊게 살고 싶다는 솔직한 심정이 재미나게 표출된다.

그가 고통에 대면하는 방법은 그것을 수긍하되 가볍게 여기는 것이다. 피할 수 없다면 기꺼이 받아들이고 담담한 자세로 대하려 한다. '노(老)'보다 더 실질적인 고통을 부여하는 '병(病)'에 대해서도 그의 태도에는 여유가 넘친다. 수술을 받으려 병원에 들어갔던 경험을 그린 「병상일기 1」과 「병상일기 2」에서는 자신을 포함한 환자들의 모습을 객관적으로 묘사하며 심지어 유머러스한 표현까지 동원한다. 병이 육체에 가하는 심각한 고통에 맞서 오히려 그러한 상황을 객관화하고 희화화하면서 아픔을 극복할 수 있는 여유를 되찾는다. 피할 수 없으면 긍정적으로 받아들이는 것이 그의 삶의 자세이다. 「이명」에서는 막차 기적 소리와 귀뚜리 울음소리가 들리는 이명 상태에 대해 "하느님은 무슨 연유로 / 이토록 귀한 선물을 나에게 주신 것일까"라고 한다. 먼 하늘로 떠난 막차 소리와 밤낮 없이 들리는 귀뚜리 소리 때문에 귀가 맑아졌다며 이를 '귀한 선물'로 받아들인다. 어차피 안고 살아야 하는 병이라면 긍정적으로 받아들이려 하는 삶의 자세가 확연하게 드러난다.

생로병사 중에서도 절대적인 고통에 해당하는 죽음 또한 인생의 한 과정으로 수용하는 자세를 보인다. 지인들의 죽음을 하나하나 가슴 속에 새기면서 담담하게 받아들이려 애쓴다. "죄지은 듯 머리 조아려 절을 하자 / 그가 싱긋 웃고 있다 // 세상 짐 다 내려놓으면 / 슬픔도 웃음이 될까"(「문상」)에서는 슬픔을 다스리며 스스로 마음을 위로하려는 자세를 살필 수 있다. 죽음의 허무함보다 세상 짐을 내려놓았다는 홀가분함을 강조하면서 위안을 삼기도 한다. 「원두막」에서는 "오랜만에 친구들과 왁자하니 참외를 먹던 중 그가 / '좋아 죽겠다' / 가장 아름다운 유언 한마디 남겨 놓고 / 말문을 닫아 버렸다"는 말로 젊은 친구의 임종을 아름답게 기억하려 한다. 그는 "좋은 시절 한 번 못 살아보고 / 노동 현장을 떠돌다 간 / 젊은 영혼"을 기리기 위해 한탄보다는 위로의 정서를 표출한다. "호곡할 사람 하나 없어 / 우리는 개구리 한 마리를 순장하고 떠나왔다 // 개구리 호곡소리로 / 무논들은 마를 날이 없다"에서처럼 자연현상을 끌어와 슬픔을 위안한다. 호곡할 사람조차 없는 젊은 친구의 죽음은 무논에 가득한 개구리 울음을 호곡소리 삼아 전혀 외롭지 않게 느껴진다. 아무리 심각한 상황에서도 미소 짓게 하는 이런 재치 있는 발상은 매사에 긍정적이고 따듯한 마음에서 나온다.

2. 기억의 공동체

과거의 기억은 구체적인 윤곽을 잃고 왜곡되기 쉽다. 기억은 그것을 떠올리는 주체의 반응에 따라 부정적 또는 긍정적인 영상으로 증폭된다. 어린 시절의 기억이 긍정적일 때 그 시간은 그리움의 원천을 이루고 부정적인 기억이 강할 때는 회피의 대상이 된다. 이은재 시에서 묘사되는 어린 시절의 기억은 마치 백석의 시를 읽는 듯한 따듯하고 깊은 느낌을 준다. 그 시간 속에는 오랜 관습과 공동체의 정서가 이어 내려오며 무엇보다 가족에 대한 든든한 믿음이 자리 잡고 있다.

> 어머니가 기다리는 밤길은 무섭지 않았다
>
> 강둑길 걸어 소름 돋는 물문을 지나
> 상사병으로 죽었다는 처녀귀신 집도
> 몇 채는 지나가야 했지만
> 나는 태연했다
> 처녀귀신들이 내 발목을 잡지 못한다는 걸
> 알고 있었으니까
> 함께 묻은 좁쌀 한 되를 다 세기 전에는
> 그네들은 일어설 수 없을 테니까
> 차안의 발자국 소리 탓으로
> 좁쌀을 세다가 잊어먹고
> 또다시 세다가 잊어버리고 마니까
>
> 어머니가 기다리는 밤길은 무섭지 않았다
>
> —「밤길」 전문

불과 반세기 전만 해도 귀신이 나올 듯 어두운 밤길을 걷는 일은 전설이 아닌 현실이었다. 이 시의 어린 화자는 강둑길을 지나, 처녀귀신 집도 몇 채는 지나 집으로 돌아가는 상황에 있다. 시커먼 물이 넘실대는 물문을 지나고 처녀가 죽어나간 흉가들도 지나야만 집으로 갈 수 있다. 그가 의지하는 것은 처녀귀신들이 좁쌀 한 되를 다 세기 전에는 일어날 수 없다는 속설과 어머니가 기다리고 있다는 믿음이다. 그것은 이성의 영역을 벗어난 관습의 지대에 속하며 원초적인 믿음에 기반을 둔 것이다. 그에게 가족 특히 모성에 대한 확고한 믿음은 삶에 대한 긍정적인 태도의 기원에 해당한다. 위 시에서는 첫 연과 끝 연을 수미쌍관으로 배치하여 무서운 밤길에 든든한 보호막이 되어주는 어머니에 대한 믿음을 표현하고 있다.

「가나니 고개」에서도 위의 시와 흡사하게 외딴 길을 홀로 걸어 다니던 무서운 기억을 그린다. "별성마마 성화에도 용케 살아남은 나는 / 으스스 소름 돋는 애장 터를 지나 / 시오 리 학교 길도 혼자 다닐 때가 많았지 / 비 오면 갓난아이 울음소리 들려오던 / 오리나무 숲 가나니 고개"를 지나던 두려운 마음이 실감나게 전달된다. 그의 어린 시절은 질병과 가난, 환란이 그치지 않았던 힘겨운 세월이었지만, 그의 시에서 그 모든 기억들은 못 견딜 상처라기보다는 생생한 삶의 감각으로 그려진다. 처녀가 죽어나간 집터나 애장 터들도 마을의 한 부분으로 공동체적 삶과 정서의 뿌리를 이룬다. 어머니의 몸짓과 말 한마디는 어린 그에게 절대적으로 작용하며 공동체의 오랜 속설과 정서를 무의식 깊숙이까지 새겨놓는 역할을 한다. 「뱀꿈」에서는 가나니 고갯길에서 만난 뱀에 대한 공포와 그 뱀이 "불알을 물려고 찾아올지도 모른다"는 어머니 말씀 때문에 악몽에 시달린 경험을 그리고 있다. 공포의 기억조차 그의 시에서는 생동하는 삶의 감각으로 표출된다. 그리고 그 근원에는 자식들에 대한 헌신적인 사랑으로 최초이자 최후의 보호막이 되어준 어머니가 자리 잡고 있다. 어머니는 "등잔불 밝혀 놓고 / 이슥하도록 둥그렇게 / 둥그렇게 물레를 잣던 / 어머니 // 둥근 기억은 강물처럼 흐르고 / 어머니 손때 묻은 것들이 / 부유물처럼 떠올라 / 내 옆구리를 툭툭 치는 // 동짓달은 그리운 달"(「기제」)에 나타나는 둥근 물레와 달처럼, 영원히 순환 · 반복되는 시간의 연원을 이룬다.

보통은 긍정적인 어머니에 비해 부정적인 아버지를 그리는 시들이 많은데 이은재의 시에서는 아버지 역시 긍정적인 모습으로 출현한다. 「경칩」에서는 간니 날 때까지 젖배를 곯았던 어린 그를 위해 개구리 뒷다리를 구워주던 아버지의 기억을 그리고 있다. "꼴을 한 짐 짊어진 아버지 손에 / 개구리 두어 마리 들려 있다 / 꿈속의 나는 벌써부터 침을 흘리고 있었다"에서처럼 아버지의 사랑은 강렬한 미각과 함께 기억된다. 「살쾡이」에서는 아버지의 탈상 전날 칠흑 같은 산골길을 지날 때 만난 살쾡이 얘기를 하자, "마중 나가신 아버지도 몰라봤냐"고 하는 친지들의 반응을 그린다. 죽은 이의 혼백이 살아 다른 동물의 형상으로 나타나 보인다는 속설의 자취가 아직도 건재함을 알 수 있다. 또 다른 시에서는 "얘야, 내일은 한가윗날이다 / 이왕에 삽자루 잡았으니 / 마을길도 깨끗이 닦아놓아라"(「꿈길에서」)며 꿈속의 아버지가 생생하게 말하기도 한다. 아버지는 그의 무의식 속에 가장으로서 건재한다.

그는 전통적인 가족 공동체의 끈끈한 연대에 친숙한 정서를 드러낸다. 근원에 대한 그리움은 자연적 본성이라고 여긴다. 네거리 신호등

앞에 선 지팡이를 보며 "떠나온 숲이 그리운가"(「걸어가는 나무」)라고 상상하는 그에게는 근원에 대한 그리움이 생래적이라는 인식이 자리 잡고 있다. 그의 시는 이 그리움의 표현이며 그의 삶은 이 근원의 힘으로부터 그치지 않는 활력을 얻는다.

3. 언어의 세공

이은재 시인은 전통적인 정서의 뿌리가 깊은 시인이고 이러한 성향은 시의 형식에도 잘 드러난다. 그는 서정시의 전통에서 익숙한 시어의 절차탁마를 끝없이 행한다. 거칠고 모난 부분을 수없이 다듬어 매끄럽게 잘 읽히는 시가 되게 한다. 너무 잘 읽혀 얼핏 보면 쉽게 쓴 시 같지만 연과 연 사이, 행과 행 사이 수없이 갈고 다듬은 흔적이 눈에 띈다. 그가 언어에 대해 각별히 신경을 쓰는 데는 일종의 직업의식도 작용할 것으로 짐작된다. 오랫동안 출판업에 종사해온 그에게 활자는 공기와 같이 친숙한 것이다. 오자, 탈자, 어색한 글자들이 조금만 눈에 띄어도 그는 즉각적으로 반응한다.

> 육교 난간에 대형 현수막이 걸려 있다
> '대구가도 약한다'
> 약장사 선전 문구 같은 글귀가

눈에 거슬려
나도 몰래 밑줄을 긋고 만다
대구가 약한 것인가
대구 가서 약하는 것인가
아니, 아니 '대구가 도약한다'겠지

오류가 눈에 띄면 나도 모르게 밑줄 긋는 이 버릇
평생 남의 글 교정보다 생긴 버릇
여생엔 교정 못 볼 버릇

―「버릇」 부분

이 시에 그려진 재미난 사례처럼 그는 눈에 띄는 모든 활자들을 교정하는 버릇이 있다. 최대한 현재 쓰여 있는 상태를 존중해서 이리 저리 해석해 보다 종국에는 오류를 발견하고 바로잡는 교정의 전 과정이 고스란히 드러난다. 시를 쓰는 과정도 이와 다르지 않아 가장 적합한 어휘와 형식을 고르기 위해 무수히 교정을 거듭한다. "여생엔 교정 못 볼 버릇"이라 할 만큼 습관이 되어있기 때문에 그의 시 또한 세공에 세공을 거듭하며 매끄러워진다.

알맞은 어휘를 찾고 정확한 표기를 해야 하는 공통점도 있지만, 시에는 교정에 없는 결정적인 창조의 과정이 있다. 시인이 된 그에게 가장 고민이 되는 것도 바로 이 과정일 것이다.

궂은 날에만 잡힌다는

시어(詩魚)를 낚으러 갔다

민물과 해수가 살을 섞는
감포 앞바다
시월상달 바다
모래무덤만 쌓았다 허문다

희귀한 시어 한 마리
건져 올리지 못한 채
물거품만 쓸어 담던 파도
방 안까지 따라와
온밤 내 철썩대다
귀 기울이면 달아나는
월척들

—「감포바다」 전문

그는 시상을 붙들기 위해 적극적인 노력을 해본다. 파도소리 좋은 감포바다에 나가 시의 월척을 낚아보려 기다린다. 시어(詩魚)가 잡힌다는 궂은 날에 맞추어, 일 년 중 가장 성스럽다는 시월상달 바다에 나가 기도하는 마음으로 시를 기다린다. 이렇게 성성을 나했는데도 시어는 구경도 못 하고 물거품만 가득한 파도 소리가 방 안까지 따라와 허전한 마음을 후려친다. 재미있는 것은 기다리던 시어가 감포바다에서 잡힌 것이 아니라 낙담한 마음속에서 잡혔다는 것이다. 시는 작정하고 기다린다 해서 오는 것이 아니고 삶의 구석구석에서 나타난다는 사실을 그는 이미 알게 되었다.

일상이나 특별한 경험, 기억이나 꿈 어디서든 그는 시를 찾아낸다. 심지어는 활자에서도 시를 만난다. "안성맞춤 시옷을 입고 / 봄 길을 걸어 본다"(「ㅅ」)에서 '시옷'은 활자 'ㅅ'이면서 '시의 옷'이라는 두 겹의 의미를 갖는다. 오랫동안 활자를 다루어온 시인은 말놀이를 유난히 즐긴다.

무딘 손으로 무채를 썰고 있던 아내가
무 하나를 뚝 잘라 무두일미를 맛보라 한다
무심결에 무를 먹고 있노라니
무성산 고랭지 채소밭이 눈에 보이고
무 잎같이 푸른 소년 하나 보인다
무시로 솟는 배움의 열망 감당할 수 없어
무작정 가출할 여비를 마련하려고
무성산 산마루를 오르내리면서
무단을 져 나르고 있다

—「무」 부분

전체 27행으로 이루어진 이 시는 각 행의 시작 부분이 모두 '무'자로 되어 있다. 치렁치렁 이어지는 이 '무'자 말놀이는 아내와 함께 하는 일상에서 시작되어 시인의 전 생애를 망라하는 다양한 장면들을 연출한다. 그는 배움을 위한 가출을 결심했을 때도 무단을 져 나르고 도시에 나와 마땅한 일거리를 찾을 수 없을 때도 무를 팔러 다녔다. 결코 순탄치 않았던 고단한 인생을 회고하면서도 그는 여유와 웃음을 잃지 않는다. "무시로 공치는 비철에는 / 무위도식하는 백수를 길들이기 위해", "무도회장 앞을 지나온 탓일까 / 무가 모두 바람 들어 빈손으로 돌아왔다"에서처럼 무거운 삶을 가벼운 웃음으로 넘어서는 여유가 있다. 시어의 곳곳에서도 그를 지탱해온 긍정적인 삶의 태도를 만날 수 있다.

4. 푸르게 건너가는 길

어둡고 찌푸린 표정이 시의 고유한 특성인 듯 인식되는 우리시의 전반적 경향으로 볼 때 이은재의 시는 밝고 유쾌한 표정이어서 각별해 보인다. 그의 시는 마냥 밝은 것이 아니라 고난을 극복하면서 터득한, 삶에 대한 궁극적인 믿음에서 우러나오는 밝은 기운을 담고 있다. 삶은 누구에게나 고해이지만 그것을 헤쳐 나가는 가운데 진정한 기쁨과 보람을 찾을 수 있다는 건강한 의식이 그 바탕을 이룬다. 시인의 눈에는 나무 한 그루, 풀 한 포기도 숱한 고난과 굴곡을 지나 지금의 상태에 있는 것으로 보인다. "나무의 생은 둥글지만 / 끊어질 듯 이어지는 굶실 있어 / 나무는 쉼 없이 걸었으리라"(「나무의 유적」)에서 나무는 둥글게 하나의 생을 이루지만 그 안에는 "푸른 날들이, / 제 몸에 새겨 넣은 파문", 꿈과 좌절이 끊임없이 반복되며 이어온 파문과도 같은 생의 흔적이 남아있다. 생명 가진 모든 것들은 푸르게 한 생을 건너가려는 꿈을 지니고 있으며 고난과 부딪혀가며 그 길을 간다.

> 잔잔한 어둠이 밀려오는 봄밤
> 외등이 둥그런 소반에 저녁상을 차린다
>
> 그릇마다 그득하게 퍼놓은
> 저 고봉밥
>
> 목련 가족은 한 철 밥 힘으로 또 한 해를
> 푸르게 건너가리라
>
> —「목련 1」 부분

그 길을 가는 데 가장 든든한 동지가 되어주는 것은 가족이다. 이은재 시의 밝고 긍정적인 삶의 태도 역시 상당 부분 가족의 사랑과 온기에서 기인하는 것으로 보인다. 급격한 핵가족화로 인해 전통적인 공동체가 와해되고 있는 현실 속에서 그는 더욱 소중해진 가족의 가치를 확인한다. 가족이란 다른 말로 '식구'이고 그야말로 함께 밥 먹는 공동체를 뜻한다. 둥그런 소반에 온 가족이 둘러앉아 밥을 먹는 풍경은 근원적인 행복감과 안정감의 원천, 거친 세파 속으로 나갈 수 있는 힘의 연원을 보여준다.

시인은 누구보다 든든한 가족의 힘을 기반으로 자신의 오랜 꿈을 하나하나 실천해온 행운아다. 배움의 꿈을 좇아 도시로 나왔고 활자에 대한 무조건적인 경의로 출판계에 발을 들여놓았다. "열아홉 나이에 활자와 첫 인연을 맺고/ 나는 열녀처럼/ 그만을 섬기면서 살아왔다/ 가진 게 없었어도/ 금맥을 마다하고/ 문맥 따라/ 출판의 외길 걸어왔다"(「길」)에서 고스란히 요약돼 있는 것이 출판인으로서 그의 외길 인생이다. '금맥'이 아닌 '문맥'을 따라 이어진 그의 생은 이제 시인으로서 2막을 시작하려 한다. 문맥을 다듬는 데 익숙해진 눈길과 싱싱한 시어를 찾아 고군분투하는 열정이 어우러져 좋은 시인이 되리라 기대한다. 그는 시집을 꼭 새봄에 내고 싶어 했다. "새롭지 않으면 붓을 꺾는다"(「봄」)는 각오 때문일 것이다. 늦깎이 시인으로 출발했지만 새봄의 기운이 충만한 그의 앞에, 푸르고 밝은 시의 길이 펼쳐져 있다.

수록 글 출전

1부_ 동시대의 인식과 감성의 윤리

김수영 시의 동시대성과 중단의 미학 : 「김수영 시의 동시대성과 중단의 미학」, 『현대문학의 연구』 53, 한국문학연구학회, 2014.6.

황순원 시와 타자의 윤리 : 「황순원 시와 타자의 윤리」, 『어문연구』 71, 어문연구학회, 2012.3.

실비아 플라스의 시와 1980년대 한국 여성시 : 「실비아 플라스의 시와 1980년대 한국 여성시 비교 연구」, 『여성문학연구』 23, 한국여성문학학회, 2010.6.

폭력의 시대에 맞서는 사랑의 언어－한용운 · 최승자의 시 : 「초극의 정신, 사랑의 언어－한용운 시집 『님의 침묵』」, 『한국 대표시집 50권』, 문학세계사, 2013; 「폭력의 시대에 맞서는 사랑과 언어－최승자 시집 『이 시대의 사랑』」, 『한국 대표시집 50권』, 문학세계사, 2013.

2부_ 문학지리학과 생태시학

한국 현대시에 나타난 '서울'의 문학지리학 1 : 「한국 현대시에 나타난 '서울'의 문학지리학적 연구－식민지 시대를 중심으로」, 『어문연구』 59, 어문연구학회, 2009.3.

한국 현대시에 나타난 '서울'의 문학지리학 2

도시 생태의 시적 수용과 전망－이하석 · 최승호 · 이문재의 시 : 「도시 생태의 시적 수용과 전망－이하석, 최승호, 이문재 시를 중심으로」, 『문학과환경』 7, 문학과환경학회, 2008.12.

한국 생태시의 전개와 세 가지 층위 : 「한국 생태시의 전개와 세 가지 층위」, 『시인시각』, 2008 봄.

한국 현대 여성시에 나타난 자연 표상의 양상과 의미 : 「한국 현대 여성시에 나타난 자연 표상의 양상과 의미」, 『어문학』 107, 한국어문학회, 2010.3.

에몬즈와 최승호의 생태시 비교 : "A Comparative Study on the Ecopoetry of A. R. Ammons and Choe Seong-ho", Comparative Korean Studies, Vol.19 No.1, The International Association of Comparative Korean Studies, 2011.4.

3부_ 서정의 원천과 자연의 미학

인간과 자연의 미적 조화－유치환 · 신석정 · 박목월의 시 : 「유치환·신석정의 시세계」, 『한국현대시사연구』, 시학, 2007; 「자연의 발견과 단순성의 미학－박목월 시집 『산도화』」, 『한국

대표시집 50권』, 문학세계사, 2013

서정시와 자연 – 신용목 · 길상호 · 손택수 · 문태준의 시 : 「서정시와 자연」, 『문학·선』, 2009 여름.

견자(見者)의 시학 – 김명리 · 김혜수 · 조정인 · 송수권의 시 : 「견자(見者)의 시학」, 『시와 세계』, 2004 여름.

김달진 시의 서정성 : 「김달진 시의 서정성」, 『큰 연꽃 한 송이 피기까지』, 김달진문학상 운영위원회, 2007.

기억과 감각의 생기 – 김종길의 시 : 「기억과 감각의 생기」, 『시인수첩』, 2012 겨울.

자연의 글씨체 – 김신용의 시 : 「자연의 글씨체」, 김신용 시집 『잉어』 해설, 시인동네, 2013.

자본의 시간과 자연의 시간 – 정끝별의 시 : 「자본의 시간과 자연의 시간」, 『시안』, 2009 봄.

나무의 자세, 혹은 기다림의 미학 – 이정화의 시 : 「나무의 자세, 혹은 기다림의 미학」, 이정화 시집 『침묵의 자세』 해설, 종려나무, 2009.

4부_ 소통과 교감의 언어

변두리 풍경의 시적 가치 – 이기인 · 김수우 · 김충규의 시 : 「변두리 풍경의 시적 가치」, 『현대문학』, 2009.5.

마음의 빛과 그늘 – 김혜순 · 김영승 · 이대흠의 시 : 「마음의 빛과 그늘」, 『현대문학』, 2009.8.

소통과 웃음의 열린 공간 – 오탁번 · 박의상의 시 : 「소통과 웃음의 열린 공간」, 『유심』, 2010.11-12.

순해진 귀와 해학적 인간미 – 오탁번의 시 : 「순해진 귀와 해학적 인간미 – 오탁번 시집 『손님』」, 『시와세계』, 2007 봄.

둥근 밥상을 향한 꿈 – 이재무의 시 : 「둥근 밥상을 향한 꿈」, 『시안』, 2011 겨울.

'오래된 미래'의 길을 찾는 열린 시선 – 고재종의 시 : 「'오래된 미래'의 길을 찾는 열린 시선」, 『신생』, 2014 봄.

통속적이지 않은 통속 – 황학주의 시 : 「통속적이지 않은 통속」, 『시산맥』, 2010 여름.

긍정의 힘 – 이은재의 시 : 「긍정의 힘」, 이은재 시집 『나무의 유적』 해설, 도서출판 그루, 2014.